拉丁美洲概况

VISIÓN GENERAL DE LOS PAÍSES LATINOAMERICANOS

张　鹏　编著

南开大学出版社
天　津

图书在版编目(CIP)数据

拉丁美洲概况 / 张鹏编著. 一天津:南开大学出版社, 2015.4(2023.8 重印)
(天外"求索"文库)
ISBN 978-7-310-04791-8

Ⅰ. ①拉…　Ⅱ. ①张…　Ⅲ. ①拉丁美洲一概况　Ⅳ. ①K973

中国版本图书馆 CIP 数据核字(2015)第 075612 号

拉丁美洲概况
LADING MEIZHOU GAIKUANG

南开大学出版社出版发行
出版人:陈　敬
地址:天津市南开区卫津路 94 号　邮政编码:300071
营销部电话:(022)23508339　营销部传真:(022)23508542
https://nkup.nankai.edu.cn

天津创先河普业印刷有限公司印刷　全国各地新华书店经销
2015 年 4 月第 1 版　2023 年 8 月第 4 次印刷
230×155 毫米　16 开本　24.5 印张　338 千字
定价:69.00 元

如遇图书印装质量问题,请与本社营销部联系调换,电话:(022)23508339

天外“求索”文库

前　言

拉丁美洲是指美国以南的美洲地区，由墨西哥、中美洲、西印度群岛和南美洲四部分组成。它共有33个独立国家（北美洲的墨西哥；中美洲7国：伯利兹、危地马拉、洪都拉斯、萨尔瓦多、尼加拉瓜、哥斯达黎加、巴拿马；南美洲12国：委内瑞拉、哥伦比亚、巴西、厄瓜多尔、秘鲁、玻利维亚、圭亚那、苏里南、智利、阿根廷、巴拉圭、乌拉圭；西印度群岛13国：古巴、海地、多米尼加共和国、牙买加、特立尼达和多巴哥、巴巴多斯、格林纳达、多米尼克、圣卢西亚、圣文森特和格林纳丁斯、巴哈马、安提瓜和巴布达、圣基茨和尼维斯）和12个仍处于美、英、法、荷统治下的未独立地区。其总面积逾2072万平方公里，约占世界陆地面积的13.8%。

拉丁美洲的官方语言主要为葡萄牙语（以巴西为主）和西班牙语。其中以西班牙语为官方语言的国家有18个：墨西哥、危地马拉、洪都拉斯、萨尔瓦多、尼加拉瓜、巴拿马、哥斯达黎加、古巴、多米尼加共和国、委内瑞拉、哥伦比亚、厄瓜多尔、秘鲁、玻利维亚、智利、阿根廷、巴拉圭和乌拉圭。

中国与拉丁美洲的交往有着悠久的历史，根据文献记载，中拉文化的历史联系起始于明朝万历年间（16世纪后期）的海上“丝绸之路”。从16世纪后期至17世纪前半期，一些中国商人、工匠、水手、仆役等沿着当时开辟的中国－菲律宾－墨西哥之间的太平洋贸易航路，即海上“丝绸之路”，到达墨西哥、秘鲁等拉丁美洲国家侨居，在那里经商或做工。

19世纪40年代至70年代，数十万契约华工组成的劳动力大军参与到拉丁美洲农业、矿业开发和交通等领域的建设，对各侨居国的经济发展、文明建设和社会进步做出了重要贡献，促进了拉丁美洲的繁荣。

中华人民共和国成立后，中国政府十分重视发展与拉丁美洲国家的文化交流与合作，但由于历史、政治、经济等原因，在20世纪50年代，中国和拉丁美洲的交往并不频繁，外交和经贸关系也比较平淡。1960年中古建交，古巴成为第一个与中国建交的拉丁美洲国家。改革开放以后，中国与拉丁美洲国家的交流日益密切，到目前为止，我国已同21个拉丁美洲和加勒比国家建立了正式外交关系。

进入21世纪以来，中国和拉丁美洲之间的交往和联系更加频繁和密切，高层互访不断，经贸关系持续增长，中拉关系的发展面临前所未有的机遇。1979年，中国与拉丁美洲地区的贸易总额只有10亿美元；2007年突破了1000亿美元大关，中国已成为拉丁美洲地区的第三大贸易伙伴。2013年中拉双边贸易创下2616亿美元的新高。

尽管中国和拉丁美洲地区各国的交往不断加深、加快，但是目前我国大部分国民对上述地区各国，尤其对中美洲、加勒比等一些小国知之甚少。在此背景下，作为致力于拉丁美洲研究及语言教学的学者们，我们有责任肩负起弘扬中拉文化，增进中拉合作的历史使命。

20世纪90年代以前，在我国的外语院校，主要是由外教担任国情类课程的讲解，教材选择比较随意，缺乏统一的教材，学生不容易找到合适的介绍拉丁美洲国家基本知识类的普及性读物。为了方便学生课后扩大知识面，笔者从2000年起即开始收集整理材料，编写《拉丁美洲概况》一书。

本书分为19章，系统介绍了19个以西班牙语或葡萄牙语（巴西）为官方语言的拉丁美洲国家。为了达到方便快捷了解拉丁美洲各国概况的目的，本书采用了统一的体例，从基本概况、地理、政治、经济、简史、主要历史人物摘选、风土人情、自然人文景观、重大事件摘选等九个方面对拉丁美洲19个国家做了简明扼要的概括介绍。全书分类有序、布局合理、内容丰富。

笔者编写此书的初衷是为了加强外语院校本科生对语言对象国

国情的基本了解，成书后多年未图出版，仅用于辅助《拉丁美洲概况》类课程的讲授。近年来，恰逢我国和拉丁美洲各国都抱有深入了解和进一步加强多方面交流合作的强烈愿望的时机，也恰逢天津外国语大学建校 50 周年庆典，学校大力资助出版一批学术著作，此书获得学校资助，得以出版。

虽然此书的写作动机是面向大学本科生，但该书比较系统全面地介绍了拉丁美洲 19 个国家的基本国情，有利于加深对拉丁美洲国家的了解和认识，对于西班牙语和葡萄牙语专业的学生，西班牙语和葡萄牙语自学者，我国从事与拉丁美洲地区合作交流的文化、经贸等机构，公司，团体和个人，均具有一定的参考价值。

本书是天津外国语大学王铭玉副校长主持的天津市创新团队成果之一。

张鹏

2014 年 3 月 30 日

目 录

第一章 墨西哥

第一节 概 况

【国名】墨西哥合众国（Los Estados Unidos Mexicanos）

【面积】1,972,547 平方公里

【人口】112,322,757（2010 年），在拉美仅次于巴西，居第二位，居世界第八位。全国大约 90%的人口为印欧混血人，9%是欧洲后裔。

【首都】墨西哥城 （Ciudad de México），世界第一大城市，面积 1525 平方公里，人口 2200 万（含卫星城），位于墨西哥中南部高原的山谷中，海拔 2240 米。这里集中了全国约 50%的工业、商业、服务业和银行金融机构，是全国的政治、经济、文化和交通中心。墨西哥城还是世界著名的旅游城市。南北略长，东西略窄。东北是古文化区，西南是现代化的新兴工业区。宪法广场是墨西哥城中心，广场周围有国家宫、市政大厦、博物馆和大教堂等建筑。墨西哥城的主要景点有大主教堂、阿兹特克大神庙遗址、加里波的广场、查普尔特佩克森林公园、查普尔特佩克城堡、玫瑰区、奎库尔科金字塔神庙等。

【国旗】呈长方形，长与宽之比为 7∶4。从左至右由绿、白、红三个平行相等的竖长方形组成，旗中间绘有墨西哥国徽。绿色象征独立和希望，白色象征和平与宗教信仰，红色象征国家的统一。

【国徽】图案为一只展翅的雄鹰嘴里叼着一条蛇，一只鹰爪抓着蛇身，另一只爪踩在仙人掌上。这组图案描绘了墨西哥人的祖先阿兹特克人建国的历史。相传在很久以前，太阳神为了拯救四处流浪的墨西哥人祖先阿兹特克人，托梦给他们，只要见到鹰叼着蛇站在仙人掌上，就在那个地方定居下来。阿兹特克人在太阳神的启示下，找到图案中所描绘的地方定居下来，建立了墨西哥城。仙人掌是墨西哥的国花，象征着墨西哥民族顽强的斗争精神。图案中下方为橡树和月桂树枝叶，象征力量、忠诚与和平。

【货币】墨西哥比索

【宗教信仰】墨西哥是一个天主教国家，全国89%的人口是天主教徒。但也有6%的人信奉基督教新教，其余5%的人口信奉其他宗教或没有宗教信仰。

【国花】仙人掌，大丽菊

【国鸟】长脚鹰

【时差】比格林威治时间晚6小时，比北京时间晚14小时。

【与我国建交时间】1972年2月14日

【独立日】9月16日，纪念1810年9月16日从西班牙独立出来。

【首都外其他主要城市】**瓜达拉哈拉**：全国第二大城市，西部最大的商业、金融和工业中心，铁路枢纽。原为古老的陶瓷业中心和农牧区商业中心。保存着50多座殖民时期的教堂。

蒙特雷：东北部最大的城市和交通枢纽，全国最大的钢铁工业基地和第二大工业中心，钢铁产量占全国的一半以上。盛产棉花和柑橘。有温泉和岩洞，为旅游和疗养胜地。

梅里达：尤卡坦半岛上的最大城市和旅游中心。有马约尔广场，双塔顶天主教教堂，州政府大厦，蒙特雷大厦等古迹，市内街道狭窄，房屋多为彩色。

瓦哈卡：南部城市和旅游胜地。始建于1486年，城市建筑有印第安和西班牙风格，有大教堂，阿尔万山考古区，米特拉城等古迹。

蒂华纳：西北部边境城市，是全国自由贸易区和旅游，科学文化中心之一。以夜总会，跳马场，跳狗场，赌场和斗牛场为众。

普埃布拉：著名古城，历史上的战略重镇，教堂林立，有“天使城”之称。有博物馆和美洲最古老的剧院，1537年建立的普埃布拉大学十分著名。

第二节 地 理

【概况】拉美第三大国。位于北美洲南部，拉丁美洲西北端，是南、北美洲陆路交通的必经之地，素称“陆上桥梁”。北邻美国，南接危地马拉和伯利兹，东濒墨西哥湾和加勒比海，西临太平洋和加利福尼亚湾。海岸线长 11122 公里。其中太平洋海岸 7828 公里，墨西哥湾、加勒比海岸 3294 公里。著名的特万特佩克地峡将北美洲和中美洲连成一片。

【地貌】全国面积 5/6 左右为高原和山地。墨西哥高原居中（平均海拔 1700 米），两侧为东西马德雷山，以南是新火山山脉和南马德雷山脉，东南为地势平坦的尤卡坦半岛，沿海多狭长平原。全国最高峰奥里萨巴火山位于南部的新火山山脉上，海拔 5747 米。

墨西哥河流分为三个水系：大西洋水系、太平洋水系和内流水系。主要河流是布拉沃河、乌苏马辛塔河、格里哈尔瓦河、莱尔马—圣地亚哥河、巴尔萨斯河等。湖泊多分布在中部高原的山间盆地中，最大的是查帕拉湖，面积 1109 平方公里。

【气候】墨西哥气候复杂多样。沿海和东南部平原属热带气候，年平均气温为 25—27.7℃；墨西哥高原终年气候温和，山间盆地为 24℃，地势较高地区为 17℃左右；西北内陆为大陆性气候。大部分地区全年分旱、雨两季，雨季集中了全年 75%的降水量。年平均降水量西北部不足 259 毫米，内地为 750—1000 毫米，墨西哥湾沿岸中部与太平洋沿岸南部为 1000—2000 毫米。因墨境内多为高原地形，冬无严寒，夏无酷暑，四季万木常青，故享有“高原明珠”的美称。

第三节 政治

【宪法】1824 年颁布独立后的第一部宪法。1917 年墨西哥革命后，于当年 2 月 5 日颁布了强化国家与政府权力的《墨西哥合众国宪法》。宪法于当年5月1日起生效并执行至今。此期间曾进行过近200次修改。根据宪法规定，国家为总统制的联邦共和体制，立法、行政和司法三权分立。

【议会】由参众两院组成的联邦议会是国家立法机构，主要职权有：批准条约及总统关于法院、财政、外交、军队高级官员任命；修改宪法；批准总统出访；必要时任命临时总统等。参议院共128名议员，由31个州和联邦区各4名代表组成，任期6年。众议院共500名议员，其中300席通过多数票选举产生，200席按政党比例代表制产生，任期3年。法律禁止议员连任。

【政府】内阁是政府行政机构，由总统直接领导。总统是国家元首和政府首脑，执掌国家最高行政权。总统由直接普选产生，任期6年，终身不得再任。

【司法】分为最高法院、大区法院（巡回法院）和地区法院3级。最高法院大法官由总统提名18名候选人，参议院任命其中11人，任期15年。最高法院每4年从其法官中选举1人任院长，不得连任。大区法院和地区法院的法官由最高法院指派，任期4年。

【行政区划】全国共分为31个州和1个联邦区（墨西哥城），州下设市（镇）（2394个）、村。各州名称如下：阿瓜斯卡连特斯、北下加利福尼亚、南下加利福尼亚、坎佩切、科阿韦拉、科利马、恰帕斯、奇瓦瓦、杜兰戈、瓜那华托、格雷罗、伊达尔戈、哈利斯科、墨西哥、米却肯、莫雷洛斯、纳亚里特、新莱昂、瓦哈卡、普埃布拉、克雷塔罗、金塔纳罗奥、圣路易斯波托西、锡那罗亚、索诺拉、塔瓦斯科、塔毛利帕斯、特拉斯卡拉、韦拉克鲁斯、尤卡坦、萨卡特卡斯。

【政党】（1）国家行动党（Partido Acción Nacional）：1939年9月15日成立，党员约78.3万。代表中上层工商界利益，主张保护私人企业，合理分配劳动成果，推行市场经济。2000年7月，首次赢得全国大选。

（2）革命制度党（Partido Revolucionario Institucional）：全国第一大党。1929年3月4日成立，党员1200万，曾连续执政71年，

直至 2000 年 11 月。奉行革命的民族主义，主张对外维护国家独立与主权，对内发展经济和改善人民生活。

（3）民主革命党（Partido de la Revolución Democrática）：1987 年 7 月成立，党员 300 万，前身是全国民主阵线，1989 年 5 月墨西哥社会党（原墨西哥共产党）加入后改为现名。

此外，还有绿色生态党（Partido Verde Ecologista）、劳动党（Partido de Trabajo）、社会主义人民党（Partido Popular Socialista）等。

【文化教育】分基础教育、中级教育和高等教育。基础教育包括学前教育 2 年，初级教育 6 年；中级教育包括初中 3 年和高中 3 年；高等教育包括大专、本科和学位教育。1983 年起实行 10 年义务教育，包括学前教育阶段的最后一年、小学 6 年和初中 3 年。2002 年教育支出 3291 亿比索，占国内生产总值的 6.1%。文盲率为 9.3%。墨西哥国立自治大学是全国最大的综合性高等学府，1551 年建校，2001 年有 3.8 万名教师、24.5 万名学生。墨西哥城市自治大学，1973 年建校，学生 5.5 万人。

【新闻出版】全国约有 300 家报纸和 100 多种全国性刊物。主要报刊有《国民报》、《至上报》、《至上晚报》、《墨西哥太阳报》、《金融报》、《呼声报》、《新闻报》、《宇宙报》、《消息报》、《日报》、《墨西哥先驱报》等；主要刊物有《永久》周刊、《进程》周刊和《冲击》周刊。墨西哥通讯社为官方通讯社，隶属内政部。全国批准建立广播电台 1365 家（1997 年），电视台约 600 家，特莱维萨和阿兹特克为墨西哥两大电视集团，拥有全国 95%以上的电视观众。全国每年出版 1.2 万种书刊，总发行量达 2.5 亿册。

第四节　经济

【概况】墨西哥主要是一个农业国。国民生产总值居拉美第二位（仅次于巴西），世界第十三位。外国在墨投资逐年增加，到 1990 年达 240 亿美元 。

【自然资源】石油和天然气是墨西哥最重要的动力资源，储量十分丰富。石油储量居世界第八位，达656亿桶。墨西哥煤的储量约为42亿吨，主要分布在东北部和科阿韦拉州和南部的瓦哈卡州。贵重金属主要有银和金。墨西哥银矿蕴藏量为2.28万吨，居世界首位。金矿主要分布在中央高原和西马德雷山脉，最大的金矿是墨西哥州的雷亚尔-德奥罗矿。西马德雷山区储藏着铅、铜、锰、锑、钨、锡、铋、汞等有色金属，是墨西哥最重要的有色金属资源分布地区。墨西哥铅锌储量分别为320万吨和360万吨，居世界第五位。铜矿总储量为318万吨。墨西哥的铋和汞储量分别为1.13万吨和1.5万吨，居世界第二位。锑产量居世界第三位。此外，墨西哥的多种其它矿产品，如铁、铀、镭、钍、石墨、萤石、重晶石、碘、硫磺等，其储量均居世界前列。

【农林牧渔业】农村人口占全国人口的40%，可耕地面积为4000万公顷，已耕地3200公顷。主要农作物有玉米、小麦、高粱、大豆，水稻、棉花、咖啡、可可等。玉米、小麦、西红柿和木薯的原产地国就是墨西哥。墨西哥古印第安人培育出了玉米，所以该国享有“玉米的故乡”的美誉。有“绿色金子”别称的剑麻也是墨西哥领世界风骚的农产品，其产量居世界前列。墨西哥森林覆盖面积为4500万公倾，约占领土总面积的1/4。全国牧场占地7900万公顷，主要饲养牛、猪、羊、马、鸡等，部分畜产品出口。水力资源约1000万千瓦。海产品主要有对虾、金枪鱼、沙丁鱼、鲍鱼等，其中对虾和鲍鱼是传统的出口产品。

【工业】墨西哥工业门类比较齐全，但发展不平衡，制造业占首要地位，主要有造纸、木材、化工、纺织、化肥、汽车制造、食品饮料等。80年代以来石油和石油化工工业发展迅速。原油产量占世界第四位，石化企业规模居世界前十五名，为国民经济的主要支柱。原先不景气的建筑、纺织、服装业开始恢复，运输设备、水泥、化工产品、电力各行业持续增长。

【旅游业】墨西哥是世界十大著名的旅游国之一。气候宜人，风光秀丽，名胜古迹甚多。来这里旅游的人每年达300—400万人次之多，所创产值占国民生产总值的 56%，居世界前五位。2001 年的旅游收入达 84 亿美元。墨西哥城、阿卡普尔科、蒂华纳、坎昆等均为著名旅游胜地。

【交通运输业】全国有公路 21 万多公里，铁路 17600 多公里，各种机场 1248 个，航空公司 77 家。主要港口有墨西哥湾的坦皮科、韦拉克鲁斯和太平洋沿岸的马萨特兰、曼萨尼略等。

【对外贸易】墨主要出口商品为原油、汽车、汽车配件、咖啡豆、蔬菜、钢材及化工、机械产品。产品主要出口到美国、西班牙、日本等。进口商品为汽车材料、电器、化工产品、食品、饮料、纸浆、纺织、石化产品。进口国主要是美国、日本、德国、法国、西班牙等。

第五节　历史

【灿烂的古文明】大约在公元前一万年就有人定居在今天墨西哥的土地上。这些原始部落在与大自然的斗争中创造了辉煌的墨西哥古代文明。闻名于世的奥尔梅克文化、玛雅文化、托尔特克文化和阿兹特克文化均为墨西哥古印第安人创造。

奥尔梅克人于公元前 1100 年左右定居在墨西哥的土地上。他们创造了象形文字、计算法和历法。人们往往视奥尔梅克文化为墨西哥文化的始祖。

玛雅文化的全盛期在公元 4 世纪到 10 世纪。玛雅人在农业、手工业、科学、艺术上都有出色的成就。他们创造了象形文字，建立了一套独特的历法，把一年分为 18 个月，每个月 20 天，外加 5 天禁忌日。他们独创了二十进位的计数体系，在数学计算上还运用了“零”的概念。

公元 9 世纪以后，托尔特克人来到了今天以墨西哥城为中心的河谷地区，在此建立了许多城市。托尔特克文明持续了大约三个世纪。

大约从 11 世纪中期开始，阿兹特克人向墨西哥盆地迁移。1325 年，他们在特斯科科湖中的小岛上开始建立有名的特诺奇蒂特兰城。

阿兹特克人的农业、手工业都很发达，制造了精美的金、银、铜饰品。他们制作的陶器、纺织品也很精致漂亮。阿兹特克人不断向外扩张，建立了强大的部落联盟。

【西班牙人的统治】1519 年，西班牙冒险家埃尔南·科尔特斯率远征队来到特诺奇蒂特兰城。经过野蛮的掠夺，壮丽的特诺奇蒂特兰城被夷为平地。随后，西班牙人陆续征服了中美洲其他地区，并于 1535 年成立了新西班牙总督区。宗主国出生的西班牙人垄断了政治、军事等方面的特权，对殖民地进行残暴的统治。在约 300 年的殖民统治期间，墨西哥的白银生产、制革业、制糖业都有所发展，但深重的民族压迫造成了尖锐的民族矛盾，独立战争的暴风雨已迫在眉睫。

【独立战争】1810 年 9 月 16 日，米格尔·伊达尔戈·科斯蒂利亚神父在多洛雷斯城发动起义，开始了独立战争。1811 年，起义军战败，伊达尔戈被害。为纪念这次起义，后定 9 月 16 日为墨西哥独立日。其时独立的势头已经不可阻挡， 1821 年 8 月 24 日，墨西哥宣布独立。1823 年 11 月，墨西哥召开制宪会议。 1824 年 10 月，墨西哥公布联邦宪法，新宪法确定墨西哥为联邦共和国。

【独立后的动荡时期】独立后，墨西哥饱经内忧外患，在 30 年的时间内走马灯似的更换了好几十个政府，几乎全部是军事政变的产物。1845 年，美国强占得克萨斯。1846—1848 年的美墨战争中，墨西哥失去了 230 万平方公里的土地，超过当时其领土面积的一半。从 1861 年 12 月起，英国、法国、西班牙又以武力干涉墨西哥内政，但墨西哥人民在华雷斯总统的领导下英勇抗战，在 1867 年将法、英、西班牙等入侵者赶出墨西哥。

【墨西哥革命】1910 年，独裁者波菲里奥·迪亚斯第六次连任墨西哥总统。他是墨西哥大庄园主、天主教高级僧侣、大资产阶级和帝国主义在墨西哥的总代表。人民要求民主和土地的呼声此起彼伏。国内外种种矛盾日益尖锐，革命风暴终于在 1910 年来到了。革命运动很快席卷全国。墨西哥农民是这次斗争的主力军。在如火如荼的斗争中，涌现出了两个杰出的农民领袖：潘乔·维亚和埃米利亚诺·萨帕塔。1917 年，墨西哥颁布资产阶级民主宪法，宣布国名为墨西哥合众国。

【当代墨西哥】墨西哥资产阶级革命后，政局动荡不安。1929 年，受世界经济危机的影响，墨西哥经济受到沉重打击。1934 年上台的卡德纳斯总统大力改革，进行土地革命，推行国有化政策，实现石油工业的国有化。二战期间，由于出口大量的战略物资，墨西哥积存了大量的黄金储备，民族经济成长起来了。从 20 世纪 30 年代起，墨西哥革命制度党获得了政权，统治墨西哥直到 20 世纪末。

2000 年 7 月，国家行动党候选人维森特·福克斯在总统大选中战胜革命制度党候选人，首次赢得全国大选，从而使世界上执政时间最长的政党墨西哥革命制度党沦为在野党，结束了自 1929 年以来该党一统天下的局面。

2006 年，国家行动党总统候选人卡尔德龙在总统选举中当选为墨西哥总统。

2012 年 7 月，革命制度党候选人培尼亚·涅托在总统大选中获胜。

第六节 人物介绍

【米格尔·伊达尔戈·科斯蒂利亚】（Miguel Hidalgo Costilla）墨西哥独立运动领袖，民族英雄。生于 1753 年 5 月 8 日，卒于 1811 年 7 月 31 日。1770 年在墨西哥大学攻读神学和哲学，深受法国启蒙主义思想影响。1779 年在巴利亚多利德城的圣尼科拉斯学院任教，后担任院长。1808 年，参加克雷塔罗城爱国者秘密团体文学与社交会。1810 年 2 月，该组织计划于当年 10 月 1 日起义，推翻西班牙统治，宣布独立。9 月 16 日，伊达尔戈敲响了教堂的钟，号召印第安人起义。这一事件史称“多洛雷斯呼声”，它揭开了墨西哥独立战争的序幕。伊达尔戈被起义者拥戴为起义军最高统帅，后起义军战败受挫。1811 年 1 月，伊达尔戈被俘，7 月 31 日牺牲。墨西哥独立后，人民缅怀伊达尔戈的功勋，尊称他为墨西哥独立之父。

【拉萨罗·卡德纳斯】（Lázaro Cárdenas）1895 年 5 月 21 日生于米却肯州乡村，卒于 1970 年 10 月 19 日。早年参加墨西哥资产阶级民主革命，后提升为将军。1928—1932 年任州长，并一度任内政部长。1930 年任国民革命党主席。1933 年任国防部长。1934 年当选总统，组织左翼政府，依靠工农群众，执行 1917 年宪法。大力实行土地改革，在卡德纳斯执政的六年间，他将 4400 万英亩（约 17.8 万平方公里）的土地从墨西哥富裕的地主手中拿走，转入了农业合作社。然后，通过农业合作社，将土地分配给了大约 80 万农民。卡德纳斯说："革命存在于贫民区，必须唤起这些贫民"。卡德纳斯政府支持成立全国农民联合会和墨西哥劳工联合会，修订了全国劳工法，同意工人享有参与企业管理的一定权利，并恢复了共产党的合法地位。1937 年实施铁路国有化，1938 年 3 月宣布将属于外国资本的全部石油公司收归国有。1938 年 4 月，将国民革命党改组为墨西哥革命党。1940 年 12 月 1 日任满卸职。第二次世界大战期间任国防部长。1955 年，当选为世界和平理事会副主席。

【贝莱托·华雷斯】（Benito Juárez）墨西哥民族英雄，1861 至 1872 年任墨西哥总统，他一生致力于带领墨西哥人民进行反帝反封建运动，他推翻了外国帝国主义的经济垄断，大胆对墨西哥的政治经济体制进行改革，建立了民主联邦制度。使墨西哥最终走上了民主的道路。

【波菲里奥·迪亚斯】（Porfirio Díaz）于 1830 年 9 月 15 日生于墨西哥瓦哈卡，1915 年 7 月 2 日逝世于巴黎。早年赞助华雷斯进行改革，在抗法战争中成为一名有战功的将军。1867 年、1871 年曾两度参加竞选，但均告失败。1876 年 1 月发动叛乱，自任临时总统。1877 至 1911 年 6 次连任总统职位。1911 年首都人民举行反政府示威，波菲里奥·迪亚斯被迫逃亡国外，1915 年在法国去世。

第七节 风土人情

【民族性格】今天的墨西哥人大都是印第安人和西班牙人的后

代。绝大多数具有印第安人的特色，他们大眼睛，厚嘴唇，皮肤呈棕色。另有一些墨西哥人，皮肤白皙，金发碧眼，他们多在政府部门工作，或拥有自己的企业。两种外貌截然不同的墨西哥人，来自不同的社会层面，继承着这个民族的特性。墨西哥人性情开朗，豪放外向，待人真诚友好，喜欢娱乐，能歌善舞。他们十分尊重自己的历史和传统文化，对传统的东西情有独钟。墨西哥人把社会地位和对外形象看得非常重要，十分看重头衔，把它看作是社会地位的标志，如在姓名前要冠以“硕士”,“工程师”等头衔。不少没有获得学位的政界人物，也要使用“硕士”的称号。老师也是墨西哥人常用的尊称。许多政府官员为了获得“老师”的称号，也竞相到大学去讲课。墨西哥人的时间观念不强，办事爱拖拉。有不少墨西哥人至今仍保留着一些陋习，如不太守时，不遵守诺言，不讲信用等，这几乎形成了一种社会风气。

【饮食】墨西哥人的食品离不开玉米和辣椒。玉米饼、玉米粥、玉米汤、玉米卷、玉米棕子、玉米春卷……真是多得数不胜数。人们常把玉米比作墨西哥饮食文化的精髓，因为玉米就是墨西哥人的祖先培育出来的。至今墨西哥人用玉米做成的美食享誉全球。类似春卷的“达科”（把肉馅放在玉米薄饼中卷好后放在奶油中煎炸），鲜美的玉米肉汤，嫩玉米棒子等都是墨西哥风味美食。除了玉米，墨西哥人还离不开辣椒。他们爱把西红柿、香菜、洋葱和辣椒切成碎块，卷在玉米饼里吃，甚至在吃水果时也要撒上辣椒粉。墨西哥人的食品和调味品以香和辣著称，很能增进食欲，如他们的“莫莱”调味酱，是以玉米为主加肉末及各种香料制成的，很有刺激食欲的功效。墨西哥菜被誉为世界名菜，与法国菜和中国菜并驾齐驱。现在墨西哥的烹调法已深入到千家万户的厨房之中，尤其对美国的饮食文化影响深远。

【禁忌】每一个国家和民族都有其受文化制约的禁忌和习惯，外国游客对这些禁忌和习惯，应该特别注意。在墨西哥，黄色意味着死亡，红花代表符咒，会给主人带来厄运。送鲜花时，注意不要送黄色或红色的花。他们认为白花是圣洁的，可驱邪造福，白花意味着对主人的尊重。他们认为紫色是不吉利的颜色，应避免使用，墨西哥人也不喜欢用紫色包装的礼品送人。穿紫色的衣服去拜访墨西哥人，也不受欢迎。

绝大多数墨西哥人信奉天主教，他们忌讳“13”，“星期五”，认为这些都是不吉利的数字和日期。在墨西哥，不要随便谈论瓜达卢佩圣母，这被认为是亵渎神明的行为。到印第安人聚居地去参观，要注意尊重他们的习俗和信仰。

在墨西哥，一般不要询问对方尤其是女性的年龄，不要随便打听别人的婚姻状况，也不要探问他们的工资、收入、财产等情况，因为这些都属于隐私。墨西哥人忌讳用手势来比划身高，认为手心朝下地比划身高是在侮辱人。他们忌讳蝙蝠及蝙蝠的图案和艺术造型，认为蝙蝠是一种吸血鬼，代表凶恶残暴。墨西哥南部奴雷谷一带的人，忌讳客人一进屋就拖去帽子，他们认为这样意味着挑衅和报复。墨西哥的恰姆拉人有一种迷信习俗，认为照相是一种十分可怕的巫术，相机能把人摄进黑洞里去，变成可怕丑陋的魔鬼，所以他们非常反对照相。阿兹特克人把酒视为邪恶的源泉，认为只有老人才能开怀畅饮，因为老人经验丰富，有战胜邪恶的能力，而青年人喝酒，则会被看成是大逆不道的行为。

【音乐】墨西哥音乐有多种多样的形式，分为传统的和现代的。传统的歌曲多带有宗教性质，主要是在举行宗教仪式时唱的赞歌和圣歌。不同的地区有不同的奇卡诺音乐。一般的奇卡诺音乐常是以吉他伴唱，它的曲调和旋律是西班牙民间音乐和印第安音乐的混合品。流动的民间乐队“马里亚契”是墨西哥音乐文化的特有现象，他们流浪于城市或乡村，在街头、集市或婚礼上演奏。“马里亚契”的基本乐器是弦乐器、提琴、吉他、小竖琴等，现在常常加上喇叭和鼓。民间口头创作是墨西哥音乐创作中最有特色的形式。在美国的墨西哥人还保留着“科里多斯”，他们用这种曲子来斥责种族歧视，歌颂英雄。有的“科里多斯”是合唱的，也有的是一个人唱，另一个人用吉他为他伴奏，这种“科里多斯”歌曲不是写在乐谱上，而是口头相传的，极富特色。

【传统节日】墨西哥各种全国性节日和地区性节日多达 1000 多个。有的是全国法定节日，有的是民间传统节日，也有各个州、市镇、村自己的节日。在众多的节日中，既有古代阿兹特克的遗风，也有西班牙人的影响。各种节日的庆祝方式五花八门，展现了悠久的西班牙文化传统和印第安人的风俗习惯。墨西哥的节日有的与宗教有关，如三王节、圣周、圣船节、亡灵节、圣母节等；有的与历史或历史人物有关，如墨西哥革命纪念日、国旗日、华雷斯诞辰日、独立纪念日、种族节、墨西哥革命纪念日等；有的是以馈赠礼物为主要活动内容的，如情人节、儿童节、母亲节、父亲节、教师节、邮递员节、秘书节、士兵节等；还有的是以文化交流为宗旨的，如电影节、音乐节、舞蹈节。此外还有玉米节、银器节、吉他节、狂欢节等等。

【节日剪影】三王节 1 月 6 日是具有宗教色彩的三王节，又称三圣节，是传统的宗教节日，源于《圣经》中东方三王向圣婴耶稣献礼的故事。节日期间父母要向未成年的子女赠送礼物。三王节的前一天晚上，孩子们将鞋子放在圣诞树下，父母悄悄将礼品放在鞋子里，第二天早上孩子们就能惊喜地发现自己盼望已久的礼物了。6 日晚上，亲友团聚，分吃直径达 1 米的“三王面包圈”。面包里有各种果脯，还藏着几个象征着圣婴的塑料小人或瓷器小人，谁先吃到“小人”，就要在 2 月 2 日的“圣烛节”请客，这是从西班牙传入的风俗。这一天国家的政府机关和一些私人机构，也组织各种游艺活动招待贫苦儿童，向他们分发礼品。

宪法日 2 月 5 日是宪法日，纪念 1857 和 1917 年两部宪法的颁布。宪法日当天，人们在首都市中心宪法广场举行纪念大会，总统发表讲话。在国家档案馆举行墨西哥宪法展览，展出 1857 年、1917 年宪法原件。

国旗日 每年的 2 月 24 日，墨西哥全国上下都要举行升国旗仪式，向国旗宣誓仪式和授国旗仪式。2 月 24 日上午，在首都市中心宪法广场举行隆重的升旗仪式，总统和政府主要官员均要出席。总统在首都主持升国旗仪式后，立即乘直升机到 100 公里外的格雷罗州。上午 11 点整，总统在国防部长，海军部长的陪同下，在庄严的国歌声中，按下升旗按纽，巨大的墨西哥国旗在军乐曲中缓缓上升，在群山之中飘扬。

圣周 圣周是四月的第二周，是一年中最重要的宗教节日之一。圣周活动通常从星期四开始。这一天，在墨西哥城市中心大教堂举行盛大的弥撒，由大主教主持。星期五是耶稣受难日。据说，由于犹大的告发，耶稣被钉死在十字架上。这一天是忏悔和哀悼的一天，最重要的活动是圣周五耶稣受难大游行。这一习俗从 1802 年就已流行，已持续了近两个世纪。每年由一位自愿者扮演耶稣，自愿者背上绑着 5 米长，85 公斤重的用松木做成的十字架，在"圣母"，"圣徒"，"圣子"的簇拥下，缓缓游行。游行队伍从教堂出发，徒步行走 4 公里，沿途"耶稣"还要受到鞭挞，"备受皮肉之苦"。约有 3 个小时，队伍才到受难地"星山"。"星山"上下，人山人海，"星山"山顶空地上竖着 3 个大十字架。紧接着，"耶稣"被"钉"在十字架上，"圣母"哭得十分伤心，虔诚的教徒们也"泣不成声"。每年前来观看的观众人数不下百万。

亡灵节 11 月 2 日是亡灵节，又称鬼节，原是古代印第安阿兹特克人的传统节日，也是墨西哥最古老的传统节日之一。阿兹特克人相信，每年 11 月 2 日是鬼魂开始休息的日子，世人必须在家中或墓地设祭坛，摆上丰盛的食品和鲜花，追念亡灵。亡灵节前几天，墨西哥市场上就开始出售琳琅满目的供品，如用糖或纸制作的骷髅及各种神人怪兽的面具，还有各种鲜花。商店里陈列着许多骷髅糖，集市上还有画着骷髅的美术画出售。妇女们则准备传统的供品：莫莱酱、点心、玉米粽子、"骷髅"糖、特吉拉酒。人们打扫尘埃，摆设祭坛，迎接先人亡灵的回归。祭坛上摆放已故亲人的遗像，还要摆上烛台，为归来的亡灵指路。根据死者生前的嗜好和习惯，人们在祭坛上摆放香烟、草帽、玉米棒子、砍刀、皮带等。亡灵节午夜，全家聚餐，与亡灵共享祭品。

玉米节 墨西哥人对玉米怀有特殊的感情。瓦哈卡州是玉米的故乡，每年 7 月的最后一个星期，瓦哈卡州各地举行盛大的狂欢活动，庆祝玉米丰收，纪念祖先为人类培育玉米的伟大功绩。节日期间，人们品尝玉米冰淇凌，玉米酒及各种玉米食品。除了常吃的玉米饼裹辣酱外，还有玉米包子、玉米卷饼、玉米粽子等等。

仙人掌节　墨西哥素有仙人掌之国的别称，仙人掌被墨西哥人视为民族的象征。每年的 8 月中旬，墨西哥人都要在著名的仙人掌之地——米尔帕阿尔塔地区，欢庆仙人掌节。节日期间，区政府所在地张灯结彩，四周搭起餐馆，专做各种仙人掌菜肴出售。设在路旁的摊点，当场烹炒仙人掌菜肴，供游人品尝。同时展出各种仙人掌制品，比如果酱，蜜饯，糕点，以及用仙人掌为原料制成的生活用品。

第八节　自然人文景观

【太阳和月亮金字塔】（Pirámide del Sol y Pirámide de la Luna）位于墨西哥城北部 40 公里处，在波波卡特佩尔火山和依斯塔西瓦特尔火山山谷间，面积 20 多平方公里。它们是阿兹特克人所建特奥蒂瓦坎古城（Teotihuacán）遗迹的主要组成部分，也是阿兹特克文化保存至今的最耀眼的一颗明珠，1988 年被联合国教科文组织宣布为人类共同遗产。“特奥蒂瓦坎”在印第安语中的意思是“众神之都”。它们以其宏伟、独特的建筑风格和难解的谜团闻名于世，每年吸引着众多的海内外游客。

太阳金字塔位于特奥蒂瓦坎“亡灵大道”东侧，约建于公元 2 世纪，呈梯形，坐东朝西，是世界第三大金字塔，也是特奥蒂瓦坎最大的建筑。太阳金字塔的方形塔基规模为 225 米×222 米，5 层塔身共高 63 米。这座体积达 100 万立方米的庞大建筑内部以 250 万吨泥土和沙石堆建而成，外表铺砌和镶嵌着巨大的火山石，石头上雕刻着五彩缤纷的图案。塔体正面共有 236 级台阶，可直通塔顶。塔顶曾有一座 10 米高的太阳神庙，是古印第安人祭祀太阳神的地方。太阳金字塔中包藏着众多至今难解的谜团。1971 年，人们发现，由塔西一个洞穴进入塔内的地下通道的另一端，连接着太阳金字塔正中心的4间内室组成的巨大洞穴。除了内室中的镜子等工艺品和祭祀物外，还发现了金字塔内部用石雕水管组成的排水系统，其建造之复杂精巧，令人赞叹。而每年春秋分中午，太阳金字塔西面第1层总会出现一道逐渐明亮的的笔直阴影，光线变化时间一直为66.6秒。因此，有人将其称为永恒的时钟。

月亮金字塔位于“亡灵大道”北端，建造时间晚于太阳金字塔约200年，坐北朝南，塔基规模为150米×120米，塔体38万立方米，分4层，高46米，以100万吨左右的泥土和砂石堆砌而成，200多级的阶梯直通顶端，每一步梯级倾斜角度都不一样，耐人寻味。外部叠砌的石块上绘有色彩斑斓、带羽毛项圈的蛇头和用玉米芯组成的象征雨神的许多壁画。月亮金字塔虽规模较小，但建造精细，同样是特奥蒂瓦坎的主要遗迹之一。

特奥蒂瓦坎的太阳月亮金字塔无论从其建筑规模还是建筑艺术来说，都可与埃及的金字塔相媲美。科学家们对太阳金字塔和月亮金字塔迄今也没有得出一个统一的结论。考古学家发现，太阳金字塔的地基底下是个天然溶洞，溶洞尽头的四个密室里发现不少古代祭祀文物，但没有棺椁。因此，他们认为，与埃及的金字塔不同，特奥蒂瓦坎的太阳金字塔不是陵寝，而是一个祭神的场所。

近年来，有的天文学家还提出一种新的观点，认为特奥蒂瓦坎太阳金字塔和月亮金字塔的坐向跟银河系的星象坐标有着某种微妙关系。不论怎样，特奥蒂瓦坎遗址精湛的壁画、雕刻和彩绘陶器都是墨西哥古印第安文化的瑰宝，是印第安人勤劳勇敢和聪明才智的结晶。

【墨西哥国立人类学博物馆】坐落于查普尔特佩克公园内，占地12.5万平方米，建筑面积4.4万平方米，是拉丁美洲最大和最著名的博物馆之一，于1964年9月开放。该馆原址是墨西哥大学建立的古物委员会。博物馆集古印第安文物之大成，仅西班牙人入侵前的历史文物展品就有60多万件。

博物馆共有12个陈列室，展出人类学、墨西哥文化起源以及欧洲人来此之前墨西哥各族居民文化和生活的实物，系统介绍特奥蒂瓦坎、托尔特克、墨西卡、瓦哈卡、墨西哥湾、玛雅、北部和西部8种墨西哥印第安文化。这是4000年来古印第安各族人民文化遗产的缩影。

其主要展品包括：约3500—4000年前墨西哥中南部以种植玉米为主的定居村落模型和以陶器、陶俑、碑石为主的初期宗教文化艺术品；2300—3200年前奥尔梅加文化的象征作品——巨石头像，其中有出自圣罗林索遗址的巨石头像；2000年前墨西哥城北50公里的特奥蒂瓦坎市遗址模型，其中有太阳金字塔、月亮金字塔以及其他宗教建筑；150—900年间古典玛雅文化的石碑、石雕、石像、壁画、陶俑、陶器以及按照实体大小复原的宽4米、长9米、高7米的帕兰凯王墓及其精美的墓盖浮雕、翡翠面具及豪华的饰物；阿兹特克文化象征的"太阳历石"和专盛活人心脏以献给太阳的"奥塞罗考西卡利"石质容器等等。

【奇琴-伊察玛雅城邦遗址】奇琴-伊察玛雅城邦遗址曾是古玛雅帝国最大、最繁华的城邦。遗址拉于尤卡坦半岛中部，始建于公元514年。城邦的主要古迹有：千柱广场、武士庙及庙前的斜倚的两神石像；9层，高30米的呈阶梯形的库库尔坎金字塔以及圣井（石灰岩竖洞）和筑在高台上呈蜗形的玛雅人古天文观象台；古老而又美丽的山城——瓜纳华托城和有"旅游天堂"之称的墨西哥最大海港阿尔普尔科。

【尤卡坦半岛】古玛雅文化的摇篮之一，位于墨西哥湾和加勒比海之间，面积19.76万平方公里。半岛大部分属于墨西哥的坎佩切州、金塔纳罗奥州和尤卡坦州。半岛平均宽约320公里，海岸线长约1100公里。整个半岛地势南高北低。北部和西部沿岸多荒凉的沙滩，东部沿岸多陡峭的悬崖，且海湾众多，大小岛屿散布其间，最大的为科苏梅尔岛。半岛属热带气候，北部多热带草原，南部则为热带森林，全年雨量适中。

【坎昆】坎昆位于加勒比海北部，尤卡坦半岛东北端海滨。整个岛呈蛇形，西北端和西南端有大桥与尤卡坦半岛相连，隔尤卡坦海峡与古巴岛遥遥相对。该城市三面环海，风光旖旎。在玛雅语中，坎昆意为“挂在彩虹一端的瓦罐”，被认为是欢乐和幸福的象征。在尤卡坦半岛东北部的奇琴-伊察，还有闻名世界的库库尔坎金字塔，库库尔坎在玛雅语中意为“带羽毛的蛇神”，被当地人认为是风调雨顺的象征。此外，在距坎昆 130 公里处还有图伦遗址，据说，这是迄今墨西哥保存最好的一座玛雅和托尔特克人的古城。

【托卢卡植物园】位于墨西哥托卢卡市。托卢卡植物园是目前世界上最大的彩色玻璃镶嵌钢架结构式建筑，共动用了 75 吨钢架、45 吨吹制玻璃、25 吨铅骨，50 万块供镶嵌的彩色玻璃，镶嵌总面积达 5000 平方米。其色彩斑斓的彩色玻璃与园内 400 余种多姿多彩的热带植物交相呼应，令游人流连忘返。该建筑的镶嵌玻璃画主要以“宇宙与人”为主题，因此也被当地人称作“玻璃中的宇宙”植物园。

【壁画之都】墨西哥城享有“壁画之都”的美誉。许多建筑物的墙壁上都绘有反映古印第安人生活和墨西哥历史发展进程的壁画。壁画以分布广、画面大、色彩鲜艳、题材广泛著称，并富有浓郁的民族风格。每当人们来到墨西哥城，无不为这些光彩夺目的壁画所吸引。

第九节 重大事件

【美墨战争】美国 1776 年独立后，趁欧洲列强在非洲、亚洲争夺殖民地之机，在北美大陆大肆扩张。1823 年，总统詹姆斯·门罗提出“美洲是美洲人的美洲”的口号，确立了扩张领土、称霸美洲的基本国策。很快，美国政府的侵略目光便落到了近邻大国墨西哥身上。1835 年，墨西哥得克萨斯和加利福尼亚的美国移民奴隶主发动武装叛乱，墨西哥政府出兵镇压，美国竟直接出兵干涉，并支持得克萨斯于次年宣布独立。1845 年 7 月，得克萨斯正式并入美国的版图。几乎与此同时，美国部队悄悄进驻得克萨斯与墨西哥交界的努埃塞斯河畔，伺机发动侵略战争。当年 11 月，美国以墨西哥应归还美国 300 万美元债务为要挟，要求墨西哥承认以格兰德河为两国边界，美国欲用1500万到4000万美元"购买"新墨西哥和加利福尼亚地区，遭到墨西哥政府断然拒绝。

1846年5月13日，美国政府向墨西哥宣战，美墨战争正式爆发了。宣战不过是蒙蔽世人的把戏，美军的军事行动在此之前早已进行了4个多月。战争期间，墨西哥政府曾经试图同美国谈判，但谈判无疾而终。美国军队节节胜利，墨西哥城沦陷。1848年2月2日，美墨双方签订了《瓜达卢佩·伊达尔戈条约》。美国攫取了墨西哥近一半的领土，合计约230万平方公里。这就是今天美国的加利福尼亚州、内华达州、犹他州、亚利桑那州和新墨西哥州的大部，以及科罗拉多州和怀俄明州的一部分。美国仅仅付给墨西哥 1500万美元作为"补偿"。

通过美墨战争，美国一跃成为地跨大西洋和太平洋的大国，而且从此成为美洲的主宰。就连亲自参与了战争的美国名将格兰特也不得不承认:"这场战争乃是强大民族对弱小民族所进行的最不正义的战争之一。"

【墨西哥资产阶级革命】墨西哥经过 1810—1821 年的独立战争，才最终挣脱宗主国的殖民锁链。然而，殖民统治留下的后遗症成为难以治愈的痼疾沉疴。经济上，封建大地产制被保留下来，且土地的兼并有增无减，全国 4/5 的人口在赤贫中挣扎。政治上，考迪罗把持着国家政权，与封建教会上层和世俗大地主沆瀣一气，结成"神圣同盟"。政府像走马灯一样频繁更迭，形成周而复始的恶性循环。1824—1848 年共发生 250 多次政变。政治的混乱，经济的凋敝，导致国力的衰弱和防务空虚。美国于 1835—1848 年先后武力强占墨西哥半壁河山。

1876 年，由美国支持的军人迪亚斯（1830—1915）发动政变，攫取了总统职位。1876—1911 年，他一直是掌握全权的独裁统治者。他的政策引起了墨西哥中下阶层人士的反对。1910 年，代表资产阶级和自由派地主利益的马德罗（1873—1913）被推为总统候选人。他提出保护民族工业、反对独裁、建立宪政国家等口号，竟被投入监狱。马德罗越狱后，号召人民起义，推翻迪亚斯政权，把土地分给农民。马德罗的号召得到了南北两支农民武装的支持。在北部，潘乔·维亚领导的农民武装击败了政府军，并同马德罗会合。在南部，由埃米利亚诺·萨帕塔领导的农民武装也占领了大片地区，并向首都墨西哥城进军。1911 年 5 月，在南北两支农民军的夹击和首都人民反对浪潮的压力下，迪亚斯被迫下台，逃往欧洲。

马德罗上台后，并未实现他解决农民土地问题的诺言，还下令解散农民武装。帝国主义和国内反动势力利用人民的不满情绪，支持反动军官韦尔塔发动政变，韦尔塔捕杀了马德罗，自任为总统。但这次政变再次激起人民的愤怒，南北两支农民武装又开始同新的政权作战。代表资产阶级和自由派地主利益的卡兰沙（1859—1920）也组织了护宪军投入战斗。1913 年夏，维亚的农民武装同卡兰沙的军队一起同韦尔塔作战。1914 年 4 月，美国总统伍德罗·威尔逊借口要“教训拉丁美洲人民选举好人”，派军舰侵犯墨西哥湾。墨西哥工人武装、农民武装和护宪军结合起来，于这年 7 月推翻了韦尔塔的反动统治，卡兰沙夺取了政权。11 月，美国干涉军被迫撤走。

为了巩固政权，卡兰沙实行了一些社会改革，于 1915 年颁布了土地法令，1916 年召开了立宪会议，1917 年 2 月完成了新宪法的制定。1917 年墨西哥宪法第 27 条规定：土地、森林、河流和矿藏归国家所有，国家有权收回外国人攫取的土地和矿场；还规定限制教会权力，废除大地产制，发展小土地所有制。第 123 条规定：工人有结社、罢工权，实行八小时工作制，每周工作 6 天，禁止使用童工。这是一部资产阶级民主主义的宪法。

【墨西哥经济奇迹】墨西哥经济在 20 世纪 50 年代到 80 年代初的 30 多年中，年平均增长速度保持在 6—7%。虽然其人口年增长率高达 3%，但其人均国内生产总值仍可保持 3—3.8%的增长率。在工业化和农业现代化的进程中，墨西哥以其政治稳定的特点有力地保证了经济的持续发展，从而促进了经济产业部门发生了深刻的结构变化。农业在国内生产总值中所占的比重由 1950 年的 20%降至 1980 年的 9.3%；工业，特别是制造业的比重大幅上升。1980 年，制造业所占比重已由 1950 年的 17.8%上升到 24.1%，从而使墨西哥由战后落后的农业和矿业原料生产国和出口国逐步变为经济结构多样、门类比较齐全的新兴工业国。在经济和技术现代化的进程中，在城市化和商业及服务业迅速发展的推动下，墨西哥的就业结构发生了根本性的变化，农业部门的劳动力不断向非农产业部门转移。目前，在全国 2800 万劳动力中约只有 600 万人从事农牧业，城市人口占到全国人口的 72%以上。

【萨帕塔民族解放军】恰帕斯州位于墨西哥东南部，居住着 390 万印第安人，其中一半以上的居民生活在极端贫困线以下。这个州人均产值只相当于墨全国平均水平的 42%。“萨帕塔民族解放军”是恰帕斯州一支以土著人为主的左翼农民武装，一直以来，该组织为提高墨西哥境内约 1000 万土著居民的各项权利而与官方格格不入，他们要求政府给予更多的地方自治权、土著儿童入学权，以及在广播中使用他们自己的语言等多项权利。他们的行动口号是“土地与自由”。自 1994 年 1 月发动武装暴动以来，这个武装与政府军冲突不断。其间，墨西哥几届政府虽然同这支武装进行过多次谈判，但双方一直未能就全面解决恰帕斯州冲突达成协议。

【墨西哥革命制度党的起落】墨西哥革命制度党是墨西哥、也是拉丁美洲的第一大党，自 1929 年 3 月到 2000 年 12 月，连续执政 71 年。二十世纪八十年代，党员人数已经达到 1300 万。在政党林立、社会动荡、竞争激烈、政局屡变的拉美，这一点不能不说是一个奇迹。

在墨西哥 2000 年 7 月的大选中，革命制度党失败。失败的原因大体包括：经济社会政策失当，贫富两极分化严重；党内腐败丛生，缺乏有效的自我监督和社会监督；党内派系斗争激烈，凝聚力下降，不能形成思想上、行动上的统一力量；西方国家尤其是美国插手支持反对派。

但是被公认的最重要的原因，是党放弃了曾经使自己由于存在广泛群众基础而不断取得胜利的、事实证明比较符合墨西哥实际情况的正确路线。这个党长期坚持革命民族主义，并且在 1972 年的“七大”把革命民族主义正式确定为党的指导思想和原则。其主要内容是，继承和发扬墨西哥独立战争、19世纪中叶华雷斯改革运动和1910至1917年墨西哥革命的传统，捍卫国家独立和民族主权、自由和民主、正义与社会公正，反对殖民主义、帝国主义，建立"民主、公正、自由、平等"的社会。在墨西哥和拉美的各资产阶级政党中，革命制度党由此赢得尊敬和广大群众的拥戴，保持着党内团结和在国内长期执政的地位。

从20世纪80年代开始，革命制度党逐渐放弃革命民族主义的指导思想，极力推行新自由主义经济政策，片面强调市场作用，削弱政府职能。1992年，革命制度党建党63周年，萨利纳斯在庆祝大会发表讲话，认为党的指导思想过时了，提出进行修改，以社会自由主义取代革命民族主义，作为"党和政府实现历史目标、发展民族文化的指导思想"。该党主要报刊随即发表了《社会自由主义，我们的道路》一文。5月，党的"十五大"确认了这一主张。在经济自由的旗号下，社会财富越来越集中于少数人的手里，大多数人的贫困化日益加剧。这当然不能不引起人民群众的普遍不满。

2000年7月3日，即大选后的第二天，革命制度党全国委员会举行会议。路易斯·奥尔蒂斯委员说，失败原因是党"背离了革命的方向和建党的原则"，"党背叛了自己，将民族主义变成新自由主义，将主权变成全球化"。革命制度党参议员、曾出任内政部长的曼努埃尔·巴莱特说，这是由于"党失去了指南，在意识形态上出现偏差，新自由主义的瘟疫在党内蔓延"，"将社会自由主义强加给党，篡改了党的原则，使党力量削弱，与基层失去联系"。

第二章　危地马拉

第一节　概况

【国名】危地马拉共和国（La República de Guatemala）

【面积】108,889 平方公里

【人口】13,002,206（2008 年）。为中美洲人口最多和土著居民比例最高的国家，其中印第安人占 53%，印欧混血种人占 45%，白人占 2%。

【首都】危地马拉城（Ciudad de Guatemala）。危地马拉城是中美洲地区最大的城市，全国经济、文化中心，位于南部火山区的高原上，海拔 1493 米，人口 242 万（1998）。危地马拉城始建于 1524 年，后成为西班牙殖民首府，1823—1838 年为中美洲联邦首都，1839 年共和国成立，危地马拉城为国家首都。危地马拉过去的首都在安第瓜城，1773 年，地震毁坏了城市。1776 年迁都危地马拉城。危地马拉城也几经地震破坏，1917—1918 年的毁灭性地震持续了近 6 个星期，城市几乎全毁，后又重建。1976 年该城又遭受地震的严重破坏，造成 2.3 万人死亡，7 万人受伤，全城到处是废墟断垣。危地马拉城再次重建。

今日的危地马拉城多低矮平房，但也不乏现代化高楼大厦。中央广场现为中央公园，园内有壳形音乐厅。广场周围有国家宫、淡绿色的总统府、大教堂、国立图书馆、科学院、博物馆等。著名的圣卡洛斯大学建于 1676 年。国家考古博物馆内展有迷人的玛雅文化。市南还有国家赛马场。六号路纵贯全市南北，为商业中心。危地马拉城还有植物园、动物园、天文台、美术馆、国家大剧院等建

筑。西郊有神奇的玛雅遗迹。

危地马拉城是全国最大的工业中心，包括附近地区在内，集中了全国70%的工业，主要有水泥、木材加工、纺织、烟草、食品等。全国铁路、公路、 航空交通枢纽也在这里。泛美公路经过该地。危地马拉城的居民主要是印第安人和印欧混血种人。

【国旗】呈长方形，长与宽之比为8：5。它由三个平行相等的竖长方形组成，中间为白色，两边为蓝色；白色长方形中央绘有国徽图案。国旗的颜色与原“中美洲联邦”国旗颜色相同。蓝色分别象征太平洋和加勒比海，白色象征对和平的追求。

【国徽】呈圆形，蓝色圆面中间有一幅展开的轴卷，其上用西班牙文写着“1821年9月15日，自由”，以纪念危地马拉摆脱西班牙殖民统治获得独立。轴卷上栖息着一只绿色的“格查尔”鸟，也称“自由之鸟”，是危地马拉的国鸟，被视为自由、爱国、友谊的象征。轴卷背后交叉着步枪和长剑，象征危地马拉人民时刻准备着捍卫祖国尊严和自由。整个图案由月桂树枝环抱。

【货币】格查尔（quetzal）

【宗教信仰】居民主要信奉罗马天主教，约占人口的75%，另有25%的居民信奉基督教新教，印第安人中还存在其它宗教信仰。

【国花】白花修女兰（La Guaria Morada）（兰科）

【国鸟】格查尔鸟，是一种啄木鸟的同宗。学名“凤尾绿咬鹃”。格查尔在印第安语中的意思是“金绿色的羽毛”。格查尔鸟在危地马拉人民心目中享有崇高的地位。它性格高洁，酷爱自由，所以有“自由之鸟”的美称。

【时差】危地马拉与北京的时差为14小时，与格林尼治相差6个小时。

【与我国建交时间】至今没有和中国建立外交关系。

【独立日】9月15日（1821年）

【首都外其它主要城市】克萨尔特南戈（Quetzaltenango）：危地马拉第二大城，克萨尔特南戈省首府。位于圣玛丽亚火山山麓，海拔2,334米。气候凉爽。人口13.6万（2008年），主要为基切印第安人。昔为基切王国的都城。1902 年毁于火山喷发，后重建为现代化城市。沿海和高地间的商业中心集散着印第安人的各种手工业品和农产品。有纺织、酿酒、面粉、汽车修配等工业。克萨尔特南戈也是全国交通枢纽，城北有飞机场。

埃斯昆特拉（Escuintla）：危地马拉西南部城市，埃斯昆特拉省首府。在瓜卡拉特河河谷，西南距危地马拉城 45 公里。海拔 338 米。人口 10.9 万（2008 年）。全国最富庶农业区、工商业中心，有轧花、肉类加工、制糖等工业。冬季温泉疗养地。埃斯昆特拉市也建有飞机场。

奇基穆拉（Chiquimula）：危地马拉东南部城市，奇基穆拉省首府。位于中央高地圣何塞河畔。海拔 424 米。人口 10.4 万（2008 年）。始建于殖民时代。1765 年、1773 年曾遭地震破坏。是全国重要的玉米、甘蔗、烟草产区和矿区中心，有铅、银、铜、铁和锑等矿产。奇基穆拉也是全国交通枢纽，有公路、铁路通危地马拉城和邻国萨尔瓦多。

第二节 地理

【概况】地处中美洲西北部，东北部与伯利兹相邻，西部和北部与墨西哥毗邻，东南部连接洪都拉斯和萨尔瓦多，南濒太平洋，东通加勒比海的洪都拉斯湾。

【地貌】危地马拉地处中美洲地震区中心，全国有 30 多座火山，破坏性地震经常发生。境内湖泊众多，多是风景优美的火山湖。地形分为中部高原，北部山坡低地和东南沿海平原低地三部分：

（1）中部高原区：以马德雷山脉（Sierra Madre）和库丘曼塔内斯山脉（cordillera de Cuchumantanes）为代表，这里居住着危地马拉大部分的人口；

（2）北部山坡低地：名为佩滕（Petén）的潮湿的热带雨林区，基本没有居民；

（3）东南沿海平原低地：气候炎热。火山众多。塔胡木耳科火山（Tajumulco）是中美洲最高的山，高度为 4200 米。

【气候】沿海平原地区属热带雨林气候；山地属亚热带森林气候；北部的低地平原佩滕是热带雨林气候。在 1300—1800 米高处全年气温温和，日温度在 18—28℃之间。5—10 月为雨季，11—4 月为旱季。

第三节　政治

【宪法】危地马拉原来实行的是 1965 年通过，1966 年生效的宪法。但 1982 年 3 月 23 日军事政变后，这部宪法被废除。现行宪法于 1985 年 5 月经国民议会通过，1986 年 1 月 14 日生效，1994 年 1 月 30 日通过宪法修正案。宪法确立了立法、行政、司法三权分立的原则。宪法规定：总统由选举产生，任期四年；总统为国家元首、政府首脑和武装部队总司令，执掌国家最高行政权；军人必须在退役五年后才能竞选总统。宪法还规定，危实行多元政治制度，取消对共产党的禁令。

【议会】国民议会为一院制，行使最高立法权，议员任期四年。宪法规定，卸任总统和副总统为当然议员。设议长和三名副议长，任期一年。

【政府】内阁是政府执行机构，由总统直接领导，副总统协助工作。

【司法】全国设最高法院和上诉法院，各省设初级法院。

【行政区划】全国分 22 个省，下设 326 个市镇。各省名称是：埃斯昆特拉（Escuintla）、危地马拉（Guatemala）、韦韦特南戈（Huehuetenango）、伊萨瓦尔（Izabal）、胡蒂亚帕（Jutiapa）、佩滕（Petén）、普罗格雷索（El Progreso）、克萨尔特南戈（Quezaltenango）、基切（Quiché）、奇马尔特南戈（Chimaltenango）、雷塔卢莱乌（Retalhuleu）、奇基穆拉（Chiquimula）、哈拉帕（Jalapa）、萨卡特佩克斯（sacatepéquez）、圣马科斯（San Marcos）、圣罗萨（Santa Rosa）、索洛拉（Sololá）、苏奇特佩克斯（Suchitepéquez）、托托尼

卡潘（Totonicapán）、上维拉帕斯（Alta Verapaz）、下维拉帕斯（Baja Verapaz）、萨卡帕（Zacapa）。

【政党】主要政党有：

（1）危地马拉共和阵线（Frente Republicano Guatemalteco）：执政党，1990 年成立的新保守派组织，在农村影响较大。

（2）全国先锋党（Partido de Avanzada Nacional）：第一大反对党，1990 年成立。中右派组织，主要代表工商界利益。

（3）危地马拉基督教民主党（Partido Democracia Cristiana Guatemalteca）：1955 年成立。其前身是基督教民主运动，有党员 2600 余人，主要是自由职业者、工人和农民等。自称中左，主张建立民主制度，进行民主改革。20 世纪 70 年代曾在农村地区获得广泛支持，但 1986—1990 年塞雷索执政期间的腐败现象严重损害了该党的威信。

（4）新民族联盟（Alianza Nueva Nación）:由左派的全国革命联盟（Unidad Revolucionaria Nacional Guatemalteca）和真正全面发展（Desarrollo Integral Auténtico）组成。全国革命联盟成立于 1982 年 1 月，当时主张通过开展武装斗争建立革命政权，一度拥有 5000 多人的武装力量，游击活动几乎遍及全国。20 世纪 80 年代后期开始调整策略，从武装斗争逐步转向政治斗争。从 1991 年 4 月开始到 1996 年 12 月，经过 5 年多的谈判，全国革命联盟与阿尔苏政府签署了《最后和平协定》，1998 年成为合法政党。其纲领主张民主、公正和人权，现有成员 2 万余人。

【文化教育】实行小学义务教育。学制为小学六年，中学六年。有各类初级教育机构 13631 所，其中 10765 所为国立。全国有五所大学，其中圣・卡洛斯大学为国立大学，其余四所为私立大学。文盲率约 31.7%，拉美国家中位居第二。

【新闻出版】发行量较大的报纸有：《写真报》，1863 年创刊，发行量 6 万份；《自由新闻报》，1951 年创刊，发行量 6.85 万份；《时报》，1944 年创刊，发行量 2 万份；《中美洲日报》，1980 年创刊，官方日报，发行量 1.5 万份。

共有 95 家广播电台，其中“危地马拉之声”等 5 家电台受政府控制；84 家私人商业用电台；6 家私人电台，主要播放教育节目。有 24 家电视台，其中 5 家为国家电视台。

第四节　经济

【概况】以农业为主，工业基础比较薄弱。外国资本在国民经济中占重要地位。危地马拉政府积极推动经济改革，对国有企业进行私有化改革，注意宏观调控。采取了降低利率，稳定货币和汇率，发展外向型经济的策略。新政府上台后提出建立“社会市场经济”的发展计划，鼓励外国企业到危地马拉投资办厂。

【自然资源】矿产有铅、锌、铬、锑、金、银、水银、镍等；石油储量 14．3 亿桶。

【农林牧渔业】农业在国民经济中占重要地位，经济作物出口是外汇收入的主要来源。1995 年农业产值为 179.82 亿美元。全国 58.1%以上的劳动力从事农业生产。可耕地 116.5 万公顷，占全国总面积的 15%左右。危地马拉是中美洲第二大咖啡生产国。

全国草场面积达 88 万公顷，主要的畜牧品种有牛、羊、猪及家禽等。

危地马拉森林资源丰富，森林面积占国土面积的 43%，但大部分地区因交通不便使森林资源难以开发。树木品种达 150 多种，主要有松树、桃花心木、雪松、乌木、橡胶等。森林资源最丰富的地区是：佩滕地区、加勒比海地区、西部山地以及太平洋沿岸。

渔业在国民经济中不占主要地位，但也有部分出口。主要的海产品是甲壳类和软体动物类。

【工业】工业基础薄弱，但在中美洲各国中相对发达。传统工业有采矿业、制造业、纺织、食品加工、制药和造纸等。

【旅游业】旅游是危地马拉第二大外汇来源。1998 年接待外国游客 63.6 万人次，创汇 3.94 亿美元。全国有客房 14,744 余间。危地马拉多姿多彩的生态环境、丰富的考古和人文资源是其重要的旅游资源。其主要旅游景点有：危地马拉老城区、蒂卡尔、奇奇卡斯特南戈、亚柯哈和纳库穆等玛雅文化遗址和阿蒂特兰湖及一些火山风光。每年的12月、1月、7月、8月和复活节是旅游黄金季节。外国游客主要来自美国、欧洲、中美洲。

【交通运输业】以公路运输为主。

公路：1999年总长14,054公里，其中沥青或水泥公路3085公里，乡村公路10969公里。主要干线有泛美公路、太平洋公路和大西洋公路。

铁路：1999年总长826公里，连接首都和太平洋及大西洋沿岸主要海港，在一些省份也有支线。

水运：1999年内河航线984公里，可全年通航的仅258公里，其余只有雨季可通航。主要港口有大西洋沿岸的巴里奥斯和圣托·托马斯·德卡斯蒂亚港及太平洋沿岸的格查尔港。

空运：危地马拉有2个国际机场，危地马拉城的拉·奥罗拉国际机场和佩藤市的圣塔·埃莱娜的国际机场，危地马拉国际航空公司有通往中美洲各国、巴拿马、多米尼加共和国、墨西哥、美国、西班牙、荷兰等国的航线。1999年客运航班2322次，货运航班3187次。

【对外贸易】危地马拉的主要出口产品是咖啡、糖、香蕉、小豆蔻和石油，80年代开始出口蔬菜、水果、鲜花等非传统产品，出口量不断增加。主要出口市场是美国和中美洲共同市场成员国。20世纪90年代，由于实行贸易开放政策，加之国内投资和消费需求大增，危地马拉的进口增长速度加快，主要进口产品是原料、中间产品、燃料、建筑材料、消费品等。进口产品主要来自美国和墨西哥。由于危地马拉实行高利率政策，宏观经济比较稳定，不论是外国直接投资还是短期资本流入都有所增长，外汇储备逐渐增加。

第五节 历史

从公元4世纪到11世纪危地马拉的佩滕低地地区是玛雅文化的

中心，至今仍然可以看到这个时期留下来的许多金字塔和城市的废墟。11世纪末低地地区的玛雅文化被消灭后在中央高地地区仍然存在。1523年西班牙人来到危地马拉，摧毁了当地的玛雅文化。1527年，西班牙王室在危地马拉城设置都督府，统治除巴拿马以外的中美洲地区，大量掠夺印第安人土地，进行残酷的剥削和奴役。由于西班牙殖民者的灭绝政策，几乎所有此前的玛雅书籍都被销毁了，只有很少的书籍被保留到今天。

1821年9月15日，危地马拉脱离西班牙获得独立。次年1月并入墨西哥帝国。帝国倾覆后，于1823年7月同萨尔瓦多、洪都拉斯、尼加拉瓜、哥斯达黎加组成中美洲联邦。1839年，联邦解体，危地马拉才完全独立。

自脱离西班牙殖民统治之日起，统治阶级内部分成两个代表不同利益的政治派别，即自由派与保守派。两派为争夺统治权而激烈斗争。共和国建立初期，政权落入保守派之手。1839—1865年，拉斐尔·卡雷拉（Rafael Carrera）或亲任总统，或幕后操纵政局，长期实行专制统治，竭力维护天主教会与大庄园主特权。1871年，自由派通过政变推翻保守派政权。胡斯托·鲁斐诺·巴里奥斯（Justo Rufino Barrios）总统执政期间（1873—1885），实行若干改革，限制教会势力，发展教育事业，修筑铁路，铺设电线，鼓励广泛种植咖啡。他还力图恢复中美洲联邦，但没有成功。

1898年，保守派埃斯特拉达·卡夫雷拉（M. Estrada Cabrera）执政，依靠军队与大庄园主支持，实行独裁统治。在他执政期间（1898—1920），外国资本大量涌入。咖啡种植业大半落入德国资本家手中。美国联合果品公司在南北沿海攫取大片肥田沃土，建立许多大规模的香蕉种植园。中美洲国际铁路公司控制危地马拉铁路系统，霸占巴里奥斯与圣何塞两大海港。20世纪20年代，美国垄断资本进一步排挤欧洲各国势力，控制了危地马拉的经济命脉。

1929—1933年资本主义世界经济危机爆发后，危地马拉经济迅速恶化。反动军官霍尔赫·乌维科（Jorge Ubico）乘机于1931年2月攫取政权。在其13年的独裁统治下，人民的民主权利被剥夺，一切进步组织均遭禁止，美国公司获得许多新的特权。

1941 年 12 月，危地马拉追随美国向日、德、意宣战，并向美国提供军事基地。次年，德国资本家的咖啡种植园被没收。危地马拉人民对乌维科独裁制度强烈不满，1944 年 6 月爆发全国性总罢工，乌维科被迫辞职。继任者费德利格·庞塞（Federico Ponce）承袭乌维科的反动政策。10 月 20 日，首都人民与进步军人举行武装起义，推翻了庞塞政府。12 月，资产阶级民族民主主义者胡安·何塞·阿雷瓦洛（Juan José Arévalo）当选总统。次年 3 月，制宪议会通过体现资产阶级民主精神的宪法。阿雷瓦洛依据宪法建立社会保障制度，允许各政党自由活动，颁布进步的劳工法与石油保护法。

1950 年底，雅各布·阿本斯·古斯曼（Jacobo Arbenz Gusmán）当选总统。当时占全国人口 2%的大地主占有全国约 70%的可耕地。阿本斯·古斯曼政府进行较大规模的土地改革，采取多种措施限制美国公司势力。1954 年 6 月，美国利用雇佣军进行武装干涉，并策动内部政变，阿本斯·古斯曼被迫辞职。雇佣军头子卡斯蒂略·阿马斯（Castillo Armas）成为独裁者。新政府立刻废除阿雷瓦洛和阿本斯·古斯曼的进步措施，实行反动统治。1957 年，卡斯蒂略·阿马斯被暗杀，他的继承人是一个在 40 年代独裁政府中就已经以其血腥出名的军人。国内阶级矛盾尖锐，局势长期不稳，右派恐怖组织逞凶各地，不满的农民组织了一支游击队，这场游击战持续了 36 年，一直到 1996 年才通过签署一份和平条约正式结束。

1978 年，卢卡斯·加西亚（Romeo Lucas García）当选总统。1982 年 3 月卢卡斯·加西亚政府被军事政变推翻，以里奥斯·蒙特（Ríos Montt）将军为首的军人委员会成立，停止执行宪法，解散议会，禁止政党活动。1983 年 8 月，危地马拉再次发生军事政变，奥斯卡·梅希亚·维克托雷斯（Mejía Víctores）将军被政变军人推选为总统，宣布要还政于民。

1985 年，危地马拉重新开始民主化，组织大选。12 月，基督教民主党领导人比尼西奥· 塞雷索（Vinicio Cerezo）当选为危地马拉总统，并于 1986 年 1 月 14 日宣誓就职。危地马拉贫富不均的现象依然存在，1%的居民拥有 60%以上的可耕地和财富。

2011 年 11 月，右翼政党爱国党候选人、退役将军奥托·佩雷斯当选新一任总统，成为危地马拉自 1986 年实行民主投票以来第一位军人出身的总统。

第六节　人物介绍

【米格尔·安赫尔·阿斯图里亚斯】（Miguel Ángel Asturias）（1899—1974）危地马拉小说家、诗人。他生于危地马拉城，父亲是位有名的法官，由于不满当时政府的独裁统治遭到迫害，全家被迫迁入内地，这使阿斯图里亚斯从小受到反独裁思想的熏陶，并有机会接触土生土长的印第安居民。1923 年，阿斯图里亚斯大学毕业后曾担任过律师，后因同军方势力发生矛盾被迫侨居法国。在法国期间，他一面从事古印第安文化的研究，一面从事超现实主义文学创作。其处女作《危地马拉传说》（1930）用超现实主义的笔法描绘了印第安传说，被认为是拉丁美洲第一本带有魔幻现实主义色彩的短篇小说集。1933 年，阿斯图里亚斯回到祖国，在乌维科的独裁统治下生活了 11 年。1944 年，乌维科垮台，阿斯图里亚斯被任命为外交官。1947 年，他的长篇小说《总统先生》问世，这部小说获得空前热烈的反响，阿斯图里亚斯一举成名。1954 年，危地马拉总统阿本斯被美国暗中支持的武装力量所推翻，阿斯图里亚斯再次流亡国外。1966 年，他又被蒙地内格罗的中立派政府起用，担任驻法大使。1967 年，“由于其出色的文学成就，他的作品深深植根于拉丁美洲印第安人的民族气质和传统之中”，阿斯图里亚斯获诺贝尔文学奖。

阿斯图里亚斯的文学成就主要在小说方面。其作品大致分为三类，一类是反映本土天主教文化和玛雅文化混合氛围下的农民生活，以《玉米人》（1949）为代表作；一类是带有浓厚民间神话色彩的政治控诉小说，以 50 年代的三部曲《强风》、《绿色主教》和《死不瞑目》为代表；第三类是介乎两者之间，拉美神话与现实相融合的作品，《总统先生》是其杰作。

【哈科沃·阿本斯·古斯曼】（Jacobo Arbenz Guzmán，1914—1971），危地马拉总统（1951—1954 年）。阿本斯生于危地马拉克萨尔特南戈城，1935 年毕业于国家军事学院，后为该学院教官。1944 年参加反对独裁者乌维科及其继承人庞塞的起义。1945—1950 年任阿雷瓦洛政府国防部长。1951 年 3 月就任总统。

其执政期间颁布土地改革法，因没收了美资联合果品公司闲置地，1954 年 6 月，美国雇佣军自洪都拉斯入侵，危地马拉军队在美国策动下发动政变，推翻了阿本斯·古斯曼政府。阿本斯·古斯曼流亡国外，1971 年 1 月 27 日卒于墨西哥城。

【豪尔赫·乌维科·卡斯塔涅达】（Jorge Ubico Castaneda，1878—1946）危地马拉军人和独裁者。他 1897 年任军职，在数次战役中立功，升任上校。1907 年任韦拉帕斯省省长，1911 年任雷塔卢莱乌省省长，后历任陆军准将、国民议会议员。1922—1926 年任奥雷利亚纳总统的陆军部长。1931 年在自由党和进步党的支持下当选为总统，任职到 1944 年。他恢复了危地马拉的国际信贷，修建了公路和公共设施，改进了公共卫生，废除了印第安人的债役制，与美国建立了友好关系，使美国降低了对危地马拉的关税并给予武器援助。同时，他也取缔了所有政治反对派和民主活动，实施独裁统治。1944 年 6 月 2 日宣布禁止言论和新闻出版的自由，第二天发生总罢工。乌维科被迫于 7 月 1 日辞职，逃离危地马拉，侨居新奥尔良。

【曼努埃尔·埃斯特拉达·卡夫雷拉】（Manuel Estrada Cabrera，1857—1924）危地马拉前独裁者。20 世纪初，依靠常备军、秘密警察和一套高压手段统治国家达 20 年之久。他早年在危地马拉城当律师，曾任最高法院法官，后历任公共教育、司法、内政部长。1898 年巴里奥斯总统遇刺，他任临时总统，后当选为总统。第一届任期内，尚能尊重宪法，但为了连选连任，他将宪法加以修改。他曾经吸引来联合果品公司的投资，兴建了几所学校，增加农业生产，改善了卫生设施。但是，他取缔了危地马拉人数年前争得的一点自由。1920 年发生武装起义，卡夫雷拉被推翻，后死于狱中。

第七节 风土人情

【危地马拉礼仪】服饰礼仪：危地马拉的民族服装色彩艳丽，格调多样，100 多个部落的服装各有不同的特色，图案和色调，只要看服装就可知道其所属部落或居住的区域。危地马拉男女服装上的绣花，除了装饰外，还有象征意义，如头戴羽毛的蛇和太阳象征玛雅人。他们中不少人喜欢收藏手工制作的身着传统服装的布娃娃，以满足一种怀旧的心理。人们也可以根据服装上的细微变化，区分出某人的社会地位、婚姻状况，以及这套服装是日常穿的，还是节日盛装。

仪态礼仪：危地马拉人举止大方，性情开朗。他们在熟人之间常拍打对方的肩膀，在交谈时，常热情地注视着对方，彼此离得很近，因此到危地马拉应当习惯他们这种亲热的行为。

相见礼仪：在社交场合与客人相见时，当地男子多行握手礼。如果是亲朋好友，他们还行拥抱礼。作为朋友关系的妇女相见，她们之间轻轻搂一搂，并吻吻对方的脸。

餐饮礼仪：危地马拉人主食是玉米，小麦和大米，点一套传统餐，盘内必定会有黑豆、玉米饼、少许奶酪、一小截香肠、一块牛排等。现在饮食方面基本上以西餐为主，喜欢食面包，三明治等。当地盛产咖啡，人们每天都要喝咖啡，大多数人的午餐都要有一杯咖啡。当地人以午餐为正餐，晚餐一般在晚上 8 点以后才开始。

喜丧礼仪：危地马拉人喜爱格查尔鸟成双成对地生活，它们是爱情的象征。当地的奇奇卡斯特南戈人在每年 12 月 18 日都要过天主教节，节庆期间，人们来到教堂前面的广场上欢歌。教堂中摆满了各种形状的偶像，香烟缭绕，人们戴着彩色假面具进行祈祷。居住在山区的玛雅人每年 4 月 10 日要在广场上举行化妆舞会，以祭祀祖先。

商务礼仪：到危地马拉从事商务活动，须携带印有西班牙文字的名片，与不熟悉的的当地工商界人士接触时，可以主动向对方递送自己的名片，对方一时忘了回赠名片，应主动向他索求，否则事后难以联系。当地商业的效率正在提高，谈判速度正在变快，但是办事拖拉仍是他们的一大特色，当你遇到办事拖拉的现象时不要抱怨人，也不要催促对方加快速度，重要的是要有耐心，并注意和他们建立起良好的关系。

主要禁忌：94%的危地马拉人信奉天主教，信奉基督教新教的占 4.9%。他们认为“13”和“星期五”是不吉利的，还不喜欢“14”这个数字。

【烧恶魔节】危地马拉人每年会举行传统的烧恶魔节，赶走厄运，把好运请进门。在危地马拉的烧恶魔节上，首都危地马拉城的市民纷纷把纸糊的恶魔搬到家门口，等待夜幕降临把它们付之一炬。烧恶魔是危地马拉一项历史悠久的传统活动。在当地人眼里，这些恶魔藏在屋子的各个角落，会把厄运带给家人，因此每年年底都要把它们扫地出门。夜幕降临了，人们在广场上堆起高高的火堆，把大大小小的恶魔扔进火里，看着恶魔一点点消失，厄运渐渐被带走，人们脸上都浮现出满意的微笑。

【危地马拉咖啡】危地马拉咖啡在世界上曾享有品质最佳咖啡的声望。1750 年，咖啡树被引种到危地马拉，19 世纪末德国殖民者发展了此地的咖啡工业。今天，咖啡业的大部分生产都在该国的南部进行。在这里，马德雷（Sierra Madre）火山的山坡为种植上等咖啡豆提供了理想的条件。此地的特硬咖啡豆是难得一见的好咖啡，它颗粒饱满，味美可口，酸度均衡。另外，其巨形咖啡豆也非常有名。

咖啡业曾使该国繁荣，如今仍在国民经济中占据着统治地位。危地马拉盛产优质咖啡的主要地区是阿蒂特兰湖（Atitlán）和韦韦特南戈（Huehuentenango）。安提瓜岛（Antigua）也是咖啡的著名产地，每隔 30 年左右，安提瓜岛附近地区就要遭受一次火山爆发的侵袭，这给本来就富饶的土地提供了更多的氮，充足的降雨和阳光使这个地方更适于种植咖啡。

其它的咖啡产地还有：圣马科斯（San Marcos）、奥连特-科万

（Oriente＆Cobán）、埃斯昆特拉（Escuintla）和萨卡帕（Zacapa）等。

第八节 自然景观

【阿蒂特兰湖】位于首都危地马拉城的西南部，是危地马拉著名的风景区。该湖被认为是当今世界上最美丽的火山湖。湖长 26 公里，宽 18 公里，深 320 米，它的周围被三个活火山所环绕。湖中心有一座死火山和 28 个小岛。湖附近的阿马蒂兰村是专门为远道而来的游客们服务的。

【蒂卡尔国家公园】蒂卡尔是保留玛雅文化最多的城市之一，也是最重要的宗教中心之一。位于危地马拉北部的佩腾省西北部的蒂卡尔国家公园坐落在伊腾察湖东北，这个国家公园内遍布茂密的原始森林，是许多珍稀动植物的栖息地。蒂卡尔在公元前 9 世纪至前 3 世纪开始形成村落。公元前 3 世纪至公元 3 世纪，这里被玛雅人当成重要的祭祀中心，到了公元 3 世纪至 9 世纪，蒂卡尔趋于繁荣。这个时期，蒂卡尔的城市建筑迅速发展，金字塔、宫殿、神庙、广场等规模宏大的建筑物相继建成，还出现了大批刻有象形文字的石碑，人们使用复杂的计时系统来记载碑刻日期。这里曾发现一块刻于公元 292 年的象形文字石碑，是目前发现的最早的玛雅石碑。大部分建筑早已倒塌，现在只剩下一些断墙残壁，遗址的建筑面积约 130 平方公里，建于公元 810 年的金字塔是遗址中最重要的建筑。

【安提瓜危地马拉】位于中南部高原的彭萨蒂沃河畔，距危地马拉城 24 公里。建于 1543 年，17 世纪为危地马拉首府，现为手工艺品制造中心和疗养胜地，拥有现代化旅馆和矿泉水浴池。市内有很多西班牙殖民时期的华丽建筑，中央广场还常举行斗牛活动，城郊阿瓜斯火山坡有以编织闻名的印第安人村落——圣胡安德尔奥维斯玻村。

【基里瓜玛雅文化遗址】位于危地马拉东北部的伊萨巴尔省的基里瓜考古公园和玛雅文化遗址，距首都危地马拉东北约 160 公里。

大约建于公元200年的基里瓜是代表玛雅文化后半期建筑水平的经典之作。其建筑达到了公元8世纪美洲文化的高峰，成为那一时期建筑水平的代表。这个时期纪录玛雅社会、政治、经济的历史石碑得以遗存下来。其中建于公元692年的石碑历史最为悠久，高达10.6米，距今年代最近的一块石碑上雕刻着第一代国王卡瓦库·斯卡伊的神像，非常精致。公元9世纪，玛雅文化逐渐衰落。

第九节 重大事件

【危地马拉结束36年的内战签署和平协定】1996年12月29日，危地马拉政府与游击队组织全国革命联盟签署《永久和平协定》，宣告最终结束长达36年之久的内战。12月29日下午5时，签字仪式在总统府院内进行。外交部长斯特因宣读《永久和平协定》后，政府和平委员会四位代表和全国革命联盟四位代表分别在协定文本上签字。随后，联合国秘书长加利也在协定文本上签字。

1960年开始的危地马拉国内战争是冷战时期中美洲各国历时最久、杀戮最重的国内战争，持续时间长达36年。到1996年12月29日签署条约结束内战为止，危地马拉人民为这场战争付出了14万人的生命。危地马拉一千万人口中有一半以上是玛雅印地安人，内战中政府始终怀疑印第安人和反政府军有联系，从而非常粗暴地对待印地安人。许多印地安村落一度出现了“白骨露于野，千里无鸡鸣”的惨状，危地马拉政府也因此背上了有悖人道的恶名。

1998年12月29日，在危地马拉城以北160公里的一个体育场，危地马拉总统阿尔瓦罗·阿尔苏正式向本国公民道歉，希望人民原谅政府在国内战争中的所作所为。总统对大约5000名印地安人表示：“对于危地马拉人民所遭受的灾难，危地马拉政府负有责任。作为政府的代表，我希望人民能够原谅。”

总统的道歉得到了国内的热烈欢迎。但是，一位危地马拉前游击队司令官在肯定总统的积极态度之余，希望政府拿出一些实际行动，他说：“那些伤口太深了。”

第三章　萨尔瓦多

第一节　概况

【国名】萨尔瓦多共和国（La República de El Salvador）

【面积】20,720 平方公里

【人口】710 万（2013 年）。自然增长率 2.1%。印欧混血种人占 89%，印第安人 10%，白人 1%。

【首都】圣萨尔瓦多（San Salvador），全国第一大城市和经济、文化中心。位于国土中部，圣萨尔瓦多山西南的阿玛卡斯河谷。海拔 680 米，气候凉爽。人口约 151 万（2014 年）。圣萨尔瓦多城是西班牙殖民者在 1525 年开始建立的，最初建在附近的一个叫做苏哥托托的地方，后来迁到现在的地方。这里先后曾是库斯卡特兰殖民者和危地马拉都督府萨尔瓦多省的省会。1834—1839 年曾为中美洲联邦首都。从 1841 年成立萨尔瓦多共和国起，这里就成为首都。屡遭地震破坏，城市被毁，后重建为现代化城市。

首都是全国金融、商业和工业中心，有纺织、服装、皮革、酿酒、肉类加工、香烟、木器加工等工业，并为周围咖啡、甘蔗、稻米等农产品的集散地。它是中美洲国际铁路和公路的枢纽，有铁路和公路通往其他城市和港口。城南建有国际机场。市内建有现代化政府大楼、风景优美的公园和广场，并设有国立科学和工业博物馆、萨尔瓦多国立博物馆、萨尔瓦多国立大学、中美洲何塞、西门、卡尼亚斯大学。城东 12 公里的伊洛潘戈湖为避暑、游览胜地。最热月份是 5 月，气温 19—33℃，最冷月份是 12 月，气温 16—32℃。

圣萨尔瓦多曾多次发生地震，其中 1854 年的一次强烈地震几乎把整个城市夷为平地。但顽强的萨尔瓦多人民一次又一次地在地震的废墟上重建自己的首都。该城城市布局合理、整齐，街道宽阔，呈方格形，为防止地震，市内房屋多为低层建筑，周围留有空地。市中心有巴里奥斯广场，广场周围有国家宫、国家剧院、中央大教堂等。

【国旗】呈横长方形，长与宽之比为9∶5。自上而下由蓝、白、蓝三个平行相等的横长方形相连而成，白色部分中央绘有国徽图案。因萨尔瓦多曾是原中美洲联邦的成员国，其国旗颜色与原中美洲联邦国旗之颜色相同。蓝色象征蓝天和海洋，白色象征和平。

【国徽】呈圆形。中间是一个等边三角形，三条边线为金黄色，象征平等、真理、正义。三角形下部有五座山峰，代表组成原中美洲联邦的五个成员国；山下的蓝色部分象征太平洋和加勒比海。山顶上竖立着一根竿，竿上有一顶红色的“自由之帽”，周围是金色光芒和西班牙文“1821年9月15日，自由”，象征追求自由和获得解放。三角形上角有红、黄、蓝色的彩虹，象征欢乐与希望。三角形背后有五面萨尔瓦多国旗，下方的饰带上写着“上帝、团结、自由”。上述图案由象征胜利的月桂树枝叶环抱，圆周的文字为“中美洲，萨尔瓦多共和国”。

【货币】科朗

【宗教信仰】居民中90%以上信奉天主教，还有其他类型的宗教，如基督教新教，犹太教等，但占人口比例很小。

【国花】巨丝兰

【国鸟】砺鹬

【时差】位于西六区。与北京时间相差14小时，与格林威治时间相差6小时。

【与我国建交时间】与我国无外交关系。

【独立日】9月15日（1821年）

【首都外其他主要城市】圣安娜：萨尔瓦多西部城市，圣安娜省首府。在圣安娜火山东北麓的山间盆地内，海拔647米，东南距圣萨尔瓦多55公里。人口56万（2002年），是全国第二大城。西部咖啡产区的商业和工业中心，有咖啡加工、纺织、制糖、面粉、机械、建筑材料、酿酒等工业。城西 15 公里处有查尔丘亚帕印第安人古城遗迹，是旅游、避暑胜地。圣安娜是国际铁路枢纽，泛美公路中途站。

乌苏卢坦：萨尔瓦多东南部城市，乌苏卢坦省首府。位于乌苏卢坦火山东麓太平洋沿岸平原上，西北距圣萨尔瓦多 90 公里，海拔 90 米。人口 36 万（2002 年）。周围地区是农畜产品的商业和工业中心，工业以农产品加工为主，位于圣萨尔瓦多—拉乌尼翁铁路枢纽，有支线通城南渔港埃尔特里温福。

第二节　地理

【概况】位于中美洲北部。东北部与洪都拉斯，西北部与危地马拉接壤，南濒太平洋。海岸线长 256 公里。

【地貌】国土的 70%是熔岩高原和山地，除南部沿岸为狭长平原外，其余均是火山带和熔岩山地高原。境内多火山和地震，被称为“火山之国”。南部的火山带多年轻的活火山，圣安娜火山（Santa Ana）海拔 2381 米，为全国最高峰。“太平洋灯塔”伊萨尔科火山（Izalco）高 1830 米。北部边境为休眠的火山带。南北火山带之间为熔岩高原，内多谷地和盆地。火山活动在高原形成一层很厚的灰层和熔岩层，很适宜于种植咖啡。伦帕河（Lempa）流贯高原北部，是全国唯一的通航河道，长 300 公里。境内多火山湖，以伊洛潘戈湖（Ilopango）为最大，该湖是著名的旅游胜地。

【气候】沿海平原和低地气候湿热，为热带气候；中部高原是亚热带和温带气候，雨量丰富；山地气候凉爽。和其他热带性气候的国家一样，气温变化不大，平均气温 12—30℃。最热的月份是 3、4、5 月，最冷月份是 11、12、1 月。全年只有 2 季：旱季和雨季。6—9 月为雨季，11—2 月是旱季，年降水量 1000—1800 毫米。

第三节　政治

【宪法】现行宪法于 1983 年 12 月 15 日通过。宪法规定：总统为国家元首和政府首脑。总统由全国普选产生，如参加竞选的总统候选人均未得到多数票，由议会负责选举总统。

【议会】国民议会一院制。2006 年选举产生的议会任期三年，共有议员 84 名。其中执政的民族主义共和联盟占 34 席，法拉本多·马蒂民族解放阵线占 32 席，全国协和党占 10 席，基督教民主党占 6 席，其他小党占 2 席。

【政府】部长会议是政府行政机构，总统在副总统和部长会议协助下执掌国家行政权。

【司法机构】司法权由最高法院和总检察院行使。最高法院院长由议会选举产生，任期三年，可以连任。

【行政区划】全国划为 14 个省，省下设 262 个市镇。各省名称如下：阿瓦查潘（Ahuachapán）、松索纳特（Sonsonate）、圣安娜（Santa Ana）、拉利伯塔德（La Libertad）、圣萨尔瓦多（San Salvador）、查拉特南戈（Chalatenango）、库斯卡特兰（Cuscatlán）、拉巴斯（La Paz）、圣维森特（San Vicente）、卡瓦尼亚斯（Cabañas）、乌苏卢坦（Usulután）、圣米格尔（San Miguel）、莫拉赞（Morazán）、拉乌尼翁（La Unión）。

【政党】主要政党有 8 个：

（1）民族主义共和联盟（Alianza Republicana Nacionalista）：1981 年成立。成员主要是庄园主。主张以私营企业为基础发展社会市场经济。

（2）法拉本多·马蒂民族解放阵线（Frente “Faranbundo Martí” para la Liberación Nacional）：1980 年成立，由法拉本多·马蒂人民解放军、全国抵抗武装力量、人民革命军（1993 年易名为人民革新论坛）、中美洲劳工革命党和萨尔瓦多共产党组成的反政府武装。1992 年 1 月与政府签署《和平协定》，同年 12 月被承认为合法政党。

它参加了1994年的总统选举，成为第一大反对党。后经分裂与重组，于1995年正式建立“法拉本多·马蒂民族解放阵线”党，宣布仍坚持民主社会主义的纲领。目前有党员6万余人。

（3）全国协和党（Partido de Conciliación Nacional）：由前总统胡利奥·阿达尔贝托·里维拉（Julio Adalberto Rivera）于1961年创建，是保守党派，曾于1962—1979年执政。它主张尊重私人企业，寻求劳资之间的和谐，支持改革。

（4）基督教民主党（Partido Democrático Cristiano）：反对党。1960年12月成立，在部分工人、农民和知识分子中有较大影响，主张社会改革。

（5）基督教社会联盟（Unión Social Cristiana）：原基督教社会革新党（Partido Renovación Social Cristiana），1994年，从基督教民主党中分裂出来。自称是中间派，与老的中右党派“民主联盟”和“团结运动”结盟。1997年12月，吸收了“团结运动”（Movimiento de Unidad）和“全国团结运动”（Movimiento de Solidaridad Nacional）后改为现名。

（6）民主联盟（Convergencia Democrática）：原革命民主阵线与其他左派政党于1987年11月联合组成的左翼联盟。基本力量为原革命民主阵线，是法拉本多·马蒂民族解放阵线的政治同盟。

（7）民主自由党（Partido Liberal Democrático）：1994年10月由著名报纸专栏作家基里奥·瓦尔多·萨尔加多（Kirio Waldo Salgado）率领部分极右派成员从民族主义共和联盟中分裂出来而成立的新党。

（8）民主党（Partido Demócrata）：1994年12月，由于意识形态分歧，人民革新论坛和全国抵抗运动宣布退出法拉本多·马蒂民族解放阵线，另立门户。

【文化教育】中、小学实行义务教育。小学9年，中学3年。1995年教育预算为17.4亿科朗，占国民预算的14.19%。1997年，居民识字率约79%。著名大学有圣萨尔瓦多大学和中美洲大学等。

【新闻出版】全国共有五种报纸。主要报刊有：《新闻写真》，日报发行量 97312 份；《今日》，发行量 75786 份；《世界报》，日报发行量 58032 份。

全国约有 75 家商业电台。国家电台隶属总统府新闻局。全国有 6 家电视台，其中 2 家为国家电视台。

第四节　经济

【概况】该国 2000 年人均国民生产总值为 2100 美元，是中美洲人均收入最低的国家，低于拉丁美洲和加勒比海其他国家的平均水平。萨尔瓦多农业经济所占比重较大，工业相对落后。由于执行货币紧缩和金融监管政策，宏观经济继续保持稳定。国民经济温和增长，通货膨胀率较低，失业率和半失业率分别为 6%和 30%。由于咖啡、糖等主要农作物国际市场价格回升，萨尔瓦多进出口有较大提高。2000 年国内生产总值达 132 亿美元，国内生产总值增长率 2%，通货膨胀率 4.3%，外汇储备 20.5 亿美元，外债总额为 41 亿美元。

【自然资源】矿藏有金、银、铜、铁、石油、煤、锌、铅、水银、硫磺等，还有较丰富的地热和水力资源。

【农林牧渔业】农业是国民经济的支柱，以生产咖啡、棉花、甘蔗三大经济作物为主，其他重要作物有玉米、高粱、水果等。全国 43.2%的人口从事农业生产。可耕地面积 210.4 万公顷。80%的农产品供出口。1997 年农业产值约 126.78 亿科朗，占当年国内生产总值的 13%。

森林面积约占全国面积的 13.4%。萨尔瓦多是世界主要树胶生产国之一。果树品种很多，生产热带水果，如芒果、香蕉、菠萝、鳄梨、橘子等。木材品种也很多，主要有松树、香胶树、桃花心木、雪松、洋苏木等。

全国草场面积 61 万公顷，是国土面积的 28%，为畜牧业的发展提供了有利条件。

渔业不发达，尽管沿海有丰富的渔业资源，但开发利用少，缺乏大型现代化的渔船作业，也缺乏有效的管理。

【工业】与中美洲其他国家相比，萨尔瓦多工业化程度相对要高一些。但大部分工业都是地方性的，鲜有大型现代化的工业。主要有食品加工、纺织、成衣制作、卷烟、制糖、水泥、炼油和汽车装配等。从事工业的人口占总劳动力的 19.3%。1998 年增长率为 0.2%，1999 年增长率为 6.9%。

【旅游业】萨尔瓦多是古代玛雅文化发祥地之一。火山、高原湖泊及太平洋沿岸的海滨浴场景色宜人。1993 年接待外国游客 26.7 万人次。

【交通运输业】以公路为主。

公路：总长 12164 公里。1996 年共有小汽车 33.4 万辆，客货车 7.8 万辆。

铁路：总长 674 公里。1996 年货运量 8.7 万吨。

水运：主要港口有阿卡胡特拉和库图科港，其中阿卡胡特拉港是中美洲重要港口之一，年吞吐量达 250 万吨。

空运：位于首都以南 40 公里处科马拉帕的萨尔瓦多国际机场是中美洲最现代化的国际机场。萨尔瓦多航空公司有通往中美洲各国、墨西哥城、迈阿密和洛杉矶的国际航线。1996 年客运量为 87.27 万人次。

【对外贸易】在对外贸易方面，主要进口商品为原材料、燃料、工业制成品和消费品，2000 年进口总额（49.49 亿美元）中，各种产品所占比重为：食品 14%，燃料 11%，其它初级产品 5%，机械和运输 26%，其它制成品 43%。在出口方面，主要出口产品为咖啡、棉花、糖、虾等。2000 年在出口总额（29.51 亿美元）中，各种产品所占比重为：燃料、矿产品和金属占 4%，农业初级产品占 74%，机械和运输设备占 2%，其它制成品占 21%，纺织品和服装占 6%。对外贸易长期逆差。主要贸易伙伴为美国、日本、德国和中美洲共同市场成员国。

第五节　历史

在西班牙殖民者到达以前，在萨尔瓦多地区居住着一些印第安人部落，如纳华人（与墨西哥的阿兹特克人相似）、皮皮尔人、伦卡人和玛雅人，从事渔猎和农业，过着原始部落生活。

西班牙统治时期：1524 年，西班牙殖民者从墨西哥入侵，征服了萨尔瓦多地区；1527 年，西班牙王室在危地马拉城设置都督府，管辖着中美洲的 5 个省，1560 年，萨尔瓦多被列入该都督辖区。西班牙殖民者实行委托监护制，对印第安人进行残酷剥削。1537 年发生大规模的印第安人起义。

18 世纪末，随着人口增长和农业发展，殖民者加紧对萨尔瓦多的政治压迫和经济掠夺。1811 年和 1814 年爆发神父何塞・马迪亚斯・德尔加多（José Matías Delgado）和曼努埃尔・何塞・阿尔塞（Manuel José Arce）领导的反抗西班牙统治的起义，点燃了独立运动的星星之火。在拉丁美洲独立运动影响下，萨尔瓦多于 1821 年 9 月 15 日宣布脱离西班牙统治。

独立后的萨尔瓦多：脱离西班牙后，萨尔瓦多最初并入墨西哥伊图维德（Iturbide）建立的墨西哥帝国，帝国解散后又于 1823 年加入中美洲联邦。1834 年联邦首府从危地马拉迁至萨尔瓦多。1840 年，萨尔瓦多保守派弗朗西斯科・莫拉赞（Francisco Morazán）建立军事统治，1841 年 2 月 18 日颁布宪法，正式定名为萨尔瓦多共和国。1871 年以后，政权为自由派控制。第一次世界大战前，萨尔瓦多的经济发展较其他中美洲国家迅速。得天独厚的自然条件有利于咖啡生产的发展。商业和手工业比较活跃，交通运输也比较发达。19 世纪中叶，外国资本开始渗入萨尔瓦多，控制了铁路、贸易等重要经济部门。

第一次世界大战以后，萨尔瓦多政权主要为梅伦德斯（Meléndez）和基尼奥内斯（Quiñones）家族所控制。1929—1933 年资本主义经济危机沉重地打击了萨尔瓦多的咖啡生产和出口，大批农民破产，阶级矛盾激化，政局动荡。1931 年 12 月，埃尔南德斯·马丁内斯（Hernández Martínez）发动政变，建立军事独裁统治。1932 年 1 月，萨尔瓦多人民为反对独裁统治，举行了有 4 万人参加的起义，一度建立了革命政权。1944 年马丁内斯在反独裁的浪潮中被迫辞职。1948—1960 年代表大资产阶级和咖啡园主利益的统一民主革命党掌权，慑于人民反独裁斗争，采取一些扩大民主、发展经济和社会福利措施。1961 年，胡里奥·阿达贝托·里韦拉（Julio Adalberto Rivera）发动政变，组织全国协和党，强化军人统治。70 年代，工人、农民、职员、教师、学生各阶层反对军人独裁统治、争取民主自由和经济利益的斗争日益高涨，游击队和主张武装斗争的革命组织相继出现。1979 年 10 月，阿道夫·阿尔纳多·马哈诺·拉莫斯（Adolfo Arnaldo Majano Ramos）和海伊梅·阿布杜·古铁雷斯（Jaime Abdul Gutiérrez）发动军事政变推翻卡洛斯·温贝托·罗梅罗（Carlos Humberto Romero）政府，成立了文人和军人执政委员会，并得到美国的支持。执政委员会实行土改和银行国有化，力图缓和社会矛盾，同时加紧镇压日益壮大的游击队。1980 年以后各革命组织和游击队逐步走向联合，成立革命民主阵线，坚持武装斗争。1984 年 6 月，基督教民主党领袖何塞·拿破仑·杜阿尔特（José Napoléon Duarte）当选总统。萨尔瓦多武装冲突于 1992 年 1 月结束，冲突双方签署查普特佩和约。在 12 年的战乱中，这个仅有 500 多万人口的中美洲小国就有 7.5 万人死亡。

2014 年 3 月，左翼执政党法拉本多·马蒂民族解放阵线候选人萨尔瓦多·桑切斯·塞伦（Salvador Sánchez Cerén）在大选中获胜，成为新一任总统。

第六节 人物介绍

【马克西米亚诺·埃尔南德斯·马丁内斯】（1882—1966，Maximiliano Hernández Martínez）萨尔瓦多军事独裁者，生于圣萨尔瓦多，1931—1944 年任总统。1931 年初，阿劳霍执政后，任副总统。同年 12 月发动政变，推翻了阿劳霍政府，建立军事独裁政权。1932 年初，镇压梅斯蒂索人和印第安人反对独裁统治的起义，杀害了数以万计的起义者，并宣布实行戒严，禁止一切进步势力的活动。1935 年和 1939 年，他操纵议会，两次当选总统。他在任内采取了某些发展经济、增加福利的措施。在对外政策上，他一方面谋求美国的承认，一方面又与德、意勾结，让法西斯势力渗入国内。1944 年 3 月，萨尔瓦多人民爆发了反独裁统治的总罢工，马丁内斯被迫辞职，流亡国外。1966 年在洪都拉斯被刺杀。

第七节　风土人情

【风俗】萨尔瓦多的城市建筑是欧洲西班牙式的，一般的城市都有中心广场。农村的房屋建筑与其它中美洲的房屋相似，有些是砖房，有些是土坯房。萨尔瓦多市居民主要穿西服，尤其在隆重的正式场合更是如此。印第安人的服装是传统式的，过节时他们喜欢穿自己的民族服装。萨尔瓦多人的饮食是在西班牙人和印第安人的烹调基础上发展起来的。城市居民主要吃西餐，主食是大米、豆类、玉米、牛奶、水果等，普及城乡的饮料是可口可乐、啤酒、咖啡等。

【萨尔瓦多火球节】住在距离首都圣萨尔瓦多以北约 30 公里的内哈帕的居民每年都要庆祝火球节的到来。胆子大的青年人拿着用浸泡过汽油的碎布制作而成的火球相互抛掷。为了把危险降到最低，当地的人们对火球的大小作了明确的规定，一般来说火球只能有手掌那么大。因此，尽管这项活动看上去很危险，但每年却很少有人在活动中受伤。这个节日在当地已经有 10 多年的历史了，据说是为了纪念 1992 年圣萨尔瓦多附近的一座火山的喷发。

【萨尔瓦多离婚风俗】在萨尔瓦多的一些地方，夫妻感情一旦破裂，可到当地管理处申请登记，然后购买一头牛，宰杀后请双方亲戚朋友前来聚餐一顿。餐毕，夫妻双方面面相视，各自用手打对方十记耳光，美其名曰“记住最后的痛苦”，这样就宣布离婚了。

第八节　自然景观

【火山区】萨尔瓦多火山地区景象颇为壮观。大概 20 多座都是圆锥形的火山，即使受到多年风化侵蚀的影响，保留的数量也是相当大的。这是千百年的火山运动的结果。这个国家的山脉是墨西哥山脉绵延的南部，处在海洋板块和大陆板块的相接处。大部分火山也正处在这一带。

【圣萨尔瓦多火山】圣萨尔瓦多火山距市中心 18 公里。火山直径 1600 米，深 800 米。古代火山喷发后这里形成了湖泊。1917 年 6 月 17 日火山再次喷发，湖水被蒸发，湖底留下一个坚固的圆锥形小熔岩，是圣萨尔瓦多火山口的奇特之处。火山北麓是一片宽阔的火山熔岩地带。

【伊萨尔科火山】萨尔瓦多西部活火山。位于伊萨尔科城东北，西距太平洋岸 40 公里，海拔 1965 米。自 1770 年首次喷发以来，大的喷发活动达 50 多次，火焰和火山灰的喷发一直持续不断，经过附近的轮船晚间看得很清楚，故被称为“太平洋上的灯塔”。山体呈均匀的黑色火山锥，为 1770 年和 1798 年 2 次火山喷发所形成。附近建有旅馆和观火台。

【巴尔博亚公园】圣萨尔瓦多市郊风景名胜，距市中心 12 公里，占地 27 公顷，海拔 1000 米，园内有全国濒临灭绝的珍贵树种——香胶松。附近的悬岸峭壁上有一个瞭望台，可观看萨尔瓦多全景，还可以看到雄伟壮丽的圣·哈辛托山和恬静优美的伊洛潘戈湖。公园南 1 公里处是鬼门台，矗立着两块巨大山石，可俯瞰山谷风光和印第安人村庄帕奇马尔科。

【伊洛潘戈湖】距离圣萨尔瓦多市中心 14 公里处，面积 72 平方公里，是萨尔瓦多第一大湖，是个旧火山口形成的堰塞湖。它地处海拔 440 米的高原地带，四周被群山紧紧环抱，湖内碧波荡漾，水天一色，风光旖旎。

【拉古纳植物园】拉古纳植物园（湖底公园）位于古库斯卡特

兰的西南部一个死火山口底部，面积 3 公顷，火山口海拔 805 米，经过几百年的演变形成湖泊。18 世纪末的最后一次火山爆发，把这里变成沼泽地，火山熔岩凝固成奇形怪状的斑块。

【圣萨尔瓦多市内纪念碑】圣萨尔瓦多市内建有许多纪念碑。革命纪念碑位于城市西南部的革命广场，是为纪念 1948 年 12 月 14 日资产阶级革命运动而修建的，因形似瓦片，又称“大瓦片”纪念碑。世界救世主纪念碑位于罗斯福大街东端，纪念碑为方形石柱，四面是十字架，顶端为圆形石球，上面是救世主像。阿特拉卡特纪念碑位于首都北部，是为纪念印第安民族英雄库斯卡特兰而修建的。独立先驱纪念碑位于市中心国民宫附近的自由公园内，是萨尔瓦多共和国最庄严的纪念碑，纪念碑大理石柱的顶端是头戴桂冠的天使，石柱中部是德尔加多、罗多里格斯、阿尔赛的浮雕像，底座是一只雄象。

【塞兰的纳亚考古遗址】位于蒙多玛雅东南。大约在公元 600 年，洛马卡尔德拉火山突然喷发，致使位于火山附近的塞兰的纳亚牧区被火山灰侵吞，这块方圆大约仅仅 5 平方公里的土地完全被火山灰埋没了。1976 年，人们偶然发现了这处火山喷发遗址。

这处遗址保留下来的大量火山灰清晰可见，遗址栩栩如生地展现了当时人们的生活画面，展示了哥伦布发现新大陆以前当地居民的日常生活用品，为人类了解古代文化提供了详尽的材料。

第九节 重大事件

【经济美元化】从 2001 年 1 月 1 日起，萨尔瓦多在巴拿马和厄瓜多尔之后，成为拉丁美洲第三个经济美元化的国家。之前，萨尔瓦多立宪大会通过了政府提出的货币一体化法律，使美元在这个国家的使用合法化，目的是为了拯救萨尔瓦多的经济。根据该项法律，从 1 月 1 日起美元可以和本国货币科朗一起支付，领取工资，进行商业和银行的交易。固定汇率为 1 美元换 8.75 科朗。法律还要求银行机构保有美元的存款、退休基金和用美元进行交易。萨尔瓦多总统弗洛雷斯指出，美元化可以大幅度降低银行利率，有利于恢复国家经济，推动外国投资。但是，经济美元化的法律受到了反对派和一些专家的批评，使许多萨尔瓦多人对经济前景甚为忧虑。

【萨尔瓦多内战】1979 年 10 月 28 日，萨尔瓦多内战爆发。这个面积最小、人口最密的贫穷国家，由于长期战乱不已，成为世界上引人注目的“热点”之一。

近 50 年来，萨尔瓦多一直由亲美军人实行独裁统治，国家的政治权力和经济命脉一直掌握在本国的“14 个家族”和以美国为主的外国垄断资本家手中。近 10 多年来，这“14 个家族”变成了“90 个家族”，他们占人口不到 5%，却占有全国 90%的土地和国家的大部分财富，广大人民则过着极为贫困的生活。极端的经济不平等孕育着越来越严重的社会动乱，军政府的独裁统治也引起人民的强烈不满和反抗。1977 年，前国防部长卡洛斯•温贝托•罗梅罗（Carlos Humberto Romero）通过舞弊选举上台后，仅两年多的时间就有 7000 人被杀。1979 年 10 月，在尼加拉瓜革命胜利的影响下，萨尔瓦多人民武装斗争进一步高涨，矛头直指罗梅罗军事独裁政府。美国被迫换马，支持宪法派军人发动军事政变，建立温和政府——“执政委员会”，进行了一些社会改良，企图缓和国内矛盾，稳定政局。但执政委员会内部矛盾重重，危机四伏，国内经济日趋恶化，更引起人民的失望和极度不满，反政府武装的规模扩大，活动加强。

1992 年 1 月 16 日，萨尔瓦多政府和游击队组织“法拉本多 • 马蒂民族解放阵线”在墨西哥城签署查普特佩和平协议，结束了长达 12 年的内战，萨尔瓦多 12 年的内战造成了大约 7.5 万人丧生，其中绝大多数是平民。如今，这个当年的游击队组织已成为萨尔瓦多最大的反对党。但是多数人认为和约并未改变社会结构，政府的承诺尚未实现。

【法拉本多 · 马蒂民族解放阵线】萨尔瓦多共产党与法拉本多 • 马蒂解放力量、萨尔瓦多革命党、全国抵抗党、中美洲劳工革命党等于 1980 年 10 月联合建立了法拉本多 • 马蒂民族解放阵线。

1992 年该阵线正式转变为合法政党。该党在 2004 年 4 月的全国第二轮大选中，在已统计的 52%的选票中，其候选人鲁文·萨莫拉占 33%，一跃成为全国第一大反对党。

第四章　洪都拉斯

第一节　概况

【国名】洪都拉斯共和国（La República de Honduras）

【面积】112,492 平方公里（根据 1992 年 9 月 11 日海牙国际法庭对洪都拉斯、萨尔瓦多有争议领土所作正式裁决，洪都拉斯领土增加 404 平方公里）

【人口】700 万（2005 年），印欧混血种人占 83%，印第安人占 10%，黑人占 5%，白人占 2%。

【首都】特古西加尔巴（Tegucigalpa），宪法规定首都由特古西加尔巴城和科马亚圭拉城（Comayaguela）共同组成。特古西加尔巴是洪都拉斯首都和最大城市，弗朗西斯科-莫拉桑省省会，在印第安语是“银山”的意思，坐落在洪都拉斯南部群山环抱的乔卢特卡河谷之中，是全国政治、经济、文化中心。2005 年人口 100 万，平均温度为 29℃。始建于 1579 年，因周围银矿的开发而得到发展。1880 年 10 月定为首都。原为金、银矿区中心，采矿业衰退时，地方工业逐渐发展起来。产品主要有纺织品、制糖、卷烟、食品、制鞋、制皂、木材加工、陶瓷、水泥、化工品、电器、农业机械等。附近有银 、铅、锌等矿。

特古西加尔巴为太平洋—大西洋公路中美洲公路交叉点，建有国际机场。乔卢特卡河流经市区，全城分新、老城两部分。老城区位于右岸，为商业、行政中心，并建有大片居住区；新城区位于左岸，多现代化建筑，为工业区。数座大桥把新老市区紧紧相连。市区的主要建筑物有总统府、司法部大楼、洪都拉斯银行、中央大学、国民剧院、造纸厂等等。市中心广场中央为莫拉桑公园。公园周围有中央政府大厦、国家博物馆和圣木格尔大教堂。这些建筑物包括市内居民住宅，保留了殖民时代西班牙式的建筑风格。

市郊的苏亚巴镇有著名的苏亚巴圣母院。院内保留的圣母像长80厘米，制作相当精巧细腻，被称为苏亚巴圣母保护像。此外，该镇也是容纳洪都拉斯民族艺术的宝地，吸引着成千上万的游人。

【国旗】呈横长方形，长与宽之比为2∶1，由三个平行相等的横长方形组成。自上而下依次为蓝、白、蓝；白色长方形中间有五颗蓝色五角星。国旗颜色来自原中美洲联邦国旗的颜色。蓝色象征加勒比海和太平洋，白色象征对和平的追求；五颗五角星是1866年添加的，表达了组成中美洲联邦的五个国家能再次实现联合的愿望。

【国徽】中间为椭圆形，其上的三角形象征平等和正义，两个塔状建筑物象征主权和独立，海洋图案代表该国位于加勒比海和太平洋之间的地理位置，椭圆形上部两旁为饰有红花的羊角图案，象征该国丰富的自然资源；上方有一束箭，表示纪念土著居民。椭圆形图案立于山坡上，山坡上有常青的松树和劳动工具，还有象征玛雅人文化的房屋，在椭圆形周边用西班牙文写着“洪都拉斯共和国，1821年9月15日”和“自由、主权、独立”。

【货币】伦皮拉（Lempira）

【宗教信仰】信奉天主教的居民占95.8%，信奉其他宗教的为4.2%。

【国花】香石竹

【国鸟】黄颈亚马逊鹦鹉

【时差】比格林尼治时间晚6小时，比北京时间晚14小时

【与我国建交时间】同我国无外交关系。

【独立日】9月15日（1821年）。

【首都以外其他主要城市】圣佩德罗苏拉（San Pedro Sula）：洪都拉斯第二大城，科尔特斯省省会。位于国土西北部，查梅莱孔河左岸谷地中，人口约37万，始建于1536年，为西北地区的商业、

金融和集散中心，有糖、酒、服装、食品、烟草、木材、钢材、饲料、水泥、电器、药品、化工品等工业产品。工厂分布在城郊和公路两侧，设有工业自由贸易区，为周围香蕉、甘蔗、稻米、肉畜产区和农畜产品的集散地。圣佩德罗苏拉铁路和公路通科尔特斯港，建有国际机场。城郊有古代玛雅文化遗迹。

科马亚瓜（Comayagua）：洪都拉斯中西部城市，科马亚瓜省省会，西部商业中心。位于乌马亚河右岸肥沃谷地，西北距特古西加尔巴 60 公里。海拔 459 米。始建于 1537 年，曾为西班牙洪都拉斯殖民地的首府。1821 年成为革命运动的中心。1880 年前曾为共和国首都。工业制品有卷烟、药品、制皂、建筑材料、冶金等。市内有公路通特古西加尔巴。市内多殖民时期建筑，有中美洲最古老的大学（建于 1632 年）。

第二节　自然地理

【概况】洪都拉斯位于中美洲北部，为中美洲第二大国，仅次于尼加拉瓜。北临加勒比海，南濒太平洋的丰塞卡湾（Golfo de Fonseca），东、南同尼加拉瓜和萨尔瓦多交界，西与危地马拉接壤。境内 3/4 以上是山地和高原，山脉主要呈西北走向，大部分是火山，西部最高处海拔可达 3000 米，构成中部高原地区。平均海拔为 900—1500 米，面积约占国土的 65%。高原内部多河谷、盆地，平均海拔 300—900 米，为重要农业区。沿海为平原地带。

【地貌】洪都拉斯是个多山之国，全境 65%以上为山地。蜿蜒起伏的中美洲山脉由西往东穿过中部地区，最高山峰阿加尔塔山海拔 2590 米。各支山脉之间形成许多盆地和河谷地带，较大的盆地有西利亚和雷帕古阿莱盆地，主要河谷有科马亚瓜和哈马斯特兰河谷。

全国可分为 4 个自然地理区：东部低地区、北部沿海冲积平原区、中部高地区和太平洋沿岸低地区。

源自内陆山区的河流纵横交错，分别注入两洋，最长的河流是帕图卡河，全长 482 公里。最大的湖泊是约华湖，面积达 170 平方公里。沿海岛屿星罗棋布，主要岛屿有巴亚群岛和丰塞卡湾的底格雷群岛。

【气候】洪都拉斯地形复杂，气候呈多样化。北部沿海迎东北信风，气候湿热，年平均气温25—30℃，年降水量2000—3000毫米，3—6月雨量较少。中部山地高原年平均气温17—23℃，年降水量1500毫米以上，主要集中于夏季。南部沿海地带分干湿两季，年降水量1000—1500毫米。

第三节　政治

【宪法】现行宪法于1982年1月20日生效。宪法规定，国家实行共和代议制，立法、司法和行政三权分立。总统是国家元首、政府首脑和军队统帅。总统由直接选举产生，任期四年，不得连任。

【议会】国民议会，一院制，为全国最高立法机构。议员由选民直接选举，任期四年。

【政府】内阁是政府行政机构，由总统直接领导。

【司法机构】由最高法院、上诉法院和一般法院组成。最高法院院长和共和国总检察长由国民议会选举产生，任期四年，可连选连任。最高法院由十五名大法官组成，任期七年。

【行政区划】全国划分为18个省，1个联邦特区（特古西加帕），各省名称如下：阿特兰蒂达（Atlántida）、科隆（Colón）、科马亚瓜（Comayagua）、科潘（Copán）、科尔特斯（Cortés）、乔卢特卡（Choluteca）、埃尔帕拉伊索（El Paraíso）、弗朗西斯科·莫拉桑（Francisco Morazán）、格拉西亚斯·阿迪奥斯（Gracias a Dios）、因蒂布卡（Intibuca）、海湾群岛（Islas de la Bahía）、拉巴斯（La Paz）、伦皮拉（Lempira）、奥科特佩克（Ocotepeque）、奥兰乔（Olancho）、圣巴巴拉（Santa Bárbara）、巴列（Valle）、约罗（Yoro）。

【政党】（1）国民党（Partido Nacional）：又称“蓝党”，执政党。1891年筹组，1902年正式成立。该党代表大庄园主和天主教上层的利益，同军界关系密切，得到国内保守势力的支持，一向执行右倾路线，近年来主张实行一些温和的改良政策。党内分为卡列哈斯全国运动和奥斯瓦尔多主义两派。

（2）自由党（Partido Liberal）：又称“红党”，最大反对党。1881年成立。其主要代表工商资产阶级利益，在城市和农村中也有一定影响。目前党内主要派别为由前议长卡洛斯•奥尔宾•蒙托亚为首的蒙托亚派和前中央执行委员会主席拉斐尔•皮内达•庞塞为首的弗洛雷斯派。

（3）革新团结党（Partido de Innovación y Unidad）：1970年成立，1980年取得合法地位。成员主要是知识分子和自由职业者，在工人和农民中有一定影响。

（4）基督教民主党（Partido Demócrata Cristiano）：1969年成立，1981年取得合法地位，在工农组织中有一定影响。

（5）洪都拉斯共产党（Partido Comunista de Honduras）：1927年成立，1954年重建，1981年取得合法地位。党员约1万人，同古巴关系密切。

【文化教育】城市小学为六年制，1996年开始试行七年制。农村小学三年制。7—13岁儿童接受免费的义务性初等教育；14—19岁的中等教育和职业教育则是非义务性的，须交纳学费。1999年全国有10所高等院校，其中首都国立自治大学成立于1846年，在中美洲有一定影响，2001年有学生7万人。文盲率为19%，成人文盲率为26%。

【新闻出版】主要有4份国家日报：《新闻报》、《时代报》、《论坛报》和《先驱报》。有3份新闻周刊：《世界时代》、《洪都拉斯周报》和《市场报》。目前全国有181家电台，33个电视频道和74个有线频道。其中，洪都拉斯电台为官方电台，美洲电台为商业电台。

第四节　经济

【概况】洪都拉斯是拉美地区最贫穷的国家之一。从殖民时期到20世纪初，一直以采矿、饲养牲畜和农业为主。经济长期依赖香蕉、咖啡等产品的生产和出口。基本经济部门受美国垄断公司控制。国民经济发展比较缓慢，低于拉美地区的平均水平。

1965—1980 年国民生产总值年平均增长率为 5%，20 世纪 80 年代以后经济发展缓慢，1980—1989 年间为 2.3%。1991 年人均国内生产总值比上一年下降了 2%。1989 年国内生产总值为 43.2 亿美元，人均国民生产总值为 900 美元，外债总债额为 33.50 亿美元。

1990 年卡列哈斯执政后，制定了调整经济结构法，采取了经济紧缩政策，取得了一些积极成果，财政赤字、公共开支有所减少，经济增长，国内货币储备增加，汇率稳定，通货膨胀得到控制，债务得到重新安排，并获得世界多边金融机构的贷款。

【自然资源】洪都拉斯土地资源、矿物资源和森林资源较丰富。矿物资源大多未开发，主要矿藏有金、银、铜、铅、锌、煤、锑、铁、铝土、硫磺和汞等，其中银产量曾居中美洲首位。同时森林资源和水力资源也比较丰富。

【农林牧渔业】洪都拉斯是个农业国，农业是国民经济的主导产业。2000 年从业人口约 85.31 万人，产值为 112.35 亿伦皮拉，占国内生产总值的 14.8%。可耕地面积 139 万公顷，占全国面积的 34%，主要分布于沿海一带。盛产香蕉，其他农产品有咖啡、甘蔗、玉米和棉花等，但粮食不能自给，需要进口。

森林资源丰富，占全国面积的 45%，盛产桃花心木、松木、杉木及红木等优质木材，因此素有“森林之国”的美称。

畜牧业以养牛为主，肉类 80%出口到美国。

渔业集中于北部沿海，以近海捕虾为主。除供本国消费外，尚有部分出口。

【工业】工业不发达，工业基础薄弱。在中美洲诸国中，洪都拉斯的工业化程度较低，以传统的木材加工业和制糖业为主，此外还有食品、化工、纺织、造纸和水泥等工业。70 年代以后，由于政府采取限制外国资本的政策，民族工业得到一些发展。1980—1989 年间工业的年平均增长率为 2.7%，1989 年工业占国内生产总值的比重为 25%。2000 年工业从业人口约 45.57 万人，产值占国内生产总值的 32.1%。

【旅游业】洪都拉斯大力发展旅游业，尤其是大力发展北部海岸、海湾岛屿的旅游和洪都拉斯与危地马拉边境玛雅人科潘遗址的旅游。近年来旅游业发展更为迅速，特古西加尔巴、圣佩德罗、拉塞瓦、特鲁希略和海湾岛屿等均是旅游业和旅馆业发达的地区。

【交通运输业】洪都拉斯交通运输业以铁路为主，铁路总长 1780 公里，其中可运行的 1004 公里，集中在北部沿海地区，其中一部分为香蕉和甘蔗专用运输线。

公路：公路长约 2 万公里，主要有泛美公路和两大洋间公路。

水运：南北均有海港，主要港口有科尔特斯、特拉、塞巴、特鲁希略和圣洛伦索。其中科尔特斯为全国最大港口，承担了全国出口贸易的一半。

空运：全国有四个国际机场：特古西加尔巴市的"通孔廷机场"、圣佩德罗苏拉市的"拉蒙·比列达机场"、拉塞瓦市的"戈罗松机场"和巴伊亚岛的"罗亚坦机场"。两个航空公司：国家航空运输公司和洪都拉斯航空服务公司，有航线通往美国、墨西哥和中美洲一些国家。

【对外贸易】主要传统出口产品有咖啡、香蕉、食糖、虾、木材等，还有锌、铅、银等矿产品。非传统出口产品河虾、瓜类的出口增加很快。咖啡出口约占出口总额的 35—40%；香蕉约占出口总额的 25—35%。主要进口机器设备、交通器材、化工产品、燃料和润滑油、各种制成品以及粮食等。主要贸易对象是美国，其次是欧盟、中美洲国家及日本。洪都拉斯主要从美国、日本、欧共体、世界银行、国际货币基金组织获得贷款、赠款或物质援助。近年来，该国正在为出口多样化作努力。

第五节　历史

洪都拉斯的历史大致可分为以下几个阶段：

【前哥伦布时期】玛雅文化源于公元前 1000 多年前，是世界上最早的文明之一。洪都拉斯曾是印第安人古玛雅王国的一部分，保有相当发达的古印第安人文化。位于洪都拉斯西部的科潘（Copán）和其他玛雅城邦一样，在大约公元900年忽然神秘地消失了。

【西班牙殖民时代】1502年哥伦布第四次航行到达洪都拉斯附近沿海，遇到深渊，船难以靠岸，故称其为“Honduras”，意为“深度”或“无底深渊”。8月14日，哥伦布在洪都拉斯南部附近第一次踏上中美洲大陆，三天后他正式占领了这块土地。1525年西班牙殖民者征服洪都拉斯，使之成为西班牙美洲帝国版图内第一个中美洲省份。也就在这一年，埃尔南·科尔特斯（Hernán Cortés）来到洪都拉斯，在海岸建立了特鲁希略城（Trujillo）。在征服过程中，大部分印第安人被屠杀，或死于为殖民者开采银矿的强迫劳动中。由于劳动力的枯竭，西班牙殖民者开始从非洲输入黑奴。1539年西班牙殖民者将洪都拉斯划为危地马拉都督府管理。

【英国殖民时代】在西班牙致力于对洪都拉斯进行殖民时，英国开始在海湾岛和加勒比海进行殖民活动。海湾岛隐密的海湾和港口为英国海盗提供了一个极佳的基地。根据西班牙的估计，在公元1600年左右，罗亚坦市约有5000名英国海盗。17世纪时，英国海盗亨利·摩根（Henry Morgan）在罗亚坦市建立总部，并将西班牙人赶到巴拿马（Panamá）。

洪都拉斯的桃花心木和其他硬木深深吸引着英国。在印地安人酋长米斯基托（Miskito & Mosqinto）的请求下，英国宣布整个米斯基托（Miskito & Mosquito）地区为英国的保护地。虽然西班牙对英国控制海岸十分不满，但直到1859年英国将土地归还洪都拉斯前，英国仍控制这块地区。直到现在，英国过去对此地的影响仍十分大，特别是在海湾岛，英语为此地主要语言。

【独立时期】公元1821年，洪都拉斯脱离西班牙独立，此后曾经短暂成为墨西哥帝国和中美联邦的一部分。洪都拉斯的弗朗西斯科·莫拉赞（Francisco Morazán）将军在1830年被选为联合省的总统，但是由于自由派与保守派持续不断的冲突，联邦摇摇欲坠。1838年11月5日，洪都拉斯宣布独立。独立后，自由派与保守派的纷争持续，政权不断地在两派间交替。1821—1982年间，洪都拉斯修改宪法 7 次，并经历了数百次的权力争夺和暴动。1860 年，美国人威廉·渥克（William Walker）在控制尼加拉瓜后，企图占领中美洲，最后在进攻特鲁希略时失败，被俘获处死。

【香蕉共和国时期】正当威廉•渥克的企图失败之际，美国的自由企业却成功地控制了洪都拉斯。19 世纪末，美国贸易商对洪都拉斯北岸的肥沃土地产生了浓厚兴趣，因为这里盛产香蕉。香蕉工业很快繁荣起来，并不断在美国、欧洲开拓新市场。

洪都拉斯政府给想买地种香蕉的美国企业家提供许多优惠措施。拥有洪都拉斯北岸大部分土地的三大主要美国香蕉公司是：在拉查巴市的“瓦加洛兄弟公司”（Vaccaro brothers），后改名“标准水果公司”（Standard Fruit）；提拉市（Tela）和古亚美（Cuyamel）河附近的“古亚美水果公司”（Cuyamel Fruit Company）；以及 1912 年成立的“联合果品公司”（United Fruit，1929 被“古亚美”吞并）。1892 年，香蕉出口占洪都拉斯总出口的 11%，1903 增为 42%，1913 更增为 66%。到 1918 年，美国公司持有洪都拉斯香蕉种植面积的 75%。

香蕉工业的成功，使得香蕉公司在洪都拉斯政治舞台上非常强势。“古亚美公司”与洪都拉斯自由党结盟，“联合果品公司”与国民党结盟。随着香蕉种植园面积的扩大，美国逐渐控制了洪都拉斯的经济与政治，美国武装部队也开始介入洪都拉斯的各项事务。

1912 年，当美国的香蕉利益受到威胁时，美国总统威廉·霍华德（William Howard）派遣美国海军进入洪都拉斯，保护“美国投资事业”。

【当代】受到中美洲各国混乱局势的影响，洪都拉斯也经历了政治、经济和社会发展的不稳定时期。1933—1949 年期间，国民党领袖安迪诺将军对洪都拉斯进行独裁统治。20 世纪 50—70 年代，自由党和国民党两大传统政党曾轮流执政。1969 年，洪都拉斯与萨尔瓦多因争夺进入世界杯足球赛展开了一场短暂的足球战争（Guerra de Fútbol）。这场战争虽仅持续了 100 小时，但两国从此交恶。1962—1980 年间，洪都拉斯进行土地改革。1980 年 8 月帕斯将军就任共和国临时总统。1981 年，美国总统罗纳德·里根（Ronald Reagan）派军队进入洪都拉斯，对其进行干涉。1988 年，各界对洪都拉斯协助美国介入中美各国政治感到十分不满，许多大型反美示威游行不断在洪都拉斯境内展开，洪都拉斯政府终于在年底拒绝与美续签军事合约，并要求美军离境。

2013 年 12 月，洪都拉斯执政党国民党候选人胡安·奥兰多·埃尔南德斯当选该国新一届总统。埃尔南德斯在竞选纲领中承诺，将建立有效军警反应机制以应对日益恶化的社会治安问题；通过创造有效就业降低犯罪率；加大对中小企业的扶持力度；修建更多基础设施；提升对贫困家庭的补助额度；构建更加公正的社会环境等。

第六节 人物介绍

【弗朗西斯科·莫拉赞】（Francisco Morazán）中美洲共和国联邦成立后，代表封建庄园主和天主教会利益的保守派与代表资产阶级和贵族的自由派斗争激烈，中央政府与地方政府间冲突频起。1825 年，萨尔瓦多人曼努埃尔·何塞·阿尔塞（Manuel José Arce）在自由派支持下当选为联邦总统，他在危地马拉大主教的支持下试图抵御自由派的影响。由于萨尔瓦多省进行了许多反教会的社会改革，并且传播来自法国的自由思想，他派军队侵入萨尔瓦多，引发了内战。

洪都拉斯人弗朗西斯科·莫拉赞击败了阿尔塞的军队，解放了萨尔瓦多，然后凭借着来自尼加拉瓜和洪都拉斯的援助，侵入危地马拉，放逐了危地马拉大主教，阿尔塞总统逃亡墨西哥。莫拉赞于 1830 年当选总统。

莫拉赞执政时期，通过没收教会财产而推行了社会改革，废除了什一税，设立了学校和医院，吸引外国移民，并制订了开凿尼加拉瓜运河的计划。但是流亡中的保守派从西班牙得到了支持，在萨尔瓦多发动叛乱，使其退出了联邦。在尼加拉瓜和哥斯达黎加的帮助下，莫拉赞于 1832 年收复了萨尔瓦多。

1834年，中美洲联邦首都从危地马拉城迁至萨尔瓦多首府圣萨尔瓦多。莫拉赞继续担任总统。他的严厉统治开始导致人民不满。1836—1837 年，危地马拉发生暴乱。1838 年，由拉斐尔·卡雷拉（Rafael Carrera）领导的危地马拉印第安人军队击败了政府军，莫拉赞逃到萨尔瓦多。

1838年4月30日，尼加拉瓜宣布永远脱离联邦，8月30日哥斯达黎加独立，11月5日洪都拉斯独立，1839年4月13日危地马拉独立，中美洲联邦只剩下萨尔瓦多一个成员国。1840年3月，卡雷拉军队占领萨尔瓦多，莫拉赞总统流亡巴拿马。1841 年 2 月 18日萨尔瓦多宣布独立，中美洲联邦正式消亡。

1842年莫拉赞回到哥斯达黎加，并通过选举控制了该国政府。他试图恢复联邦，并策划首先入侵尼加拉瓜，但却是被哥斯达黎加保守派推翻，于1842年9月15日被处死。

【迪布里西奥·加里亚斯·安迪诺】（Tiburicio Carias Andino，1876—1969）1876年3月15日生于特古西加尔巴市。曾做过律师、将军。对很多洪都拉斯当地人而言是国民党真正的创始人。1929年世界资本主义经济危机爆发以后，洪都拉斯的经济遭到很大的打击。香蕉出口量大减，人民生活每况愈下。当时执政的自由派总统科林德雷斯（Mejía Colindres）不但无法对付严重的经济危机，而且对香蕉种植园的印第安雇农及其他农民起义采取了残酷的镇压措施，引起广大人民的不满和愤怒。美国利用人民对自由派的不满情绪，支持和策动亲美的国民党领袖安迪诺攫取政权，并建立长达十六年之久的独裁统治。安迪诺上台后结束了国内纷争，并于1945年加入联合国。1969年12月23日安迪诺病逝于特古西加尔巴。

第七节　风土人情

【风俗与禁忌】洪都拉斯流行一种买卖与交换妻子的风俗。即男人可以无缘无故地抛弃自己的妻子，进行拍卖，然后再买回一个妻子；也可以互换妻子。政府允许这种活动，每3个月进行一次。

交易在指定场所进行，参加这种交易的人数可观。对买来或换来的女人，男人可以再度将她进行交易。当地男子一生可娶十几个甚至上百个妻子。

洪都拉斯人的婚姻与西班牙和墨西哥等拉美国家的情况类似，总的来说，人们都按天主教的习俗进行婚配。印第安人除了接受天主教并按天主教习惯举办婚事外，有的也按传统习惯恋爱、结婚。

洪都拉斯人的禁忌与墨西哥等拉美国家相似。忌讳问妇女的年龄。另外，也不喜欢在两人交谈中议论第三者。

天主教徒忌讳“13”这个数字。尤其 13 号是星期五时，一般不举行活动。

洪都拉斯人的礼节和墨西哥等拉美人相似，熟人见面都要行握手和亲吻礼，并互致问候。告别时同样要握手或亲吻，并说些“再见”、”祝您幸福”、“祝您运气好”之类的话。

洪都拉斯人喜欢跳舞，舞会一般都要延续 7—8 天。参加舞会的人都要穿上华丽的衣服。人们大都穿西装，尤其在重要的场合，穿西装的人更多。但平时，一般人穿西装比较随便，没有严格的讲究。印第安人在重大的节日都穿自己的民族服装。

【饮食】城市居民主要吃西餐，多吃大米、玉米、豆类，饮料是啤酒、可口可乐、咖啡和玉米酿成的饮料。洪都拉斯的水果品种较多，有香蕉、芒果等。该国人以过分饮酒为自豪，他们认为最让人生气的事是吃过自己酒席的家庭或部落不回请自己。

洪都拉斯的咖啡是从萨尔瓦多传入的。洪都拉斯生产高酸性优质咖啡。像其他地方一样，洪都拉斯的咖啡等级依据海拔高度而定：在海拔 700—1000 米地带种植的咖啡属于中等，海拔 1000—1500 米地带种植的咖啡属于上等，海拔 1500—2000 米的咖啡属于特等。1975 年巴西霜冻之后，洪都拉斯的咖啡产量显著提高，20 年内从 50 万袋增加到 180 万袋。洪都拉斯所有咖啡都由个体运输商发袋出口，大都出口到美国和德国。

第八节　自然景观

【科潘古城遗址】海拔600米的科潘面积为15万平方米，是建于公元前7世纪至公元前1世纪的洪都拉斯玛雅古城的遗址，这里曾是古代玛雅人的政治和宗教中心之一。金字塔是科潘遗址中最重要的建筑，塔上有一道宽约10米，长约60米的石梯，沿着石梯可直通塔顶。用2500块经过加工的巨大方石建筑的石梯共62级，在每级石阶上都刻着玛雅人的象形文字，因而又命名为“象形文字石阶”。在玛雅人的祭祀活动中，祭司和部落首领就是通过这个石梯登上塔顶进行祭祀的。

用整块山岩雕凿而成的宗教石碑群高低不一，上面刻满了图案，这些图案都各有象征意义，碑上还刻了数以千计记载了玛雅人的重大事件的象形文字，石碑上众多的雕像人物中，一位名叫伊特桑纳的祭司是最突出的人物，他是玛雅人的首任祭司，就是他发明了玛雅象形文字和太阳历。

在16组居民的住宅遗址中，玛雅祭司的住宅是离宗教建筑最近的住宅，其次是部族首领、贵族、商人的住宅，而平民的住宅则离得最远，这种布局反映了在阶级社会的等级制度中，宗教祭司具有崇高地位。

在科潘遗址中，还发现一个面积约为300平方米的方形场地。据考证，这个地面铺着石砖，两边各有一个斜坡的场地是科潘的玛雅人在祭祀仪式中举行一种奇特的球赛的场所。在球赛中，获胜者被奉为勇士，失败者将被砍头祭神。看台上还留着当时队员祈求神灵保佑和祭神的两座庙宇的建筑物遗迹。

【巴亚群岛】巴亚群岛坐落在西加勒比海，是洪都拉斯的一个省，包括罗亚坦、马提拉、瓜纳哈3 座较大有人居住的岛，以及若干小岛。罗亚坦岛是巴亚群岛中最大的岛屿，它的形状像一个梭子，东西长30余海里，南北宽不足5海里。在岛上观海有一个奇特的现象，海水平静得像池水，只有朝远处看，才可以看到一线白色的细浪。这是因为巴亚群岛周围生长着极其丰富的珊瑚，尤其是罗亚坦岛以北海底的屏障珊瑚，挡住了海潮。这片珊瑚向大海延伸数海里后，突然下滑，形成了一道深深的沟壑，然后又隆起，形成又一片珊瑚屏障，一直延伸到 18 海里外的深海中。据说，这片珊瑚礁一直向北铺展到伯利兹沿海，其规模仅次于澳大利亚的大堡礁，居世界第二位。这里集中了加勒比海各种不同类型的珊瑚，珊瑚不仅是海岛的屏障，而且为鱼类的生存、繁衍提供了理想的场所，巴亚群岛附近有上百种鱼，大约有 20 多种是生活在珊瑚之间的，有的鱼类甚至完全靠这里密集的珊瑚繁殖后代。岛上居民的房屋也别具特色，一座座木头吊脚屋点缀在椰林深处或是港湾里。

【约华湖】位于该国西北部的圣巴巴拉、科尔特斯和科马亚瓜省之间。湖长 22 公里，湖面则宽窄不一，最宽处 14 公里，面积 285 平方公里，湖中波光粼粼，周围奇峰耸立。是洪都拉斯重要的旅游胜地。

【普拉塔诺河生物保护区】位于洪都拉斯东北部的格拉西亚斯—阿迪奥斯省的普拉塔诺河生物保护区面积为 3500 平方公里，是中美洲最后几片原始热带雨林之一，也是洪都拉斯最重要的森林保护区，这里既生长热带雨林，还生长着亚热带雨林，整个森林绵延不尽，直达加勒比海岸边，景观迷人。保护区内生活着 180 多种两栖动物和爬行动物。在普拉塔诺河谷，考古学家还发现了古代石雕和刻有动物图案的磨石，据考证，这是玛雅文化的重要遗物。

第九节　重大事件

【足球战争】1969 年 6 月，洪都拉斯与萨尔瓦多因争夺进入第 13 届世界杯足球赛展开了激烈的角逐。当时两国正因边界争端和非法移民问题而关系紧张。萨尔瓦多有 300 万人，其中竟有 27 万人侨居洪都拉斯谋生，给仅有 270 万人的洪都拉斯造成了巨大的社会压力。就在这种紧张的气氛中，双方在绿茵场上的较量开始了。

就在赛前一天，为了帮助本国球队获胜，大批洪都拉斯球迷聚集在客队下榻的宾馆前，不断制造巨大的噪音，使客队队员根本无法入睡。结果在比赛中，萨尔瓦多队完全不在状态，主队却在数万名观众的助威声中以 1:0 取胜。

面对这一结果，前来洪都拉斯观战的萨尔瓦多球迷怒不可遏，赛场一片混乱。洪都拉斯当局好不容易才平息了骚乱。不料正当洪都拉斯举国欢庆时，另一起惨剧又发生了。

原来就在比赛结束后，一名 18 岁的萨尔瓦多少女无法接受本国球队败北的事实，开枪自杀，这名女孩的死使萨尔瓦多人既悲痛又愤怒，萨尔瓦多媒体开始讨伐洪都拉斯政府。

葬礼结束后，无数萨尔瓦多球迷聚集在总统府前示威。在压力之下，萨尔瓦多政府下令向边境调集军队，不甘示弱的洪都拉斯政府也屯兵边界。不过经国际足联的紧急斡旋，双方保证仍按原计划在萨尔瓦多首都圣萨尔瓦多进行第二场比赛。

6 月 13 日，洪都拉斯国家队飞往圣萨尔瓦多。球员们在萨尔瓦多警察的保护下匆匆进入宾馆。第二天中午，上万名萨尔瓦多球迷涌上街头，开始了更为狂热的游行。

6 月 15 日比赛当天，疯狂的萨尔瓦多球迷高唱着国歌，挥舞着“踢死洪都拉斯足球队”的横幅。洪都拉斯队乘坐着装甲车进入赛场，即便这样，他们仍遭到萨尔瓦多球迷的袭击。在按惯例举行升国旗仪式时，洪都拉斯的国旗竟被一块破布代替，其国歌也受到侮辱。萨尔瓦多队最终以 3:0 大胜对手。但赛后，双方球迷再度发生冲突。100 多辆汽车被烧毁，随队观战的几十名洪都拉斯球迷被打伤住院，另有两人被活活打死。

在有关方面调停下，双方在墨西哥城举行了第三场比赛，萨尔瓦多以 3:2 险胜洪都拉斯，取得了世界杯入场券。面对这一结果，洪都拉斯愤怒了，开始对侨居在本国的萨尔瓦多人大肆迫害，许多无辜者遇害。不久，洪都拉斯又驱逐两万名萨尔瓦多侨民，并宣布萨尔瓦多驻洪都拉斯大使为“不受欢迎的人”。6 月 27 日，两国宣布断绝外交关系。

面对洪都拉斯政府的动作，萨尔瓦多也开始采取对应措施。7

月 14 日，萨尔瓦多发动突然袭击，从而拉开了“足球战争”的序幕。4 天后，在国际社会的调停下，萨尔瓦多同意签订停火协议。尽管这场富有戏剧性的战争仅持续了 100 个小时，但双方死亡人数仍达 3000 人，经济损失超过 5000 万美元。由于两国的武装冲突，迫使中美洲共同市场陷入瘫痪，双方的贸易完全中断，边境冲突不断，航空飞行也中断了十年之久。

第五章　尼加拉瓜

第一节　概况

【国名】尼加拉瓜共和国（La República de Nicaragua）

【面积】121,428 平方公里

【人口】510 万人（2005 年）。印欧混血人种占 69%，白人 17%，黑人 9%，印第安人 5%。

【首都】马那瓜（Managua），位于国境西部，地处马那瓜湖南岸，并由此得名。马那瓜一词来自印第安人的纳华尔语，其含义有两种解释，一是“墨西哥人的地方”，二是“水边”。西北距太平洋岸科林托海港 140 公里。海拔 55 米，人口 162 万（2004 年），最高气温 32℃，最低气温 23℃。16 世纪初西班牙人征服尼加拉瓜时，这里是一个比较重要的印第安人村镇。1846 年成为城市。1852 年被定为共和国首都。从此成为全国最大城市和政治经济中心。

马那瓜是尼加拉瓜主要经济中心之一。马那瓜的工业主要有纺织、肉类加工、制药、建材、皮革、饮料、家具、金属制品、制糖、炼油等。农业主要生产咖啡、棉花、蔬莱、水果等。

马那瓜是尼加拉瓜的交通枢纽，太平洋铁路从马那瓜出发，经莱昂、奇南特加到太平洋沿岸的科林托港。马那瓜还有通往桑地诺港及经马萨亚到格拉纳达的铁路。泛美公路穿过首都，北通洪都拉斯，南抵哥斯达黎加；大西洋公路和太平洋公路使首都与两洋连接，并可到达全国各主要省市和地区。马那瓜有国际机场，可与美国、墨西哥以及中美洲各国通航。

马那瓜是全国的文化中心。研究及教育机构有：尼加拉瓜语言

学院、全国农牧业研究所、发展研究所、工会培训学院、社会研究所、历史研究所、企业管理所等。马那瓜的主要图书馆有国立图书馆，1882 年建立，藏书 7 万册；中美洲企业管理学会图书馆，1964 年建立，藏书 2.8 万册；尼加拉瓜国立档案馆，藏书 4 万册。此外，国立自治大学和天主教大学都有图书馆。马那瓜的博物馆主要有 1900 年建立的尼加拉瓜国家博物馆和革命胜利后建立的扫盲博物馆。此外，还有桑地诺武装部队展览馆等。

其他重要的景点还有：马那瓜湖畔国家公园的阿考林克遗迹、马萨亚火山公园、埃德加·朗·萨卡萨动物园、希洛亚火山湖及马那瓜湖等。

因地处太平洋火山活动地震带东侧，100 多年来，该市曾爆发过 4 次强烈地震，其中以 1972 年 12 月的一次对城市的破坏最为惨重。重建的马那瓜在减少人口密度、大企业迁移外地和提高建筑防震能力等方面采取了许多重要措施。

【国旗】呈长方形，长与宽之比约为 5:3。自上而下由蓝、白、蓝三个平行相等的横长方形组成，中央绘有国徽图案。国旗的颜色来自原中美洲联邦国旗，上下为蓝色、中间为白色，这个图案也表示该国在太平洋和加勒比海之间的地理位置。

【国徽】中心图案为三角形，三条黄边代表平等、真理和正义。三角形下部为海面上耸立的五座绿山，象征组成原中美洲联邦的五个成员国，被绿山隔开的蓝色代表由中美洲地峡分开的太平洋和加勒比海。山顶为黄色，表示该地区多火山的高原地貌。绿山之上是“自由之竿”和“自由之帽”，还有一道象征希望的彩虹。环绕三角形图案的是一圈黄色的西班牙文字，为“中美洲，尼加拉瓜共和国”。

【货币】金科多巴（Córdoba）

【宗教信仰】罗马天主教徒占 95%，其他教占 5%。

【国花】姜花

【国鸟】绿眉翠

【时差】比北京时间晚 14 小时；比格林尼治时间晚 6 小时。

【与我国建交时间】尼加拉瓜与中国曾于 1985 年 12 月 7 日建

交。1990 年 11 月 6 日，尼加拉瓜宣布与台湾“复交”；11 月 9 日，中国随即宣布中止了与尼加拉瓜的外交关系。

【独立日】 9 月 15 日（1821 年）

【首都以外其他主要城市】莱昂（León）：尼加拉瓜第二大城市，莱昂省首府，2005 年人口为 36 万。位于西部太平洋沿岸平原上，东南距马那瓜 81 公里。1524 年始建于莫莫通博火山山麓马那瓜湖畔。1609 年 12 月 31 日为地震所毁，次年迁至现址。1855 年之前为国家首都。商业发达，为农牧产品集散中心。工业有轧棉、烟草、皮革、制乳等。铁路、公路与马那瓜、科林托港相通。有大学、宗教学院和众多教堂。

格拉纳达（Granada）：尼加拉瓜西南部城市，格拉纳达省首府，2005 年人口为 17 万，位于尼加拉瓜湖西北岸，西北距马那瓜 44 公里，海拔 55 米。格拉纳达始建于 1524 年，17 世纪屡遭海盗破坏，是全国重要的工商业中心，周围有家具、制皂、服装、榨油、酿酒等加工工业。太平洋铁路的终点站，同马那瓜有高速公路相通。城市建筑为典型西班牙风格。游览业发达。

马萨亚（Masaya）：尼加拉瓜西南部城市，马萨亚省首府，2005 年人口为 29 万。位于马萨亚火山东麓，西北距马那瓜 25 公里。周围农业区（主产烟草）的工商业中心，以出产印第安手工艺品（刺绣、棕榈帽等）著称，有烟草、制鞋、制皂、制革等工业。铁路、公路和航空交通便利。

奇南德加（Chinandega）：尼加拉瓜西北部城市，奇南德加省首府，2005 年人口为 38 万。位于埃尔别霍火山西南、太平洋海岸低地上。始建于 1849 年。周围为全国最重要的农业区之一，盛产甘蔗、棉花、谷物、咖啡、可可和牲畜。奇南德加是重要的工商业中心，有农产品加工、锯木、制革、卷烟、制皂等工业。铁路、公路通首都马那瓜及科林托港。

第二节 地理

【概况】位于中美洲中部，北接洪都拉斯，南连哥斯达黎加，东临加勒比海，西濒太平洋。海岸线总长 880 公里，其中太平洋海岸线达 410 公里，加勒比海岸线 470 公里。

【地貌】全国分为三大地理区域：东部为波状丘陵和加勒比沿海低地；西部太平洋沿岸北段多火山丘陵，中南段为辽阔的两湖平原；中部高原北接洪都拉斯，南连哥斯达黎加，都是海拔 900—1500 米以上的高原山地。

以中部高原为界，科科河、格兰德河、埃斯康迪多河和圣胡安河等较长，向东汇入加勒比海；向西流入太平洋的多为水流短急的季节性河流。

由于地处南北美洲两大地理板块衔接处，地震和火山喷发频繁。频繁的地壳运动形成众多的湖泊，素有“火山湖泊之国”的美称。尼加拉瓜湖面积 8029 平方公里，为中美洲最大的湖泊。马纳瓜湖面积 1041 平方公里。两湖间有一条河流相通。

【气候】在尼加拉瓜依地区差异有不同的气候，大部分由高度决定。东部平原高温多雨，属热带海洋性气候，年平均气温为 26℃。年降雨量为 5000—6000 毫米；西部沿岸低地非常炎热，降水明显少于东部，且有干、湿季之分，属热带草原气候，年平均气温 27℃，最热月份为四、五月，气温达 38℃，年降雨量 700—1000 毫米；中部高地年平均气温 18℃，年降水量 1500—2500 毫米，5—12 月为雨季，1—4 月为旱季。3、4 月是全年最炎热的时候。

第三节 政治

【宪法】1986 年 8 月 18 日由国民议会通过，1987 年 1 月 9 日生效。1995 年 2 月修改。宪法规定：尼加拉瓜是一个独立、自由、自主、统一和不可分割的国家。总统是国家元首、政府首脑和武装部队最高司令。总统由选举产生，任期五年。公民有集会、罢工等权利。2000 年 1 月再次修改，将最高法院成员由 12 名增至 16 名，选举委员会成员由 5 人增至 7 人。

【议会】国民议会为一院制，其职能包括制定和解释法律，宣布大赦，批准国家预算和国际条约，选举最高法院大法官，决定政治和行政区划等。1996 年选出的议会共 93 个席位，议员任期五年。其中：自由联盟 41 席，桑解阵 36 席，基督教道路 4 席，保守党 3 席，全国计划 2 席，桑革新运动、团结联盟、全国反对派联盟 96 席、国家保守行动、独立自由党等七个小党派各 1 席。议长每年选举一次，任期一年。

【政府】内阁是政府行政机构，由总统直接领导，副总统和内阁协助工作。

【司法机构】设最高法院、若干上诉法院和共和国法院。最高法院由国民议会选举产生的 16 名大法官组成，任期七年。院长由总统任命。

【行政区划】全国划分为 6 个大区和 3 个特区，共辖 16 个省，省下设市镇 137 个。第一大区辖埃斯特利省（Estelí）、马德里斯省（Madriz）和新塞戈维亚省（Nueva Segovia）；第二大区辖莱昂省（León）和奇南德加省（Chinandega）；第三大区辖马那瓜省（Managua）；第四大区辖格拉纳达省（Granada）、马萨亚省（Masaya）、卡拉索省（Carazo）和里瓦斯省（Rivas）；第五大区辖博阿科省（Boacó）、琼塔莱斯省（Chontales）和塞拉亚省（Zelaya）中部地区；第六大区辖马塔加尔帕省（Matagalpa）和希诺特加省（Jinotega）。第一特区辖塞拉亚省（Zelaya）北部地区，第二特区辖塞拉亚省（Zelaya）南部地区，第三特区辖圣胡安河省（Río San Juan）。

【政党】尼加拉瓜党派林立，主要有：

（1）自由联盟（Alianza Liberal）:是制宪自由党、独立自由党、民族团结自由党、国家自由党和新自由党为参加 1996 年大选而组成的联盟，于 1995 年 8 月签署联合纪要。联盟对桑地诺民族解放阵线和其执政时期的经济和社会政策持强烈反对态度。在 1996 年 10 月 20 日大选中击败桑地诺民族解放阵线上台执政。

（2）桑地诺民族解放阵线（Frente Sandinista de Liberación Nacional）：简称桑解阵，1961 年 7 月 23 日成立。成员 3.75 万人，主要成员是工人、农民和知识分子。1979 年 7 月至 1990 年 4 月执政。1990 年 2 月在大选中失利。1991 年 7 月召开党的首届代表大会，确认该党是一个“革命、民主和反帝的政党”，继续在法律范围内开展政治斗争。1992 年 9 月该党作为观察员加入社会党国际。总书记丹尼尔・奥尔特加（Daniel Ortega）。1994 年，领导委员会成员塞尔希奥・拉米雷斯在党内成立改革派。后拉派成员退党，并宣布成立“桑地诺革新运动”。

（3）其他政党有：尼加拉瓜保守党（Partido Conservador de Nicaragua）、全国纲领（Proyecto Nacional）、基督教社会人民党（Partido Popular Social Cristiano）、尼加拉瓜共产党（Partido Comunista de Nicaragua）、尼加拉瓜社会主义党（Partido Socialista de Nicaragua）、马列主义人民行动运动（Movimiento de Acción Popular Marxista－Leninista）、尼加拉瓜基督教社会党（Partido Social Cristiano de Nicaragua）、尼加拉瓜民主运动（Movimiento Democrá tico Nicaraguense）、革命团结运动（Movimiento de Unidad Revolucionaria）、社会民主党（Partido Social Demócrata）等等。

【文化教育】实行中小学义务教育。小学学制 6 年，中学 5 年，大学 4－7 年。有 4 所大学，其中最著名的是马那瓜国立大学。成人受教育比率较低，为 76.6%，文盲率居中美洲之首。

【新闻出版】主要报纸有：亲政府的《新闻报》、支持反对党桑解阵的《日报》和《法庭报》。有 114 家广播电台，8 家电视台。其中 6 频道为国家电视台，其余为私营电视台。

第四节 经济

【概况】农牧业国家，主要生产棉花、咖啡、甘蔗、香蕉、肉类等。严重依赖外援。80 年代桑解阵执政时期，由于长期战乱、自然灾害、美国封锁，加上政策失误，经济非常困难。90 年代以来，政府通过调整经济政策，恶性通货膨胀得到遏制，财政赤字减少，进出口贸易增加，经济形势开始逐步好转。后来，政府重视农业，实行经济对外开放，加快调整结构，大力吸引外资，积极向贫困和失业进行斗争，并取得成效。1998 年受“米奇”飓风侵袭后，政府将经济工作的重点放在灾后的恢复和重建上，国外为尼加拉瓜重建注入的大量资金带动了尼加拉瓜建筑业、工业以及运输业的发展，经济在 1999 年取得了较快增长，通货膨胀率和失业率都有所下降。2000 年，建筑业蓬勃发展和农业生产复苏，特别是出口增加使尼加拉瓜经济保持了高增长势头。但高额外债和贸易赤字仍然是尼加拉瓜经济发展的主要障碍。

【自然资源】是拉美主要产金国之一，已探明有 106 条金矿脉，年产量曾达 7 万盎司，居世界第十三位。其它矿藏有银、锑、锌、铜、铅等。地热资源丰富，开发潜力很大。

森林占全国面积的 43%，有价值的出口木材有桃花心木、雪松、松木、栎木等。

有上千种野生脊椎动物，包括 310 种鸟类、177 种哺乳类、162 种爬行类和 59 种两栖类。

由于东西海岸线长近 900 公里，境内又有尼加拉瓜和马那瓜等众多淡水湖，水产资源十分丰富。沿海盛产海龟、金枪鱼、龙虾、海虾、海蟹、扇贝、贝类等。尼加拉瓜湖是世界上唯一出产淡水海鱼的地方，有鲨鱼、箭鱼、大海鲢等多种淡水海鱼。

【农林牧渔业】国家主要出口创汇部门。主要农作物有棉花、咖啡、甘蔗、香蕉、玉米、水稻、高粱等。可耕地面积约 4000 万公顷，已耕地 87 万公顷。农业劳动力约 45.6 万人，占经济自立人口的 29.5%。近几年来渔业有较大发展。1999 年农、牧、渔、林业的产值分别为 44.23 亿、17.93 亿、3.66 亿和 3730 万科多巴，比上年同期分别增长 7.8%、0.7%、－7.6%和 3.3%。

【工业】基础薄弱。主要有食品加工、饮料、烟草、纺织、木材、化工、油产品、非有色金属、金属产品等。1999 年工业产值占 GDP 的 21.7%。工业就业人数约占经济活动人口的 13%。1999 年制造业、建筑业、矿业产值分别为 47.25 亿、17.08 亿、4.50 亿科多巴，分别比去年同期增长了 3.3% 、53.4% 和 28.9%。设有拉斯梅塞德斯等若干经济开发区，不少著名外国企业在该区投资。

【旅游业】旅游资源丰富。结束内战后旅游业发展较快，游客逐年增多，收入可观，已和咖啡、糖一起成为尼加拉瓜经济的三大支柱。1999 年接待国外旅游人数约 40 万，创汇 1.06 亿美元。著名旅游点有尼加拉瓜湖、圣地亚哥火山等。

【交通运输业】主要靠铁路、公路和水路运输。

铁路：总长 345 公里。

公路：总长 24748 公里，其中柏油路 1500 公里。一条长 368.5 公里的泛美高速公路通往邻国洪都拉斯和哥斯达黎加。1999 年陆地客运量 4.7 亿人次，货运量 277.7 万吨。

水运：重要的国际商港有位于太平洋岸的科林托港和位于大西洋岸的布卢菲尔兹港。国内有五条河流，可部分通航。

空运：国际航线通往迈阿密、墨西哥城、哈瓦那和中美洲各国首都。大小机场 20 多个，其中马那瓜的塞萨尔·奥古斯托·桑地诺机场为主要国际机场。

【对外贸易】在经济中占有十分重要的地位。主要传统出口产品有咖啡、棉花、水产、糖、金、银等，非传统出口产品有豆类和粮食。主要进口原材料、半成品、消费品、资本货物、石油、燃料、润滑油等。同 50 多个国家和地区有贸易关系。产品主要出口美国、欧盟和中美洲国家，进口来自美国、墨西哥、委内瑞拉和中美洲国家。1999 年出口 5 亿美元，进口 17 亿美元，近年来非传统产品出口增多。

第五节　历史

最早居住在这里的印第安人是 6000 多年前来自墨西哥奇布查

人的后裔。西班牙人到来时，最著名的酋长尼加拉奥（Nicarao）曾率部顽强抵抗殖民者，尼加拉瓜由此得名。

1502 年 9 月 12 日，哥伦布第 4 次美洲航行时，曾在圣胡安河口登陆。1519—1524 年，西班牙殖民者先后派遣 3 支远征军抵达尼加拉瓜，建立了老莱昂和格拉纳达两个中美洲首批永久性殖民地。自此，尼加拉瓜便沦为西班牙的殖民地。起初因淘金吸引了一群西班牙人过来，但随即退热。当时，格拉那达（Granada）和里昂（León）两个城市人口较多，马那瓜是一个小村子。在格拉那达和里昂两个城市因为贫富不均及政权相争引发多次内战。当时除了西班牙之外，尚有英国、法国及荷兰人觊觎此块土地，在 17 世纪时加勒比海岸和格拉那达常常遭受攻击偷袭。尼加拉瓜先属巴拿马都督府管辖，1570 年后由危地马拉都督府统辖。1821 年 9 月 15 日，危地马拉都督加维诺•加因萨在独立党等进步力量推动下，召集"公开市政议会"，发表了第一个《中美洲独立宣言》，中美洲从此脱离宗主国宣告独立。

从西班牙独立后，尼加拉瓜曾短暂属于墨西哥帝国，1826 年加盟中美洲联邦，于 1838 年退出，正式独立。除了内部保守党与自由党的争夺政权之外，美、英两国也对此地十分有兴趣。英国人在 1848 年占领加勒比海港口圣胡安（San Juan del Norte）。

1855 年，美国人威廉•渥克（William Walker）在美国政府支持下， 以协助尼加拉瓜内战为借口入侵尼加拉瓜，并自称总统。威廉在 1860 年在洪都拉斯被枪决。1911 年，美军因尼加拉瓜内战派遣海军进驻尼加拉瓜。1912 年美军在尼加拉瓜建立基地，进而控制政权。1927 年 7 月起，奥古斯托 • 塞萨尔 • 桑地诺（Augusto César Sandino）将军与蒙卡达（Jose Maria Moncada）和赛卡沙（Juan Bautista Sacasa）领导人民开展反对美军占领的游击战争，迫使美军于 1933 年撤离。美军在撤退前训练了一支国家防卫兵，由索摩查（Somoza）掌管。

1934 年 2 月 21 日，尼加拉瓜民警卫队司令安纳斯塔西奥 • 索摩查 • 加西亚在美国的指使下暗杀了桑地诺，赶走赛卡沙，继而以不正当手段在 1937 年当上总统，进而修改宪法，给予自己无限大权力，成为声名狼藉的独裁者，统治尼加拉瓜长达 20 年之久。

1956 年，索摩查在被提名为下一任总统的第二天被暗杀，其长子路易斯·索摩查（Luis Somoza）继任。1967 年路易斯去逝，其弟安纳斯塔西奥 （Anastasio）接任。索摩查家族在位期间滥用权力，使用各种方法聚积私人财产，国家腐败，民不聊生，人民早就心生怨恨。

1972 年马那瓜发生大地震，死伤众多，许多人无家可归，人心惶惶。国际间的援助又被索摩查家族中饱私囊，反对索摩查的呼声早已充斥于社会各个角落。

1974 年，索摩查因新宪法得以连任。当时有两个较强有力的反对团体：由丰赛卡（Carlos Fonseca）领导的桑地诺民族解放阵线（简称桑解阵）（FSLN，Frente Santinista de Liberación Nacional）及由查莫诺 （Pedro Joaquín Chamorro）领导的自由民主联盟（UDEL，Unión Democrática de Liberación）。两派的斗争使尼加拉瓜遭受空前的灾难，丰赛卡也于 1976 年被刺杀，查莫诺于 1978 年 1 月被暗杀。

查莫诺被暗杀后，更多的人加入桑解阵。1978 年 8 月，桑解阵占据国家大厦。桑解阵展开一次又一次的攻击，各个城市都传出捷报。1979 年 7 月，桑解阵进军马那瓜，索摩查逃出尼国（一年后在巴拉圭遇刺）。19 日，桑解阵废除宪法，解散议会，成立 5 人共治政府（1980 年变为 3 人），桑派人民军取代国家防卫兵。

美国自始至终一直支持索摩查家族。1981 年，里根 （Ronald Reagan）上任，美尼两国的关系愈来愈恶化。美国认为桑派与苏联勾结，于 1981 年完全断绝对尼加拉瓜的经济支持，对尼加拉瓜实施贸易禁运，并支持尼加拉瓜国反抗军（Contra）在尼加拉瓜边境从事游击活动。这些活动一直持续到 80 年代。

1984 年 1 月，桑解阵宣布总统大选，共治政府委员丹尼尔·奥尔特加·萨韦德拉（Daniel Ortega）高票当选。虽然桑解阵宣称此次选举公正公平，但仍被对手控告不民主，里根炮轰此次选举为尼加拉瓜一大耻辱。1987 年 1 月 9 日，尼加拉瓜颁布新宪法。

1985 年，美恢复对尼加拉瓜的经济援助，并呼吁其他国家伸出援手。私下却支持反抗军。在此期间许多国家都提出和平计划，但无一成功。直到 1987 年，哥斯达黎加总统桑切斯（Óscar Arias Sánchez）所提出的和平计划由中美两国元首共同签署，情势才渐有转机。

由于美国的金钱支持，以及苏联力主和解，尼加拉瓜接受了 5 国和平协议，于 1990 年顺利举行总统大选。由 14 个反对党所组成的反对联盟（UNO，Unión Opositora）所提名的查莫洛夫人（Violeta Barrios de Chamorro）当选此任总统。2000 年 4 月，尼加拉瓜总统阿莱曼访问美国。6 月，美同意尼派驻美武官，这表明自 1979 年桑解阵上台后中断了 21 年的两国军队关系重新正常化。

2011 年 11 月，尼加拉瓜总统丹尼尔·奥尔特加·萨韦德拉在总统选举中击败对手，成功连任。此前，奥尔特加先后多次当选桑解阵总书记。

第六节 人物介绍

【桑地诺】（1893—1934），尼加拉瓜游击队领导人。桑地诺生活在尼加拉瓜日益殖民地化的动荡年代，他亲眼目睹了美国海军陆战队的武装入侵和杀害爱国志士的暴行。出身农民之家的桑地诺 20 多岁起离家到国外做工。艰苦的生活磨炼了他的意志，他十分痛恨美国仗势欺压各中小国家，在墨西哥时就积极参加反美斗争。看到自己的祖国遭受侵略，他焦虑万分，决心回国，把尼加拉瓜从外国侵略者铁蹄下解放出来。

1926 年，桑地诺来到尼加拉瓜北部山区圣·阿尔比诺金矿，商定举行武装起义，打击美国侵略者。起义的时刻来到了，工人们举起自制的红黑两色旗，庄严宣誓：为祖国的自由而战！他们用开金矿的炸药炸毁了矿场，以自制的手榴弹、简陋的武器装备袭击了美军驻兵和独裁政府的警察官署。当大批美军和政府军队开到时，桑地诺带领着 29 个伙伴进入了山区。这支小小的游击队向强大的敌人宣战了。他们后来成为尼加拉瓜保卫民族主权军的核心。

各界民众闻此消息无比振奋，纷纷来投奔。不久，就有了 800 名组织得很好的骑兵队伍。保卫民族主权军队伍日益壮大，他们以拉斯赛戈维亚斯山区的大森林为根据地，神出鬼没地袭击美国侵略军。游击队同装备和数量远远优于自己的敌人展开了机智的周旋。

到 1931 年，保卫民族主权军已经控制了 8 个省的农村地区。桑地诺的威信也越来越高，人们崇敬地把他称作“自由人的将军”。尼加拉瓜人民的斗争也得到了拉美各国的声援与支持。内外交困的美国侵略者无计可施，终于在 1933 年撤出了尼加拉瓜。

苦战了七年的游击队战士们取得了反对美帝侵略斗争的巨大胜利，他们放下武器，拿起工具，开挖河渠，寻找金矿，建立种植园，以为自由和平幸福的生活从此将来临。然而，美国和它扶持的代理人并不甘心失败，他们仍把桑地诺视为“心腹之患”。

1934 年 2 月 21 日，桑地诺被尼加拉瓜政府陆军首脑索摩查用计杀害。

但是，人民仍然记着“自由人的将军”桑地诺，他为了民族独立，挺身抗击侵略者，英勇奋斗坚强不屈的精神，为后世树立起了一座不朽的丰碑。

【索摩查家族】对尼加拉瓜实行 40 余年独裁统治的家族。索摩查家族第一个独裁统治者安纳斯塔西奥·索摩查·加西亚（Anastasio Somoza García）1896 年 2 月 1 日生于咖啡园主家庭，依靠钻营很快进入政界上层，先后担任莱昂省省长、驻哥斯达黎加大使和外交部长等职。由于他长期效忠美国，1933 年 1 月美国占领军撤走前，被提升为尼加拉瓜陆军首脑，指挥军队同奥古斯托·塞萨尔·桑地诺（Augusto César Sandino）作战。1934 年他任国民警卫队司令后，指使国民警卫队暗杀了桑地诺。1936 年 5 月发动政变，罢黜萨卡沙总统职务，1937 年 1 月攫取了总统职位。1947 年在人民反独裁斗争的压力下，他暂时退居幕后，但仍掌握军权。1951 年再次出任总统，直到 1956 年 9 月被刺身亡。

索摩查·加西亚死后，其长子路易斯·索摩查·德瓦伊莱（Luis Somoza Debayle）代理总统。1951 年担任参议院和众议院议长，1957

年当选总统。他基本上奉行其父的独裁政策。1963 年大选前，慑于国内反独裁斗争，授意议会修改宪法，规定总统不得连任，禁止在职总统的近亲继承总统职务。此后 4 年总统虽由古铁雷斯担任，但是索摩查家族仍控制议会和国民警卫队。1967 年 4 月索摩查·德瓦伊莱死于心脏病。同年，其弟安纳斯塔西奥·索摩查·德瓦伊莱当选总统。1956 年 6 月任国民警卫队司令。1972 年辞去总统职务后继续掌握军权。他还是索摩查家族的御用工具国民自由党的领袖。1974 年他再度当选总统，1979 年 7 月 17 日被桑解阵推翻，同年 8 月流亡巴拉圭，1980 年 9 月被刺杀。

1936—1979 年的 43 年间，尼加拉瓜军政要职几乎完全由索摩查家族所占据。他们对内实行独裁统治，残酷镇压民主势力，对外追随美国，使尼加拉瓜成为美国镇压中美洲民族解放运动的基地。他们滥用职权，为家族聚敛财富。1936 年安纳斯塔西奥·索摩查·加西亚上台时只有一座咖啡园，到 1975 年仅安纳斯塔西奥·索摩查·德瓦伊莱的财产就有 4—5 亿美元，整个家族的财产达 15 亿美元，相当于该年度尼加拉瓜的国内生产总值。他们占有全国 15%—20%的耕地，握有 100 多家公司企业的全部或大部分股票，垄断着航空、海运、肉类加工、建筑、制糖、汽车经销和银行等部门，拥有报社、电视台和电台。此外，在欧洲、美国和其他拉美国家还有巨额存款。

第七节 风土人情

【尼加拉瓜玉米节】尼加拉瓜农民在每年 9 月 26 日举行一次玉米节。玉米节期间，成千上万来自全国各地的农民聚集一地，举办全国玉米展览会。每届玉米节都要从 100 多种用玉米制做的食品、菜肴和饮料中评选出当年的最佳食品、菜肴和饮料。参赛食品中有面包圈、面包片等各式面包，“达哥”薄饼、黄油牛奶饼和油煎饼等各式饼类，还有包子、粽子和各式糕点；菜肴中有“苛洛呆”（清炖漱玉米轴）、腌嫩玉米和凉拌嫩玉米等；饮料中有玉米面可可茶、玉米面粥、“奇恰”玉米甜酒和玉米酿制的“古功萨”烈酒。此外，还要选出创全国最高单位产量的玉米生产能手和在农民中最流行的最佳玉米颂歌。

最有趣的是评选玉米皇后。每年都在全国数以万计的年轻貌美的农家姑娘中挑选出24名玉米皇后侯选人参赛。参赛者的服饰必须全部用玉米的各部分制成。玉米皇后是根据姑娘的面貌、身材和玉米服饰评选出来的。玉米皇后选出后，便乘坐用玉米叶和杆装饰起来的彩车在手风琴的伴奏下缓行在人群中展示其风姿。成千上万的农民发出热烈的欢呼声，把玉米节推向欢乐的高潮。

尼加拉瓜地处热带，盛产玉米，自古以来就以玉米为主要食粮。中美洲人喜欢叫尼加拉瓜人是“比诺雷罗”，西班牙语的意思是“喜欢吃玉米的人”。尼加拉瓜人也自豪地自称“比诺雷罗”。尽管在100多年前，面包已传入尼加拉瓜，但尼加拉瓜人至今仍普遍喜欢玉米食品。首都马那瓜街头到处都有出售玉米食品和饮料的摊点。“比诺尔”（即玉米面条）和“达哥”饼已成为尼加拉瓜人生活中不可或缺的东西。尼加拉瓜人十分会吃玉米。不结粒的小嫩玉米轴用来做菜吃，或炒或炖或腌或凉拌，均别具风味。玉米粒磨成粉，加糖或盐做成饮料，冷饮热喝均香甜解渴。玉米面加入各种调料或烤或炸或蒸或烙，可以做成近百种脍炙人口的食品。

尼加拉瓜民间流传着许多关于玉米的美丽传说。最有趣的是关于玉米是怎样在尼加拉瓜诞生的神话。故事大意是：相传很久很久以前，尼加拉瓜有两位可敬的年长的部落首领，他们在7天之内用8种稀罕之物创造了一种新植物，这就是玉米。这8种东西是：一粒黄色的金子作种子的颜色，一滴鹿奶做种子的心脏，一片鹰爪趾甲赋予种子随处可以生长的能力，一滴美洲狮鲜血赋予种子以抵抗力，一根浣熊脊骨赋予种子适应各种气候的能力，一根勇士帽子上的羽毛赋予种子勃勃生机，一片蓝玉赋予种子永远生存的能力。他们把这些东西包在一段蛇皮里使种子有了每年更新的活力，再埋进山洞，等待日出。一日，阳光照进山洞，一颗玉米拔地而起，玉米从此便在尼加拉瓜的大地上诞生了。

【风俗习惯】这里的风俗礼仪既有传统的印第安人风格，但更多的是带有浓厚的宗教色彩，同时也散发出一些现代文明的气息。

服饰礼仪：尼加拉瓜全年气温较高，雨量充沛，所以草帽等遮阳帽和花花绿绿的雨伞成为人们四季常备的物品，这里的土著女孩喜欢在自己的两鬓结两个小花球来表示自己尚未婚配。城市居民平时穿一种叫“瓜亚维拉”的白色衬衫，黑色长裤和黑皮鞋，在庄重的场合都穿西装。农民经常穿没领子的衬衫，衬衫的颜色较多，多数比较鲜艳。印第安人的服装多数是他们自己的民族服装。

仪态礼仪：当地人天性驯良开朗，一般情况下步履稳健，神态自然。遇有喜庆节日，人们喜欢手拉手纵情歌舞，他们对老人和父母很尊敬，长辈训话时，晚辈总是恭恭敬敬，洗耳恭听。他们对背起手，仰着头和别人说话的人很反感。

相见礼仪：尼加拉瓜人的姓名常由三四节组成，前一节或前两节为本人名，后两节分别是父姓和母姓，口头称呼可只称父姓，或第一节名字加父姓，妇女一般从夫姓。见面时通常以握手为礼，关系亲密的则相互拥抱，妇女常轻轻搂抱一下，并互吻脸，在小型宴会上，主人总是很乐意把客人介绍给在场的每位来宾，同时相互致简短祝词。

餐饮礼仪：当地人喜吃并擅吃玉米，他们还将玉米做成粽子，玉米甜酒等。 他们口味清淡，爱吃炸、煎、烤的食品，不喜酸，蒜味，妇女生小孩后有吃蜥蜴肉补身的习惯，体弱多病者也喜欢喝蜥蜴肉汤以补气。

喜丧礼仪：当地人的婚礼大都在教堂举行，但也有不举行任何仪式而同居为婚的。这里每年 1 月各城市举行黑色弥撒，祭典圣主和先人。

各种仪式和禁忌：尼加拉瓜的重大政治、宗教仪式都是西方式的，与欧美国家和拉美国家的礼仪有许多相似之处。尼加拉瓜的禁忌与其他欧美国家相似，近年来，由于国内革命运动的影响，类似禁忌在人们的心目中已经很淡薄了。

人口比例：尼加拉瓜女多男少，男女之比为 1：4，全国 40%的家里只有母亲，没有父亲，但这样的家庭丝毫不受歧视。

建筑风格：尼加拉瓜的城市规划和建筑是欧式的，有许多高楼大厦，首都马那瓜现在已经有了高达 16 层的楼房。农村的房屋类型较多，多数是砖瓦房，墙的外面都刷有颜色；有的农村房子是茅屋，顶是用棕榈树叶或干草铺成的圆屋顶。

对自然和神的崇拜：尼加拉瓜人仍保持着自然崇拜的习俗，将各种自然现象附以神秘的意义。其境内每一座火山、湖泊都有一段传说。位于马那瓜湖北岸的莫莫通博火山，远远望去，浓烟袅袅。当地居民则相信这座火山是他们酋长尼加拉奥的化身，保佑着他们子孙的幸福与和平。其节日则由于居民大多信奉传统天主教的缘故而带有着浓厚的宗教色彩。如“圣周”期间在各城市举行“黑色的弥撒”；每年的 1 月 12 至 16 日，在特匹塔帕市举行“耶斯基布拉斯的主的祭典”；11 月 29 日至 12 月 7 日举行圣玛利亚的祭典；8 月 15 日为圣母升天庆祝日等等。

第八节　自然景观

【尼加拉瓜湖】尼加拉瓜湖是中美洲最大的湖泊，位于尼加拉瓜西南部。当地印第安人称之为科西沃尔卡湖，意思是“淡水海”。

尼加拉瓜湖长 160 公里，平均宽 60 公里，面积 8029 平方公里。数万年前，尼加拉瓜湖地区是太平洋的一个海湾，因火山喷发，与海隔绝而成湖。湖水随日月的流逝而渐渐淡化，变成了一个淡水湖。生息在湖里的海鱼也适应了水的淡化存活下来。现在，湖里仍然有成千上万尾鲨鱼、箭鱼和大海鲢等海鱼。据说，尼加拉瓜湖是世界上唯一的繁殖生息海水鱼的淡水湖。

现在太平洋与尼加拉瓜湖之间有 19 公里的地峡相连，地峡中水深不一，约在 23 米至 70 米之间。湖水通过圣胡安河流入加勒比海。有蒂皮塔帕河与西北方的马那瓜湖相通。

尼加拉瓜湖中有大小岛屿 300 多个，最小的只有几百平方米，最大的岛屿是欧梅特佩岛，岛长 26 公里，宽 13 公里，面积达 300 多平方公里，岛上有两个火山锥，其中一个高 1610 米。岛上还有许多玛雅文化的历史遗迹。在欧梅特佩岛的西北萨帕特拉岛，是尼加拉瓜重要的考古地，这里的印第安古庙遗址和各种石雕神像远近闻名。尼加拉瓜湖中的这些岛屿多数是湖边火山爆发而形成的，现在岛上芒果树和椰子树非常多，黄橙橙的芒果和棕褐色的椰子挂满枝头，熟透了的果实落了满地，空气中飘散着阵阵果香。

湖面上水鸟云集，湖内盛产各种咸水鱼，有鳄鱼、鲨鱼、海鳖等，鲨鱼是由加勒比海上沿着圣胡安河游到湖里的，所以尼加拉瓜湖内禁止人游泳。观看大小鳖群爬上礁石晒太阳是湖边一景。

尼加拉瓜湖岸上绿树成荫，许多红顶凉亭点缀其间，湖水一片湛蓝，湖风习习，水鸟翻飞，鱼儿不时跃出水面，蓝天、白云、水光、湖色构成了一派迷人的景色。现在，幽美的尼加拉瓜湖已与马萨亚火山并驾齐名，成为尼加拉瓜著名的两大景观。

【马萨亚火山公园】马萨亚火山公园是尼加拉瓜游览胜地，位于尼加拉瓜西南部尼加拉湖和马那瓜湖之间，面积 50 多平方公里。在这块方圆 50 多平方公里的洼地上，散布着一个个高低不一、大小不同、颜色不一样的火山锥。每个火山锥都有一个熄灭已久的火山口。由于长满了植物，它们大都呈翠绿色。有的熄灭较晚的火山口还堆积着各种火山砾，呈紫红色。一个仍在活动的火山口烟雾弥漫，四周一片灰白，火山口上空常年悬挂着一团蘑菇云，从很远的地方就能看得见。

马萨亚火山是尼加拉瓜的象征，它高 400 多米，由“圣地亚哥”活火山口及其附近的宁迪利等 6 座死火山口组成。从公园大门口沿着用火山石修筑的盘山公路蜿蜒行进 7 公里，就可以到达冒着浓烟的“圣地亚哥”火山口。

火山口长 570 米，宽 450 米，深 180 米，四壁均为大块岩石。火山口底部有一个黑色平台，台中央有一个直径约为 30—40 米的井口，灰黑色的浓烟从井口里涌出，翻滚着直冲云天，烟雾扑向游人，浓烈的硫磺味呛得人喘不过气来。“圣地亚哥”火山口活跃时每天能喷出 300 多吨烟灰。在火山口旁能听到一种时强时弱的声音，有时是“呼哧”、“呼哧”，像一位巨人在叹息，有时隆隆作响令人胆战心惊。夜晚还能看到通红的火焰从火山口喷射而出。

由于火山灰遮住了阳光，即使在白天，这里也有一种阴森森的感觉，甚至有一种神秘的色彩，令人毛骨悚然。所以有人把它比作“地狱之门”。“圣地亚哥”火山每隔约 20 年熄灭一次，随后很快又重新活动，再吐浓烟，它是目前美洲大陆唯一可看到沸腾熔岩的活火山，金色的熔岩劈啪作响地翻滚，有时从 60 米高空坠下，不断射出气体，温度高达摄氏 1050 度。

在远古时代，火山熔岩流向整个洼地，只有东端未及流到，从而形成了美丽的马萨亚湖。火山山坡上生长着大片繁盛的草木。色彩斑谰的鹦鹉上下飞舞，美洲虎、山狗等在草丛和树林中出没，在山里，有时还能看到野兔和山鸡等动物，是一座天然的动植物生态实验室。

在哥伦布 1492 年发现美洲大陆之前，马萨亚火山就处于活跃状态。当时的印第安土著人非常迷信，认为是“上帝在发怒”，他们常在火山口边缘举行各种献祭仪式，以使上帝息怒，据说童男、童女常常是祭祀的牺牲品。现在尼加拉瓜政府已将这一地区划为国家公园。

【马那瓜湖】又称“索洛特兰湖”，是尼加拉瓜第二大湖，位于尼加拉瓜西部的洼地内。东西长 58 公里，南北宽 26 公里，面积 1041 平方公里。平均水深 20 米，最深处达 30 米，水温 24—27℃，湖面海拔 39 米。湖内多岛屿，有著名的莫莫通比托火山岛。湖水经蒂皮塔帕河流入尼加拉瓜湖，富有鱼类和鳄鱼，可通航。沿湖多城镇，首都马那瓜在其南岸。西北岸有莫莫通博活火山。

第九节　重大事件

【桑地诺民族解放阵线】尼加拉瓜民族解放运动组织。1961 年 7 月 23 日成立。最初称民族解放阵线或桑地诺运动，后改现名。该组织以尼加拉瓜民族英雄桑地诺命名，以示继承民族独立斗争的传统。组织成立后，立即投入反对索摩查独裁政权的游击斗争。1967

年进攻潘卡桑地区，企图建立根据地，但由于条件不成熟而失败。70年代，桑地诺民族解放阵线逐步把工作重心转到城市，同工人运动建立了联系，并得到了学生和天主教徒的支持。1974年12月，它的一支游击队扣留一些重要官员作为人质，迫使政府付出巨额赎金并释放一批被监禁的阵线成员。索摩查政权立即宣布全国处于戒严状态，停止一切宪法保障，加紧镇压活动。1975年阵线内部发生策略上的分歧，形成了3派：持久人民战争派、无产阶级派和第三派。1979年3月，3派重新联合，成立了全国联合领导委员会，但各派在组织上仍保持相对的独立性。为统一战略部署，还成立了桑地诺军联合参谋部，下有7支战线部队，地方成立了以城市为主的民兵组织。1979年7月，桑地诺民族解放阵线领导的人民武装推翻了安纳斯塔西奥·索摩查·德瓦伊莱的独裁统治，建立了以阵线为主的民族复兴政府。1984年11月，桑解阵在大选中获胜，丹尼尔·奥尔特加当选总统。在执政期间，该阵线废除了索摩查政府的独裁法令，进行了一系列民主改革。没收索摩查及其同伙的财产，实行国营、私营及合营的混合经济，进行土地改革，使劳工和群众组织合法化。1979年4月发表了《桑地诺民族解放阵线纲领》，1980年2月宣布成立桑地诺人民党，但目前仍用桑地诺民族解放阵线这一名称。它宣称以马列主义和桑地诺思想为指导，目标是建设社会主义。在1990年2月的大选中，该党被击败。1991年8月召开了第一届党代会，通过了党章、党纲和原则，确定目前的任务是巩固已取得的成果，确保国家政治稳定，长远目标是建设民主社会主义。该阵线有党员11万人。1992年3月29日，桑解阵代表大会通过决议，决定加入社会党国际。最高权力机关是代表大会，闭会期间由全国领导委员会负责。总书记是丹尼尔·奥尔特加。党报为《街垒报》，党刊为《桑地诺政权》。

近年桑解阵主动改善与尼加拉瓜天主教会的关系。桑解阵总书记奥尔特加在2006年11月的尼加拉瓜总统选举中胜出，桑解阵再次成为执政党。该次选举中，反桑解阵的政治力量各自推出候选人参选，分散了得票，使奥尔特加能以不足4成的得票率当选。

【尼加拉瓜内战】1979 年 9 月，尼加拉瓜独裁的索摩查政权被推翻，建立了民族复兴政府。这是多派联合实行武装斗争推翻亲美的军人独裁政权的民族民主革命的胜利，冲击了美国在拉丁美洲，特别是中美洲的霸权地位。

新政府成立不久，国内出现了反桑解阵的游击队组织，主要有以下几股力量：（1）尼加拉瓜民主力量，约 8 千人，多为原索摩查政权的国民警卫队队员，1981 年在洪都拉斯建立，以洪都拉斯为基地，并受到美国支持；（2）革命民主联盟，约 2 千人。（3）印第安人反政府武装，约 2 千人。

尼加拉瓜政府在苏联、古巴援助下，拥有政府军 6—7 万人，对反政府军进行军事清剿与政治分化。美国则联合一些中美洲国家对尼加拉瓜施加压力。尼加拉瓜内战造成中美洲局势长期动荡不安。孔塔多拉集团积极进行调解。1988 年 1 月 16 日，尼加拉瓜政府与反政府武装开始谈判，最后就停战、反政府武装放下武器达成协议。1990 年 6 月 27 日，持续 8 年的内战终于结束。

第六章　哥斯达黎加

第一节　概况

【国名】哥斯达黎加（La República de Costa Rica）

【面积】5.1 万平方公里。

【人口】427 万人（2007 年）。白人和印欧混血人种占 95%，黑人占 3%，印第安人和其他种族占 2%。

【首都】圣何塞（San José）。人口 142 万（2007 年）。圣何塞属热带高原气候，气温在 14—21℃之间，全年平均气温 20.5℃。每年 5—11 月为雨季，其余时间为旱季，气候凉爽。年平均降水量为 2000 毫米左右。圣何塞位于哥斯达黎加中部高原的一个山谷内，海拔 1160 米，是中美洲最高的首都。1821 年中美洲脱离西班牙独立后，圣何塞成为哥斯达黎加的首都。20 世纪 40 年代，圣何塞是全国咖啡生产中心。50 年代后，随着工业的发展，城市迅速发展起来，现在圣何塞已是一个现代化的城市。

圣何塞城市街道呈方格形，东西称大道，南北称大街，所有街道名均以市中心为零号，向四个方向依次排号。中央大道以北为单数，以南为双数，中央大街以东为单数，以西为双数，因此只要知道了街道的号，大体上也就知道了其所在的位置。商业区和大部分政府机关都在市中心，位于最中心的是中央银行、首都大教堂、中央公园、文化广场、国家剧院、邮电大楼等；中心偏东是国家公园、国家博物馆、议会大厦、大西洋铁路火车站、司法部和最高法院等；中心偏南是太平洋电气铁路火车站，西南是公墓。总统官邸在东南郊，哥斯达黎加大学在东郊。

圣何塞是著名的旅游城市，传统西班牙建筑与现代建筑交错而立，极具异国风味。市内绿树成荫，街道依山而建，两旁是西班牙式别墅，家家户户的庭院里茶花或玫瑰花争奇斗艳，因此有“花城”的美誉。此外，首都附近有许多著名的游览胜地。如：博阿斯火山、水眼温泉浴场等。

【国旗】呈长方形，长与宽之比约为 5:3。旗面由五道平行宽条相连组成，自上而下依次为蓝、白、红、白、蓝；红色部分偏左侧处绘有国徽图案。蓝、白两色来自原中美洲联邦国旗的颜色，红色部分是 1848 年建立共和国时增加的。

【国徽】为盾徽。盾面上有从海面升起的旭日，象征新时代的黎明；巴尔瓦、伊拉苏、波阿斯三座火山位于加勒比海和太平洋之间；海上航行着两只白色帆船，象征该国与其他国家的贸易往来；上方的七颗白色五角星代表组成该国的七个省，星之上的白色饰带上写着“哥斯达黎加共和国”。盾徽上端为蓝色饰带，其上用西班牙文写着“中美洲”；两侧是咖啡色长卵形叶子图案，代表该国咖啡等主要经济作物。

【货币】哥斯达黎加科朗

【宗教信仰】天主教占 95%，耶稣教、犹太教及其他宗教占 5%。

【国花】卡特莱兰花

【国鸟】无

【时差】比格林尼治时间晚 5 小时，比北京时间晚 13 小时。

【与我国建交时间】2007 年 6 月 1 日

【独立日】9 月 15 日（1821 年）

【首都外其它主要城市】**利蒙**（Limón）：利蒙省首府，位于加勒比海岸低地的一个海湾中，1930 年以前一直是哥斯达黎加香蕉出口的最重要港口。1502 年哥伦布发现利蒙海岸时，为其财富震惊，所以给这个地区取名为“富裕的海岸”，这也是哥斯达黎加国名的来历。离利蒙不远就是哥伦布当初靠船着陆的小岛乌比达（Uvita）。该市始建于 1871 年，1890 年通铁路后发展快速。气候炎热潮湿，平均气温 29℃，这里比较有名的风景是大教堂、建有生物园的瓦尔加斯公园。此外还有优良的海滩，如波尼塔海滩（Bonita）、博尔特特海滩（Portete）。

蓬塔雷纳斯（Puntarenas）：哥斯达黎加太平洋岸最大港口，蓬塔雷纳斯省首府。位于尼科亚湾东岸，西距圣何塞 80 公里。近海有丰富的金枪鱼和鲨鱼。有食品、锯木等工业。是对美国西海岸商品贸易的主要港口。海滨有优良沙滩和浴场，为旅游圣地。同阿拉胡埃拉、圣何塞有铁路、公路相连，拥有飞机场。

第二节 地理

【概况】哥斯达黎加位于中美洲地峡，北临尼加拉瓜，南接巴拿马，东临加勒比海，西濒太平洋。海岸线长 1200 公里。

【地貌】全境分为中部高原、东北部大西洋沿岸和圣胡安河流域平原、西部太平洋沿岸平原和半岛丘陵平原 3 部分。

由瓜纳卡斯特山和巴尔巴、伊拉苏及波阿斯等著名火山组成的中央山脉从西北向东南纵贯全境。南部的塔拉曼卡山脉从中部一直延伸至巴拿马境内。其中的大奇里波峰海拔 3819 米，为全国最高峰。中部高原平均海拔 1200 米以上。东北部平原占全国总面积的 20%，地势低平，属热带雨林气候，是全国主要的咖啡和香蕉产地。西部沿海平原丘陵占国土面积的 40%，气候湿热，是香蕉主产区，西北部干旱地带为农牧区。

境内河流密布，向北有流入尼加拉瓜湖的萨波阿河、弗里奥河、圣卡洛斯河和萨拉皮基河；向东有汇入加勒比海的托尔图格罗河、雷文塔河、巴里斯米纳河等。

【气候】哥斯达黎加地居热带，属热带性气候，温度随地形高度而有所变化，境内多高山火山及高原，常有地震。雨季自 5 月至 11 月长达半年以上，各地气候随高度不同而分为三区。圣何塞年均温最低 15℃，最高 26℃；沿海地区气温更高，加勒比海地区夜均温 21℃，日均温 30℃，而太平洋沿岸只比它平均多了 3℃。

第三节　政治

【宪法】哥斯达黎加宪法具有稳定性和连续性。现行宪法于1821 年 12 月 1 日生效，1949 年 11 月 7 日进行第 11 次修改。宪法规定总统为国家元首和政府首脑，总统由直接选举产生，任期四年，不能连任。总统缺位时，依次由第一副总统、第二副总统和议长接任。

【议会】一院制，称“立法大会”。由 57 名议员组成，任期四年，不能连任。2002 年 2 月选出的议会中各党派所占席位如下：基督教社会团结党占 19 席位，民族解放党占 17 席位，公民行动党占 14 席位。其它几个小党占 7 个席位。议长每年改选一次。

【政府】总统是最高行政长官，由两名副总统和内阁协助，副总统由直接选举产生，内阁成员由总统任命。

【司法】最高法院由 22 名法官组成，由议会选举产生，任期 8 年。任满时，如无议会三分之二议员的反对，可自动连任。下设最高上诉法院、民事法院和刑事法院等。下级法院法官由最高法院任命。地方法院分省、县、区三级。

【行政区划】全国共分 7 个省，下设 81 个县，421 个区。各省名称如下：圣何塞（San José）、阿拉胡埃拉（Alajuela）、卡塔戈（Cartago）、埃雷迪亚（Heredia）、瓜纳卡斯特（Guanacaste）、彭塔雷纳斯（Puntarenas）和利蒙（Limón）。

【政党】全国约有 20 多个政党，主要为：

（1）基督教社会团结党（Partido Unidad Social Cristiana）：1983 年 12 月由民主复兴党、民族共和党、基督教民主党和人民联盟党合并组成。该党宣称信仰基督教，主张限制国家资本，取消某些国有企业，鼓励私人投资和吸收外国投资；对外主张同所有国家保持友好和相互尊重的关系。

（2）民族解放党（Partido de Liberación Nacional）：1951 年 10 月成立。党员约 63 万。1953 年起曾六次执政。该党对内主张完善

民主制度，实现国家工业化，银行国有化，发展民族经济，实行土地改革；对外主张多元化外交，支持拉美经济一体化。

（3）公民行动党（Partido Acción Ciudadana）：2000 年 12 月由曾任民解党政府计划部长的索利斯（Solis）创建。主要成员为民解党和基民党内的不同政见者。该党迎合民众求新图变心理，高举反腐败、反新自由主义经济政策的旗帜，捍卫和发展民族经济，在不满现状的公民，特别是青年、知识分子和部分中产阶层中引起共鸣。该党现为哥斯达黎加第三大政党。

（4）自由运动党（Movimiento Libertario）：在议会中获得 6 个席位。主席为费德里科·马拉瓦西（Federico Malavassi）。

（5）哥斯达黎加革新党（Partido Renovación Costarricense）：在议会中占 1 席位。

其他政党有：民主力量党（Partido Fuerza Democrática）、全国农业党（Partido Acción Laborista Agrícola）、卡塔戈农业党（Partido Acción Agrícola Cartaginesa）等。

【文化教育】哥斯达黎加素有重视文化教育的传统。国家公共开支的 20%以上用于教育事业。义务教育制度从 1869 年至今已实行 130 多年，小学学制 6 年，毕业后直接升入中学。中学教育分为两个阶段：初中 3 年，高中 2 年。高等教育比较发达，是拉美高等教育水平较高的国家之一。最著名的综合性大学是哥斯达黎加大学。1995 年，小学、中学、高中的总入学率为 68%，文盲率为 5.2%。国立大学 3 所，每年平均向社会输送 17500 名毕业生。

【新闻出版】主要报纸有：《民族报》、《共和国报》、《号外报》。主要杂志有：《全景杂志》。新闻事业比较发达，但没有自己的通讯社，新闻报道工作由总统府和外交部下设的新闻办公室负责。全国有商业和文化广播电台 101 个，除 6 家省级广播电台外，较著名的全国性电台有：拉丁美洲电台、纪念碑电台、哥伦比亚电台、时钟电台、国家电台、信心电台、哥斯达黎加电台和基金电台等。地方电视台 14 个，有线电视台 2 个，可提供 35 条国际频道。同时，拉美银河集团还提供至少 144 条国际频道的节目。

第四节 经济

【概况】经济以农业为主。主要种植咖啡、香蕉、甘蔗等热带经济作物，出口比例高。畜牧业较发达，牛肉和活牲畜为重要出口商品。工业以食品加工、制糖、纺织、服装等轻工业为主。森林资源丰富，森林覆盖率为32%。近海盛产世界良种黄翅金枪鱼，为该鱼种的主要产地。

【自然资源】主要矿藏有金、银、铁（蕴藏约4亿吨）、锰、铝矾土（蕴藏1.5亿吨）、煤（蕴藏约5000万吨）、硫磺和石油等。除金银外，大多尚未开采。水力资源丰富，此外还有丰富的地热和太阳能。全国森林面积60多万公顷，树种多达2000余种，桃花心木、雪松、青龙木、乌木等享誉世界。近海有丰富的渔业资源，主要生产金枪鱼、沙丁鱼、海虾、龙虾、箭鱼、鲨鱼及贝类、海龟等。

【农林牧渔业】农业是国民经济的重要部门和出口创汇的主要来源。以生产咖啡、香蕉、甘蔗等经济作物为主，是出口创汇的传统产品。哥斯达黎加是国际咖啡组织成员国，1995年加入咖啡生产国协议。咖啡是哥斯达黎加第二大出口农产品，1999年创汇3.04亿美元。哥斯达黎加是世界第二大香蕉生产国，但由于国际市场价格下跌，以及在哥斯达黎加经营出口的3家外国果品跨国公司中止合同或减少采购量，哥斯达黎加香蕉出口损失很大。1999年香蕉出口额为6.29亿美元。1999年农林和渔业产值占国内生产总值的10.6%。近年来，渔虾、花卉、菠萝、香瓜也开始出口。粮食主要依赖进口。

【工业】工业在中美洲各国中名列前茅。主要包括食品加工、酒类、香烟、纺织、制革、木器、印刷出版、纸和纸制品、化学、金属、机械等。哥斯达黎加缺油少煤，石油由墨西哥和委内瑞拉提供。金银矿开采始于西班牙殖民时期，目前仅有外国公司在接近地表、无需大量投资的少数几个金银矿生产。中美洲共同市场建立后，哥斯达黎加的工业发展很快。建立自由贸易区和出口加工区是哥斯达黎加制造业对外开放的主要形式。

【旅游业】政府发展旅游业的基本战略是将传统的大火山、殖民文化景点旅游同海滩、国家公园和自然保护区等自然景点生态旅游结合起来。目前全国 1/4 的土地受到自然保护，国土面积的 1/10 已被辟为国家公园。旅游业已成为仅次于咖啡的全国第二大创汇行业。

【交通运输业】以公路为主。公路总长约 35532 公里，其中 17% 的路段是沥青路。泛美高速公路贯穿南北。

铁路：总长 950 公里。

水运：拥有轮船 1029 艘，总吨位 57 万吨。主要港口为彭塔雷纳斯港、莫因港、卡尔德拉港和利蒙港。

空运：两家航空公司经营 10 条国内航线、15 条国际航线。首都有胡安·圣塔玛丽娅国际机场。

【对外贸易】70 年代中期第一次能源危机后，开始实施出口多样化战略。1989 年 11 月 7 日正式加入关贸总协定。1995 年 6 月加入中美洲一体化机构，10 月成为世贸组织成员。主要传统出口产品是咖啡和香蕉。近年来非传统农产品出口发展迅猛，1989 年出口值首次超过传统产品。花卉出口始于 1970 年，成为仅次于荷兰的世界第二大花卉出口国。近年来进口年均增长 3%，外贸赤字在 7 亿到 8 亿美元之间。2004 年，哥斯达黎加对外贸易总额为 143 亿美元，其中出口额为 63 亿美元，进口额为 80 亿美元。主要出口电子芯片、集成电路、纺织品、香蕉、咖啡、医疗器械、加工食品、机器和电子配件等；主要进口原材料、消费品、燃料、润滑油和资本货物。哥斯达黎加的主要贸易对象是美国、欧盟和中美洲国家，其中对美国出口占其出口总额的 46.5%，从美国进口占其进口总额的 50.8%。

中国和哥斯达黎加早有经济往来。哥官方 2007 年 2 月宣布，中国已经成为哥斯达黎加的第二大贸易伙伴。根据中国海关统计，两国双边贸易额 2006 年超过 21 亿美元。

第五节　历史

在前哥伦布时代就有印第安人居住在哥斯达黎加，这里是中美洲文明和安第斯文明的交汇处。

1502 年 9 月 18 日哥伦布发现哥斯达黎加，殖民活动随之开始，当地的玛雅人和阿兹特克人被西班牙人征服，1564 年哥斯达黎加沦为西班牙殖民地，属西班牙总督区的危地马拉都督府管辖。

1821 年 9 月 15 日，哥斯达黎加宣布独立。独立后，哥斯达黎加曾暂时加入墨西哥帝国，1823 年加入中美洲联邦，1838 年退出中美洲联邦，1848 年 8 月 30 日成立共和国。1824 年，首都迁往圣何塞。19 世纪末，英、美资本相继渗入。1920 年，胡里奥 · 阿科斯塔总统废除了历届政府同英国签订的条约，英国资本几乎全被美国资本所替代。

哥斯达黎加逃过了侵扰中美洲各国的许多麻烦。与它的邻国不同，哥斯达黎加是稳定、和平和民主管理的例子。只是在十九世纪晚期，曾有两次短暂的暴力活动中断了民主的发展。1948 年内战之后，哥斯达黎加总统何塞 · 菲格雷斯 · 费雷尔（José Figueres Ferrer）宣布解散军队，并在 1949 年将此列入宪法。从那时起，哥斯达黎加进入罕见的没有军队介入的民主格局。现在，哥斯达黎加尽管仍是一个农业国家，但已经取得相对较高的生活水平，是中美洲比较发达的国家。

2014 年 4 月，哥斯达黎加举行总统选举第二轮投票，来自反对党公民行动党的候选人路易斯 · 吉列尔莫 · 索利斯以 77.9%的得票战胜执政党民族解放党候选人约翰尼 · 阿拉亚，当选新一任哥斯达黎加总统，任期四年。

第六节　人物介绍

【何塞 ·菲格雷斯 ·费雷尔】（José Figueres Ferrer，1906—1990），

温和的社会主义政治人物，1906 年 9 月 25 日生于阿拉胡埃拉。1942 年 7 月因在电台揭发当时总统卡尔德隆（Calderón Guardia）的行为而被驱逐出境。1944 年特奥多罗·比加多（Teodoro Picado）当政时返回哥斯达黎加。1948 年哥斯达黎加大选，民选出的总统是奥提里奥·乌拉特·波兰格（Otilio Ulate Blanco），但受到特奥多罗·比加多的阻扰。费雷尔领导人们反对特奥多罗·比加多的独断专横。哥斯达黎加内战爆发。1948 年内战之后，费雷尔总统宣布解散军队，并在 1949 年将此列入宪法。从那时起，哥斯达黎加进入没有军队介入的民主格局。根据宪法，哥斯达黎加没有军队，只有警察和安全部队维护内部安全。奉行"积极、非武力、永久中立"的和平外交政策。费雷尔曾三次担任哥斯达黎加总统：1948—1949 年，1953—1958 年，1970—1974 年。

【阿韦尔·帕切科·德拉埃斯普列亚】（Abel Pacheco de la Espriella，1933—）1933 年 12 月 22 日出生于哥东部加勒比海岸的利蒙省的拉玛格丽塔。曾在墨西哥国立自治大学、美国路易斯安那国立大学学医。1962—1978 年在哥斯达黎加精神病院任院长。1998—2002 年任基督教社会团结党议员。2002 年 4 月当选总统，5 月 8 日就职，任期四年。

帕切科长期从事报纸专栏写作、电视新闻评论工作和业余文学创作。他在文学上造诣很深。1970 年，帕切科发表了其首部小说《军队的脚步》，1972 年出版了《皮肤的最深处》。该书使帕切科荣获了 1972 年哥斯达黎加文学界的最高荣誉——阿基莱奥·埃切维里亚国家文学奖。帕切科的其它文学作品还有《中部高原故事》、《大树之子》等。

第七节　风土人情

【风俗习惯】哥斯达黎加是一个历史悠久的国家，创造了灿烂的古代文化。该国拥有丰富的黄金资源，当地居民自古以来制作黄金装饰品的技艺异常高超，1502 年哥伦布来到这里，对印第安人制作的光彩夺目的黄金饰品十分羡慕，便称为“哥斯达黎加”，在西班牙语里意为“富饶的海岸”。其风俗礼仪纷繁多样，既有当地土著居民的鲜明特征，又有西班牙人的强烈影响。

哥斯达黎加人坦诚朴实，性格乐观，态度和蔼，为人谦逊，讲究信用，热情好客。哥斯达黎加人对外来客人十分友好，无论在任何场合，他们都会主动打招呼，热情问候，握手致意。哥斯达黎加人非常注重得体的称谓，在社交场合，对成年男子一般称先生，对已婚妇女称夫人或太太，对未婚男女青年分别称为少爷、小姐。同其它美洲国家一样，哥斯达黎加人喜欢他人称他们的学衔或职衔，并同上面的称呼连用，如“博士先生”、“硕士先生”、“局长先生”等。

哥斯达黎加人喜爱和朋友聚会聊天，常常将知心好友邀请到家中，喝着咖啡，吃着水果和甜食，海阔天空地侃侃而谈。如果是周末，谈到兴趣浓时，还要唱歌跳舞，一直持续到次日天明方才罢休。他们同外国朋友初次交往，如果客人言谈举止礼貌，熟悉当地的风俗习惯，能够讲几句当地的民族语言，他们会视为故友相逢，显得格外亲切热情，会主动邀请到家中作客。对于哥斯达黎加人的盛情邀请，外来客人不可出于客气或其他考虑而谢绝，那样会引起主人的不快。

应邀到哥斯达黎加朋友家中作客、应带一束鲜花、一盒蛋糕、一瓶好酒之类的物品送给主人。客人进门，主人会用饮料、酒类、点心、甜食、水果等热情招待。晚餐是哥斯达黎加人的正餐，他们多爱请客人到家中吃晚饭，正式吃饭时间一般是晚上 10 点以后。他们待客的主要食物有大米、玉米、豆类、蛋类、牛奶、蔬菜、水果等。哥斯达黎加是世界上最早种植玉米的地方之一，待客少不了玉米粽、玉米饼、玉米团、玉米酒等。

哥斯达黎加的城镇居民住房和建筑均是欧式的。大城市多为楼房，农村的住房多为土木和砖瓦沙石结构。

城市居民在正式场合穿西装、皮鞋，平时穿着比较随便。农村人爱穿浅色长裤和各种颜色的衬衫，妇女爱穿裙子、长裤。印第安妇女喜欢打赤脚，穿肥大的百褶裙，裙子的颜色多为红色，印第安男人上身多穿白色衬衫，下身多穿黑色长裤。

居民的主要食物是大米、玉米、豆类、禽蛋、牛奶、蔬菜和水果等，还有猪肉、牛肉和鱼虾等。

哥斯达黎加的禁忌与西班牙等欧美国家一样。人们普遍忌讳“13”和“5”这两个数字，认为它们是不吉利的。人们喜欢“3”和“7”，认为这两个数字是吉利的。

第八节　自然景观

【美丽的国家】哥斯达黎加素有“中美洲的花园”之称。由于哥斯达黎加地处北回归线与赤道之间，一边是风光旖旎的加勒比海，另一边是波澜壮阔的太平洋，因为垂直气候的缘故，加之复杂多变的地形地貌，使哥斯达黎加有热带、亚热带、暖温带到寒温带的各种动植物分布，在不及全世界万分之一的土地上，孕育出多达百分之四以上的物种，以拥有优美的自然景观及多样的生物闻名于世。

19 世纪六七十年代，哥斯达黎加政府鉴于自然资源的日益恶化及世界性的生态保护趋势，在 1969 年颁布了森林法案，并在农业暨畜牧部下分别设立林务局与国家公园服务署，而第一座国家公园与森林保留区也分别诞生，同时为了保护哥斯达黎加丰富而多样的生物资源，野生物保护局也接着成立。

哥斯达黎加目前约有四分之一的土地被纳入保护区范围，并分别以不同的经营管理名称或种类予以保护，包括国家公园、生物保护区、国家纪念地、国家野生物保护区、一般保护区及湿地等。在全国土地上一共划设了 11 个国家保护区，其中十个位于中美洲大陆，而另一个则位处小岛。

哥斯达黎加最著名的观光行程就是参观热带雨林生态体系，以及北美洲 850 多种鸟类生态。此外，迷人的加勒比海岸和位于关纳卡斯提的海龟孵化区、候鸟栖息地、洞穴探险等，更是观光客不容错过的节目。

与中美洲其他国家一样，哥斯达黎加也称得上是火山的国度，从东南到西北，有七座火山横贯了整个国家。哥斯达黎加的火山几乎囊括了所有火山的类型。同时，哥斯达黎加的国家公园、野生动物保护区、花园、森林等天然奇景更是多得让人眼花撩乱。哥斯达黎加还是海龟的天堂，它们生生不息，保持着岛上千百年来一道独特的风景，所有这些大自然的恩赐，使哥斯达黎加政府在这个小小的国度一连建立了35座国家公园和保护区。

【阿雷纳火山】是世界上最活跃的火山之一，在距离首都圣何塞西北大约147公里处。虽然哥斯达黎加国内有数十座火山，但阿雷纳火山却最为著名。从附近方圆几公里的任何一个地方都可以看到它的锥形火山口，在蓝天白云的映衬之下，格外宏伟，气势非凡。

火山海拔高1633米，在1968年7月29日，它曾经有过一次大爆发，据说当时的熔岩覆盖了超过700公顷的地表，造成了很大的损失。现在阿雷纳火山平静了不少，只是偶尔会有小规模的喷发。阿雷纳火山国家公园内的小路和附近的山头都是观看火山的最佳地点。火山间断地喷发，在上空造成很大的火山灰雾和巨大的轰鸣声，几十公里外都能见到。到了晚上，阿雷纳火山的景观更加壮观，岩浆卷着被高温熔化的山石向坡下翻滚，形成了非常诡异却又无比灿烂的“焰火”，通常至少延绵5公里远，为中美洲著名的奇观之一。加上火山附近湖光山色，风景如画，一条条冒着热气的温泉河蜿蜒其中，几乎随时随地可以浸泡温泉，因此游者甚众。

【瓜纳卡斯特山脉】哥斯达黎加西北部的山脉，大致沿瓜纳卡斯特省和阿拉胡埃拉省边境延伸，呈西北—东南走向，长约113公里。主要由安山岩构成。著名的活火山有四座，其中米拉瓦耶斯火山海拔2020米，为该山脉最高峰。山坡大部覆盖森林，阿雷纳尔湖畔有庄园，种植咖啡和甘蔗等。

【伊拉苏火山】伊拉苏火山位于哥斯达黎加首都圣何塞以东约60公里处，海拔3432米。其火山口直径1050米，深300米，底部有一潭碧绿的积水，上方则烟雾缭绕，气象万千，是哥斯达黎加著名的旅游胜地。伊拉苏火山是一座间歇性火山，最近一次喷发是在

1978 年。

【海盗的“宝藏岛”——科科斯岛】科科斯岛是位于加勒比海中的一个小岛。面积只有 26 平方公里，岛上有许多罕见的鸟类，周围海域也有珊瑚、鲨鱼、海豚等生物，全岛为蓊郁的常绿阔叶林覆盖，壮观的瀑布从山壁上直泻蔚蓝大海，景色优美。这里传说有海盗埋藏的宝藏，因此吸引了许多冒险家前往探访。1997 年，科科斯岛国家公园被联合国教科文组织列入世界文化自然遗产名录。

1526 年，西班牙航海家约安·卡韦萨斯踏上了荒无人烟的科科斯岛。1542 年，科科斯岛首次记载于历史文献。1578 年，历史上著名的英国海盗探险家、航海家德雷克爵士登上了科科斯岛。据说，从 17 世纪到 18 世纪，海盗们在这个岛上埋藏了一批又一批的宝藏，因此该岛在寻宝者的眼里也叫“宝藏岛”。

那么“宝藏岛”上到底埋有多少宝藏呢？据史料记载：一批是英国海盗爱德华·戴维斯船长隐藏的；一批是葡萄牙海盗贝尼托·博尼托船长埋藏的；另一批“利马宝藏”，是苏格兰海盗威廉·汤普森埋藏的。

在此后的岁月里，一批又一批的寻宝者来到科科斯岛找寻黄金，但最终一无所获。随着环保意识的不断提高，人们已经意识到，真正的无价之宝不是海盗们埋藏的宝藏，而是地球上独一无二的、永远不可再生的科科斯岛本身。

第九节　重大事件

【中哥建交】2007 年于 6 月 1 日，与台湾维持了 60 多年“传统友谊”的哥斯达黎加选择与台湾中止“外交关系”，与中国大陆建交。中国同哥斯达黎加在北京签署了《中华人民共和国和哥斯达黎加共和国关于建立外交关系的联合公报》，决定两国自签署建交公报之日起建立大使级外交关系。

一些学者原来预计巴拿马或尼加拉瓜会成为中国中美洲外交的“突破口”，但没想到是国际形象更好、经济更发展、社会更稳定的哥斯达黎加首先与中国建交。哥斯达黎加有着“中美洲瑞士”的美称，国际形象良好，与美国关系也非常密切，这样一个西方眼中的民主国家与中国建交，更能在当地引发跟随效应。

上海社科院发展中国家研究中心张家哲研究员表示，中国与哥斯达黎加建交打开了我国与中美洲国家外交的一个突破口，继哥斯达黎加之后，巴拿马、尼加拉瓜等国与中国建交的可能性越来越大。

第七章 巴拿马

第一节 概况

【国名】巴拿马共和国 （La República de Panamá）

【面积】77,082 平方公里（包括 1,432 平方公里的运河区）。

【人口】324 万人（2007 年）。印欧混血种人占 65%，黑人 13%，白人 11%，印第安人 10%。

【首都】巴拿马城（Ciudad de Panamá），是该国第一大城，人口约 90 万，全国政治经济中心，亦为中美洲金融中心。位于巴拿马运河太平洋岸河口附近的半岛上。城市面临巴拿马湾，背靠安康山谷，风景如画。举世闻名的“世界桥梁”——巴拿马运河，紧贴该城西南角流入太平洋。全长 1653 米凌空飞架的美洲大桥是南北美洲的分界，因此，巴拿马城享有“连接南北美，沟通两大洋”的美称。

巴拿马城是一座拥有 400 多年历史的文化名城。原为印第安人渔村。公元 1502 年，哥伦布曾到过这里，没有发现他所希望的金银财宝，便匆匆离去。1513 年，哥伦布派航海家巴尔博亚（Balboa）再到这里，经过考察，巴尔博亚惊奇地发现，太平洋与大西洋在这里的距离只有 70 多公里。他立即意识到这个地方的重要性，就在这里选择了一个渔村作为立足点，并袭用印第安人的称呼，把这块地方称为“巴拿马”，意即“鱼乡”“多鱼的地方”。 1519 年西班牙总督达维拉正式宣布巴拿马城的诞生。此后，这里成为西班牙殖民者奴役拉美人民的重要据点和统治中心。

巴拿马城几经沧桑。1671 年整个城市被海盗付之一炬。1673 年，在古城废墟以西约 10 公里处重建巴拿马城。许多具有欧洲风格的街道和建筑物保留至今，占城市一隅，被称为旧城。而市区各处兴起的大片近代建筑群和现代化高层建筑则被称为新城。巴拿马城因此分为三部分：古城、旧城和新城。

巴拿马城古城遗址在新城的东面，是旅游者云集的地方，也是学者考证巴拿马城历史渊源的现场。著名的圣约瑟教堂遗址也在这里。

巴拿马城的名胜古迹大都集中在旧城。主要建筑有圣劳济教堂、圣约瑟教堂、耶稣会教堂、圣多明各教堂、大教堂广场、博利瓦尔广场、城堡主楼、总统府、国家剧院、博利瓦尔学院等。旧城还是巴拿马城的传统商业区，富有特色的库纳印第安人手工编织的“莫拉斯”——一种图案别致、绚丽的方形小地毡——就在这一带出售。

巴拿马新城经过 30 多年的建设，已成为一座非常现代化的城市。设计新颖、富丽堂皇的托库门新机场和拔地而起的高层建筑、整洁的市区，呈现一派欣欣向荣的景象。随着高大建筑雨后春笋般涌现，新的商业区正在形成和扩大，百货俱全的超级市场，门庭若市的快餐馆，应有尽有。闹市区人群熙熙攘攘，高速公路上车辆络绎不绝。入夜，一片灯火辉煌，显得分外壮丽。目前，有 70 多家国际银行在这里设有分行，使巴拿马俨然成了一个重要的国际金融中心。

【国旗】呈横长方形，长与宽之比为 3∶2。旗面由四个相等的横长方形构成：左上和右下为白色长方形，其中分别有蓝色和红色五角星；左下方为蓝色长方形，右上方为红色长方形。白色象征和平；红色和蓝色分别代表原巴拿马的自由党和保守党，这两色在国旗上的位置，表示两党联合起来为民族的利益而奋斗。两颗五角星分别象征忠诚和力量。这面国旗是由巴拿马第一任总统曼努埃尔•阿马多尔•格雷罗设计的。

【国徽】中心图案为盾徽。盾面上有五组图案：中间为表明巴拿马地理位置及其重要性的巴拿马地峡，它连接中美洲和南美洲，是大西洋和太平洋之间的交通要道；地峡之上的太阳和月亮图案，象征该国的独立。左上角为交叉的长剑和步枪，象征巴拿马人民为独立而战的精神；右上角的铲子和锤子代表劳动；左下角是象征丰饶的羊角，象征国家的财富和繁荣；右下角带双翼的飞轮代表进步。盾徽上端是一只被称为“百鸟之王”的大兀鹰，鹰嘴叼着的饰带上写着“为了世界的利益”；鹰之上为九颗黄色五角星，代表巴拿马的九个省和一个特区。盾徽两侧饰有巴拿马国旗。

【货币】巴尔博亚（Balboa）

【宗教信仰】居民85%信奉天主教，4.7%信奉基督教新教，4.5%信奉伊斯兰教。

【国花】鸽子兰花

【国鸟】神鹰

【时差】比格林尼治时间晚5小时，比北京时间晚13小时。

【与我国建交】尚未与我国建交

【独立日】11月3日（1903年）

【主要城市】科隆（Colón）：位于北部沿海巴拿马运河的大西洋出口处，濒临利蒙（Limón）湾的东侧，是巴拿马第二大城市及最大港口，人口约14万。克里斯托瓦尔（Crisitóbal）为其外港，科隆是仅次于新加坡、香港的世界第3大自由贸易城市。始建于1948年，自由贸易区的面积达50万平方米，外国企业和公司可以自由地进行转口业务，将商品在区内加工、制造，然后免税输出，主要经营电器、机械产品、车辆及化工产品等。附近的拉斯米纳斯（Las Minas）建有日产10万桶石油的炼油厂。交通运输以公路为主，这里是巴拿马铁路北部的终点站。主要出口货物为香蕉、蔗糖、咖啡、海虾及石油产品等，进口货物主要有食品、石油、机械、运输设备及工业品等。巴拿马科隆自由贸易区目前已与世界上120多个国家和地区有贸易往来。

第二节　自然地理

【概况】巴拿马共和国位于中美洲南端地峡地区东南部。南濒太平洋，北临加勒比海，东接哥伦比亚，西连哥斯达黎加。巴拿马既是中美洲和南美洲的连接枢纽，又是通向大西洋和太平洋之间的交通要道，素有“世界桥梁”之称。海岸线长约 2988 公里。

【地貌】巴拿马地形狭长，像“S”形的走廊，东西长 720 公里，南北宽 50—180 公里。近海有大小岛屿 1600 多个，大部分是由珊瑚礁组成，最大的岛屿是太平洋沿岸的科伊巴岛。

巴拿马地势较低，海拔 700 米以下的地区占全国面积的 87%。沿海地区是肥沃狭窄的平原，内陆则是崎岖的丘陵、高原和山地。山脉主要分为两部分：一是西部地区的哥斯达黎加山、贝拉瓜斯山、塔瓦萨拉山等。其中塔瓦萨拉山海拔 1000—3000 米，最高峰奇里基火山（又称巴鲁火山）海拔 3475 米，是巴拿马最高峰；二是东部地区的圣巴拉斯山和达连山，海拔 300—1000 米，向南延伸进入哥伦比亚境内。

巴拿马大小河流有 400 多条，大部分注入太平洋。河流中除了图伊拉河（200 公里）、切波河和查格雷斯河较长之外，其余河流大都短小流急，季节性强，不宜航行。加通湖为巴拿马最大湖泊，面积达 420 平方公里。

巴拿马森林资源丰富，东部地区几乎全部被茂密的热带原始森林所覆盖，人烟稀少。

【气候】巴拿马靠近赤道，属热带海洋性气候。东部和中北部地区因受东北季风的影响，气候高温潮湿；西部和西南部地区面临太平洋，降雨量多，湿度亦高。大西洋沿岸及山地年平均降雨量为 1500—3500 毫米，太平洋沿岸及山地年平均降水量为 1500—2000 毫米。全国年平均湿度为 80%。一年之中大致可分为旱、雨两季：旱季是 1—3 月，雨量相对少；雨季是 4—12 月，常有倾盆大雨。沿海地区年平均气温 27℃。

第三节 政治

【宪法】现行宪法于 1972 年 10 月 11 日生效，1978 年和 1983 年进行过修改。宪法规定国家三权分治。1994 年 10 月 4 日，巴议会通过宪法修改草案，规定取消军队，建立一支警察部队。

【议会】立法权属议会，国民议会为一院制。议会由 71 名议员组成，通过民选产生，任期五年。2014 年组成的议会中，各党派所占席位如下:民主革命党 25 席，民主变革党 30 席，巴拿马主义党 12 席，人民党 1 席，民族主义共和自由运动党 2 席，无党派人士 1 席。

【政府】总统为国家元首，通过直接选举产生，任期五年，不得连任。另外还设民选副总统二位。内阁由总统任命，各省省长也由总统任命。

【司法机构】司法权由最高法院和总检察院行使。最高法院设 9 名法官，由政府任命，议会通过，任期 10 年。

【行政区划】全国共分九个省和五个特区，省以下划为县。各省名称是：巴拿马（Panamá）、科克莱（Coclé）、科隆（Colón）、贝拉瓜斯（Veraguas）、奇里基（Chiriquí）、博卡斯·德尔·托罗（Bocas del Toro）、埃雷拉（Herrera）、洛斯·桑托斯（Los Santos）、达连（Darién）。特区为恩贝拉（Emberá）、库拉·德·马顿甘地（Kuna de Madungandí）、库拉·德·瓦尔甘地（Kuna de Wargandi）、库拉·亚拉（Kuna Yala）、内果贝布格勒（Ngöbe Buglé）。

【政党】目前巴拿马政党主要分为执政党联盟、反对党和中间派。执政联盟包括：

（1）阿努尔福党（Partido Arnulfista）：巴拿马第二大党。1988 年 8 月从真正巴拿马主义党中分裂出来，1991 年 10 月正式成立。有党员 14.04 万人。

（2）民族主义共和自由运动（Movimiento Liberal Republicano Nacional）：1982 年 8 月成立，主要由长期执政的自由党和共和党中分裂出来的领导人组成。现有党员 5.8 万人。该党强调实行代议制民主的廉洁政治，对外主张与美国、西欧、拉美国家平等合作。

（3）民主变革（Cambio Democrático）：1998 年 5 月成立，约有 4.3 万党员。

（4）团结党（Solidaridad）：成立于 1993 年 12 月，党内企业

家较多，与财经界联系密切，约 3.4 万党员。

（5）全国自由党（Partido Liberal Nacional），1997 年 10 月成立。有党员 6.5 万人。

（6）基督教民主党（Partido Demócrata Cristiano）：建于 1960 年，1980 年取得合法地位。1987 年与民族主义自由共和运动等党组成公民反对派民主联盟，参加大选获胜，成为第一大执政党。1991 年执政联盟破裂，基民党退出政府，成为反对党。有党员 5.2 万人，成员多是大学生和中等知识分子及专业人员。

（7）民主革命党（Partido Revolucionario Democrático）。全国第一大党。1978 年由托里霍斯将军倡议筹建，1979 年 9 月正式成立。该党融合不同的社会阶层和思想倾向，声称是民族民主主义的、多阶级的、革命的政治组织。现有党员 32.9 万人。

【文化教育】全国 90%的人口受过教育，尤其小学教学质量较高，平均入学年龄 6.7 岁。教育分为小学、中学和大学三级，每级 6 年。自 1995 年起实行 11 年义务教育，包括学前教育、6 年小学和 3 年初中。1998 年教育经费占国民生产总值的 7.1%。著名高等学府有巴拿马大学、巴拿马技术大学、圣玛丽亚安蒂瓜大学、奇里基自治大学和地峡大学。

【新闻出版】全国各类报纸数十种，多为西班牙文。主要报刊为《新闻报》、《巴拿马美洲报》、《自由论坛报》（与《巴拿马美洲报》系姊妹报）、《世纪报》、《巴拿马明星报》。还有一份中文日报和一份英文半月刊。

有电台 273 家，多为商业台；电视台 6 家：巴拿马无线广播公司电视台（4 频道），建于 1960 年，商业电视台；教育基金会电视台，建于 1992 年；地峡电视台（5 频道），建于 1983 年；教育电视台（11 频道），建于 1978 年，教育和文化传播；空中之波电视台（13 频道），建于 1961 年，商业电视台；国家电视台，建于 1961 年。

第四节 经济

【概况】巴拿马运河区、地区金融中心、科隆自由贸易区和商船队是巴拿马经济的四大支柱。服务业收入在国民经济中占有重要地位。1987—1989 年经济一直处于萧条状态。1990 年巴拿马政府实施国家发展和经济现代化计划，经济有所恢复。1991 年起，巴拿马议会先后通过社会保险改革法，税收改革法及国营企业私有化法令。1992 年初，巴拿马偿还了 6.458 亿美元的债务，国际金融机构陆续向巴拿马放贷，使巴拿马财政金融逐步走向正常。

【自然资源】巴拿马的矿产资源较为丰富。主要矿产有金、银、铜、铁、锰、煤、石油等。铜、盐、铝土的储量比较大。其中，铜矿石储量占世界第四位，已探明的铜储量可供开采 50 年。由于境内河流甚多，水力资源也很丰富。此外，巴拿马还盛产珍贵的红木，雪松等硬质木材。巴拿马号称“森林之国”，森林面积占全国土地的 70%。

【农林牧渔业】巴拿马是个农业国。耕地面积占全国土地面积的 22.6%。全国 20%以上的劳动人口从事农牧业。1998 年农牧渔业产值占国内生产总值的 6.3%。在种植业中，主要生产稻米、玉米，经济作物为香蕉、咖啡、可可等。香蕉、可可是主要出口产品。在 70 年代初至 70 年代中期的几年内，巴政府通过土地改革分配给农民的土地约为 19.38 万公顷，有 8.5 万人分得了土地。然而，当前巴拿马土地问题并未从根本上予以解决，巴拿马的农业十分落后，主要是小农生产，现代化的农场寥寥无几。

全国 70%以上的土地为热带森林所覆盖，林业资源丰富，主要有红木、雪松、棕榈树、橡胶树等。此外，两洋沿岸海域有丰富的鱼虾资源。

【工业】巴拿马的工业基础相当薄弱，无重工业。全国 14.1% 的劳动力从事工业生产。为了减少进口，巴政府重视发展代替进口的消费品工业、食品加工、纺织等轻工业部门。另外，该国的水泥，铜矿开采也有较快的发展。近年来，巴拿马生产的水泥已向美国和拉美一些国家出口。巴拿马的工业产值以石油加工、食品加工、水泥、纺织等为主，约占其国内生产总值的 9%。

【旅游业】为巴拿马第三大收入来源，占国内生产总值 10%左右。著名旅游区有巴拿马运河的阶梯式大闸门、孔塔多拉旅游胜地、圣布拉斯群岛和雷岛等。

【交通运输业】国内交通以公路为主。

公路：总长 11301 公里，其中 793 公里为高速公路；1997 年共有车辆 28.42 万辆。

铁路：全国有三条铁路线，总长 580 公里。现沿巴拿马运河的铁路已基本停止运营。

水运：巴拿马是海运大国。巴拿马运河连接大西洋和太平洋，全世界 5%的贸易货运需通过巴拿马运河周转。至 2000 年 4 月底在巴拿马注册有 9910 只船，总吨位 9760 万吨，居世界海运吨位之首。巴拿马有大小港口 15 个，年吞吐量近 300 万吨。克里斯托瓦尔港系巴最大港，巴尔博亚港为第二大港，这两大港占巴拿马国际贸易吞吐量的 75%。两大港 1996 年私有化时为香港和记黄浦公司承包。瓦尔蒙特港系渔港。

空运：巴拿马是拉美空运中心之一，全国有近 250 个大小机场和停机坪。托库门机场（原名奥马尔·托里霍斯机场）是巴拿马最大的国际机场，1978 年 6 月建成使用，位于巴拿马城以东 11 公里处，每天可起降 100 多架次飞机，有 35 条国际航线。1997 年全国空运 172.7 万人次，货运 7.6 万吨。

【对外贸易】巴拿马对外贸易的基本政策是出口商品多样化和扩大商品出口市场。但历年来对外贸易都有巨额逆差（不包括科隆自由贸易区），逆差一般靠无形贸易收支顺差予以抵消。出口商品主要是香蕉、鱼类、海虾、蔗糖、咖啡、石油产品、服装等。出口主要对象国有美国、瑞典、哥斯达黎加、德国、比利时、西班牙、意大利等。进口商品主要是工业制成品、运输设备、机械、原油、化工产品、食品等。进口对象国主要有美国、委内瑞拉、日本、厄瓜多尔、墨西哥、哥斯达黎加等。

第五节 历史

“巴拿马”一词系印第安语，意为“多鱼之乡”。欧洲殖民者到来之前，巴拿马境内居住着 60 多个印第安部落，总人数约 50 万。生活在西部地区的印第安人是来自墨西哥和中美洲其他地区的玛雅人和纳瓦人的后裔瓜伊米耶人。

1502 年哥伦布第四次远航美洲时曾到达巴拿马，从今波托贝洛登陆后，在那里建起了圣玛丽亚·德贝伦城作为殖民据点。科隆市的名字就是以哥伦布的西班牙语名字命名的。1509 年，随着西班牙人在达连湾沿岸地区建立殖民据点，巴拿马逐渐沦为殖民地。1542 年巴拿马归属秘鲁总督区管辖，1560 年又成为危地马拉都督辖区的组成部分；1718—1723 年和 1740—1810 年受新格拉纳达总督区管辖。

19 世纪初，在西班牙美洲殖民地独立运动的影响下，巴拿马人民于 1821 年 11 月举行起义。领导新格拉纳达和委内瑞拉民族解放运动的西蒙·玻利瓦尔派部队加入起义队伍的行列。1821 年 11 月 28 日，巴拿马宣布脱离西班牙而独立并加入大哥伦比亚联邦共和国。1830 年大哥伦比亚联邦共和国解体后，巴拿马作为一个省于 1831 年加入新格拉纳达共和国（1886 年起称哥伦比亚）。1846 年 12 月 12 日，美国与新格拉纳达共和国签订了为期 20 年的《和平、友好、航海与通商条约》。据此条约，美国在免税运输、经营横贯地峡的任何通道、修筑通过地峡的铁路等方面获得了与新格拉纳达平等的权利。1850 年，美国开始在巴拿马地峡修建铁路。此后，美国加紧了对巴拿马事务的干涉。1878 年，法国从哥伦比亚获得开凿巴拿马运河的租让权。1879 年法国成立了巴拿马两洋间运河总公司并于 1881 年开始施工。但因公司经营管理不善，不久便破产。1894 年法国成立第二个运河公司，也因经费枯竭而于 1900 年半途而废。1901 年 11 月 18 日美国同英国签订《海-庞斯富特条约》，迫使英国放弃对巴拿马地峡的任何要求。从此，美国获得单独修建、经营和管理地峡运河的权利。1902 年美国购买了已告破产的法国运河总公司的租让权及全部财产，着手恢复运河的开凿工作。

1903 年 11 月 3 日，巴拿马爆发“革命”，脱离哥伦比亚，宣布独立，次日成立巴拿马共和国。1904 年美国重新启动巴拿马地峡运河的开凿工作。1914 年运河竣工通航，1920 年正式向世界开放。运河全长 81.3 公里。1956 年埃及人民成功地收回苏伊士运河，给予巴拿马人民极大的鼓舞。1959 年古巴革命的胜利进一步激发了巴拿马人民捍卫国家主权的斗志。同年 11 月，巴拿马首都人民连续举行示威游行并向运河区进行“争取主权”的斗争。为缓和巴拿马人民的反美情绪，美国肯尼迪政府于 1963 年 1 月同巴拿马政府发表联合公报，同意在运河区并悬巴、美两国国旗。

1968 年 10 月 10 日，巴拿马发生军事政变，托里霍斯（Torrijos）推翻民选总统阿里亚斯（Arnulfo Arias），执掌国家大权。1977 年 8 月美国和巴拿马就新的运河条约达成协议，9 月 7 日签署了新的《巴拿马运河条约》和《关于巴拿马运河永久中立和营运条约》。两个条约于 1979 年 10 月 1 日正式生效，巴拿马共和国根据新条约规定开始对运河区行使主权权利。1981 年托里霍斯飞机失事殒命，巴雷德斯（Rubén Darío Paredes）接任警卫军总司令。1983 年诺列加（Manuel Antonio Noriega）迫使巴雷德斯退休，自任国防军总司令，实际掌握军政大权。1989 年 5 月举行总统大选，反对党联合推举的总统候选人恩达拉（Guillermo Endara Galimany）明显胜利，但诺列加宣布选举无效。同年 9 月，美国对巴拿马实行经济制裁，12 月 15 日，诺列加宣布与美国进入战争状态，自任国家元首。12 月 20 日，美军入侵，推翻军事政权，扶持恩达拉就任总统。诺列加于 1990 年 1 月 3 日向美军投降，结束了巴拿马 21 年的军人统治。1994 年 5 月 8 日，革命民主党（PRD）总统候选人巴雅达雷斯（Ernesto Pérez Balladares）获胜，经巴国选举法院正式宣布当选总统，同年 9 月 1 日宣誓就职。1999 年 5 月 2 日，巴拿马联盟（Unión por Panamá）的总统候选人莫斯科索（Mireya Moscoso）获胜，成为巴拿马共和国第三十三届总统，同时是巴拿马历史上第一位女总统。1999 年 12 月 14 日在巴拿马城附近的米拉弗洛雷斯船闸举行运河回归交接仪式，巴拿马运河终于回到巴拿马人民手里。

2014 年 5 月，巴拿马副总统胡安·卡洛斯·巴雷拉（巴拿马主义党候选人）战胜时任总统里卡多·马蒂内利力荐的执政党候选人、前任住房部长阿里亚斯，赢得总统选举。

第六节 人物介绍

【奥马尔·托里霍斯】（Omar Torrijos Herrera，1929—1981）托里霍斯将军 1929 年 2 月 1 日出生于贝拉瓜斯省圣地亚哥镇，年轻时就怀有强烈的爱国主义激情。1968 年 10 月，他率领国民警卫队发动政变，推翻了亲美政府，执掌军政大权。1969 年 3 月升为少将。1972 年 9 月，在全国民众代表大会上当选为政府首脑和革命最高领袖兼国民警卫队司令。他执政以后采取了一系列民族主义改革措施，把收回运河和运河区主权作为对外政策的主要目标。他明确提出，由巴拿马行使对运河和运河区的全部管辖权，要求美国从运河区撤出军队。美国总统卡特上台后，对运河问题态度有所松动。1977 年 7 月 7 日，卡特与托里霍斯分别代表本国政府签订了新的巴拿马运河条约及关于巴拿马运河永久中立和运营条约。新条约规定，废除 1903 年美巴运河条约以及其他一切有关运河的旧条约；1999 年 12 月 31 日之前撤走在运河区的全部美国驻军；巴拿马收回对运河和运河区的全部主权，其中包括防务和管理权。

托里霍斯同美国进行了长达十年的艰苦谈判，为巴拿马运河的回归作出了杰出的、决定性的贡献，为巴拿马争得了主权和尊严，赢得了巴拿马人民的衷心爱戴，成为公认的巴拿马民族英雄。1981 年 7 月 31 日，托里霍斯因飞机失事丧生。

【曼努埃尔·安东尼奥·诺列加】（Manuel Antonio Noriega，1940-）巴拿马国民警卫队司令（1983—1989）。早年曾赴秘鲁乔里奥斯军事学院学习。毕业后回国参加国民警卫队。1966 年在美国接受心理战训练。1968 年 10 月支持挚友青年军官奥尔马・托里霍斯发动政变推翻阿努尔福・阿里亚斯・马德里政府。1970 年任国民警卫队情报局长。1981 年 7 月托里霍斯因飞机失事丧生，诺列加等最高司令部成员决定轮流担任警卫队司令。1982 年 3 月任副参谋长兼情报局长。1983 年 8 月任国民警卫队司令。任职后，首先制定了军事组织法，变国防警卫队为国防军，同时控制议会，操纵政府，实行独裁统治。对外则与美国全面抗争，要求美国按 1977 年巴美签署的巴美条约于 1999 年底前将美军撤走，恢复巴拿马在运河区的全部主权。1986 年 4 月美国舆论开始揭露诺列加参加走私贩毒、谋杀政敌和大选舞弊。1987 年 6 月美国国会谴责诺列加“破坏人权”， 要求“解除诺列加职务”,“还政于民”，并停止了对巴拿马的经济援助。1988 年 2 月经美国司法部批准，迈阿密联邦法院大陪审团向诺列加正式起诉，指控他参与走私贩毒活动。1989 年 12 月 20 日美军出兵巴拿马，迫使诺列加到美国受审。美司法部门以贩毒等多项罪名判处诺列加 40 年监禁。

第七节　风土人情

【风俗】巴拿马人的姓名构成与西班牙和墨西哥等拉美国家的居民相同，其顺序是：名字、父姓、母姓。社会上最常用的称呼是先生和女士。对成年男子称先生，对已婚成年的妇女称女士或太太，对未婚的女人可称小姐。

巴拿马的城市建筑和规划的风格都是欧式的，都有中心广场，广场周围有总统府、大教堂、 警察局、医院、商业区等。农村的建筑风格多种多样，有的是西班牙式的，街道十分清洁， 环境也十分幽静；有的是印第安式的，用茅草，芦苇、木料等盖成的。

居民在正式场合都穿西装，平时的服装都很简单随便。巴拿马人传统的服装是男子穿绣花的长衬衫和短裤，女子穿印花连衣裙或绣花短裙。农村居民最典型的服装是“下米西利亚”，这是用一种薄料做成的圆领长衬衫。农民喜欢头戴草帽，脚穿草鞋。农村妇女常穿的服装是印花布连衣裙。印第安人的服装具有自己的民族特色。巴拿马草帽是用一种名为多基利亚植物的纤维或用彩色杆纺织而成的带有黑条纹或花饰的边沿上翘的草帽，原产于厄瓜多尔，由于外国游客见巴拿马人多戴这种草帽，故称之为巴拿马草帽。

巴拿马居民的主要食物是大米、玉米、豆类和香蕉，腊肉，还有各种蔬菜和水果，常用的饮料是可口可乐、百事可乐和咖啡等。巴拿马人喜欢甜食，习惯饭后用甜点，西餐主要为牛肉或鱼虾，中午用餐简单。巴拿马鸡肉汤为普通餐饮。巴拿马人制作的食品讲究五味俱全，比较有名的是用大米、肉煮赤豆做成的肉豆饭。巴拿马人很喜欢一种叫桑科乔的食品，当地人常以此宴请客人。

巴拿马居民的禁忌和其他拉美国家的基本相同，妇女不喜欢别人问及她的年龄，人们厌恶打听男女的私生活情况和工资收入，巴拿马人认为每月的“13 日”是最不吉利的日子。

巴拿马的婚姻风俗基本上遵循着天主教的传统，国家法律规定实行一夫一妻制。大部分印第安人的婚姻和婚礼也是按照天主教习俗进行和操办的,但仍有一部分印第安人保留着本民族的传统做法。在举行正式婚礼前，少女们必须经历一种成年仪式，它是女子将婚嫁的证明，仪式进行时，全村人都要赠送礼物，女方父母要宴请全村人。

巴拿马居民平时和节庆时都喜欢跳舞。“小鼓”舞是一种原始的民族舞蹈，一向为人们喜闻乐见，在各地狂欢节和大型庆祝活动中，这种舞蹈备受欢迎。此外，巴拿马人还经常开展斗鸡、斗牛和赛马比赛。他们也喜欢现代体育运动，如足球、棒球、橄榄球、篮球、排球等。巴拿马的狂欢节是全年最令人期待的节日，在复活节前的第七个星期三举行。白天，人们身着华丽的服装，装扮成各种奇异的角色，参加很多不同的游戏活动。晚上有烟花会，游行和室外舞会。

第八节　自然景观

【达连国家公园】坐落在巴拿马东部边境与哥伦比亚交界处，面积 5570 平方公里，横跨南北美洲。达连丛林是美洲热带地区植物类型最多的丛林，热带雨林占主要地位，树木参天耸立，平均高度为 40 米。

居住在达连公园的两个印第安部落分别形成了乔库文化和库纳文化，所以这里是欣赏两种不同土著文化最便利的场所。此外，达连国家公园是大量野生动物，特别是美洲豹、红猴、中美洲凯门鳄等濒临灭绝的野生动物的栖息场所。1981 年被列入《世界遗产目录》。

【美洲大桥】位于巴拿马城的西侧，横跨运河。桥身长 1653 米，凌空飞架运河两岸，钢架成弓形向上隆起，像是一条威镇运河的蛟龙。汽车从桥上驶过，只需几分钟就可以从南美洲到达中美洲。

【巴拿马运河】巴拿马地处中美洲与南美洲的交界处，左临太平洋，右临大西洋，最宽的陆域宽度只有 80 多公里，地区优势明显。这一切使得巴拿马成为沟通两大洋的理想之地。早在 16 纪，西班牙国王查理五世就曾下令进行巴拿马运河开凿的测量与调查。到了 1879 年，在法国巴黎召开了审查巴拿马运河问题的国际代表会议，决定由法国政府全面负责进行开凿运河。1880 年 1 月 1 日，法国的“全球巴拿马洋际运河公司”宣布正式开工挖凿巴拿马运河。然而，因流行病的发生蔓延以及财政上的重重困难，挖凿工程终于在 1889 年停顿。在以后的时间里，美、英、法三国围绕着巴拿马运河的开凿问题展开了激烈的角逐。1901 年，美国迫使英国就范，缔结了《海——庞斯福特条约》，同时废除了 1850 年签订的保证两国对巴拿马运河拥有平等权的《克莱敦——布尔尼条约》。美国从此获得了开凿、经营和管理巴拿马运河的特权。

1903 年，在美国的策划下，哥伦比亚共和国巴拿马地区发生政变，宣布成立巴拿马共和国。同年 11 月 18 日，美国与巴拿马签订了不平等的美巴条约，规定了美国以一次偿付 1000 万美元和 9 年后付给年租 25 万美元的代价，取得永久使用巴拿巴运河区（约 14.74 万公顷）的权利。除了这一权利之外，美国还得到修建铁路和设防驻军的权利。

在法国原先开凿运河航道的基础上，美国又继续投资了 3.87 亿美元，雇佣了数十万人挖凿运河。在整个挖凿施工过程中，来自世界各国的劳工，其中包括许多中国劳工，都为开凿巴拿马运河付出了血汗。当时的劳工们在极其恶劣的环境下劳动，曾先后有 7 万名巴拿马和其它国家的劳工死亡。巴拿马运河于 1914 年竣工，1915 年通航，1920 年起运河成为国际通航水道。由于巴拿马运河的开通，太平洋与大西洋之间的航程比原来缩短了 5000 至 10000 公里。现在，每年大约有 1.2 万至 1.5 万艘来自世界各地的船舶经过这条运河。

巴拿马运河通航以来，美国一直控制着运河航行等各个环节。管理运河的最高权力机构是“巴拿马运河管理委员会”，委员会的总负责人由美国人担任，副手是巴拿马人，运河的全部引航员由美国人充当。

为了夺回运河的管理权，巴拿马人民不断进行英勇斗争。1946 年 1 月 9 日，巴拿马爆发了震惊世界的反美爱国斗争。在巴拿马人民坚持不懈的反抗与斗争下，美国政府终于和巴拿马政府签订了《巴拿马运河条约》。根据这个条约，美国应在 1999 年 12 月 31 日把巴拿马运河及运河区全部归还巴拿马，美国驻扎在运河区 16 个基地的军队将全部撤走。巴拿马政府另外成立专门的管理机构统一处理运河事务。

第九节　重大事件

【美巴条约】1903 年巴拿马共和国成立以后，11 月 13 日即得到了美国的承认。11 月 18 日，巴拿马的阿马多政府按照美国的意图，与美国政府签订了奴役性的《美巴条约》。根据该项条约，巴拿马“让给”美国的权利比《海-艾尔朗条约》中所规定的权利更多更广泛。从此，美国不但“永久占领”“永久使用”运河区及单独开凿管理运河和有关河流的湖泊等特权，而且还获得了对运河设防、在运河区驻军以及其它一系列干涉巴拿马内政的权利。

【巴拿马运河条约】又称托里霍斯-卡特条约，是巴拿马军政府领导人奥马尔·托里霍斯与美国总统卡特于 1977 年 9 月 17 日签订的关于巴拿马运河主权过渡的条约，以取代原 1903 年签订的旧条约。同年 10 月 1 日新条约生效，有效期到 1999 年 12 月 31 日。新条约规定，巴拿马运河由两国官员组成的运河管理委员会管理，运河区的司法和移民机构、海关、邮局等逐步交由巴拿马管辖和经营，新条约期满后，由巴拿马承担运河的管理和防务。

1978 年 4 月 18 日，美国参议院以 68 票对 32 票批准了新的《巴拿马运河条约》。新条约生效后，在运河区将升起巴拿马国旗，原运河区的司法、移民机构、海关、邮局等将交由巴拿马管辖。

【美国入侵巴拿马】1989 年 12 月，美国为维护其在巴拿马运河区的殖民利益而对巴拿马发动的武装入侵。

1903 年，美、巴政府签订开凿和永久租让巴拿马运河区的不平等条约。1914 年运河通航后，美完全控制运河区，严重侵犯巴主权和领土完整。为收复运河区，巴拿马人民进行了长期斗争。1977 年，美、巴签订新约规定，美国于 1999 年底将运河区主权归还巴拿马。1983 年，诺列加少将任巴国防军司令后，要求美国提前归还运河区。为此，美多次想除掉诺列加，美巴关系更趋紧张。1989 年 12 月，美、巴在提名运河管理委员会主任问题上再生争端，关系急剧恶化。15 日，巴全国民众代表大会任命诺列加为政府首脑。16 日，一名美军军官在与巴士兵冲突中丧生，美国随即以此为借口入侵巴拿马。侵巴美军共 2.6 万人，其中原驻巴美军 1.3 万人、派遣部队 1.3 万人，分编成 5 个特遣队。巴国防军总兵力 2.34 万人，包括警察、国民警卫队、空降分队、8 个轻步兵连和民兵 8000 人。实际参战约 8000 人。

1989 年 12 月 20 日凌晨 1 时，美隐形轰炸机侵入巴领空，轰炸里奥阿托巴军高炮阵地；与此同时，美海军一部袭击诺列加私人机场，炸毁其座机；另一部袭击诺列加专用船只卫兵并炸沉该船，切断诺列加从空中和海上转移的退路。随后，美军兵分五路向巴拿马各军事要地发动进攻。战斗打响后，部分巴军顽强抵抗，但寡不敌众。美军突袭得逞，仅 8 个小时就击溃巴军有组织抵抗，15 个小时摧毁巴军主要军事设施，控制巴军大部分兵营，并推翻了诺列加政府。诺列加本人由于错误估计形势，事先未作充分准备，最后被美军抓获。

第八章 古巴

第一节 概况

【国名】古巴共和国（la República de Cuba）

【面积】110,860 平方公里

【人口】1123 万（2004 年）。白人占 66%，黑人占 12%，混血种人占 21.9%，黄种人占 0.1%。

【首都】哈瓦那（La Habana），人口 220 万（2004 年）。古巴首都和全国经济、文化中心。也是西印度群岛中最大的城市和著名良港。位于古巴岛西北哈瓦那湾阿尔门达雷斯河畔，扼守着墨西哥湾通往大西洋的大门，具有重要的战略地位。曾为西班牙在美洲的主要堡垒和西半球最大港口。港湾狭长，近岸水深 12 米，可容纳远洋巨轮，湾底建有地道，沟通两岸交通，全国一半以上的进出口货物经由此港。始建于 1519 年。1898 年起成为首都。地处热带，气候温和，四季宜人，有“加勒比海的明珠”之称。

哈瓦那可分为旧城和新城两部分。旧城位于哈瓦那湾西侧的一个半岛上，面积不大，街道狭窄，至今还留有许多西班牙式的古老建筑，是政府所在地。旧城是建筑艺术的宝库，拥有各个时期不同风格的建筑，1982 年被联合国教科文组织列为“人类文化遗产”。新城濒加勒比海，建筑整齐美观，有豪华的旅馆、公寓、政府机关大厦、街心花园等，是拉丁美洲著名的现代化城市之一。

市区中心何塞·马蒂革命广场旁立着民族英雄何塞·马蒂的纪念碑和巨大铜像。在 9 号街的广场上，有一高达 18 米的赤色圆柱形大理石纪念碑，这是 1931 年古巴人民为了表彰华侨在古巴独立战争中建立的功勋而建。在黑色底座上刻着“在古巴的中国人没有一个是逃兵，没有一个是叛徒”的碑文。市内还有1704年建的古老教堂，1721年建的哈瓦那大学，1538—1544年建立的城堡等等。

圣塔玛丽亚海滩是哈瓦那的著名海滩之一，这里山环水抱，风景优美，是理想的避暑胜地。

哈瓦那年平均气温25℃。最热月份是8月，平均气温24—32℃，最冷月份是1月和2月，平均气温18—27℃。最干月份是2月和3月，平均降水46毫米，最湿月份是10月，平均降水173毫米。

【国旗】旗面为长方形，长与宽之比为2:1。旗杆一边为红色等边三角形，其中有一颗白色五角星。右边旗面由三道平行的蓝宽条和相间的两道白宽条组成。三角形和星是古巴历史上秘密革命组织的标志，象征自由、平等、博爱和爱国者的鲜血。五角星象征古巴是一个独立的民族。三道蓝色宽条表示未来的共和国分成东、西、中三州，白条表示古巴人民在独立战争中怀着纯洁的目的。

【国徽】盾面上分三组图案。盾面上部的蓝色部分表示加勒比海，两旁有小山和岛屿，前方一轮红日从海上冉冉升起，金光四射，一把钥匙横置于盾面上部，象征古巴是墨西哥湾的一把钥匙（古巴岛形似钥匙），表示其地理位置的重要性。盾面的左下角部分为斜置的蓝三道、白两道相间的条纹，表示古巴的国旗。盾面的右下角部分为美丽的田园风景：近处是青翠的灌木丛，接着是开阔的草地，一棵高大的大王棕榈树挺立在草地上；远处是青葱的树林和连绵不断的山峦，上面是白云和淡蓝色的天空。盾徽两旁由叶形各异的绿枝装饰，后面是束棒。束棒是法国大革命时期采用的标志之一，是权威的象征。束棒的上端有一顶“自由之帽”，它是一些美洲国家的人民为自由而斗争的标志。

【货币】比索（peso）和可兑换比索（peso convertible，1995年1月开始流通）。汇率为：1美元＝20比索，1美元＝ 0.82可兑换比索

【宗教信仰】宗教在古巴的历史上扮演过重要角色，对古巴的政治、经济和社会曾产生过巨大影响。古巴居民大部分信奉天主教，

少数人信奉基督教新教。天主教包括一些非洲部落的信仰和天主教混合的分支。在卡斯特罗时期，官方宣布古巴遵守无神论。1962 年，政府关闭了 400 多所天主教学校。1991 年，古巴共产党撤除宗教禁令。次年，宪法宣布政府为非宗教性机关，但是不再反对宗教信仰。

【国花】姜黄色百合花

【国鸟】咬鹃

【时差】比格林尼治时间晚 5 小时，比北京时间晚 13 小时。

【与我国建交时间】1960 年 9 月 28 日

【独立日】5 月 20 日（1902 年）

【首都外其他主要城市】圣地亚哥（Santiago de Cuba）：位于古巴岛东部，被马埃斯特腊山（Sierra Maestra）和加勒比海环抱，是全国第二大城市和第二大海港，人口 100 万，面积 6170 平方公里，80%（6000 平方公里）以上是森林和农业区，山区面积占 63%，是一座景色秀丽的山城，城里倾斜的街道是圣地亚哥的特色。圣地亚哥于 1514 年建镇，也是古巴的第一个首都，1522 年才被授予城市称号。在 16 世纪和 17 世纪它是加勒比海盗频频袭击的目标，因此于 1640 年建起了一些城堡和其他防御工事。圣地亚哥也是古巴的英雄城，这里不仅发生过很多重大的历史事件，而且很多历史伟人长眠于此。

卡马圭（Camagüey）：古巴卡马圭省省会，重要的工业、贸易和交通中心。位于中部萨瓦纳草原中心。人口约 27.5 万，为全国第三大城市。海拔 121 米，气候温湿。1514 年始建于今努埃维塔斯港所在地，曾名太子港。1528 年迁现址。省内出产大量牲畜、甘蔗等农牧产品以及铬铁矿石，为城市的肉类加工、制糖、冶炼等工业部门提供充足的原料。卡马圭有全国最大的铁路机车车辆修造厂，处于中央公路线上，有铁路通哈瓦那、圣地亚哥等地，建有国际机场。市内保留有殖民时期的建筑和狭窄的街道及古老教堂、热带植物园、古巴第四大大学卡马圭大学等。为防止海盗袭击，城市道路如同迷宫一般。

圣克拉拉（Santa Clara）：古巴中部城市，比亚克拉拉省省会，距离首都哈瓦那 277 公里，位于古巴岛中部地区海拔 112 米的高地上。它是中部农牧区重要的工商业中心，集散甘蔗、烟草、咖啡、牲畜等农牧产品。附近有沥青、石墨、金和铜等矿产，以制糖、烟草、食品工业、建材制造和机械制造等工业为主。圣克拉拉中央公路和铁路干线的中枢站。这个城市具有百年文化历史和高科技工业与文化潜力，更是古巴健康旅游的好去处。古巴第三大大学拉斯维亚斯中央大学（Universidad Central de Las Villas）位于城西北 5.5 公里处。

圣克拉拉城是沿海城镇居民为了逃避加勒比海盗的袭击于 1689 年建造的。圣克拉拉市也叫切·格瓦拉市。1998 年，被玻利维亚政府军俘虏杀害的格瓦拉的遗骸被运回古巴并安葬在圣克拉拉市。今天，这里是许多游人前来瞻仰和缅怀的地方。

关塔那摩（Guantánamo）：关塔那摩省省会，重要港口城市。面积 6186 平方公里，主要为山地。北部坡地被热带雨林覆盖，而南岸则是干旱的陆地。1819 年，关塔那摩建市。1843 年，一些法国人从海地移民到此地，成为该地区的统治者。直到 1976 年，该地区是奥连特省的一部分。关塔那摩的主要工业为制糖、咖啡加工等。有铁路、公路通往内地。关塔那摩湾在市区南面 30 公里处，是世界上最大、屏障最佳的海湾之一。该湾长约 19 公里，宽约 9 公里，靠近连接大西洋和加勒比海的向风水道，战略位置重要。

1898 年美西战争时期，美国海军就登上这个天然良港，并在此建起营地。1903 年，美国与古巴签订协议，美国在关塔那摩湾内建立一个大型的美国海军基地，后来又增建了要塞和机构。该基地面积为 117.5 平方公里，其中 49%是陆地，其余的是水域和沼泽。当时规定美国每年向古巴支付 2000 美元租金使用此基地。1934 年，美国将年租金增到 4000 美元。美国军队在关塔那摩拥有两个机场，一个码头，一家医院，一家大商场和一个海水淡化厂等服务设施。1959 年古巴革命胜利之后，古巴政府一直反对该军事基地的存在，并拒绝接受美方租金，要求美国军队撤出关塔那摩。2002 年 1 月，美国在关塔那摩设立监狱，主要关押“9·11”事件后在阿富汗战争中俘获的“基地”组织和塔利班嫌犯。美国将这些在押人员列为“敌方战斗人员”，拒绝给予其《日内瓦公约》规定的战俘权利。国际社会一直关注该监狱的恶劣状况，呼吁关闭这一监狱。

第二节　地理

【概况】位于加勒比海西北部墨西哥湾入口。北离美国佛罗里达半岛最南端 217 公里，东与海地和多米尼加隔海相望（77 公里），南距牙买加 140 公里，西离墨西哥尤卡坦半岛 210 公里。古巴是加勒比海中最大的岛国，约占西印度群岛面积的一半。除古巴岛外，它还包括周围1600多个大小不等的岛屿。这些岛屿由5个群岛组成：萨瓦纳群岛（Archipiélago de Sabana）、卡马圭群岛（Archipiélago de Camagüey）、科罗拉多斯群岛（Archipiélago de los Colorados）、王后花园群岛（Jardines de la Reina）和卡纳雷奥斯群岛（Archipiélago de los Canarreos）。位于巴塔瓦诺湾中的青年岛（Isla de Juventud，又名松树岛）是沿海惟一较大的岛屿。

【地貌】古巴岛大部分地势平坦，山地只占总面积的 1/4。全国有 3 大山脉：瓜尼瓜尼科山脉（Cordillera de Guaniguanico）、埃斯坎布拉伊山脉（Sierra de Escambray）、马埃斯特腊山脉（Sierra Maestra），马埃斯特腊山脉是古巴最高的山脉，其中图尔基诺峰（Pico Turquino）海拔 1974 米，是古巴的第一高峰。

古巴有 200 多条河流和数以千计的溪涧，大多是南北走向，因此水流短浅、湍急。位于马埃斯特腊山脉以北的、东西流向的考托河（Cauto）是古巴第一大河，但长度仅 370 公里，是古巴惟一可以通航的河流。古巴海岸线曲折，一般北岸陡峭，南岸平坦，有许多良港。它们几乎全是形似口袋、口小腹大的海湾，对航运十分有利。其中重要的港湾有：哈瓦那湾、尼佩湾、关塔那摩湾、圣地亚哥湾、西恩富戈斯湾、翁达湾和马坦萨斯湾等。

【气候】全境大部分地区属热带雨林气候，仅西南部沿岸背风坡为热带草原气候，年平均气温为 25℃。1 月为最冷月，平均气温

21℃。5—10 月为雨季，常遭飓风侵袭，其他月份为旱季。除少数地区外，年降水量在 1000 毫米以上。

第三节 政治

【政治】全国人民政权代表大会是古巴国家最高权力机关，每届任期 5 年。它代表全国人民的意志，也是共和国修宪和立法的唯一机构。全国人民政权代表大会代表经过自由和直接选举产生。在代表中选出主席、5 名副主席及 23 名主席团成员。国务院委员会主席是国家元首、政府首脑和武装部队总司令，任期 5 年。

【宪法】现行宪法 1976 年 2 月通过，宪法规定：古巴是独立的社会主义主权国家，是一个民主统一的共和国，由劳动者全体组成，为劳动者造福，为谋求政治自由、社会公正、个人和集体利益及人民团结而奋斗。1992 年 7 月，第三届全国人民政权代表大会第十一次会议通过宪法修改草案，对 1976 年的宪法进行部分修改和补充，主要有：（1）把马蒂思想与马列主义并列作为党的指导思想；（2）以无计名投票方式直接选举全国和省级人民政权代表大会的代表；(3)授予国务委员会主席必要时宣布在全国或部分地区实行紧急状态的权力。

古巴共产党是马蒂主义的、马克思列宁主义的先锋组织，是古巴社会主义和国家的领导力量。

【议会】全国人民政权代表大会为国家最高权力机关，享有修宪和立法权。每届任期 5 年。每年举行两次例会。全国和省级人大代表候选人由群众和学生组织提名后交市级人民政权代表大会审批，然后由全体选民以无记名方式直接选举产生。国务委员会是 1976 年取消总统制后设立的，在全国人民政权代表大会休会期间代表人大行使立法等国家权力。国务委员会由主席、第一副主席、5 名副主席、秘书和 23 名委员组成，从全国人大代表中选举产生。宪法规定，国务委员会主席是国家元首、政府首脑和武装部队总司令。

【政府】即部长会议，是国家最高行政机关，由主席、第一副主席、若干副主席、执行秘书、各部部长和法律确定的其他人员组成。主席由国务委员会主席兼任，成员经主席建议由全国人民政权代表大会任命。

【司法机构】最高人民法院是国家最高司法机构。最高人民法院院长、法官、全国总检察长、副总检察长均由全国人民政权代表大会选举和罢免。总检察长是最高人民法院领导委员会的成员。

【行政区划】全国划分为 14 个省，1 个特区（青年岛特区，Isla de la Juventud）。省下设 169 个市。各省名称如下：比那尔德里奥（Pinar del Río）、哈瓦那（La Habana）、哈瓦那市（首都，省级市建制）（Ciudad de la Habana）、马坦萨斯（Matanzas）、西恩富戈斯（Cienfuegos）、比亚克拉拉（Villa Clara）、圣斯皮里图斯（Sancti Spíritus）、谢戈德阿维拉（Ciego de Ávila）、卡马圭（Camagüey）、拉斯图纳斯（Las Tunas）、奥尔金（Holguín）、格拉玛（Granma）、圣地亚哥（Santiago de Cuba）、关塔那摩（Guantánamo）。

【政党】古巴共产党（Partido Comunista de Cuba）是古巴唯一的合法政党。1961 年，“七·二六运动”、“人民社会党”和“三·一三革命指导委员会”三个组织合并成古巴革命统一组织。1962 年改名为古巴社会主义革命统一党。1965 年改用现名。现有党员 82 万人。

【文化教育】古巴革命胜利以来，政府一贯重视教育事业的发展，把它作为优先发展的重点之一，即使在经济最困难时期也保持着对教育的投入。1999 年政府将教师工资提高了 30%。2000 年 10 岁以上人口的识字率达到 96.2%。

古巴实行免费义务教育。共分三级：第一级为学龄前教育；第二级包括小学、初中和大学预科；第三级为高等教育，即大学教育。全国共有大、中、小学 12488 所，在校学生约 234 万人，教师 25 万名。47 所大学中哈瓦那大学是最著名的高等学府。学龄儿童入学率达 100%，初中 95%，高中 98%，近 85%的高中毕业生可以上大学或到专科学校深造。

最近四十年里，古巴教育取得了举世瞩目的成就：第一，从一个文盲占 70%以上的民族一跃成为扫除文盲和文化素质较高的民族；第二、实行全民公费教育制度，人人都享有受教育的权力；实行义务教育，高等教育实行大学生公费制；第三，由原先的三所大学发展成遍布全国各省的四十七所高等院校。已经培养了五十多万名大学毕业生，占全国人口的 5%。取得了突出的成就。

【新闻出版】《格拉玛报》，古巴共产党机关报，创于 1965 年 10 月，发行量 70 万份；《起义青年报》，共青联中央机关报；《劳动者报》，中央工会机关报；《社会主义古巴》月刊；《波希米亚》周刊，创于 1908 年 5 月，每期发行 30 万份。

通讯社：古巴有两家新闻机构：拉美通讯社和国家通讯社。拉美通讯社，官方国际通讯社。创建于 1961 年，在全世界设有 37 个分社。国家通讯社，创建于 1974 年，主要负责国内新闻报道。

古巴有 5 家全国性广播电台：时钟电台、进步电台、起义电台、音乐电台和古巴哈瓦那国际电台（用 8 种语言播音）；1 家国际电台；17 家省级电台和 32 家县级电台。全国性电视台 2 家：古巴国家电视台（Cubavisión）和起义电视台（Telerebelde）。

第四节 经济

【概况】古巴经济长期维持以蔗糖生产为主的单一经济发展模式。1959 年革命胜利后不久，古巴开始了社会主义经济建设。在美国的经济封锁等不利的外部条件下，古巴经济在革命后的前 30 年中仍取得了较大的发展。

80 年代末，随着东欧剧变和苏联解体，这些国家停止对古巴援助，改变与古巴的贸易方式，古巴经济形势严峻。能源、食品和原材料匮乏，外汇短缺，生产连年下降。1990—1993 年，国内生产总值下降 35%。古巴开始改革进程。此后所采取的主要改革开放措施包括：个人持有美元合法化，扩大个体经济范围，国营农场合作化，开放农牧产品市场，向外资全面开放生产部门，实行财税、物价、银行和外贸体制改革，以及颁布新外资法，以更优惠的条件吸引外资等。此后经济逐渐回升。与此同时，经济结构也发生了一定变化。旅游业、生物医药业、石油开采业等成为新兴行业，外贸构成和贸易对象也有所变化。1996年至2000年间，国民经济年均增长4.7%。目前古巴经济仍处于困难时期，要使经济恢复到80年代末的水平尚需时日。2001年，受“9·11”事件、世界经济低迷、资金匮乏、干旱以及飓风袭击等影响，古巴经济遇到新的困难，增速减缓，增长率仅为3%。

【自然资源】 地下矿藏比较丰富，其中具有开采价值的有镍、钴、锰、铬、铁和铜等。镍储量约1660万吨，占世界总储量的40.2%。铁矿储量约有35亿吨，主要是尼佩山和巴拉科阿山区的铁巩土，是世界上储量最大的地区之一。锰储量约700万吨。古巴几乎所有的山脉都蕴藏着铜矿。铬的储量也较丰富。松树岛储有钨矿，还出产大理石。古巴的许多地区都储有沥青。在关塔那摩、拜提吉里和拉伊萨伯拉等沿海还可生产海盐。但是，古巴石油储量较少，也缺乏达到开采标准的煤矿，几乎没有可用于水力发电的河流，所以能源短缺。古巴四面环海，渔业资源丰富，鱼的品种达500多种。

【农林牧渔业】古巴土地肥沃，气候湿润，具备发展农业的有利条件。革命后，政府对农业进行了大量投资，在农田基本建设和机械化方面取得较大进展。但在整个国民经济中，农业的发展比工业缓慢；农业内部各部门之间的发展也不平衡，甘蔗单一作物制的农业结构变化不大。进入特殊时期后，由于受投入减少和体制改革滞后的影响，农业部门成为主要的困难部门之一。1995年有66.3万人从事农牧业。农村人口占全国人口的27%。

种植业分经济作物和粮食作物两大类。经济作物有甘蔗、烟草、酸性水果、咖啡等。粮食作物有稻谷、玉米、豆类、薯类等。甘蔗是最重要的经济作物，55%的耕地用于种植甘蔗。粮食作物中稻谷生产占首要地位。玉米是仅次于稻谷的粮食作物。块茎作物是古巴人的主要副食之一，其中包括马铃薯、甘薯、木薯、海芋等。2000年农业增长14.5%。城市农业发展顺利，2001年蔬菜产量达220万吨。

畜牧业连同家禽饲养业是农业经济的重要组成部分。

古巴渔产品中名贵鱼种比例较高，其中龙虾、对虾、鲈鱼、复纹鱼、棘鬣鱼、长喙鱼等可供出口和旅游业的消费。

森林面积占全国土地面积约 8%。盛产红木、檀香木和古巴松等贵重木材。

【工业】工业生产以制糖业为主。古巴是世界主要产糖国之一，有 400 年的产糖历史，其糖产量占世界糖产量的 7%以上。钢铁业是革命后的新兴产业。电力工业是革命后发展较快的部门之一。烟草工业历史悠久，曾一度是国家的主要产业之一。哈瓦那雪茄闻名于世。革命后国家对烟草业进行了整顿。产量分香烟、烟丝和雪茄 3 类。前两类主要供国内消费，后者主要供出口。此外，古巴在采镍、发电、炼油、炼钢、食品加工、机械、轻纺、电子、水泥生产方面有一定基础。

【旅游业】古巴四面环海，风光秀丽，气候宜人，旅游资源丰富。拥有优质海滩近 300 处，其中巴拉德罗（Varadero）等海滩是世界著名的旅游度假胜地。古巴旅游业历来比较发达，政府将旅游业作为国家重点发展的部门，积极吸引外资兴建旅游饭店，扩大旅游景点，开辟多种旅游项目，完善旅游设施。近年来旅游业迅速发展，成为国家重点发展项目和第一大创汇产业。2001 年外国游客 177.45 万人次，比上年增加 0.3%。全国共有旅馆 321 个，客房近 4 万余间。

【交通运输业】古巴的交通运输比较发达，特别是公路和海运，近年来航空业的发展也较快。全国现有公路总长 4.9 万余公里（其中高速公路 682 公里），主要公路系统是连接全国各大城市的中央公路，西起比那尔德里奥，经哈瓦那，东至圣地亚哥，全长 1143 公里。

铁路：总长 14838 公里，其中一半以上为甘蔗运输专线。另有 147 公里电气铁路。2000 年客运量 1500 万人次，货运量 600.6 万吨每公里。古巴曾建造了拉美历史上的第一条铁路（1837 年建成）。

古巴对外贸易主要靠海上运输，因此海运具有特别重要的地位。革命后政府十分重视海运事业的发展，其中远洋船只和深海船只 82

艘，在加勒比地区首屈一指。古巴共有 16 个商港、23 个小港，主要港口有哈瓦那、圣地亚哥、努埃维塔斯（Nuevitas，第一大糖港）、西恩富戈斯、马坦萨斯（Matanzas，第二大糖港）、马列尔、关塔那摩等。1980 年前古巴是加勒比最大的海运国家，1990 年由于苏联解体，海运量下降了一半。

国内各大城市均有班机往来，共有国内航线 16 条，国际航线 20 多条，全国共有 19 个机场，其中 9 个为国际空港。

【对外贸易】蔗糖是古巴主要出口产品。古巴单一经济结构的基本特点决定了对外贸易是其经济的生命线。进出口商品结构比较单一。贸易伙伴十分集中。革命前古巴的主要贸易伙伴是美国。革命后，由于美国的经济封锁，古巴的外贸方向转向苏联和东欧国家。1972 年，古巴加入经互会后，与苏联、东欧的贸易进一步发展。1989 年出口原糖约 712 万吨，创汇 39.14 亿比索，占全部外汇收入的 72.6%。90 年代初，随着东欧国家的剧变和苏联的解体，古巴同这些国家的贸易急剧下降，古巴陷入经济危机，外贸总额也大幅度缩减。近年来，政府大力推行贸易伙伴和出口产品多样化的政策，努力建立新的贸易关系和增加新的出口品种，取得一定成效。目前，古与 163 个国家有贸易关系，主要贸易伙伴有西班牙、加拿大、俄罗斯、中国、墨西哥、委内瑞拉、法国、意大利、荷兰等国。2000 年古巴同美洲国家的贸易额占贸易总额的 45.1%，欧洲占 40.3%，亚洲 13.9%，非洲 0.6%，大洋洲 0.1%。2006 年镍及副产品出口收入占出口总额的 46%。此外还出口蔗糖、药品、柑桔、雪茄烟、朗姆酒。主要进口石油、粮食、机械、化肥、化工产品等。古巴外贸常年逆差。

第五节　历史

【前哥伦布时期】15 世纪以前，古巴岛上居住着处于原始阶段的印第安人，总人口约 10 万，主要分属 3 个部族，即西博内人（ciboneys）、瓜纳哈达贝伊人（guanajatabeys）和泰伊诺人（taínos）。

前两个部族以游牧、狩猎和捕鱼为主。后者文化较为发达，已进入农业社会。据史学家考证，泰伊诺人是南美印第安人阿劳科人的后代，来自委内瑞拉西北岸，从奥里诺科河流域进入加勒比地区的小安德列斯群岛。后因泰伊诺人性格温和，不堪忍受好斗的加勒比人的欺凌，才迁到古巴岛上生活。他们具有较高的文明，已经掌握制陶术和农耕技术，属新石器文化时期。瓜纳哈达贝伊人最落后，过着穴居的生活，以捕鱼为生，属贝壳文化时期。西博内人属于前泰伊诺文化，已会制作粗糙石器和简陋陶器。

【殖民时期】1492 年 10 月 27 日，哥伦布首航美洲时发现古巴岛，将其误认为是大陆。1508 年，哥伦布第二次航行美洲，他的部下迪戈•贝拉斯克斯（Diego Velázquez）带领 300 名士兵进行勘察，绕古巴岛航行一周，证明它不是大陆，而是一个美丽的大岛。1510 年，西班牙开始征服和殖民统治古巴。由于西博内人和泰伊诺人相对来说性情平和，殖民活动并未遇到太大的障碍。西班牙殖民者用血与火镇压了土著人的抵抗，对他们实行非人的、残酷的剥削和压迫，使印第安人大批死亡，幸存者纷纷逃往深山老林。1517 年，即殖民征服后的第六年，大部分土著人已趋于灭绝。到 1537 年，全岛的印第安人只剩下约 5000 人。殖民者不得不从非洲引进黑人奴隶从事种植园的繁重劳动。1756—1763 年的“七年战争”中，古巴曾一度被英国占领。1763 年巴黎和约缔结后，西班牙恢复了对古巴的统治。

【独立进程】1790 年古巴出现要求独立的运动，获得自由的农奴何塞•安东尼奥•阿朋德（José Antonio Aponte）领导奴隶起义，但起义遭到镇压而失败。1867 年，宗主国和殖民地之间矛盾日益尖锐，西班牙国内发生革命，这为古巴的独立运动提供了极好的时机。古巴开始了要求独立的十年战争。

1868 年 10 月 10 日，奥连特省种植园主卡洛斯·曼努埃尔·德塞斯佩德斯（Carlos Manuel Céspedes）在亚拉（Yara）起义，宣布古巴独立，并发表独立宣言（即《亚拉号召书》）。1869 年 4 月 10 日，起义军召开制宪会议，颁布古巴第一部宪法，并宣布成立战时共和国。然而，由于西班牙军队的残酷镇压和起义军内外的势力力图同殖民当局妥协，独立战争遭到挫折。1878 年 2 月 10 日，起义军中的妥协派同殖民军签订了折衷性质的桑洪条约（La Paz de Zanjón），第一次独立战争（也叫“十年战争”）结束。但以安东尼奥·马塞奥为首的起义军革命派不承认该条约，发表巴拉瓜抗议书，号召人民继续斗争。1879—1880 年，部分起义军继续坚持打击西班牙殖民统治当局的斗争，史称“小战争”。

1895—1898 年，古巴人民进行了第二次独立战争。1895 年 1 月 28 日，古巴革命党领袖何塞·马蒂（José Martí）下达武装起义的命令，3 月 25 日发表《蒙特克里斯蒂宣言》，号召人民推翻西班牙殖民统治。9 月 13 日，起义者召开制宪会议，制定临时宪法，宣布古巴独立。到 1898 年年初，全岛 2/3 地区获得解放。

【美西战争】1898 年，停泊在哈瓦那港的美国军舰“缅因号”（Maine）突然爆炸，美国以此为借口对西班牙宣战。美军迅速取胜，西班牙被迫于 1898 年 12 月 10 日同美国签定了“巴黎条约”（Tratado de París），根据该条约，西班牙把波多黎各、关岛以及菲律宾割让给了美国，并且放弃对古巴的控制。

【美国的控制】1902 年 5 月 20 日，古巴宣布成立“古巴共和国”。古巴取得了名义上的独立，但实际上沦为美国的保护国。美国对古巴实行军事占领。1901 年，在美国军事当局的监控下，古巴召开了制宪会议，制定宪法。美国强迫古巴接受由美国参议员奥维尔·普拉特提出的修正案，作为附录载入古巴宪法。该修正案的主要内容是：古巴政府同意美国行使干涉权，认可美国军事占领期间的一切行为和所获得的权益，古巴为美国提供建立煤站及海军基地所需的领土，松树岛所有权问题留待将来调处等。1902 年 5 月 20 日古巴共和国成立，美军撤离古巴。1903 年 2 月，美国根据普拉特修正案“租借”了关塔那摩和翁达湾两处作为海军基地，前者至今未归还古巴。1934 年 5 月，由于古巴人民的反对，美国被迫同古巴缔结新约，并于 1935 年废除了普拉特修正案。但美国仍保持着对古巴的控制，并继续占据关塔那摩海军基地。

【古巴革命】1933 年，巴蒂斯塔控制了古巴政权，在美国的帮助下实行独裁统治。1952 年 7 月 26 日，菲德尔·卡斯特罗·鲁斯领导在圣地亚哥等地举行的武装起义。失败后卡斯特罗等人被捕入狱，1955 年 5 月 15 日获释，不久流亡墨西哥，1956 年 3 月 19 日成立"七·二六运动"组织。1956 年 11 月 25 日，卡斯特罗率领 81 名战友乘"格拉玛号"游艇驶离墨西哥，并于 12 月 2 日在奥连特省南岸登陆，与政府军激战后仅存 10 余人，他们随后转入马埃斯特腊山开展游击战争。1957 年，卡斯特罗领导的起义军不断取得军事胜利。到 1958 年年初，起义军完全解放了马埃斯特腊山的西部，并向东部地区扩展。1958 年 7 月，"七·二六运动"同大多数反对党派建立了"革命民主公民阵线"。同年 12 月，起义军解放了古巴中部重镇圣克拉拉，并继续向西挺进，直指首都哈瓦那。1959 年 1 月 1 日，巴蒂斯塔仓皇逃往国外。起义军进入哈瓦那，宣告古巴革命的胜利。

【社会主义的古巴】以"七·二六运动"为主体的革命领导力量取得政权后，在政治、经济、社会等方面实行了一系列重大改革以巩固革命成果：（1）摧毁旧的国家机器，建立新的革命政权。（2）改造旧的经济制度，建立新的生产关系。从 1959 年 10 月到 1960 年 10 月，古巴将全部美资企业收归国有，基本上实现了外企国有化。政府将所有私营工商企业和银行收归国有。1961 年 4 月 16 日，卡斯特罗公开宣布进行社会主义革命。从此古巴开始进入社会主义时期。革命政权采取一系列政策对古巴进行社会主义改造：（1）坚持反帝立场。（2）发展同社会主义国家的关系。（3）合并革命组织，完成建党进程。（4）进行第二次土改。（5）普及初等教育，发展革命文化。到 1963 年年底，古巴社会主义改造基本完成。

【美古摩擦】古巴革命胜利后，大量的古巴人，尤其是上层社会纷纷逃离古巴，他们中的大部分人定居在了美国的迈阿密和佛罗里达。1961 年 4 月 17 日，流亡的古巴人在美国政府的支持下入侵吉隆滩，与古巴军队展开激战，最终美国组织的雇佣军被挫败。1962 年，美国在古巴岛上发现了苏联导弹，美古摩擦更趋激化。最后，美国总统肯尼迪和苏联领导人赫鲁晓夫达成一致：美国不得侵略古巴，苏联则撤走导弹。古巴革命胜利后的国有化政策损害了美国的利益，使两国外交关系中断，美国对古巴实行经济和贸易封锁。

【当代古巴】80年代末苏联解体、东欧巨变后，古巴面临巨大的压力，何去何从是古巴人必须面对的问题。1990年8月，古巴政府宣布进入“和平时期的特殊阶段”。1991年10月，古巴共产党召开四大。会议决定坚持走社会主义道路，坚持共产党的领导，坚持计划经济体制。1993年起，古巴开始进行改革，每年均有新的改革举措出台。1996年，美国通过赫尔姆斯-伯顿法，加强了对古巴的经济封锁，古巴社会经济进入极度困难时期。1997年10月，古共五大召开，在坚持四大决议的同时，首次提出把经济工作放在优先地位。

政坛常青树菲德尔·卡斯特罗领导古巴人民近50年。2006年，他因肠胃出血接受手术，并将国家最高职权移交给其弟弟，古巴国务委员会第一副主席劳尔·卡斯特罗。2008年2月，古巴全国人民政权代表大会（议会）通过投票选举劳尔·卡斯特罗担任古巴国务委员会主席，以接替不再担任这一职务的菲德尔·卡斯特罗。

第六节 人物介绍

【菲德尔·卡斯特罗·鲁斯】（Fidel Castro Ruz）1926年8月13日出生在古巴奥尔金省一个富有的庄园主家庭。父亲安赫尔·卡斯特罗原是一名西班牙军人，到古巴定居后，以种植甘蔗起家，成为当地有名的种植园主。卡斯特罗自幼胸怀大志，富有反抗精神，少年时代就对劳苦农民怀有深切的同情。他反对父亲虐待雇农，为此多次与父亲争吵，13岁时曾组织蔗糖工人进行反抗自己父亲的罢工。青少年时代的卡斯特罗阅读了大量英雄人物传记和著作，古巴民族独立先驱者何塞·马蒂、拉丁美洲的解放者玻利瓦尔和圣马丁，都是他心目中最崇拜并引以为榜样的英雄人物。

卡斯特罗19岁考入哈瓦那大学法律系，当时正值拉美民族运动风起云涌之时，他积极投身于反对亲美独裁政权的爱国学生运动中，成为大学的风云人物。1947 年他加入古巴人民党，第二年出席在哥伦比亚首都波哥大举行的反帝反殖学生大会，并参加了波哥大大学反对寡头政治的暴动。此次行动失败后，他逃回古巴继续上学，1950 年获得法学博士学位。卡斯特罗成为律师后专为贫苦大众充当辩护人。1952 年巴蒂斯塔发动军事政变，加紧独裁统治，堵塞了民主道路。1953 年 7 月 26 日，26 岁的卡斯特罗率领 134 名爱国青年攻打圣地亚哥的蒙卡达兵营，旨在夺取武器，在全国掀起反对巴蒂斯塔独裁政权武装斗争。由于双方力量悬殊，起义失败，大部分青年起义者惨遭杀害。卡斯特罗等人被关进监狱。在法庭上他发表了著名的自我辩护词《历史将宣判我无罪》(La Historia me Absolverá)。1955 年 5 月巴蒂斯塔为自己“竞选”总统笼络人心，大赦政治犯，卡斯特罗及其战友意外获释。他出狱后立刻着手组织“七·二六运动”革命组织，并赴墨西哥组织秘密武装。

1956 年 11 月 25 日，卡斯特罗率领 81 名战友乘“格拉玛”号游艇从墨西哥出发，远征古巴。在登陆时，遭到政府军袭击。远征战士大部分伤亡，卡斯特罗等 12 名幸存者进入山区开展游击战争，他本人任起义军司令。由于把武装斗争同农民获得土地的斗争结合在一起，起义军队伍迅速壮大，同时掀起了全国范围的反巴蒂斯塔独裁政权浪潮。在起义军的强大攻势下，巴蒂斯塔独裁政权很快土崩瓦解。1959 年元旦，巴蒂斯塔逃往国外，起义军在万民欢呼中进入首都哈瓦那，卡斯特罗出任临时革命政府总理（后改称部长会议主席）和革命武装力量总司令。

古巴革命胜利后，卡斯特罗领导的政府在国内实行镇压反革命、土地改革和没收国外资本与大企业等重大措施；对外高举反对外国干涉、维护国家主权的旗帜，遭到了美国的敌视和反对。美国对古巴进行了政治颠覆、经济封锁、外交孤立，乃至组织雇佣军入侵，妄图扼杀新生的革命政权。卡斯特罗领导古巴人民进行了针锋相对的斗争。1961 年 4 月，卡斯特罗向全世界宣布“古巴实行社会主义革命”。此后，他领导的“七·二六运动”与人民社会党和“三·一三革命委员会”合并，组成了古巴共产党。他当选为党中央第一书记。

卡斯特罗 1962 年任古巴社会主义革命统一党第一书记，1965 年该党改名为古巴共产党后，卡斯特罗担任中央委员会第一书记。1976 年任国务委员会主席兼部长会议主席和革命武装部队总司令。在 1981 年、1986 年、1993 年、1998 年 2 月和 2003 年 3 月的选举中获胜，连任国务委员会主席。

2006 年 7 月，卡斯特罗宣布因健康原因将国家最高权力暂时移交给古巴国务委员会第一副主席劳尔·卡斯特罗。2008 年 2 月 19 日，古巴官方媒体称，菲德尔·卡斯特罗当天辞去国务委员会主席和革命武装部队总司令职务。

【何塞·马蒂】古巴杰出的民族英雄，独立运动的领导人，卓越的思想家、诗人、文学家。1853 年 1 月 28 日出生在古巴的哈瓦那市。父亲是西班牙农民，服役到古巴，退伍后在古巴做裁缝。马蒂在小学读书时，校长门迪维是著名的诗人、爱国者，马蒂受他的影响很深，自幼立志为祖国的独立而奋斗。16 岁在自己创办的报纸《自由祖国》上发表以古代非洲人抗击侵略者的故事为题材的诗歌剧《阿布达拉》，宣传革命思想，同年被捕，次年被流放西班牙。他寄居马德里，刻苦攻读，1874 年获得哲学、文学和法学博士学位，并撰写了《古巴的政治监狱》一书，揭露西班牙殖民主义者对古巴政治犯的虐待。1874 年底，马蒂回到古巴，但殖民当局禁止他上岸。他被迫在墨西哥、危地马拉等国流亡。1878 年被允许归国。1879 年 8 月，古巴爆发了两个省的人民起义，马蒂在哈瓦那热烈响应，9 月，殖民当局又逮捕了他，并再次把他放逐到西班牙。

1880 年，马蒂到达美国，在纽约从事新闻工作和文学创作。他的作品内容广泛，体裁多样，除诗歌外，还有新闻报道、随笔、政论、演说、人物传记和小说等。他还为许多拉美国家的报刊撰稿，在美洲享有很高的声誉。马蒂在古巴、拉美乃至世界文学史上占有重要位置，是拉美现代主义的开路先锋，他的诗篇《伊斯马埃利约》、《纯朴的诗》和《自由的诗》，他的散文《我们的美洲》、《美洲我的母亲》、《玻利瓦尔》等在古巴和拉美脍炙人口。1892 年，他联合古巴侨民爱国组织，成立古巴革命党，指导国内革命斗争，1895 年 2 月发动和领导古巴独立战争，亲自投入战斗。5 月 19 日，起义军与西班牙殖民军交战，马蒂因冲在前面，不幸中弹牺牲，年仅 42 岁。

马蒂是一位伟大的思想家。在他卷帙浩瀚的著作中包含着深邃的思想。他主张建立一个自由的、有尊严的共和国，这个共和国应保障人的尊严；主张建立公正、平等的社会，通过各国行使自主权以实现世界平衡，这一思想对于世界政治、经济、社会出现严重失衡的今天具有重要的现实意义；主张人人平等，认为人不分种族，都是平等的，号召拉美各国人民加强团结，反对帝国主义的侵略。马蒂的思想写入了古巴共产党党纲和古巴共和国宪法，成为古巴党、国家和社会的指导思想。

第七节　风土人情

【风俗习惯】古巴人诚实谦逊，热情随和，乐于交际，待人友善，讲究礼貌，十分好客。古巴人对外来客人非常友善，即使是初次交往，也会热情地打招呼，主动问候，握手致意，尊敬地称为“先生”；第二次见面时，除握手外，还要行吻面礼，亲切地称之为“朋友”或者“我的朋友”；经过多次交往而彼此关系亲密者见面，多要拥抱、吻面，有时称对方为“老兄”或“老弟”，多数时候则称为“同志”。在社交场合，他们说话干脆、言语痛快，喜欢直来直去，从不拐弯抹角的兜圈子。

古巴人有个除旧迎新的习俗。在每年除夕之夜，每人都要准备一碗清水，等到午夜教堂的钟声一响，人们都端起碗，将水泼出屋外，以示送走旧年，迎来新年。

古巴人认为红色表示干净；绿色表示希望和庄重；黄色代表思念和期待。他们最爱姜黄色的百合花，认为它是祖国和人民的骄傲，并尊其为国花，还极为喜爱菠萝，将菠萝视为国果。

古巴人大多信奉天主教，一部分人信奉基督教新教。他们忌讳

“13”和“星期五”，认为这些都是令人懊丧的数字和日期，会给人带来厄运。他们忌讳戴帽子，认为只有亲人去世了，才戴帽子来表示悼念。他们忌讳以刀剑作礼物送人，认为这是割断友谊的象征。

烟草是古巴的传统经济作物，著名的“哈瓦那雪茄”驰名世界。古巴中西部各省都出产烟草，但是产量最大、质量最好的烟草产地在比那尔德里奥省的埃塔巴亚堆地区，这里烟草产量占全国总产量的40%，是制作哈瓦那雪茄的主要原料。古巴的烟草和烟草制品年产量约5 万吨，大部分供出口。

受历史因素影响，古巴城市居民的服装习俗与南欧基本相同。在正式场合，男人多数穿西服，其色彩根据季节或场合的不同而异。女性穿礼服或较讲究的衣裙。古巴的瓜希罗人仍穿传统的民族服装，他们喜欢白色，常穿一种白色衬衫。古巴的农民在衣着上一般比较随意。

【饮食】古巴人在饮食上基本以西餐为主，爱吃烤、煎、炸制的菜肴。他们喜清淡，不喜油腻，荤食以猪肉为主。他们还爱咖啡、可可和红茶。古巴盛产热带水果，古巴人擅长用椰子、菠萝、海鲜品、蔬菜等各种原料制作为饮品或食品。“黄米饭”即是他们用鸡加番红花在砂锅内焖煮熟的风味佳肴，深受人们喜爱。在古巴，饮食中最负盛名的菜肴是“阿希亚科”。这是用猪肉、腊肉同君子兰、芋头、山药、香蕉、南瓜、玉米并加些香料调配做成的。古巴人特别爱吃“黑豆”，惯于大量饮用黑浓咖啡，且加糖甚少。他们惯用番红花作烹调辅料，在饮食上特别重视菜肴的色彩，若缺乏红丽浓艳的颜色，既使味道再美的菜肴，他们也感到不称心。

朗姆酒是古巴人的传统饮料，属于天然产品，由制糖甘蔗加工而成。朗姆酒的质量由陈酿时间决定，有一年的，有好几十年的，生产过程中除去了重质醇，把使人愉悦的酒香给保存了下来。朗姆酒可以直接单独饮用，也可以与其他饮料混合成好喝的鸡尾酒，在晚餐时作为开胃酒来喝，也可以在晚餐后喝。在重要的宴会上它是个极好的伴侣。除朗姆酒外，古巴人也喜欢葡萄酒、香槟酒、桂花陈酒等；也乐于饮用牛奶、三明治和咖啡。

【音乐舞蹈】古巴音乐继承了西班牙和非洲音乐的传统，很多是传统的七重奏，例如哈瓦那七重奏、伊格纳西奥·皮尼埃罗七重奏或者古老的圣地亚哥抒情歌曲。

最典型的古巴舞蹈是萨尔萨。萨尔萨舞蹈的种类主要有唐松、伦巴、猛博、恰恰恰、瓜拉查和贡加等。跳的时候，要臀部、肩部、手和脚的动作协调配合。萨尔萨舞是一种混合舞，将上述各种舞蹈结合在一起跳，显得形式多样，节奏有张有弛，活泼欢快。萨尔萨舞深受古巴人民喜爱，男女老少人人都会跳。萨尔萨舞在阿根廷、委内瑞拉、哥伦比亚、波多黎各、西班牙、德国、意大利等国家也深受喜欢。桑巴舞是巴西舞蹈，但是古巴人也熟谙并掌握得很好。

第八节　自然景观

【别具一格的风光】古巴得天独厚的地理位置使得它交通十分便利，55 条国际航线把古巴同世界各地联系起来。古巴被誉为“墨西哥湾的钥匙”，由于古巴岛形状酷似鳄鱼，因此它又有“加勒比海的绿色鳄鱼”的称号。古巴独一无二的地理位置和别具风情的亚热带海洋气候使古巴岛风光别具一格。那里四季常青、植被茂盛，植物种类多达 8000 多种，其中 50%以上的植物是古巴岛上特有的。它的生态旅游资源也异常丰富：海里游弋着 900 多种鱼类，陆地上生活着 4000 多种软体动物，林间飞翔着 400 多种鸟类，其中有古巴国鸟咬鹃和色彩艳丽的小鹦鹉。

【巴拉德罗旅游圣地】（Varadero）巴拉德罗是世界上著名的海滩之一，是集大海、沙滩、阳光、蓝色为一体的最美的海滩，也是古巴热带风情著名的旅游度假区。到过古巴的人称：“不到巴拉德罗就不知道古巴的秀美”。

巴拉德罗以它蓝色的海滩著称于世。湛蓝的天空，洁白的云朵，碧蓝清澈的海水，水下成群的鱼虾和色彩斑斓的珊瑚，平缓宽阔的沙滩，高大的棕榈树……巴拉德罗具有典型的热带风光，碧水蓝天，椰树婆娑，一步一景，蝶飞蜂舞，鸟语花香。这里的海水浴场很浅，离海岸 100 米处也不会被淹没，可以尽情嬉戏，是海水浴、沙滩浴、日光浴的绝好去处。巴拉德罗已建有 40 余家旅馆，其中四星级以上的 10 余家，另有 37 个度假村。巴拉德罗是古巴极其丰富的滨海旅游度假资源的代表。

【青年岛】古巴的特别行政区，过去叫金银岛，也叫松树岛。在西班牙漫长的殖民统治岁月里，这里是举世闻名的加勒比海盗呼啸聚众的天堂，海盗们在海上到处流窜，追击西班牙运输金银财宝和商货的船只，把抢来的金银财宝和商货运到这座荒无人烟的小岛上，藏于神秘的山洞里。金银岛因此得名。

岛上到处是浓密的热带松林，松树岛也因此得名。森林里生活着中南美洲巨大的蜥蜴鬣蜥，硬毛鼠，背脊呈珊瑚状的鸽子、野猪和其他动物。海岸不规则，多小海湾，每个小海湾的名字无不与臭名昭著的海盗名字相连。海岛南部的海滩景色秀美，遐迩闻名，在埃斯特角 6 个著名的山洞里至今还保留着 235 幅远古土著印第安人的绘画。这里还是理想的潜水观赏海底世界的好地方。岛上生物种类繁多，主要有海鸥和海龟，还有鹈鹕、鹦鹉、啄木鸟、模仿鸟、金蜂鸟、苍鹭等等。

【国王花园群岛】位于谢戈德阿维拉省的北部，是卡马圭群岛（Camagüey）的组成部分；其中面积最大的两个岛礁是罗马礁（777 平方公里）和椰子礁（370 平方公里）。椰子礁和吉列尔莫礁是一串岛礁中最珍贵的两个礁岛，至今依然还保持着美丽的未开垦的处女地；那里不仅有现代世界的舒适，而且有几个世纪以来大自然赋予的神奇景色。吉列尔莫礁同样为旅游者所向往。岛上情趣盎然的野生动物，玫瑰红的火烈鸟，蓝色的天空，纯白色的云，使游客流连忘返。美国著名作家海明威在《海湾的岛屿》中就详尽地叙述了“国王花园群岛”的美丽风光。

【比那尔德里奥】（Pinar del Río）古巴最西部的省份和旅游区。人们称它是古巴的天然大教堂。“比那尔德里奥”一词意即河流两岸广袤的松林。这里最著名的景点之一是瓜尼瓜尼山脉绵延不绝的山脉。

沿中央公路向省府行进首先看到的是海盗山，这里有联合国教科文组织命名的生物圈保护区，共有 25000 公顷森林；8000 种植物，34%是当地特有的植物；在各种各样的动物中以鸟类最多，其中 50%的鸟类是当地特有的品种，有世界上最小的蜂鸟和蝇鸟，还有咬鹊和啄木鸟；动物中有蜥蜴和河鳄，都是当地特有的。保护区中到处都是弯弯曲曲的羊肠小道，沿途可以欣赏到奇特美丽的动植物和法国咖啡种植园遗迹；潺潺流淌的清澈的小溪含有丰富的矿物质亚硫，可以沐浴治病；还有飞流直泻的瀑布和湍急的河流。

索罗亚位于海盗山西部，那里有古巴最大的兰花园。这所兰花园原是古巴一名大庄园主的私人花园，专门从世界各地引进各种兰花，至今在兰花园里已经种植了 700 种兰花，其中古巴本地兰花有 250 种。

瓜那亚卡维韦斯半岛位于比那尔德里奥省的最西部，其周围的海面适宜潜水，还有美丽的海底世界和奇异的海洋生物以及古时海盗通往大海的山洞。比那尔德里奥省南部有许多岛礁，约占 1595 公顷，其中著名的有西湖礁、皇家礁、胡安•加西亚礁等。比那尔德里奥省最著名的是洞穴，据考察，到目前为止，发现的洞穴超过了一万个，穿过洞穴的河流流量巨大，在某些地段可以行船，其中小棕榈洞穴系古巴最长的洞穴，也被认为是拉丁美洲最长的洞穴，长达 45 公里。

第九节　重大事件

【“缅因号”事件】1898 年 2 月 15 日晚上，在西班牙的殖民地古巴的哈瓦那港，停泊着不少船只。美国的“缅因号”军舰也停靠在这里。突然，“轰隆”一声巨响，“缅因号”爆炸了。据事后统计，在这次爆炸中 164 人死亡，100 人受伤。

“缅因号”爆炸事件轰动了全美国。美国官方断定是西班牙人用水雷偷袭了“缅因号”。这个消息一传开，“为缅因号报仇”、“和西班牙人决一死战”的口号声立刻在美国国内响起，美国军队也确确实实开始备战了。

同时，西班牙方面却声明，它和这一事件无关。美国人反对西班牙的情绪却越来越强烈了。终于，在事情发生还不到 3 个月的时候，美国就对西班牙宣战了。

战争在古巴和菲律宾（当时西班牙在亚洲的殖民地）同时展开。1898 年 5 月 1 日清晨，从香港海域驶出的美国舰队一个中队闯进了马尼拉湾，和西班牙进行了一场激烈的海战。西班牙的舰队设备落后，火力不强，又缺乏准备，敌不过装备比较先进又跃跃欲试的美国舰队。还不到中午，美舰就击溃了西班牙的 10 艘军舰，轰毁了岸上的炮台，为登陆扫除了障碍。几个月以后，美军占领了马尼拉城，西班牙在菲律宾的统治土崩瓦解了。

在古巴，西班牙军队从大西洋的佛得角群岛调来了舰队，本来可以用它来攻击美国防务空虚的沿海城市或者攻击美国军队的海上运输线，来牵制美国的行动。但是西班牙的海军舰队司令竟让舰队驶进古巴东端的圣地亚哥湾，死守在那里，结果成了瓮中之鳖。为了防止西班牙舰队离开圣地亚哥湾，美国舰队把通往海港的狭窄航道封锁起来。西班牙舰队困在港湾里，不断遭到攻击，只好在这年 7 月举行突围。这时候，美国舰队摆成了和西班牙舰队平行的攻击队形，发挥了它的大炮射程远的优势，把活动不灵的西班牙舰队全部击沉。在这次海战中，美军只有一人死亡，一人重伤，没有一只军舰遭到重创。而西班牙的军队损失惨重，被打死 500 多人，生俘 1.7 万人。连舰队司令也当了俘虏。

接着，美军发动强大攻势，占领了圣地亚哥城外的埃尔卡内山和圣胡安山上的西班牙人阵地。西班牙人只好退守城池。可是，没过多久，这些守军眼看救兵不到，孤军难守，也俯首投降了。美军占领圣地亚哥以后，很快就夺取了整个古巴。

进行了 3 个月的美西战争，以西班牙人的彻底失败宣告结束。1898 年 12 月，美国和西班牙在巴黎签订和约，西班牙承认古巴独立，并且将菲律宾群岛转让给美国，由美国付给 2000 万美元作为代价。战争的结果是西班牙失去了在海外的最后几块殖民地。至于引起这场战争的“缅因”号爆炸事件的原因，将永远是个谜。

【猪湾事件】也称“吉隆滩之战”。1959 年 1 月，卡斯特罗领导古巴人民推翻了美国长期扶植的巴蒂斯塔政府，建立了新的革命政权。美国政府担心距离美国海岸只有 100 多公里的古巴将成为前苏联人威胁美国的滩头堡，一直企图颠覆卡斯特罗领导的古巴新政权。从 1960 年起，美国中央情报局就开始在美国的佛罗里达州和多米尼加、危地马拉、洪都拉斯纠集古巴流亡分子，随时准备登陆古巴，推翻卡斯特罗革命政权。

1961 年 4 月 17 日，一支由 1200 多人组成的美国雇佣军突袭古巴，他们在美国飞机和军舰的直接掩护下在古巴中部拉斯维利亚斯省南部登陆，占领了长滩和吉隆滩，并继续向北推进。古巴军队和民兵与入侵的美国雇佣军展开了殊死搏斗，经过 72 小时的战斗，全歼了被包围在吉隆滩的美国雇佣军，共有 114 名雇佣军被古巴军队击毙，其余 1113 人被俘获。这就是震惊世界的吉隆滩之战，美国称之为猪湾事件。

吉隆滩之战发生的第二天，苏联领导人赫鲁晓夫写信给美国总统肯尼迪，紧急呼吁肯尼迪停止对古巴的侵略，并声称，苏联准备向古巴提供反击侵略所需要的一切帮助。肯尼迪政府被迫声称，美国没有支持推翻卡斯特罗的行动。事实上，美国的中央情报局不仅策划了这次颠覆行动，而且损失惨重。肯尼迪总统不得不在美国大众面前公开承认猪湾事件是一件绝不能再发生的错误，然后声称对该事件负全责。这起事件让美国政府大为难堪，成为世界媒体嘲讽的对象。

【古巴导弹危机】美国于 1961 年策动的“猪湾事件”失败后，为此一直耿耿于怀，总想伺机对古巴进行干涉。与此同时，古巴同前苏联的关系越来越密切，而美苏之间的磨擦却日趋严重。

当时，美、苏两国导弹数量的比例是 5:1，力量对比中美国的优势极其明显，前苏联政府对此担忧不已。为了迫使美国从土耳其或靠近前苏联的其他地区撤除导弹，赫鲁晓夫决定在古巴部署苏式导弹，并找了一个堂而皇之的理由：捍卫古巴革命成果。

1962年7月，古巴副总理造访了前苏联，时隔不久，前苏联就开始向古巴运送导弹。同年10月，美国的侦察机发现了古巴境内的导弹基地，肯尼迪总统立即向前苏联提出强烈抗议，要求马上拆除古巴境内的导弹发射设施，否则，美国将毫不犹豫地消灭这些直接威胁美国安全的导弹设施。前苏联方面对此的答复是：这些导弹基地纯粹是防御性质的。但美国一口咬定从该基地发射的导弹足以摧毁美国各大城市。

1962年10月16日，肯尼迪总统组成了国家安全委员会执行委员会，研究如何对付前苏联的行动对策。执委会成员们提出了众多方案，归纳起来主要有三个：（1）空袭古巴导弹基地；（2）对古巴实行封锁；（3）诉诸联合国。肯尼迪总统认为：如果美军空袭古巴导弹基地，必然会引发核大战，可能导致美、苏两败俱伤甚至同归于尽的恶果，而向联合国申诉，则只不过是使目前这种争吵不休的状态延续，无济无事。因此肯尼迪总统主张对古巴实行封锁，因为这样必定给赫鲁晓夫带来巨大的压力，并能有效地控制事态发展。

10月22日，肯尼迪总统发表电视演说，宣布美国将对古巴实行封锁。此后，大批美国海军军舰和20000名海军士兵开始执行封锁行动。美国在世界各地的军队也进入戒备状态。面对美国如此强硬的态度，赫鲁晓夫下令加快向古巴运送导弹及苏式轰炸机的速度。

美国毫不退让，一支由90艘战舰组成的庞大舰队，在68个空军中队和8艘航空母舰的护卫下，已经在古巴领海周围设置了警戒线，并开始拦截所有驶入封锁区的船只。在靠近古巴的美国佛罗里达州及邻近各州，美国已集结了一支庞大的登陆部队。

前苏联政府发表声明，如果前苏联舰船遭拦截，前苏联将进行最强烈的回击。肯尼迪见前苏联态度如此强硬，便下令陆军第一装甲师进入临近古巴的地域，另外5个师进入紧急戒备状态，携带核武器的B-52型轰炸机振翼升空待命。

其实，肯尼迪并不打算真的发动一场战争，他只不过是想迫使赫鲁晓夫从古巴撤除导弹基地。同样，赫鲁晓夫亦不敢贸然将事态一再扩大。赫鲁晓夫最后宣布，从古巴撤走导弹，而美国人也作出了不再入侵古巴的承诺。一场战争危机终于过去了。

【美国对古巴的经济封锁】1959 年古巴革命胜利后，美国政府对古巴一直采取敌视态度。1961 年美国雇佣军入侵古巴被粉碎后，美国和古巴断绝了外交关系。从此，美国政府开始对古巴实行经济、金融封锁和贸易禁运。

冷战结束后，美国继续奉行从经济上和政治上孤立古巴的政策。1992 年 4 月，美国宣布不准许同古巴进行贸易的船只停靠美国港口、进一步限制古巴的外汇收入等一系列加紧对古巴实行经济制裁的措施。同年 10 月，美国又推出了“托里切利法”，继续禁止本国公司和美国海外公司同古巴进行贸易。此法还规定，在古巴港口停泊过的外国船只半年之内不得进入美国港口，美国将不向给予古巴财政援助和贸易优惠的国家提供经济援助，同时也不允许为古巴运货的外国船只停靠美国港口等。1995 年 5 月，古美两国重新签署移民协议，两国关系有所缓和。然而，1996 年 2 月，古巴击落两架美籍古巴流亡组织的飞机后，两国关系再度紧张。同年 3 月，美国制定了“赫尔姆斯-伯顿法”，进一步对古巴实行报复性强化经济制裁，禁止美国公司及其在国外的子公司与古巴贸易；禁止在古巴进行投资或与其进行贸易的一切外国公司进入美国；凡从古巴进口蔗糖等产品的国家，美将禁止从该国进口同类产品；阻止国际货币基金组织和世界银行等国际金融组织对古巴提供任何贷款和金融支持。

美国对古巴的经济封锁，早已引起国际社会的强烈反响。自 1992 年以来，联大每年都通过要求美国结束对古巴经济封锁的有关决议。同时，美国各界也一再强烈要求政府改善与古巴的关系。

第九章　多米尼加共和国

第一节　概况

【国名】多米尼加共和国（La República Dominicana）

【面积】48,734 平方公里

【人口】850 万（2000 年）。黑白混血种人和印欧混血种人占73%，白人占 16%，黑人占 11%。

【首都】圣多明各（Santo Domingo）：全国最大深水良港、南半球最古老的城市之一，位于海地岛东部奥萨马河河口。城区濒临加勒比海和奥萨马河。

圣多明各是一座有 500 年历史的城市。1496 年，哥伦布的弟弟巴托罗梅•哥伦布（Bartolomé Colón）来到奥萨马河东岸，发现这里地理位置显要，自然风光秀丽，便率众兴建了一座市镇。城市建成后不久，遭到了一场大飓风的袭击，全城建筑物几乎全部被毁坏。1502 年，哥伦布的儿子迭戈（Diego Colón）又在奥萨马河西岸的小三角洲建成一座新城，成为“新大陆”上管辖所有西班牙殖民地的总督辖区所在地，迭戈成为第一任“新大陆”总督。1844 年，民族英雄胡安•巴勃罗 •杜亚尔特率领起义军打败了入侵者，于 2 月 27 日在市区孔德城门前宣告多米尼加共和国独立，圣多明各成为首都，从此成为全国政治、经济、文化中心和最大港市。1936 年改称为特鲁希略城，1961 年又恢复圣多明各这个名称。

圣多明各有许多古老的、具有欧洲特点的建筑物。有建于1503—1508 年的拉丁美洲第一所用砖瓦建造的圣尼古拉斯•德巴尼医院遗址；由“新大陆”的第一任总督，哥伦布之子迭戈建造的总督府哥伦布宫，建于 1510—1514 年；1523—1541 年建造的圣玛丽亚·罗萨里奥（Santa María del Rosario）大教堂是拉美最古老的教堂之一，里面埋藏着新大陆发现者哥伦布和他的儿子、孙子的遗骸；有历届总督向西班牙王朝宣誓效忠和监禁过哥伦布的“精忠报王塔”；1538 年建造的最古老的大学之一——圣多明各大学以及一些 16 世纪的古堡遗迹等。这些建筑和遗迹显示了圣多明各在殖民时期曾是西班牙殖民者在加勒比地区的统治中心。

圣多明各是一座初具规模的现代化海港城市，市区分为旧城和新城两部分。老城区始建于殖民时期，城中心的孔德街至今仍为主要商业大街，街道两旁的建筑具有殖民时期的建筑风格，大教堂和哥伦布宫最为著名，完全保留了商业贸易中心的特色。老城区西部加勒比海沿岸便是新城区，新建街道宽阔笔直，一幢幢乳白色的现代化建筑物掩映在终年常青的棕榈树、椰子林、芭蕉丛以及绿草鲜花之中。国会大厦、宾馆、银行、写字楼等豪华舒适的现代化建筑大多坐落在新城区，同老城区古老的宫殿、教堂等交相映衬，显得美观而和谐。市区还有圣多明各美术馆、现代艺术博物馆、体育馆等建筑。

圣多明各作为多米尼加共和国的经济中心，全国大多数消费品工业生产集中在这里。城北奥萨马河与伊萨贝拉河之间以及奥萨马河东岸是新兴的城市工业区，拥有纺织厂、制糖厂、食品饮料加工厂、玻璃厂等，还有水泥、石油提炼、造船等工业。圣多明各港水深波平，是天然良港，可以停泊万吨级以上的大型海轮，全国出口物资大都从这里启航外运。圣多明各还是多米尼加共和国公路交通枢纽，以这里为轴心形成全国四通八达的公路网。阿美利加机场是美洲最现代化的航空港之一。

圣多明各每年接待来自世界各国的旅游者 60 多万人次，旅游收入数亿美元，成为仅有 800 多万人口的国家的重要经济来源。圣多明各的金色海滩——博卡奇卡（Boca Chica）海滩举世闻名，洁白的海滩辽阔平坦，柔软的细沙在阳光下闪着金色的光芒，葱郁的棕榈树秀丽挺拔。这里服务设施完备齐全，是进行海水浴、日光浴的理想场所。

【国徽】中心图案为盾徽。盾面由国旗颜色和图案构成。中间有一本圣经，其上方为黄色十字，圣经和十字代表该国人民的宗教信仰，大多数人信奉天主教。圣经两旁悬挂着国旗，表明人民捍卫国家主权的信心。盾徽两侧饰有月桂和棕榈枝叶，上端的蓝色绶带上用西班牙文写着“上帝、祖国、自由”，下端的红色绶带上用西文写着“多米尼加共和国”。

【货币】多米尼加比索

【宗教信仰】90%以上居民信奉天主教，其余信奉基督教新教和犹太教。

【国花】桃花心木

【国鸟】鹦鹉

【时差】比格林尼治时间晚 4 小时；比北京时间晚 12 小时。

【与我国建交时间】同我国无外交关系

【独立日】2 月 27 日（1844 年）

【首都外其他主要城市】拉罗马纳（La Romana）：多米尼加共和国东南岸港市，拉罗马纳省省会，位于加勒比海岸，西距圣多明各 100 公里，始建于 19 世纪末。拉罗马纳是内地甘蔗、咖啡、烟草、牲畜等农畜产品的集散地，有全国最大的制糖厂，一眼望去几乎全是中央罗马纳公司的厂房，每到甘蔗收获季节运送甘蔗的柴油机货车往来穿梭，隆隆声不绝于耳。“罗马纳”的意思是罗马秤，从前用来称出口蔗糖的重量。这家制糖公司是世界上最大的蔗糖生产者之一，产量占多米尼加全国总产量的 1 / 3，拥有 432 平方公里的甘蔗田。20 世纪 70 年代蔗糖价格下跌，人们便把拉罗马纳以东那片荒芜的低矮丛林发展成旅游区，现在已变成一个巨大的乡村俱乐部。与乡村俱乐部同属一家公司并同在一个地方的是阿尔托斯查文。这是 20 世纪 70 年代建立的一个模拟意大利村，允许任何人参观。它是模仿一个 16 世纪村庄设计的，建筑用的材料全部是珊瑚石，村里有鹅卵石铺路的小巷，两旁种满了木槿花和九重葛。还有一个巨大的环形剧场，能容纳 3000 人。其他工业还有食品、制皂、制革、面粉、造纸等。这里也是全国渔业基地。有公路通圣佩德罗和埃尔塞沃。

圣地亚哥：全称“圣地亚哥德洛斯卡瓦略罗斯”，多米尼加第二大城，圣地亚哥省省会，位于土地肥沃的锡瓦奥谷地中心，当北亚克河与阿洛约溪交会处。东南距圣多明各 140 公里。传为哥伦布在 1494 年所建，又说为哥伦布之弟于 1495 年所建，是欧洲殖民者在美洲所建的最早居留点之一。市内名胜有圣路易斯古堡及市公园对面的圣地亚哥市长大教堂。1962 年建立的天主教圣母及教师大学建筑华美，游人多往瞻赏。市内街道宽广，有豪华的邸宅多处，还有赛马场、夜总会及公园、教堂等。每逢周末，乡民携自制手工艺品来市内出售，五光十色，熙熙攘攘，为城市平添不少情趣。

萨马纳：萨马纳全名“圣巴巴拉德萨马纳”，多米尼加萨马纳省的首府，位于大西洋萨马纳湾北岸，萨马纳半岛南岸。西距桑切斯港 38 公里，西南距圣多明各城 96 公里。萨马纳始建于 1756 年，现为旅游胜地，沿岸有海滨休养地，风景优美，近年来新建了许多旅馆和饭店。海岸外有几个美丽的小岛，只能乘船前往游览。附近盛产可可、椰子、蜂蜜和名贵木材，沿海富鱼产。工业以制革为主。有公路通桑切斯。萨马纳半岛上的科迪勒拉山坡一侧进入萨马纳湾的碧绿水域，另一侧与加勒比海相连。优美的海滩和热带岛屿构成一片迷人的海上风光。

第二节 地理

【概况】多米尼加领土面积为 4.8 万平方公里，位于加勒比海伊斯帕尼奥拉岛东部。国土占该岛面积三分之二，是加勒比海地区第二大国。西接海地，南临加勒比海，北濒大西洋，东隔莫纳海峡同波多黎各相望。多米尼加的海岸线长达 1300 公里，南部的加勒比海海岸风景尤其美丽，沿岸辟有许多的旅游点，使其成为加勒比海地区仅次于波多黎各与巴哈马的第三受欢迎的度假胜地，每年至少吸引三百万游客。

【地貌】境内地势较高，多山，科迪勒拉山脉分中央、北部和东部三条横贯全国。中部的杜阿尔特峰（Duarte）海拔 3175 米，为西印度群岛的最高峰。中北部有锡瓦奥（Cibao）谷地，土地肥沃，有多米尼加“食粮之谷”之称。西部有大片干旱沙漠。

主要河流为北亚克河（Yaque del Norte）、尤纳（Yuna）河。西南部的恩里基略湖（Enriquillo）为第一大湖，是拉美陆地最低点，湖面在海平面以下 40 多米。

【气候】北部、东部属热带雨林气候，西南部属热带草原气候。全年温差不大，年平均气温 25—26℃，东北部和山地年降水量约 2000 毫米以上；西南部不足 1000 毫米。夏秋季节常遭飓风袭击。

第三节　政治

【宪法】根据 1966 年 11 月颁布的宪法，多米尼加为总统制国家，设总统和副总统。总统由公民选举产生。1994 年 8 月，多米尼加对该宪法进行修改，规定总统任期 4 年，不得连选连任。

【议会】分参、众两院。参议员 30 人，由全国各省和国家区（即首都）各选 1 名。众议员 149 人，每省至少选 2 名。参、众议员任期均为 4 年。两院议长每年选举 1 次，可连选连任。1998 年成立的参议院中，革命党占 24 席，解放党 4 席，基督教社会改革党 2 席。在众议院中，革命党占 83 席，解放党 49 席，改革党 17 席。

【政府】总统是国家元首、政府首脑和武装部队最高统帅。总统因故不能视事时，由副总统接任总统。

【司法】由最高法院、检察院和司法部门共同行使司法权。最高法院由 9 名大法官组成，院长由参议院任命。总检察长由总统任命。全国有 5 个上诉法院和 1 个土地法院，另设有治安法院。

【行政区划】全国划分为 29 个省和 1 个国家区（Distrito Nacional）。省下设市和乡。29 个省分别是：拉阿尔塔格拉西亚（La Altagracia）、阿苏阿（Azua）、巴奥鲁科（Baoruco）、巴拉奥纳（Barahona）、达哈翁（Dajabón）、杜阿尔特（Duarte）、埃斯派亚

（Espaillat）、阿托马约尔（Hato Mayor）、独立省（Independencia）、玛丽亚·特立尼达·桑切斯（Maria Trinidad Sánchez）、蒙特·克里斯蒂（Monte Cristi）、佩德尔纳莱斯（Pedernales）、佩拉维亚（Peravia）、普拉塔港（Puerto Plata）、拉罗马纳（La Romana）、萨尔塞多（Salcedo）、萨马纳（Samaná）、圣·胡安（San Juan）、圣·佩德罗·德·马科里斯（San Pedro de Macorís）、桑切斯·拉米雷斯（Sánchez Ramírez）、圣地亚哥（Santiago）、圣地亚哥·罗德里格斯（Santiago Rodríguez）、埃尔塞博（El Seybo）、巴尔维德（Valverde）、拉贝加（La Vega）、蒙塞纽尔·鲁埃尔（Monseñor Nouel）、埃利亚斯皮尼亚（Elías Piña）、蒙特普拉塔（Monte Plata）、圣·克里斯托瓦尔（San Cristóbal）。

【政党】全国有 20 多个政党，主要有：

（1）多米尼加解放党（Partido de la Liberación Dominicana）：1973 年成立，由从多米尼加革命党分裂出来的前总统胡安·博什等人创建。现有党员数万人。

（2）多米尼加基督教社会改革党（Partido Reformista Social Cristiano）：1961 年成立，原称多米尼加改革党，1984 年与基督教社会革命党合并改称现名。

（3）多米尼加革命党（Partido Revolucionario Dominicano）：1939 年由胡安·博什等人创建。1973 年博什另组解放党后，该党领导层发生分歧，分成布兰科派、马赫卢塔派和戈麦斯派。现有党员 40 余万。

（4）多米尼加共和国共产党（Partido Comunista de la República Dominicana）：1942 年成立。原称民主革命党，1944 年改称多米尼加人民革命党，1965 年改用现名。1977 年获合法地位。

此外还有独立革命党、团结变革独立运动、全国和解运动、多米尼加人民运动、基斯科民主党、劳动党、社会主义集团等组织。

【文化教育】对全国 6－15 岁的儿童实行义务教育。1996 年全国中小学入学率为 92%。1983－1984 年度全国有小学 5864 所，中学 1664 所，各类高等院校 8 所。主要大学有圣多明各自治大学。1996 年文盲率为 17%。1998 年教育预算为 60.83 亿比索，占预算总额的

16%。

【新闻出版】主要报刊有:《利斯汀日报》、《加勒比报》、《国民报》。多米尼加全国共有各类出版社 15 家。全国有多家私营商业电台。多米尼加国家广播电视台为主要电视台。另有安第斯电视台、彩色屏幕电视台等 6 家电视台。

第四节　经济

【概况】以农业、农产品加工业为主。全国约 40%的劳动力从事农业，主产甘蔗、烟草、咖啡、可可等。矿产资源较丰富，主要有镍、金、银等。 矿产品与蔗糖等农产品同为国家出口收入的重要来源。工业主要有烟草加工、制糖、化肥、水泥等部门。旅游业发展较快，是创汇最多的部门。

80 年代以后，多米尼加在发生了几年的经济混乱之后，GDP 下降了 5%而通货膨胀率却翻了一番。为此政府进行了一系列改革。为了稳定经济，政府取消了许多价格控制和补贴制度。1995 年经济呈上升势头，宏观指数看好，GDP 因此增长了 3%而通货膨胀率下降到一位数。然而，政府开支的增加造成了新的通货膨胀压力。零售物价指数上涨而汇率却有所下跌。如今经济稳步发展，大部分商品的价格由市场来决定。但是多米尼加在解决外债问题上进展缓慢。未来经济的发展将取决于政策的延续性。

【自然资源】矿产资源较丰富，主要有金、银、铁、铝矾土等。近年来矿业生产锐减，水力资源缺乏，主要依靠进口石油作为燃料。

【农林牧渔业】有 6 个主要农业区：北部地区，中北部的锡瓦奥地区，康斯坦萨和蒂耶罗地区，东部地区，圣胡安谷地和南部地区。北部中央的山谷地带是最重要的农业区，东部是主要的产糖区。随着农业现代化的发展，多米尼加还引进了一些农作物品种，发展了菠萝、香蕉、蔬菜和鲜花等种植业。蔗糖是多米尼加的主要农产品和出口商品，咖啡是多米尼加的另一项重要经济作物。烟草在多米尼加农业中占有一定地位，是美国最大的烟草供应国。柑橘是多米尼加增长较快的农业生产部门，产品主要销往加勒比地区，近年来开始销往北美和欧洲市场。其他重要农副产品还有大米、牛奶、西红柿、家禽、牛肉等。

沿海渔业和畜牧业较发达。多米尼加山地大部分被稠密的森林所覆盖，全国森林覆盖率高达65%，盛产珍贵的苏芳木、桃花心木和棕榈树。

【工业】制造业是多米尼加最大的经济部门，分为两类，一类为国内制造业，主要是食品加工业（如制糖、大米、啤酒、朗姆酒、卷烟等）和非贸易产业（如水泥制造），这类工业规模最大，多为资本密集型，产品主要销往国内市场。国内制造业受到关税的特别保护，公共部门和私人部门使用公共基金必须购买当地产品。另一类是自由贸易区工业。自由贸易区的优势在于工资低、原料进口免税、20年的免税期和高效的运输系统。20世纪80年代，采矿业部门一度成为多米尼加最大的出口创汇部门。多米尼加的石油主要从委内瑞拉和墨西哥以优惠价格进口。镍是多米尼加最重要的出口产品。

【旅游业】近年来发展迅速，是多米尼加获取外汇最多的部门，也是人们主要就业渠道之一。旅游业的迅速发展有力地促进了其他部门特别是建筑业、交通运输业、商业和金融业的发展。旅游区主要集中在海滩地带，这些海滩占该国全部1400公里海岸线的1/3。最大的旅游胜地普拉塔港坐落在北海岸。

【交通运输业】以公路运输为主，有广泛的公路交通运输网络。铁路总长1242公里（其中80%的铁路从事甘蔗运输）。主要海港及口岸有南部的圣多明各、海纳和拉罗马纳以及北部的普拉塔港。多米尼加航空公司经营着16条国际航线，圣多明各、普拉塔港、卡纳港、拉马罗纳和巴拉沃纳都设有国际机场。

【对外贸易】出口产品以蔗糖、可可、咖啡、烟草、服装和金、银、镍铁合金等为主。石油、燃料、食品、机电产品和化工原料依靠进口。主要贸易对象是美国、欧盟、日本、委内瑞拉、墨西哥等国。多米尼加的商品对外贸易一直存在逆差。

第五节　历史

1492 年哥伦布第一次航行时发现海地岛，1493 年 11 月 3 日第二次航行时在岛的东部登陆，因该日适逢星期日，故称多米尼加（西拔牙语星期日）。1496 年，西班牙人在伊斯帕尼奥拉岛上建立圣多明各城，这是欧洲殖民者在美洲的第一个永久性居民点。

世代生息于多米尼加的泰诺人（taínos）属印第安阿拉瓦克（arauacos）人。西班牙殖民者惨无人道地杀戮和压榨使泰诺人很快灭绝。16 世纪初，殖民者从非洲运入黑人充当奴隶，以满足矿场和种植园对劳动力的需要。

多米尼加一直是几个殖民帝国的争夺对象。根据 1697 年的《立兹维克和约》（Tratado de Ryswick），该岛西部属于法国，称为圣多明各，东部为西班牙所据有。1705 年，法国人把西班牙人从东部驱逐出去，伊斯帕尼奥拉岛全部沦于法国人的统治之下。1809 年，西班牙重新控制了东部。1821 年 11 月 30 日，西班牙统治被推翻，多米尼加在卡塞内斯领导下建立了独立政府。1822 年 1 月海地又征服了东部，从此直至 1844 年，多米尼加并入海地共和国。1844 年 2 月，胡安·巴勃罗·杜阿尔特（Juan Pabllo Duarte）领导的爱国组织“三位一体社”（La Trinitaria，因其口号为“上帝、祖国、自由”而得名）在圣多明各城举行起义，赶走海地占领者，建立多米尼加共和国。1844 年 11 月 6 日，多米尼加正式宣布独立。同年 11 月，佩德罗·桑塔纳（Pedro Santana）当选为第一届总统。

佩德罗·桑塔纳与布艾纳拉本杜拉·巴埃斯（Buenaventura Báez）为争夺政权互相倾轧。1861 年，西班牙利用多米尼加内争，再度占领多米尼加，恢复殖民统治。1865 年西班牙殖民军在人民起义打击下，被迫撤离，多米尼加恢复独立。1868 年 5 月巴埃斯任总统，次年，美国与多米尼加订立条约，企图将多米尼加并入美国，但未获美参议院批准。1882 年，尤利西斯·厄鲁（Ulises Heureaux）夺得总统职位，实行独裁统治。1892 年，美国圣多明各开发公司为厄鲁提供一笔新贷款，从而获得对多米尼加海关的实际控制权。1905年，美国借口多米尼加政府停止支付圣多明各开发公司的债务，强行接管多米尼加全部海关，由美国将税款的55%支付多米尼加外债和内债。此后，美国的干涉不断升级，1916年出兵占领多米尼加，人民的政治自由被剥夺，美国资本大量涌入，肆意掠夺多米尼加的土地和矿产资源，控制其主要经济部门。

多米尼加人民的不断反抗迫使美国于1924年撤军。在美军的监督下，奥拉西奥・巴斯克斯（Horacio Vázquez）当选总统。1930年，军队总司令拉斐尔・莱奥尼达斯・特鲁希略（Rafael Leónidas Trujillo）发动政变，依靠美国的扶植建立起持续31年的家族独裁统治。他镇压一切反对派和人民的进步活动，并利用政治权力大量掠夺土地和财富。对外屈从美国，肆意出卖国家主权。美国垄断资本控制了多米尼加的矿业、运输业和蔗糖业，掌握了多米尼加的财政金融和对外贸易。第二次世界大战以后，多米尼加人民反特鲁希略独裁斗争不断高涨。1961年5月，特鲁希略被杀，其家族统治随即崩溃。

1962年底，多米尼加革命党主席胡安・博什（Juan Bosch）当选为总统。在民族民主运动推动下，博什政府采取了一些民族主义措施，力图摆脱美国的经济控制，并于1963年4月颁布新宪法。同年9月，亲美右派军人发动政变，建立受其控制的“三执政”政府。1965年4月，爱国军人举行起义，恢复了1963年宪法，博什重新当选总统。美国出兵干涉，并通过美洲国家组织把一个“临时政府”强加给多米尼加人民。1966年，多米尼加改革党首领华金・巴拉格尔（Joaquín Balauguer）当选为总统，后于1970和1974年连任。在其执政期间，工矿业和旅游业发展较快。1978年，多米尼加革命党人安东尼奥・古斯曼（Antonio Guzmán）当选为总统，1982年7月逝世。同年8月萨尔瓦多・霍尔赫・布兰科（Salvador Jorge Blanco）就任总统。

2012年5月，多米尼加解放党总统候选人达尼洛・梅迪纳在全国大选中获胜，当选为下一届总统。

第六节　人物介绍

【特鲁希略家族】1930—1961年以拉斐尔·莱奥尼达斯·特鲁希略（Rafael Leónidas Trujillo）为首在多米尼加实行军事独裁统治的家族。

特鲁希略1891年10月24日生于圣克里斯托瓦尔。美国占领时期（1916—1924）任职于国民警卫队，升至少校。1925年任警察总长，1927年任军队总司令。1930年发动政变，依仗美国支持当选为总统。此后31年他或亲任总统（1930—1938，1942—1952），或通过傀儡和亲属实行统治（1938—1942，1952—1961），其弟赫克特·比恩贝尼托·特鲁希略（Héctor Bienvenido Trujillo）曾担任总统8年，长子特鲁希略·马丁内斯23岁即当上空军参谋长。

特鲁希略家族对内实行独裁与恐怖统治，除御用的多米尼加党（1931年成立）以外，禁止任何反对党存在；压制言论与出版自由，建立严密的特务暗探网，残酷迫害与屠杀敢于批评其政策的进步人士；对外投靠美国，1953年与美国签订军事互助条约。在经济上，特鲁希略家族利用国家政权的力量大量掠夺土地，聚敛资产，占据全国一半左右的耕地与牧场，控制制糖、乳品、卷烟、酿酒等工业部门，垄断食盐生产，还拥有3家汽车进口公司、2家航空公司、1家保险公司、1家房地产公司和1家海轮公司。

多米尼加人民为推翻特鲁希略家族的统治进行了顽强的斗争。1960年6月特鲁希略·马丁内斯雇用刺客谋杀委内瑞拉总统贝坦库尔特未遂，导致美洲国家组织对多米尼加共和国实行政治与经济制裁。由于外交压力与经济恶化，特鲁希略家族统治在地主资产阶级上层与高级军官中引起不满。1961年5月30日，特鲁希略被杀，其家族统治随即崩溃。

【华金·安东尼奥·巴拉格尔·里卡尔多】（Joaquín Antonio Balaguer Ricardo，1906—2002年），巴拉格尔创造了多米尼加历史上的纪录，从1966年到1996年22年间，曾经7次成为国家元首，其中 6 次是由公民投票选举的，另一次被军人任命为独裁者特鲁希略的继承人（1960—1962、1966—1978、1986—1996）。

巴拉格尔生于多米尼加北部圣地亚哥省的一个小镇比亚·比索诺（Villa Bisono，今天叫纳瓦雷特 Navarrete），他的父亲华金·巴拉格尔·莱斯皮埃尔（Joaquín Balaguer Lespier）是波多黎各人。1929 年巴拉格尔毕业于圣多明各大学法律系，获法学硕士学位。1934 年在巴黎大学获法学博士学位。

1950 年巴拉格尔在拉斐尔·特鲁希略总统政府中任教育部长，之后相继担任过外交部长和副总统等职务。1960 年埃克托尔·特鲁希略辞职后，他以副总统继任总统，但实权仍掌握在拉斐尔·特鲁希略手中。1961 年拉斐尔·特鲁希略被刺杀后，巴拉格尔于次年被军事政变推翻，流亡波多黎各和美国直至 1965 年。1966 年他再次当选总统，连任三届执政 12 年。1986 年开始他又连任三届总统。后因有人指控其在 1994 年的选举中有政治暴力、贿选和贪污舞弊行为，巴拉格尔提前两年于 1996 年 8 月 16 日引退。2002 年 7 月 14 日因病逝世。

第七节 风土人情

【风俗习惯】多米尼加人民热诚，不排斥外人，遇陌生人问路或疑难均乐于协助。多国人民承袭西班牙习俗，乐观，易于满足，工作效率低，商谈公事宜耐心等待，不应急躁。人们相遇不论熟识与否，均会打招呼。男人相遇以握手为礼，旧识则互相拥抱；对女士一般为握手礼，旧识可以互贴脸颊，惟以女士主动为宜。

多米尼加共和国的城市建筑和欧洲国家相似，首都圣多明各的新建筑大都是高层楼房。农村的建筑也是这样的规划，不同的是房屋都是平房，没有楼房。

多米尼加人性情开朗，酷爱音乐和舞蹈。大小喜庆事都少不了舞会。梅林盖（merengue）是多米尼加共和国的国舞，这种舞节奏欢快，在有的舞会上，一边跳舞，一边作诗。

城市居民在正式场合穿西装，平时着装比较简单，一般是上身穿衬衫，下身长裤；妇女一般穿白色衬衫，下身穿红色或白色的裙子。

多米尼加的混血种人占总人口的71%以上，但并未因此而产生种族偏见。农村在西班牙的影响下产生了一种“圣母信仰”的特殊宗教，主要供奉仪式在每年5月举行，参加者多是妇女、老人和孩子。另外，多米尼加还遗留着许多迷信及其带来的禁忌。如右手痒来钱，左手痒破财；星期四、星期五打孩子，手会粘在小孩身上；早上卖东西被赊帐，预示着你一整天运气不好等等。在农村，生病时则求助巫师，巫师用其独特的方式给人治病。

居民的饮食是大米、鸡和豆类。人们还喜欢吃用已蒸熟的大米饭加鸡肉、沙丁鱼、干鱼、盐等炒成的一种饭。居民的食物还有对虾、海蟹、牛肉、辣椒、蔬菜和龙酒等。饮料有啤酒，还喜欢喝一种用菠萝、柠檬做的叫“马比”的饮料。

第八节　自然人文景观

【哥伦布纪念馆】在圣多明各的东区，是该市最奢华的展示性建筑。该馆是为了纪念1492年哥伦布发现新大陆500周年而建立的。纪念馆附近有一排山洞组成的自然景观，与这座有争议的建筑物形成了鲜明的对照。从外面看，整个建筑物就像一所公寓大院。纪念馆占地面积10000平方米，外墙的饰板上镌刻着拉丁美洲各国的名字。十字架的中央是大理石的哥伦布墓，两旁站立着穿制服的卫兵。

【多米尼加人类博物馆】加勒比海地区最大的考古学和人类学博物馆，馆内收藏着关于哥伦布到达美洲前文化的大量材料。该馆占用一座大楼的第三层和第四层，最好的展品存放在第三层。在这里可以看到已经灭绝了的巨熊的化石，这种巨熊曾是史前泰诺人猎杀的对象。这里还有公元前2000年人类祭祀用的斧。南美洲当地文化的展品与古代泰诺人的文物构成一种文化的比较。展出的史前文物多达数百件。

【北海岸】多米尼加大西洋一侧海岸绵延 241 公里，西起海地边境处的蒙特克里斯蒂，东至萨马纳半岛。海岸的后方地区风景秀丽，一片片甘蔗田伸展在峰峦起伏的北部科迪勒拉山脉脚下。沿海一带有许多出色的海滩，但由于面临大西洋，有时波涛汹涌，因此这里的海滩宜于冲浪运动，而不宜于潜水。

【中部科迪勒拉山脉】荒凉遥远的中部科迪勒拉山脉横贯多米尼加共和国的西半部，杜亚尔特峰是岛上的最高峰。这个交通不便的山区有两个大型国家公园——阿曼多贝尔莫德斯国家公园和约西德尔卡门拉米列斯国家公园。坐车从中央公路出发，顺着 28 号公路迂回前进，穿过松树林便能到达杰拉巴科。这里的松树林有“多米尼加阿尔卑斯山”的美称。林地上阿尔卑斯风格的小别墅深受度假者的喜爱。杰拉巴科镇位于一片宽阔的谷地上，周围是中部科迪勒拉山脉的丘陵，这是一个一年四季都很凉爽的度假胜地。圣地亚哥许多有钱人在镇外修建周末别墅，并在别墅周围种植花卉、草莓、灯笼椒和木薯。杰拉巴科的魅力在它身边那巍巍的山峰，湍急的河流以及乡间纯净的自然景色。最能吸引旅游者的地方是壮观的希门诺瀑布。

【东南沿海】东南沿海有好几处白沙滩，滩前碧波荡漾，滩后椰树摇曳。最近几年沙滩上出现了许多大型豪华宾馆，多米尼加的有钱人也纷纷在这里盖起舒适的别墅，以远离圣多明各的拥挤。这一带的中部和南部大多是平原，种植着大面积的甘蔗，北部是低矮的东科迪勒拉山脉。这里一些主要城镇，如圣彼得罗德马科里斯和拉罗马纳，都是靠制糖业发展起来的。近海处的众多岛屿如点点繁星，与埃斯特国家公园一起构成了本地区的自然风光，而模拟意大利村阿尔托斯查文则是这里的人文景点。

【普拉塔港】（Puerto Plata）位于北部，全称“圣菲利普德普拉塔港”。它是多米尼加北部大西洋海岸的主要海港，全国第二大港，普拉塔省省会，旅游胜地，位于伊莎贝尔山麓，北临大西洋，有新月形的港湾。海轮停泊港内可避热带风暴，为避风良港，始建于 1503 年。东部的长滩是著名的海滨旅游地，白沙铺满海滩，又受大西洋微风吹拂，非常凉爽，且有高级豪华饭店，许多高级游轮均会在此停泊。还有圣莫利普古堡，附近有洛马梅斯和艾维奥隆两座瀑布和科贝洞窟。步行 1000 米即达伊莎贝尔山巅，有山顶公园，可北眺大西洋海岸。

【恩里基略湖】恩里基略湖是多米尼加西南部的咸水湖，世界闻名的鳄鱼保护区。位于内巴山和巴奥鱼科山之间。湖长约 50 公里，宽 10 公里，总面积约 400 平方公里。湖面低于海平面约 44 米，湖水含盐度比加勒比海水高 50%。1974 年国家把恩里基略湖中最大的岛卡布里托斯岛辟为自然保护区。它的面积为 26 平方公里。周围沙滩上生长有贴地喜盐植物，湖中经常栖息有几百条鳄鱼，是鳄鱼最多的保护区。

【多米尼加宝光楼】坐落在多米尼加共和国首都圣多明各市内，是拉丁美洲著名的当代天主教建筑，此楼是上世纪 80 年代为纪念哥伦布到达西半球 500 周年而建的。该楼为一座装有 49 个激光器的 10 层大楼，它向天空投射一个十字架形，方圆 150 英里以内的人均可看到。来此访问的罗马教皇保罗二世称该楼“象征着十字架在西半球树立起来的十字军历程”。

【多米尼加圣多明各大教堂】位于多米尼加首都圣多明各市内，是美洲大陆第一座大型教堂，始建于 1514 年。教堂内保存着许多具有很高艺术价值的宗教名画及雕塑作品，还有西班牙天主教君主及王后的画像。教堂内最珍贵的是一个被认为存放哥伦布遗体的铜制骨灰盒，骨灰盒安放在一个有 4 根大理石柱支撑的墓台上。墓台为哥特式建筑，配有许多精美的雕刻装饰。在白色大理石墓台的周围镶嵌着几块铜板，上面刻着哥伦布生前的伟绩。在哥伦布墓前有一座真人大小的大理石雕像，是多米尼加共和国的守护神。

第九节　重大事件

【多米尼加人民武装起义】1965 年多米尼加共和国爱国军民推翻亲美反动政权、反对美国武装干涉的起义。

1962年底，多米尼加革命党主席胡安·博什当选为总统，在国内民族民主运动的推动下，采取了一些民族主义措施，并于1963年4月颁布了体现资产阶级民主精神的宪法。1963年9月，亲美右派军人发动政变，推翻博什政府，建立受美国控制的“三执政”政府，实行反动统治，致使经济恶化，民怨沸腾。

1965年4月24日，在弗朗西斯科·卡马尼奥（Francisco Caamaño）上校等爱国军官领导下，部分陆军举行起义。起义者要求博什复职和恢复1963年宪法。25日，起义部队进入首都，推翻以多纳德·雷德·卡夫拉尔（Donald Reid Cabral）为首的“三执政”政府，推举拉斐尔·莫利纳·乌雷尼亚（Rafael Molina Ureña）担任临时总统，成立宪政派政府。各大城市人民纷纷涌上街头支持起义。亲美极右势力在反动将领艾利阿斯·维辛—维辛（Elías Wessin Wessin）指挥下挑动内战，被起义军民击溃。28日，美国出兵进行干涉。起义军民不畏强敌，奋勇抗击干涉军。5月4日卡马尼奥被起义者推选为临时总统。7日，美国扶植傀儡组成“民族复兴政府”。5月中下旬，以美国军队为主的“泛美和平部队”在“维护停火”的幌子下积极协助多米尼加反动军队进攻起义军民。8月底，美国迫使宪政派政府接受由其炮制的“多米尼加和解法”和“组织法”。宪政派政府与“民族复兴政府”均告解散，9月3日由美国提名的赫克托·加西亚·戈多伊（Héctor García Godoy）出任总统，组成临时政府。加西亚·戈多伊政府立即收缴起义人民的武器，迫使起义部队撤出首都，并残酷迫害参加起义的爱国军民。多米尼加人民的起义打击了美国侵略势力，得到拉丁美洲和世界人民的广泛同情与声援。

第十章　哥伦比亚

第一节　概况

【国名】哥伦比亚共和国（La República de Colombia）

【面积】1,138,914 平方公里（除岛屿和领海外）

【人口】人口 4453 万（2003 年）。其中印欧混血人种占 60%，白人占 20%，黑白混血人种占 18%，其余为印第安人和黑人。人口年增长率 1.79%。

【首都】圣菲波哥大（Bogotá），面积为 1587 平方公里，人口 649 万（2001 年）。年平均气温 14℃。波哥大既是哥伦比亚共和国的首都，又是昆迪纳马卡省的首府，位于东科迪勒拉山脉西侧的苏马帕斯高原谷地，是全国重要的经济中心、古老的文化中心，有“南美洲雅典”之称。

波哥大是全国重要经济中心。它集中了全国工业生产的 30%，市区以食品、服装、纺织、制鞋、玻璃等轻工业为主。市郊有大型化工厂、橡胶厂和汽车制造厂。金融业比较发达。特区生产土豆、小麦、燕麦、玉米、 蔬菜、水果。最近十几年，鲜花种植业得到迅速发展，主要供出口。

波哥大是古老的文化中心，有众多的古迹和独特的文化遗产，是南美洲的旅游胜地之一。老城区保存了 17、18 世纪西班牙的建筑风格。

波哥大有各种各样的博物馆 300 所，收藏各个历史时期的文物，其中黄金博物馆最负盛名。国家科学院、天文馆、美术馆、国家图书馆都集中在这里。此外， 有豪华的大剧院，全市有 70 多所高等院校。

波哥大交通发达，有公路同全国各地区相联，有铁路同大西洋沿岸各省和太平洋沿岸城市相通。埃尔多拉是拉美现代化的国际机场之一，有班机同南美国家和欧美主要城市相联系。

波哥大虽地处热带，但因海拔2630米，气候凉爽，四季如春，年平均气温14度，年降雨量950毫米。

【国旗】由上下横排的黄、蓝、红三个长方形组成，黄色长方形的宽度占旗面的1/2，蓝、红各占1/4。黄色象征阳光、谷物和丰富的自然资源；蓝色象征蓝天、海洋和河流；红色象征爱国者为祖国的自由洒下的鲜血。有时也使用中央有国徽图案的国旗。

【国徽】中央为盾形，盾面中部绘有“自由之帽”，象征自由解放。盾的上部两侧是两个羊角，象征富饶；中间是一个红石榴。哥伦比亚历史上曾称“新格兰纳达”，西班牙语“格兰纳达”为“石榴”。盾的下半部的图案象征哥伦比亚处于太平洋和加勒比海之间的重要地理位置。盾的上端有一只展翅飞翔的美洲神鹰衔着月桂编织的花环，象征国家的独立和光荣，神鹰抓着的黄色绶带上写着西班牙文“自由、秩序”。盾的两侧为国旗。

【货币】比索

【宗教信仰】罗马天主教占95%，基督教、犹太教及其他宗教占5%。

【国花】卡特兰

【国鸟】无

【时差】比格林尼治时间晚5小时；比北京时间晚13小时。

【与我国建交时间】1980年2月7日

【独立日】7月20日（1810）

【首都外其他主要城市】麦德林（Medellín）：是哥伦比亚北方重镇，全国第二大城市，安提奥基亚省首府，位于中科迪勒拉山脉间的阿布拉谷地。面积387平方公里。气候温和，雨量充足，四季如春，风景秀丽，年平均温度20℃，年降雨量1440毫米，被誉称为“永恒的春城”。麦德林是农矿产品集散中心。有纺织、冶金、机器制造、化学、水泥、食品、制烟、饮料、家用电器等工业部门。它又是文化中心，有维拉克鲁斯神庙和巴西利卡大主教堂，安东尼奥·乌里比植物园，以及众多的博物馆。交通方便，有公路、铁路和航空线同全国各地相联。

卡利（Cali）：位于哥伦比亚西部西科迪勒拉山脉东侧的考卡河谷上，是全国第三大城市，考卡山谷省首府。始建于1536年，海拔1003米，年平均温度23℃。地处全国最肥沃地区。工业发展水平仅次于波哥大和麦德林，是全国制糖业中心。除传统的纺织、食品、木材、饮料等工业外，化工、建材、农机制造、电器、化纤、轮胎、金属等新兴工业部门迅速发展。此外，还有水泥和造纸工业。卡利有输油管道同太平洋沿岸海港布埃纳文图拉相通。商业发达，交通方便，是公路和铁路交通运输的枢纽。作为历史文化名城，卡利吸引着国内外许多游客。

巴兰基亚（Barranquilla）：哥伦比亚北方重要海港，全国第四大城市，大西洋省首府，位于马格达雷那河西岸，距入海口11公里，面积174平方公里。巴兰基亚既是全国农业生产中心之一，也是重要的工业中心。农产品主要有棉花、蔗糖 、咖啡和热带水果。工业有纺织、油料加工、食品、化工、水泥等部门。现有5个轮船靠岸泊位，同世界主要港口有往来。巴兰基亚有现代化的国际机场同国内外通航。

卡塔赫纳：哥伦比亚历史名城，玻利瓦尔省首府，面积92平方公里。卡塔赫纳是全国第二大港口。辟有工商自由区，在市郊马莫纳尔工业区兴建了一批化工、炼油、电力、水泥、拖拉机等重型工业。卡塔赫纳炼油厂是哥伦比亚第二大炼油厂。卡塔赫纳是拉美地区著名的旅游中心之一，不仅有美丽的海滩，古老的城堡，还有殖民时期的大教堂、政府大厦、宗教裁判所、修道院、美洲现代艺术博物馆以及拉斐尔·努涅斯博物馆等。1985年，卡塔赫纳被联合国教科文组织宣布为“人类文化财富”而得到保护。

第二节　自然地理

【概况】南美洲第四大国（仅次于巴西，阿根廷，秘鲁），位于南美洲西北部，东邻委内瑞拉、巴西，南接厄瓜多尔、秘鲁，西北角与巴拿马相连，北临加勒比海，西濒太平洋。海岸线长 2900 公里。

【地貌】是南美唯一一个临太平洋和加勒比海的国家。全境地势西高东低，西部主要属安第斯山区，西、中、东三支科迪勒拉山脉纵列，间以高原、谷地和盆地，约占总国土面积的 45%，这里的圣玛尔塔（Santa Marta）的内华达山（Sierra Nevada）是全世界最高的沿海山脉。瓜希拉半岛附近的哥伦布峰为全境最高峰，海拔 5800 米；东部为亚马逊河和奥里诺科河的支流所形成的冲积平原，地势平坦，约占全国面积的一半左右。东部分成两区：东北部的平原区（Los Llanos）及东南部的亚马逊地区（Las Amazonas）。

马格达莱纳河为全国第一大河，与其支流考卡河纵贯南北。

【气候】全境气候类型多样，因海拔高度和地形而异。东部平原和太平洋沿岸为热带雨林气候；海拔 1000—3000 米的地区属亚热带和温带气候；海拔 3000—4500 米的地区为高寒草地，4500 米以上的高山终年积雪。季节分为干季和湿季（雨季），季节变化因不同区域而不同。在安第斯山地区每年有两个干季及两个湿季，主要干季在 12—3 月，次干季在 7—8 月。东北部平原区的季节变化较明显，只有一个干季（12—3 月），剩下的都是雨季，在亚马逊地区则全年都是湿季。7、8 两月是最热的时候。年平均气温约在 22℃。

第三节　政治

【宪法】现行宪法是在 1886 年宪法的基础上修改而成的，于 1991 年颁布。新宪法扩大民主参与范围，并加强了司法权力。主要内容有：实行代议制民主，立法、司法和行政三权分离；总统为国家元首兼政府首脑；省长市长由直接选举产生；保障人身安全、信仰、结社、劳动、思想和教育自由，国家保障人权得到尊重。

【议会】国会由参、众两院组成，行使国家立法权，审批政府财政预算，监督政府工作。参、众议员均由直接选举产生，任期四年。参议长和众议长任期一年，可连选连任。2002 年 7 月 20 日成立的国会中有参议员 102 名，众议员 166 名。主要党派在这一届参议院中的席位是：自由党 29 名，保守党 13 名，其他政党 60 名；众议院的席位分配是自由党 53 名，保守党 21 名，其他政党 92 名。

【政府】总统内阁制。总统为国家元首兼政府首脑，亦是武装部队统帅，由直接选举产生，不能连任。设有副总统。

【司法机构】最高法院、行政法院、宪法法院、高级司法委员会和总检察院组成司法体系。最高法院是最高普通司法机关，由 29 名大法官组成。国家行政法院和宪法法院分别由 29 名和 9 名大法官组成。高级司法委员会由 13 名大法官组成。各法院院长均由大法官选举产生，任期一年。总检察院是哥司法系统的组成部分，但享有行政和预算自治权。

【行政区划】全国分 32 个省（departamentos）及波哥大首都区（Bogotá D.C.）。32 个省的名称为：安提奥基亚省（Antioquia）、考卡山谷省（Valle del Cauca）、玻利瓦尔省（Bolívar）、大西洋省（Atlántico）、科尔多瓦省（Córdoba）、桑坦德省（Santander）、北桑坦德省（Norte de Santander）、苏克雷省（Sucre）、考卡省（Cauca）、瓜希拉省（La Guajira）、金迪奥省（Quindío）、昆迪纳玛卡省（Cundinamarca）、托利马省（Tolima）、博亚卡省（Boyacá）、卡尔达斯省（Caldas）、卡萨纳雷省（Casanare）、圣安德列斯—普罗维登西亚（San Andres- Providencia）、塞萨尔省（Cesar）、乔科省（Chocó）、梅塔省（Meta）、维拉省（Huila）、里萨拉尔达省（Risaralda）、卡克塔省（Caquetá）、阿拉乌卡省（Arauca）、玛格达莱纳省（Magdalena）、纳里尼奥省（Nariño）、瓜维亚雷省（Guaviare）、普图马约省（Putumayo）、沃佩斯省（Vaupé）、比查达特别区（Vichada）、瓜依尼亚特别区（Guainía）、亚马逊特区（Amazonas）。

【政党】尽管全国政党很多，但从 19 世纪以来，主要由保守党和自由党轮流执政。

（1）保守党（Partido Conservador）：哥伦比亚主要传统政党。1849 年成立。1987 年曾改为社会保守党，1992 年改回原名。现有党员 160 万。历史上曾代表农牧业主、教会和大资产阶级利益，现在中小资产阶级、工人、农民中亦有影响。主张维护民族独立和国家主权，发展民族经济和意识形态多样化。

（2）自由党（Partido Liberal）：19 世纪 40 年代成立，哥伦比亚主要传统政党。现有党员 400 万左右。该党主要代表工商资产阶级的利益，在工农和小资产阶级中也颇有影响。主张维护国家主权，发展民族经济和实行政治及经济改革。1989 年 6 月，该党加入社会党国际。哥伦比亚独立以后，该党与保守党轮流执政。

其他主要政党组织有：民主中心运动、全国保守运动、自由党信仰运动、全国进步运动和公民权益保护运动等。

【文化教育】实行小学义务教育。2001 年，文盲率为 7.5%。2003 年教育经费占国内生产总值的 4.4%。著名高等学府有：哥伦比亚国立大学、哈维里亚那大学、安第斯大学、国立师范大学等。

【新闻出版】全国约有 400 种报刊杂志。主要报纸有《时代报》、《旁观者报》、《新世纪报》和《共和国报》。主要杂志（均为周刊）有《向导》、《新边疆》、《经济综合》、《星期》、《口号》等。

哥伦比亚新闻社是哥伦比亚最大的私人通讯社，成立于 1981 年，向全国近 20 家报纸和电台提供新闻。

全国共有 582 座广播电台。"国家电台"是唯一国营电台，创建于 1940 年。"哥伦比亚广播公司"、"全国广播公司"和"托德拉尔"电台为较大的三家私人广播公司，在各地设有广播发射台和转播台。

全国共有 15 家电视台，其中三家为国家电视台和播放台。

第四节 经济

【概况】历史上是以生产咖啡为主的农业国。80 年代以来，国内生产总值一直保持 3%—6%的增长速度。1998 年，受亚洲金融危机等不利因素影响，经济形势严峻。

1999 年，经济陷入 60 年来最严重的衰退。哥伦比亚政府采取削减财政预算，下调利率，松动银根，扩大内需，鼓励出口等措施。6 月，众议院通过宪法修正案，取消宪法中关于政府有权无偿征收外国在哥伦比亚资产的规定。

2000 年，哥伦比亚政府严格实行财政和货币紧缩政策，压缩财政赤字、抑制通货膨胀的努力取得成效。2001 年，哥伦比亚税收增加并在国际市场成功发行债券，重组外债。但哥伦比亚产业和出口结构不合理的状况未得到根本改变，内需不振，出口乏力，失业率居高难下。

【自然资源】自然资源丰富，煤炭、石油、绿宝石为主要矿藏。已探明煤炭储量约 240 亿吨，是拉丁美洲原煤生产和出口大国，居拉美首位。石油储量 18 亿桶，天然气储量 187 亿立方米，绿宝石储量居世界第一位，铝矾土储量为 1 亿吨，铀储量 4 万吨。此外还有金、银、镍、铂、铁等矿藏。森林面积约 4923 万公顷。

【农林牧渔业】以农业为主。耕地面积 443 万公顷，占国土的 8.5%。咖啡生产是哥伦比亚的经济支柱，产量和出口量仅次于巴西，居世界第二位，而软咖啡的产量和出口量超过巴西居世界第一位。哥伦比亚有咖啡种植园 32 万个，种植面积 110 万公顷，占耕地面积的 1/4，年产量 70 万吨左右，86%供出口，出口量占世界出口量的 13%，给哥伦比亚赚得大量外汇，因此，咖啡被哥伦比亚称为“绿色金子”。香蕉、鲜花也是重要农产品和出口商品。哥伦比亚是世界第二大鲜花出口国和第三大香蕉出口国。谷类作物有稻米、玉米、小麦等。2001 年咖啡种植面积 100.9 万公顷，2003 年其出口收入为 8.06 亿美元。

畜牧业发达，以饲养牛为主。森林覆盖率约占 50%，盛产桃花心木等名贵木材。2003 年农牧林渔业增长 2.5%，达 111 亿比索（按 1994 年价格计算）。

【工业】以制造业为主。采矿业有石油、煤炭、黄金、绿宝石、铀、镍、铝矾土、铁和铂等。食品、纺织、服装、木材加工等传统轻工业部门也占重要地位，炼油、石化、钢铁、建材等新兴工业部门发展较快。煤炭生产和出口近年来增长迅速。按1994年价格计算，2003年制造业产值111，629亿比索， 增长4.2%；矿业产值34944亿比索，增长11%；建筑业和公共工程产值41，010亿比索，增长11.6%。20世纪80年代以来，石油业发展迅速，成为哥伦比亚支柱产业之一。2003年，石油出口占哥伦比亚出口总额的25.8%。

【旅游业】哥伦比亚是拉美重要的旅游中心之一，旅游业较发达。2003年，外国游客62万人。2002年旅游业收入为3.89亿美元。主要旅游区有：卡塔赫纳、圣玛尔塔、波哥大、圣安德列斯和普罗维登西亚群岛、麦德林、瓜希拉半岛、博亚卡等。

【交通运输业】交通运输以公路为主。按1994年价格计算，2003年交通仓储和通讯业产值66,118亿比索，占国内生产总值的8.9%，较上年增长4.7%。

铁路：总长3368公里。2001年运营车厢687节，机车17台。2002年运营里程2212公里，货运量3103万吨。1995年麦德林市地铁建成运营。

公路：1999年总长11.5万公里。2002年车辆总数为308万辆，客运量9693万人次，货运量7873万吨。

水运：内河可通航里程18,225公里。2002年拥有各类内河船只2003艘；海船23艘，总吨位17.7万吨；内河客运665.8万人次，货运量348万吨；海运8.6万人次。主要海港有布埃纳文图拉、圣玛尔塔、卡塔赫纳和巴兰基亚。

空运：2003年国内国际客运总量达1038万人次，国内货运13.1万吨，国际货运44.6万吨。共有74个机场，其中11个国际机场，飞机1696架。主要机场有埃尔多拉多和普恩特阿埃雷奥。有三家航空公司，阿维安卡是拉美最早成立的航空公司，与17个国家通航。

【对外贸易】哥伦比亚政府以推动外贸出口作为其经济政策的主要组成部分。主要出口产品有石油和石油产品、化工产品、煤炭、咖啡、农副产品和纺织品等。其中，绿宝石出口占世界第一位，鲜花出口占世界第二位、咖啡出口占世界第三位。哥伦比亚主要进口机械设备、化工产品、农副产品、纺织品和金属材料等，主要贸易对象为美国（2003 年占 36.6%）、拉美各国、欧洲（2003 年占 14.9%）和日本。

第五节 历史

【前哥伦布时期】在西班牙殖民者到来之前，哥伦比亚大地上生活着不同的土著部落，他们创造了绚烂的古代文明。其中的圣·阿古斯丁文明遗留下来的巨大石像直到今天仍然令人叹为观止。之后的奇布查族人生活在哥伦比亚中部地区，他们聚居的地方称为“巴戈大”，现在哥伦比亚首都波哥大正是从这个词演变而来的。现在，哥伦比亚有三个主要的印地安文化遗迹——圣·阿古斯丁（San Agustín），“内地”（Tierra dentro），以及“失落之城”（Ciudad Perdida），主要的文化遗产便是手工黄金及陶艺品。哥伦比亚并没有可与阿兹特克及印加帝国相匹敌的高度文明，强大的帝国军力和广大的领土。哥国的印地安文化主要分布在安第斯山区，太平洋及加勒比海沿岸，其中“内地”及圣奥古斯丁文化更是兴盛，在此遗留下了许多神秘的石柱及印地安人埋葬年长者的洞穴，而且这些洞穴的墙壁上都留下了许多神秘的绘画。

【西班牙人的统治】1499 年，阿朗索·德·欧和达（Alonso de Ojeda）是第一位踏上哥伦比亚土地的西班牙人，惊讶于印地安人富裕的生活景象，西班牙开始攻占这片土地，中间历经了大大小小的战役，1536 年沦为西班牙殖民地，此后西班牙移民逐渐增多。1550 年，西班牙国王查尔斯五世在现今的波哥大成立殖民政府。1718 年，随着西班牙势力的不断扩大，波哥大正式成为殖民地的首都。西班牙政府在波哥大设立“新格兰纳达”总督辖区，管辖今天属于哥伦比亚、委内瑞拉、厄瓜多尔和巴拿马的地区，波哥大成为南美洲北部的政治、经济、文化中心。

【独立战争】西班牙长期的殖民统治引起包括西班牙后裔白人

在内的哥伦比亚人民的反抗。1781年哥伦比亚人民举行起义，但遭到镇压而失败。18世纪末，随着美国与法国的独立革命，趁着拿破仑占领西班牙的同时，哥伦比亚的民族意识觉醒，走向独立之路的呼声强烈。1810年5月，波哥大爆发人民起义，驱逐了西班牙总督，成立革命执行委员会，并于同年7月20日宣布独立。但随后再次遭到镇压。1812年，南美“解放者”西蒙·玻利瓦尔（Simón Bolívar）在卡塔赫纳（Cartagena）起义，1819年，玻利瓦尔领导的起义军在博亚卡之役（Boyaca）中大败西班牙殖民军，哥伦比亚获得解放。

【独立后的动荡时期】1821—1929年，哥伦比亚与现厄瓜多尔、委内瑞拉、巴拿马组成“大哥伦比亚共和国”（Gran Colombia）。独立后政权逐渐分成两大派，中央政府及联邦政府，两派内部争斗不断。1830年，玻利瓦尔去世后，委内瑞拉和厄瓜多尔独立，大哥伦比亚共和国解体。1831年“大哥伦比亚共和国”改名为“新格拉纳达”（Nueva Granada）），只包含现在的哥伦比亚和巴拿马。1856年改名“格兰丁联邦”（Confederación Granadina）。1861年称“哥伦比亚合众国”（Estados Unidos de Colombia），1886年改称现名——“哥伦比亚共和国”。保守派（原中央政府）及自由派（原联邦政府）两党内争不断，在1899年爆发了著名的“千日战争”，十万余人死于这场内战，直到1921年才短暂平息。1903年巴拿马脱离哥伦比亚独立。1948年，保守及自由两党的冲突最终导致哥伦比亚历史上最大的内战，死亡的人数高达三十万人。1953年，一些自由派的游击队开始发动抗争，对立政府。1957年，两党的领导者签署了一份名为“国家战线”（Frente Nacional）的协议，两方同意在以后的十六年共同执政，每四年轮流当任执政党。

【70年代至今】在经历了20世纪50年代的动荡时期后，自由党和保守党轮流执政。1974年后，自由党人在选举中占更大优势。2002年5月，独立人士乌里韦在大选首轮投票中以超过半数的选票当选总统，打破了哥伦比亚两大传统政党轮流执政的政治格局。2003年10月，哥伦比亚举行全国省、市长和省、市议会选举，独立派人士大获全胜，传统政党地位进一步削弱，中左政治力量迅速崛起。

但是，哥伦比亚国内的分裂仍然持继，并不时引发内战。哥伦比亚还受到游击队起义军，例如“革命武装力量”以及毒品贸易的困扰。这些都导致了国内政治经济改革的困难并影响到社会生活的各个方面。乌里韦总统在国内和平问题上采取强硬措施，实施“民主安全政策”，确立主要通过军事手段解决内乱，“以战促和”的安全战备重心，扩充军警力量，加强军事打击，并宣布“革命武装力量”和“民族解放军”两支游击队以及“联合自卫军”非法武装为“恐怖组织”。

2014 年 6 月，现任总统、民族团结社会党候选人桑托斯以 53% 的得票率击败民主中心党候选人苏卢阿加，成功获得连任。在获胜演说中，桑托斯表示，超过 50 年的暴力将结束，哥伦比亚将成为一个更公正、更具包容性的国家。他还保证用他所有的精力与反政府武装达成和平协议。

第六节　人物介绍

【加西亚·马尔克斯】（Gabriel García Márquez，1928—）哥伦比亚作家。生于马格达莱纳省的阿拉卡塔卡镇的一个医生家庭。8 岁前一直生活在外祖父家。外祖父是位受人尊敬的上校，参加过两次内战。外祖母是位勤劳的主妇，很会讲神话故事。这段充满幻想和神奇色彩的童年生活为他后来的文学创作提供了丰富的素材。在中小学学习期间，他阅读了大量的经典作品。18 岁入大学攻读法律，因政局动荡而中途辍学，进入报界，并开始文学创作。1955 年，第一部长篇小说《枯枝败叶》问世，引起拉美文学界重视，颇受好评。1962 年他发表了《恶时辰》，小说获得美国埃索石油公司在波哥大举办的埃索奖。1967 年，他的《百年孤独》轰动了西班牙语文学界并奠定了他在世界文坛上的地位。由于这部小说的成功，他先后荣获哥伦比亚文学奖、法国最佳外国作品奖和拉美最高文学奖——委内瑞拉“罗慕洛·加列戈斯”国际文学奖。1975 年他的反寡头小说《家长的没落》出版，在西班牙语文学界再次引起轰动。1982 年获得诺贝尔文学奖。得奖后，他又推出长篇小说《霍乱时期的爱情》（1985），《迷宫里的将军》（1989）。另外还有短篇小说集《我的上校外祖父的故事》（1989）、《异国故事十二篇》以及报告文学《米格尔·利了回国历险记》（1986）等。

马尔克斯把反映现实生活作为自己艺术追求的目标，他的作品荒诞神奇，但无不植根于拉丁美洲民族的土壤之上。马尔克斯在运用魔幻现实主义创作方法上独具特色。他早年受哥伦比亚先锋派创始人爱德华多·萨拉梅亚·博尔达的熏陶，后来受到了乔依斯、卡夫卡、福克纳等西方现代派作家的影响，在创作中又采用了阿拉伯神话故事和印第安民间传说的技巧，兼容并蓄，逐渐形成自己的风格。他善于把现实主义的场面、情节和完全出于虚构的幻想情境有机融为一体，通过光怪陆离的魔幻世界的折射，表现活生生的社会现实。

《百年孤独》这部长篇小说以布恩地亚上校一家几代人充满神奇色彩的坎坷经历为线索，以加勒比海沿岸小镇马贡多一百多年来兴亡的历史为背景，反映了16世纪后哥伦比亚的社会结构、思想信仰、习俗风尚等方面所发生的深刻变化。小说详尽地表现了哥伦比亚在挣脱殖民统治，获得独立以后，由于大地主、大商人掌握了政权，国内政变迭起，内战频繁、社会生活动荡不定的真实情景，淋漓尽致地揭露了统治者的残忍和政客们的虚伪丑恶行径。对于民众的不觉悟现象，也给予了暴露和批评。作品用大量的笔墨刻画布恩地亚家族一代又一代的孤独，家庭中夫妻、父子、母女、兄弟姊妹之间心情不能沟通，人与人之间缺乏信任。作者把这些孤独的情形与神话、传说、幻想交织在一起，试图让读者思考造成孤独的根本原因，启发人们寻求打破这孤独状态，摆脱命运拨弄的途径。小说有不少离奇怪诞的情节和人物，带有浓烈的神话色彩和象征意味，风格独特，被称为“魔幻现实主义”的代表作。

第七节　风土人情

【习俗礼仪】哥伦比亚的主体民族是西班牙人同印第安人以及黑人在几个世纪里互相通婚、世代混血而逐渐形成的现代的哥伦比亚人，风俗礼仪既保持着当地土著居民的鲜明特征，又带有西班牙人的明显影响。

哥伦比亚人注重礼仪，讲究礼貌，待人诚恳，热情好客。他们见到外来客人十分友善，总是主动打招呼，热情问候。男性之间一般是握手致意；女性之间除握手外，还要相互拥抱并亲吻对方的脸颊；关系亲密的异性朋友之间也时常拥抱和亲吻面额，初次交往的异性之间多是鞠躬点头致意。哥伦比亚居民绝大多数信奉天主教，他们见面后常用的问候是"您好"、"见到您非常高兴"、"愿上帝保佑您事业成功"、"上帝保佑我们共同健康"等。告别时，握手、拥抱和亲面颊的同时还要说"再见"、"祝您幸福"、"上帝会时时保佑您的"等。

在哥伦比亚，无论是公务约会还是私人拜访，均要事先联系预约，而且要在时间安排上尽量宽裕一些，最好半天时间只安排办理一件事情，事情多了保险系数便不那么可靠了。因哥伦比亚人办任何事情都不喜欢匆匆忙忙，凡事喜爱慢慢来，客方再急也没有用。同当地人约会，客人等主人一个钟头是常有的事情，不必大惊小怪。

同样，当地人约客人何时何地见面，客人晚到半个钟头或一个钟头，主人也不会见怪。到当地机构办事，办事员十分热情地接待，用一种加糖的黑色咖啡招待，客人要是不接受，那将被认为是不礼貌的。办事员同客人漫无边际地聊天，也许聊上一个钟头后再问客人需要什么帮助，客人要表现出极大的耐心。哥伦比亚人不大喜欢邀请客人到家中作客，但一旦被邀请，首次访问按照惯例须送鲜花给女主人。男性在正式场合应着西装、系领带，女性穿西服长裙、化淡妆。

哥伦比亚人喜爱红、蓝、黄色，禁忌浅色。喜爱数字 3、5、7

而忌用 13。他们喜欢蟾蜍图案，认为蟾蜍是一种吉祥的动物，象征着五谷丰登和子孙满堂。

【哥伦比亚人的娱乐】全国性的庆典活动是谢肉节，在长达 3 日的庆典上，几乎所有人都停止工作，参加欢庆活动。庆典开始后，人们头戴面具，身着各色服装，到街道和广场上纵情舞蹈，直到灰色星期三的前夜，把用布缝制的巨人型“谢肉节圣人”埋葬，盛大的庆典才告结束。

体育运动，特别是足球，是哥伦比亚人交谈中最热衷的话题。和西班牙人一样，哥伦比亚人把斗牛看作是一种伟大的高难度的技艺。

【崇拜美女的国家】哥伦比亚出产美女已经成为不争的事实。世界小姐大赛开始于 20 世纪 50 年代，秘鲁姑娘格拉迪斯于 1957 年夺冠，拉美地区首次问鼎“世界小姐”称号；截至到现在，拉美姑娘们已经 20 多次获胜。哥伦比亚是拉美地区表现最为抢眼的国家之一，是个全球公认盛产美女的国度，她们在国际三大选美比赛中已获得 6 项桂冠，并多次进入前 5 名，被誉为“美人摇篮”。

哥伦比亚是一个对外表非常注重的国家。虽然四千多万人口中有 45%生活在贫困线以下，然而仅从外表上看，你根本区分不开有钱人和穷人，在电梯里，破烂不堪的公共车里时常充满着名贵的香水味，有时在大街上，空气中也弥漫着香水味。女孩儿们精心地把自己打扮得花枝招展；男孩儿们也西装革履，衣冠楚楚。女孩会十分大方地把收入的相当一部分用于美容，美发和服饰上。在选美大赛期间，不管发生什么国家大事，电视台仍不会中断播出选美比赛，人们不约而同地端坐在电视屏幕前，观看选美大赛。

第八节　自然景观

【盐岩矿山和盐矿大教堂】在圣菲波哥大以北 50 公里处的希帕基腊镇，有一座盐岩矿山。盐矿在波兰、奥地利、美国等许多国家都有，但没有一个盐岩矿能与这座盐矿山相比。这座盐矿山，即使每天有 5 万矿工同时开采，历经 500 年也无法把它采尽。它是世界上最大的盐岩矿山。这个盐矿已开挖 600 年，被挖出很深的岩洞。1950 年，人们别出心裁，要在开挖的岩洞里雕琢一座教堂。4 年之后，教堂最终建成。总面积 5500 平方米，可容纳 5000 人。教堂的大厅共 4 个，由 120 米长的游廊连接。大厅长 100 米，宽 13 米，由 10 根方方正正的石柱支撑屋顶，石柱和石柱之间是拱门，每个拱门高 74 米。在日光灯的照耀下，整个教堂充满神奇之感，使大教堂成为可与世界任何奇迹相媲美的地下宫殿。

【黄金博物馆】（Museo del Oro），建于首都圣菲波哥大圣坦拉斯公园东侧，是所有到访波哥大的旅客必到之处。馆中展有 26000 件各类黄金展品，为世界最著名的博物馆之一。它主要展出哥伦布时代以前在哥伦比亚几个产金地点的各种黄金器物，表现当时的文化风貌。博物馆的第二层摆满琳琅满目的精致黄金饰品，从塑像到耳环等等。镇馆之宝集中在二层，两个镶上绿宝石的黄金十字架，手工细致的黄金船，都是制作精美的无价之宝。

黄金密室至少要四人才能成行。黄金密室是个伸手不见五指的房间，随着印第安音乐响起，灯光逐渐照射在玻璃墙里的饰品上，一万二千件黄金制品大放光明，让人惊讶于古印第安黄金国的华丽。

【圣奥古斯汀考古遗址】圣奥古斯汀考古遗址坐落于哥伦比亚山侧的一个小村庄中，海拔高达 5750 英尺，分布在面积达 200 平方英里的土地上。圣奥古斯汀考古遗址是迄今为止哥伦比亚最伟大的考古发现之一，显示了从 1 世纪到 8 世纪北安第斯人的社会生活状况。在当时，圣奥古斯汀的居民以农业为生，主要种植谷物、蔬菜、水果，也进行狩猎和捕鱼。并且古圣奥古斯汀居民掌握着极为高超的制陶技术。

遗址中最著名的有雕塑、石刻、石棺以及雕有人物、动物、神话传说的岩石雕刻。游客可以通过步行游览被称为“雕像丛林”的著名的雕像建筑群，共有 35 处风格各异的雕像。考古学家把这些雕像按其风格分成古典主义雕塑群、自然主义雕塑群、表现主义雕塑群以及抽象主义雕塑群。现在还不能确定这些文物究竟代表什么具体的文化，据推测它们代表了各种膜拜，尤其是对死者的膜拜。在圣奥古斯汀考古遗址中建有博物馆和图书馆，在这里可以得到关于圣奥古斯汀考古遗址的历史知识。1995 年被列入《世界遗产目录》。

圣奥古斯汀考古遗址不仅是著名的考古胜地，同时也是风景优美的自然风景区。对于那些既想进行考古游历又想观赏风景的游客来说，圣奥古斯汀考古遗址无疑是他们最佳的选择。

第九节　重大事件

【哥伦比亚革命武装力量】“哥伦比亚革命武装力量”（Fuerzas Armadas Revolucionarias de Colombia）简称 FARC，成立于 1964 年，是哥国内最大的游击队组织，为一支亲前苏联、反美的左翼游击队组织。目前拥有成员超过 1.7 万多人，控制着哥伦比亚 40%以上的区域，是拉美规模最大、历史最长、武器最精良的反政府游击队。活动范围以哥伦比亚为主，偶尔会跨境至委内瑞拉、巴拿马、秘鲁、巴西、厄瓜多尔等地从事作战行动。行动方式以哥伦比亚的政治、经济、军警要人为目标，进行武装攻击。大多是以绑架为主，每年可拿到数百万的赎金。另从事毒品制造及贩售，牟取暴利。

1998 年，帕斯特拉总统为促成与 FARC 的和平会谈，将一块相当于瑞士国土面积的土地变成非军事化区域，成立地方自治都市，以表明谈判的诚意。哥政府于 1999 年 1 月开始正式同该游击队组织举行和谈。但和谈在 2002 年 2 月破裂，此后，游击队同政府军一直处于交战状态。

【哥伦比亚民族解放军】（Ejército de Liberación Nacional）简称 ELN。成立于 1965 年，由亲古巴、反美的游击人员组成。是哥伦比亚第二大游击队组织。现有成员 4000 余人，主要在北部各省活动。行动方式主要以地区内的外国派驻人员为目标进行绑架，向毒品栽种者索取保护金，攻击政府的反毒品政策。1999 年，哥政府开始与“民族解放军”进行和谈，但由于双方在实现停火和划分非军事区等问题上分歧严重，谈判于 2002 年 5 月破裂。双方由此重新进入交战状态，军事冲突不断。

【毒品问题】哥伦比亚被美国称为“世界头号古柯（制作可卡因的原材料）种植国”。美国市场上销售的 80%的毒品来自该国。而毒品的制造者正是形形色色的准军事组织，其中，“哥伦比亚革命武装力量”位居其首。

20 世纪 90 年代，哥伦比亚国内一些大毒贩为了保护古柯种植主，不惜用重金聘请“哥伦比亚革命武装力量”当保镖。自此，“哥伦比亚革命武装力量”也开始参与制造、走私毒品活动，根据美国方面的资料，该组织每年能从毒品交易中获取高达 3 亿美元的利润。

根据哥美两国达成的反毒协议，两国从 2000 年底起在哥境内联合实施了多次大规模缉毒行动。另外，美国向哥陆续提供了价值 13 亿美元的军事援助，其中包括 74 架“黑鹰”武装直升机和 2 个先进的大型雷达站，还派出了至少 350 名军事顾问对哥伦比亚政府军缉毒部队进行训练，以此援助对哥伦比亚境内打击产毒贩毒活动的斗争。但此举一直遭到哥反政府游击队的强烈反对，游击队称美国军援经常被哥政府军用于清剿游击队。另外，游击队方面还认为美国实际上是通过对哥军援助方式干涉哥国内的武装冲突，并乘机加强美在该地区的军事存在。

第十一章 委内瑞拉

第一节 概况

【国名】委内瑞拉玻利瓦尔共和国（La República Bolivariana de Venezuela）

【面积】912,050 平方公里。其中岛屿面积约 2500 平方公里。

【人口】2417 万（2000 年）。其中印欧混血种人占 58%，白人 29%，黑人 11%，印第安人 2%。人口分布不均，中部 1%国土面积上居住着全国四分之一的人口，而南部圭亚那地区占全国总面积的 58%，却只聚集了约 6%的人口。

【首都】加拉加斯（Caracas）：委内瑞拉首都和联邦区首府。南美洲著名的历史古城。位于加勒比海之滨的阿维拉山南麓的一个谷地。人口 322 万（2000 年）。全国最大城市，政治、经济、文化中心。加拉加斯名称来源于居住在这里的印第安人加拉加斯族。地处热带，但因地势较高，海拔 1000 米，气候温和，风景秀丽，被称为“天府之都”。加拉加斯集中了全国工业的 50%，以食品、纺织为主，另有汽车装配、化工、建材、制药等。其外港拉瓜伊拉在市北 11 公里处，集中了全国对外贸易总额的一半。

市内到处屹立着先驱者玻利瓦尔的雕塑像和纪念碑。其旧居在一座旧式楼房里，房内陈列着独立战争时期的各种文物和与他有关的几次重大历史事件的图片、资料。旧居附近有绿树成荫的玻利瓦尔广场，广场中心矗立着一座玻利瓦尔铜像，城西有“玻利瓦尔中心”，还有风景秀丽的玻利瓦尔大学、车水马龙的玻利瓦尔大道等。在国家博物馆的英烈厅，安放着他的骨灰和其它英雄的塑像。

加拉加斯始建于 1567 年，曾于 1755、1812 和 1900 年先后遭大地震毁坏。毁后重建，城市扩展迅速。1830 年定为共和国首都，1950 年连同郊区和米兰达州 5 座城镇组成大都市区，面积 360 平方公里。现市区东西方向依山循谷展开，向北毗临海岸山脉北麓，南面向缓坡和低岗地延伸，成为南美的现代化大城之一。

市区道路纵横交错，有些公路要经过无数的桥梁和隧道，上下数层，场景十分壮观。富有特色的建筑群是加拉加斯的新景观，特别是“中央公园”建筑群。这座建筑群由 7 座 40 多层的板式大厦和 2 座 8 面体的 56 层圆柱形大厦组成。最下 2 层全部沟通，地下 3 层为一个巨大的停车场。在这座综合建筑群里，有办公室、公寓、会议厅、博物馆、电影院、游泳池、商店等等，市中心区有议会大厦，市西部有一对 30 层的摩天大楼，为中央政府各部办公大楼所在地。市内有古代建筑和城堡，博物馆和高等学校等。到处有街心花园，其中红木公园位于两条高速公路交叉的三角地带。园内绿树成荫，喷泉在绿茵茵的草坪上四散飞扬。市内还有 1721 年建立的委内瑞拉中央大学。铁路和公路通往全国主要城市，附近还有迈克蒂亚国际机场。

【国旗】呈长方形，长与宽之比为 3:2。自上而下分黄、蓝、红三色。旗面中央有八颗白色五角星（2006 年 3 月 12 日，委内瑞拉政府纪念国旗诞生 200 周年，并宣布正式启用修改后的国旗、国徽图案。新国旗图案在中间增加第 8 颗五角星，代表于 1817 年最后一个从西班牙殖民统治下独立的第 8 个省——瓜亚那省)，呈弧形排列；左上角绘有国徽图案。黄、蓝、红三色来自原大哥伦比亚共和国国旗颜色。七颗五角星代表 1811 年委内瑞拉联邦的七个省。政府机构使用带国徽的国旗，民间使用不带国徽的国旗。

【国徽】中心图案为盾徽。新国徽盾徽左上方的谷穗由 20 颗增至 24 颗，代表 24 个州，象征国家的团结和财富；右上方除保留象征胜利的宝剑和长矛外，还增加了代表印第安人武器的一只弓和装在鞘中的一只箭、代表农民及非洲后裔斗争的砍刀和由月桂树冠束在一起的两面国旗；下方原有的一匹白马向右奔跑并向左回望的姿态改为向左奔跑并直视前方，象征独立和自由。国徽最下方中间绶带上的文字由“委内瑞拉共和国”改为“委内瑞拉玻利瓦尔共和国”。

【货币】玻利瓦尔（币）

【宗教信仰】居民98%信奉天主教，1.5%信奉基督教新教。

【国花】五月兰

【国鸟】拟椋鸟

【时差】比格林尼治时间晚4小时；比北京时间晚12小时。

【与我国建交时间】1974年6月28日

【独立日】7月5日 （1811年）

【首都外其他主要城市】马拉开波（Maracaibo）：全国第二大城市和港口，世界著名的石油输出港，也是委西部第一大工业区和重要商业服务中心。马拉开波位于马拉开波湖西北岸，是苏利亚州（该州位于委内瑞拉最西端）首府，人口约150万，年平均温度29.8℃，年降雨量达387毫米。该市初建于1529年，为咖啡输出港。1917年以来，因马拉开波地区的油田开发，逐渐成为世界著名的石油生产中心之一。原油输出量占全国的一半（苏利亚州的石油产量占全国的70%）。有石化、食品、纺织、制革等工业。附近为奶牛产区。公路通马拉开波湖西岸各油田，经拉斐尔·乌达内塔大桥通往湖东岸的石油城镇及其他大城市。有一个通往全国各主要城市的大型国际机场，公路运输也较发达。

瓦伦西亚（Valencia）：全国第三大城市，卡腊沃沃州首府，人口100万，是全国的工业文化中心，主要有汽车、机械制造、食品加工、化工、轻纺等。位于哥斯达山脉（la Cordillera de la Costa）山谷中，加布里阿勒斯河（el río Cabriales）从市中穿过。瓦伦西亚始建于1555年，创始人阿隆索·迪亚斯·莫雷诺（Alonso Díaz Moreno），这个名字源于西班牙瓦伦西亚地区。这里曾发生过历史上著名的卡腊沃沃战役（la Batalla de Carabobo，1821年），委内瑞拉在这次战役后获得独立。

瓜亚那（Guayana）：位于东部地区，奥里诺科河南岸。人口40万。1960年，政府创立了“委内瑞拉瓜亚那开发公司”，经过三十多年的努力，瓜亚那地区已经成为委内瑞拉重要的工业基地，是委内瑞拉钢铁工业、炼铝业和矿业的中心。

第二节　自然地理

【概况】委内瑞拉位于南美洲北部，东与圭亚那接壤，南与巴西为邻，西与哥伦比亚交界，北临加勒比海。海岸线长 2831 公里。边境线长 4750 公里，其中与哥伦比亚接壤地区的边境线占 2050 公里。

【地貌】委内瑞拉自然条件因地区不同而有明显差异，全国可分三个区域：

（1）西北部和北部沿海山区为安第斯山脉的分支梅里达山脉（Cordillera de Mérida），是委内瑞拉境内最大山脉，海拔一般在 3000 米以上，玻利瓦尔峰（el pico Bolívar）海拔 5007 米，是全国最高点。中段山地及其延伸高原是全国人口密度最大，农业最发达的地区。其中海拔 500 米的瓦伦西亚盆地是全国最大的农业区。西北部有拉美最大的湖泊——马拉开波湖，面积 14000 平方公里。全国 70%的石油产自该湖区油田。

（2）中部奥里诺科平原（Orinoco），占全国面积的四分之一，气候炎热，人口稀少，是一望无际的天然牧区。由西向东沿奥里诺科北岸至出海口，是著名的奥里诺科油带，蕴藏着目前世界上最丰富的石油资源。

（3）东南部瓜亚那高原（Guayana），海拔 500—800 米，地广人稀，矿产、水力和森林资源丰富。东部地区的开发始于 60 年代初，现已成为委内瑞拉重工业基地。大型水电站古力水电站（装机 1000 万千瓦）位于卡罗尼河（Caroní）中下游。

委内瑞拉全国有 105 条河流。最大的是奥里诺科河（Orinoco），由东向西横穿全境，全长 2200 公里，其中 1670 公里可以通航，最大流量 3.6 万立方米/秒，是委内瑞拉第一大河，南美洲第三大河。第二大河是卡罗尼河（Caroní），该河全长 640 公里，上游至下游的落差近 1000 米，有丰富的水力资源，装机容量超过 2600 万千瓦。位于卡罗尼河支流上的安赫尔瀑布落差 979 米，居世界之首。

【气候】委内瑞拉地处热带，全境除山区外，基本属热带平原性气候。不同地区气候因其地形和海拔高度的不同而差异较大，西部山区气温较低，中部平原气温较高。全国年平均气温 26—28℃。全年分雨季（5 月至 11 月）和旱季（12 月至次年 4 月）。最热的月份为 7 月和 8 月，11 月至 2 月是较凉爽的月份。年平均降雨量 500—3000 毫米左右。

第三节 人文地理

【宪法】现行宪法于 1999 年 12 月颁布。宪法规定：总统任期由 5 年延至 6 年，可连续连任一次。增设副总统一名。

【议会】全国代表大会是全国最高立法机构。一院制。2000 年 8 月成立的全国代表大会由 165 名代表组成。全国代表大会主席任期一年，可连选连任两次。

【政府】总统任政府首脑，由全民直接选举产生，任期 6 年。内阁部长由总统任命。

【司法机构】最高法院为全国最高司法机构，由院长、两名副院长和 17 名大法官组成，下设宪法、政治行政、选举、民事审判、社会审判和刑事审判六个法庭。大法官由司法推选委员会推荐，由全国代表大会任命，任期 12 年，不得连任。司法系统还包括总检察署、护民署、刑事调查机构和司法辅助机构。

【行政区划】全国划分为 23 个州，1 个联邦属地（Dependencias Federales，由 72 个岛屿组成）和 1 个首都区（Distrito Capital，Caracas）。各州名称如下：亚马逊（Amazonas）、安索阿特吉（Anzoátegui）、阿普雷（Apure）、阿腊瓜（Aragua）、巴里纳斯（Barinas）、玻利瓦尔（Bolívar）、卡腊沃沃（Carabobo）、科赫德斯（Cojedes）、阿马库罗三角洲（Delta Amacuro）、法尔孔（Falcón）、瓜里科（Guárico）、拉腊（Lara）、梅里达（Mérida）、米兰达（Miranda）、

莫纳加斯（Monagas）、新埃斯帕塔（Nueva Esparta）、波图格萨（Portuguesa）、苏克雷（Sucre）、塔奇腊（Táchira）、特鲁希略（Trujillo）、亚拉奎（Yaracuy）、苏利亚（Zulia）和巴尔加斯（Vargas）。

【政党】（1）第五共和国运动（Movimiento V República）：1998年1月成立。为“爱国、民众和民主的政治运动”，宗旨是广泛团结人民，建立一个拥有真正主权、公正、自由的新共和国。最高领导机构是全国爱国委员会，每两年召开一次全会。党员18.2万人，支持者150多万。在全国代表大会和地方政府中分别拥有78席和12个州长职位。该党创始人为查韦斯总统。

（2）民主行动党（Partido de Acción Democrática）：1941年9月13日成立，有党员150万人。社会党国际成员。在全国代表大会和地方政府中拥有32席和2个州长职位。

（3）争取社会主义运动（Movimiento al Socialismo）：1971年1月19日成立，党员47万人。由脱离委内瑞拉共产党的一部分中央委员组成，主张革新马克思主义理论，建立一个委内瑞拉式的民主、多元、人民自治的社会主义社会。在全国代表大会和地方政府中拥有21席和4个州长职位。

（4）基督教社会党（Partido Social Cristiano）：1946年1月成立，党员约45万。基民党国际和美洲基民组织成员。在全国代表大会和地方政府中占6席和1个州长职位。

（5）委内瑞拉计划（Proyecto de Venezuela）：1996年2月成立，1998年7月成为全国性政党。主张在法制框架内实现国家变革，建立自由、有秩序的委内瑞拉。在全国代表大会和地方政府中拥有6席和1个州长职务。

【文化教育】对6—15岁儿童实行免费义务教育。政府规定，全国所有学校都必须在教育部立案，并按统一规定课程教学。2000年全国教育经费为4.1万亿玻利瓦尔，占国内生产总值的6%；文盲率为6.24%（126万人）。2000年，全国大、中、小学在校生共计620万人。全国有36所大学，其中17所公立大学、19所私立大学。著名大学有：委内瑞拉中央大学、西蒙•玻利瓦尔大学、安德烈斯•贝略天主教私立大学。大学生中，53 万人就读于公立大学，占总数的 80.3%；6.5 万人就读于私立大学，占 19.7%。大学生占全国 18—24 岁适龄青年的 21%。此外，还有 72 所专科学院，其中 35 所为公立学校。

【新闻出版】有 100 多种报纸杂志。主要报纸有：《国民报》，1943 年创刊，在知识界较有影响，发行量 17.5 万份；《宇宙报》，1909 年由努涅斯家族创办，无党派报纸，在金融企业界较有影响，发行量 14 万份；《最后消息报》，1941 年创办，以社会新闻为主，发行量约 35 万份。主要杂志有《塞塔》、《周刊》、《埃利特》、《波希米亚人》等，均属综合性杂志。以上报刊均为西班牙文版。

委内瑞拉通讯社为国营通讯社。

截至 1996 年，有广播电台 440 家，除国家广播电台外，其余均为私营和商业性电台。电视业始于 1952 年，现有 27 家电视台，其中 8 家为国家电视台。

第四节　经济地理

【概况】委内瑞拉是拉美经济发展较快的国家，具有较强的经济实力，曾经是拉美最富的国家。委内瑞拉经济的主要支柱是石油，石油及石油产品的出口占全部外汇收入的 70%。1991 年经济增长率为 9%，是拉美国家中增长最高的。但 1993 年至今，特别是 1994 年初爆发金融危机以来，委经济一直不景气，国内生产总值呈负增长，通货膨胀率居高不下，1996 年高达 103.2%，居拉美各国之首。居民实际生活水平大幅下降。1996 年政府被迫制订并实行经济调整计划后，1997 年经济开始复苏，1998 年因国际市场油价下跌，经济陷入困境。

【自然资源】石油是最主要矿物资源，储量约占世界储量的 4%，居南美洲第一位。已开采的油田集中分布在马拉开波湖周围和瓜里科、安索阿特吉、莫纳加斯三个州。铁矿资源也很丰富，储量 20 亿吨以上，主要分布在奥里诺科河中游南岸的帕奥和玻利瓦尔城南面。此外，在玻利瓦尔城附近和卡廖、瓜西帕蒂等地区有丰富的金矿。在马拉开波湖西北岸等地区储有大量的煤，全国煤储量约 90 亿吨，天然气储量 3.6 万亿立方米，主要分布在马拉开波湖东岸一带。近年来在玻利瓦尔州发现铝土矿。森林面积约占全国面积的 56% ，主要分布在东南部。马拉开波湖和沿海地区，尤其是玛格丽塔岛附近。水产丰富，东北沿海地带盛产珍珠。水力资源丰富，卡罗尼河上的古力水电站一处，发电能力就达到 1000 万千瓦。

【农林牧渔业】农业在全国经济中比重较小，全国可耕地面积 3007 万公顷，农业种植面积 300 万公顷，牧场 1713 万公顷，森林覆盖面积 310 万公顷。主要农产品有甘蔗、玉米、大米、高粱、烟草、棉花、咖啡、可可等。畜牧业生产比重略高于农业，主要饲养牛、猪和家禽。1999 年农业从业人数为 88.6 万人，占全国劳动总人口的 13%；粮食年产量约 200 万吨，每年需进口玉米 100 万吨、高粱 40 万吨、大米 70 万吨。目前委市场所需 50%的牛奶、90%的菜豆、30%的糖、75%的黄玉米、100%的大豆和 85%的食用油依靠进口。2001 年，农业产值为 291.66 亿玻利瓦尔，增长 2.6%。

虽然委内瑞拉森林资源丰富，但林业并不发达，主要是木材难以运出。木材主要作为燃料使用，还用于建筑、家具制造、造纸业。1998 年全国木材产量为 220 万立方米。

畜牧业主要集中在平原地区和马拉开波湖东岸。1999 年饲养的牲畜为 1270 万头，主要的牲畜是猪、羊和鸡。

宝贵的渔业资源包括种类极其繁多的海洋生物。其中以虾的捕捞最为重要，其次是三文鱼及沙丁鱼。最重要的捕捞区域在玛格丽特岛上。1997 年，捕捞量达 502,728 公吨。

【工业】委内瑞拉的石油勘探和开采、炼油工业比较发达，石化工业、钢铁工业和制铝业有相当规模。委内瑞拉利用巨额石油收入和丰富的矿产资源，大力发展基础工业和制造业。瓜亚那地区是委内瑞拉钢铁工业、炼铝业和矿业的中心。此外，制造业、建筑材料工业、电器、水泥、纺织、橡胶、造纸、食品加工、化肥等工业也都初具规模。近几年，石化工业和包装工业呈发展趋势。但机械制造工业、轻工业和电子工业不够发达。

【旅游业】游客主要来自欧美和拉美各国。2000年共接待外国游客60.4万人，创汇7亿美元。全国有旅行社904家，各类旅馆2015家，其中五星级酒店20家、四星级酒店26家、三星级酒店119家。著名游览点为安赫尔瀑布和玛格丽塔岛。

【交通运输业】1999年，交通运输和通信业从业人员56万人，产值为33522.4亿玻利瓦尔。

公路：1998年公路总长95663公里，其中柏油路34849公里。共有三条高速公路，分别长960、1290和440公里。汽车运输量占全国总货运量的70%和客运量的90%。1998年，全国共有机动车244万辆，其中小汽车150万辆、出租车9.8万辆、货车44.2万辆、客车2.1万辆和摩托车198.3万辆。

铁路：1998年铁路总长439公里。1996年客运量11.71万人次，1997—1999年铁路客运服务因道路维修而取消。1998年，铁路货运量为60万吨。首都加拉加斯共有3条地铁线，总长度为40公里，1998年地铁客运量2.74亿人次。

水运：1998年全国共有1000吨以上各类船舶60艘，总吨位63万吨；内河航线总长1000多公里。1998年海上货运量1398万吨，内河货运量2268万吨。全国有9个国际港口，34个石油、铁矿砂港和5个渔港。主要港口为拉瓜伊拉港、卡贝略港、马拉开波港和奥尔达斯港。

空运：拥有大型飞机58架。1998年国内航空客运量799万人次，货运量2079吨，国际民航客运量387万人次、货运量2475吨。全国共有61个商业机场，其中7个为国际机场。主要国际机场为西蒙•玻利瓦尔机场。

管道运输：原油运输管道6370公里，成品油运输管道480公里，天然气管道4010公里。

【对外贸易】1990年9月，委内瑞拉加入“关税和贸易总协定”，现与世界100多个国家和地区有贸易往来。主要出口原油、石油化工产品、铝锭、钢材、铁矿砂、金属制品等，进口机电设备、化工和五金产品、汽车配件、建筑材料及农产品等。主要贸易对象为美国、哥伦比亚、德国、日本、加拿大、意大利、巴西、法国和墨西哥等。

第五节 历史

【最早的居民】在今天委内瑞拉的土地上，早先并没有影响力很大的古文明。当时的加勒比海岸上居住着印第安人阿拉乌干族，后来逐渐被加勒比族征服。1498年8月1日，哥伦布在第三次航行美洲时踏上了这块土地。一年后，亚美尼哥•维斯布西奥（Américo Vespucio）见马拉开波湖岸的土著人都生活在水上建成的房子里，因此把它命名为“委内瑞拉”（西语意为“小威尼斯”）。由于当时盛传该地富有珍珠和贵重金属，西班牙人和德国人先后涌向这里，结果在当地并未找到他们向往的财富，侵略者失望而归。1567年，迭戈•德•罗撒达（Diego de Losada）建成圣地亚哥•德•莱昂•德•加拉加斯城（Santiago de León de Caracas），该城很快就成为“委内瑞拉特别自治区”的政府所在地。

【殖民时期】在随后大约200年的时间里，由于缺乏传闻中的贵重金属，西班牙政府并不重视这块殖民地。1719年，这里成为“新格拉纳达总督区”（el Virreinato de Nueva Granada）的一部分。1728年，建立了“加拉加斯奇布斯格阿纳公司”（Companía Guipuzcoana de Caracas），专门从事可可的种植和贸易。大批的非洲黑奴在可可种植园里劳动。

【独立时期】委内瑞拉是最早反抗西班牙殖民者争取独立的南美国家。早在1749年，由于不堪忍受征服者的残酷压迫和剥削，土著人就曾揭竿而起，抗击侵略者。1806年，弗朗西斯科•德•米兰达（Francisco de Miranda）领导人民起来斗争，在1811年7月5日宣布独立，建立第一共和国。可是第一共和国只维持了11个月就被殖民者推翻。米兰达被押解到西班牙，于1816年死于他乡。

但是独立斗争的烈火已经熊熊燃烧起来，不可遏止。生于加拉加斯的克里约人西蒙·玻利瓦尔（Simón Bolívar）继承米兰达的遗志，继续战斗。1813 年 8 月，玻利瓦尔率军占领加拉加斯，成立第二共和国。支持西班牙的反动势力疯狂反扑，迫使玻利瓦尔于 1814 年 9 月撤出加拉加斯，第二共和国解体。

1816 年，玻利瓦尔占领东部地区，并于 1819 年建立第三共和国，玻利瓦尔被任命为总统。之后与哥伦比亚、厄瓜多尔、巴拿马加入"大哥伦比亚共和国"。但委内瑞拉的民族主义情绪使他并不满意这种状况。1829 年何塞•安东尼奥•帕厄斯（José Antonio Páez）宣布国家独立。一直希望美洲统一的玻利瓦尔十分失望，于 1830 年 12 月 17 日病逝于哥伦比亚。1864 年改名为委内瑞拉合众国。1953 年改为委内瑞拉共和国。

【考地罗主义时期】独立后，在一个多世纪的时间里，独裁者、大地主轮流执掌委内瑞拉大权，对人民实行残酷的压迫和统治。比如在 1908—1935 年期间，独裁者胡安 •文森特 •戈麦斯（Juan Vicente Gómez）执政，其血腥统治令人发指。

1918 年，在马拉开波地区发现石油，围绕石油工业诞生了一批城市中产阶层，委内瑞拉经济以前所未有的速度发展。

1928 年，委内瑞拉中央大学的学生在加拉加斯举行游行示威活动，被戈麦斯政府镇压。此后诞生了被称为"二八年代"的许多文坛和政坛人物。其中的罗慕洛•贝坦科特（Rómulo Betancourt），拉斐尔 •卡尔得拉 •罗得里格斯（Rafael Caldera Rodríguez）和劳尔 •莱昂里（Raúl Leoni）都在委内瑞拉政坛上起过举足轻重的作用。

【民主的巩固时期】1945 年，民主行动党的罗慕洛 · 贝坦科特和一群年青官兵发动起义，获得胜利。民主行动党提名的著名作家罗慕洛 · 加列戈斯（Rómulo Gallegos）于 1948 年 2 月当选为总统。但他推行的激进的改革措施招致很多人的反对，9 个月后，罗慕洛 · 加列戈斯政府被军事政变推翻，国家政权再次落到军人手中，直到 1958 年才实行宪政，回归文人政府。

1958 年，罗慕洛 · 贝坦科特当选为总统。通过与国家的两大政党——民主行动党和独立选举政治组织委员会联盟，民主政治生活得以巩固。从那时起，委内瑞拉实现了政权的和平民主过渡。

【工业发展时期】 19 世纪 60 年代，委内瑞拉经济高速发展，吸引了大批欧洲和南美其他国家移民。1973 年，由于中东战事和世界石油输出国组织的相关政策，国际原油价格飞速上涨，委内瑞拉经济经历了前所未有的快速增长时期。1976 年，卡洛斯•安德烈斯•佩雷斯总统（Carlos Andrés Pérez）实现了石油工业的国有化，国家获取大量资金发展工业。80 年代，国际市场油价下跌，世界经济不景气，委内瑞拉经济受到相当大的冲击，通过石油工业带动经济繁荣的格局遭到许多专家的置疑。1999 年国名改称委内瑞拉玻利瓦尔共和国。

1998 年 12 月，查韦斯（Hugo Chávez）作为“爱国中心”总统候选人参加大选并获胜，打破了民主行动党和基督教社会党两大传统政党长期交替执政的政治格局。查韦斯政府上台后，在政治、经济和社会领域实施了一系列重大变革。4 月 25 日，委内瑞拉举行全民公决，决定成立全国制宪大会，修改宪法。7 月 25 日，全国制宪大会代表选举顺利举行，执政联盟“爱国中心”获得 91.6%的代表席位；8 月 3 日，由 131 名代表组成的全国制宪大会正式成立。12 月 15 日，委内瑞拉再次举行全民公决，新宪法草案获得通过，并于 12 月 20 日生效。根据新宪法，委内瑞拉于 2000 年 7 月 30 日重新举行大选，查韦斯总统再次当选。12 月 3 日，委举行市镇选举，同时通过对工会组织进行改革的全民公决。2001 年 11 月，查韦斯总统根据全国代表大会通过的《授权法》颁布 49 部法律和法规。查韦斯的改革遭到反对派的强烈反对。2002 年 4 月 11 日，反对派举行反政府抗议示威，并发生流血冲突，造成几十人伤亡。12 日凌晨，以陆军司令巴斯克斯为首的军人发动政变，关押查韦斯总统并任命全国工商联主席卡尔莫纳为过渡政府总统。国际社会特别是拉美国家严厉谴责委政变和中断民主进程，并宣布不承认过渡政府。13 日，数万民众和平占领总统府，反对政变并要求恢复查韦斯的总统职务。14 日凌晨，查韦斯返回总统府恢复行使总统职务，政变被挫败。

2013 年 4 月，委内瑞拉已故总统乌戈 • 查韦斯指定“接班人”

尼古拉斯·马杜罗宣誓就任新一任总统。在就职演说中，马杜罗承诺完成查韦斯的遗志，致力于改善穷人生活，打击犯罪、惩治贪腐和提高公共服务部门效率，建设一个“为所有人服务和共治”的更好的国家。不过，马杜罗上任后面临诸多挑战，失去了不少查韦斯支持者的选票；另外，委内瑞拉正为通货膨胀、货币疲软、基本必需品短缺和经济制裁困扰，而这些经济难题短时间内难有妙方。

第六节 人物介绍

【西蒙·玻利瓦尔】（1783—1830）拉丁美洲著名的革命家和军事家，南美五个国家（哥伦比亚、委内瑞拉、厄瓜多尔、秘鲁和玻利维亚）的解放者，人们常称他为“南美的乔治·华盛顿”。

玻利瓦尔于 1783 年出生在加拉加斯的一个西班牙血统的贵族家庭，九岁时成了孤儿。在他成长期间，法国启蒙运动的思想和理想深深地影响着他。他读过约翰·洛克、卢梭、伏尔泰和孟德斯鸠等哲学家的著作。

青年时玻利瓦尔访问过几个欧洲国家。1805 年他在罗马阿旺丁山顶上立下了著名的誓言：只要祖国一天不从西班牙统治下获得解放，他就要奋斗一天。他的理想是解放美洲，建立一个统一的大国。

随后的岁月中爆发了一系列的战争，继短暂的胜利而来的是惨痛的失败。但是玻利瓦尔从未动摇过自己的决心。1819 年出现了转折点，玻利瓦尔率领军队，跨河流、越平原，穿过安第斯山，对哥伦比亚的西班牙军队发起了进攻。在那里他赢得了具有决定意义的博亚卡战役（la Batalla de Boyacá，1819 年 8 月 7 日），使战争出现了真正的转折点。委内瑞拉于 1821 年获得解放，厄瓜多尔于 1822 年获得解放。

与此同时，阿根廷爱国主义者何塞·圣马丁（José San Martín）使阿根廷、智利、秘鲁获得了解放。两位解放者于 1822 年在厄瓜多尔的瓜亚基尔相会。会晤后，圣马丁辞去军事统帅职务，军队全部从南美撤出。到 1824 年玻利瓦尔的部队已经解放了今日的秘鲁，1825

年彻底歼灭了驻守在上秘鲁（今玻利维亚）的西班牙军队。

玻利瓦尔渴望建立一个新南美洲民族联邦政府。1819—1829年，委内瑞拉同哥伦比亚、巴拿马和厄瓜多尔组成“大哥伦比亚共和国”，玻利瓦尔任共和国总统。这个共和国很快就开始土崩瓦解。1830 年委内瑞拉和厄瓜多尔脱离了共和国。玻利瓦尔于 1830 年 4 月宣布辞职，离开了故土委内瑞拉，过着穷困潦倒、颠沛流离的生活，于 1830 年 12 月去世。

【安德烈斯·贝略】（Andrés Bello，1781—1865）委内瑞拉卓越的爱国者和文化巨匠。于 1781 年 11 月 29 日出生在加拉加斯一个爱国的土生白人家庭。祖父是位画家，父亲是律师和音乐家，母亲也有很高的文化修养。这样的生活环境使他从小就受到很好的文化教育。贝略 15 岁时就从拉丁文翻译了一卷维吉尔的史诗《伊尼德》。1800 年，19 岁的贝略从圣罗莎学院毕业，并获得了文学学士学位。这一年，德国著名的地理学家洪堡到委内瑞拉进行考察，贝略担任洪堡的翻译和向导，陪着洪堡走遍了祖国各地。祖国壮丽的山川景色激起了贝略的爱国激情。

贝略在世的时候正是委内瑞拉在西班牙殖民统治下灾难沉重的时期。为了祖国的独立，1810 年他投笔从戎，参加了玻利瓦尔争取民族独立的伟大斗争，以后他就被派往英国，成为玻利瓦尔驻外的使者，活跃在为民族独立而战的外交战线上。

贝略另一方面的成就则表现在他对文化的贡献上。他曾任《美洲书评》的编辑，主编过《美洲文荟》杂志和《阿拉乌干人》杂志。他写的《委内瑞拉历史概要》是委内瑞拉的第一部历史。他创作了很多爱国主义诗篇，以浓郁的美洲格调，鲜明的地方色彩，奔放的热情和丰富的想象，表达了诗人对祖国深刻真挚的感情。他用 20 年的时间编写成了一部《智利民法》，成为后来美洲大陆各国制订本国民法时参考的范本。他所编的《拉丁美洲西班牙语语法》至今仍被人称为是拉丁美洲人写的一本最好的西班牙语语法书。

在贝略的一生中，他也曾办过教育。1843 年 7 月，他被任命为智利大学校长，兼任过哲学、文学、法律和政治学等学科的教授。

作为一个文化人，贝略在拉丁美洲文化史上占有重要地位，曾有“美洲的导师”之誉。为了纪念这位杰出的人物，加拉加斯一所大学现已改名为“安德烈斯·贝略”大学，他的生日也被命名为“作家日”。

【安东尼奥·何塞·德·苏克雷】（Antonio José de Sucre， 1795—1830）阿亚库乔战役大元帅，南美洲独立领袖，将军和政治家，西蒙·玻利瓦尔最亲密的战友之一。

苏克雷生于委内瑞拉库马纳一个土生白人家庭。关于他的身世还有一些争议。1811 年他加入了反对西班牙的美洲独立战争。1819 年他被授予准将军衔。博亚卡战役（Batalla de Boyacá）后，苏克雷成为玻利瓦尔的总参谋长。1821 年玻利瓦尔提出让他负责基多解放运动。他奉命进军基多地区，1822 年 5 月在皮钦查之战中，率部奇袭凭险据守的西班牙殖民军，解放基多，被誉为“厄瓜多尔的解放者”。

胜利后他进一步在秘鲁迎击西班牙军队，曾参与 1824 年 8 月的胡宁战役（Batalla de Junín）。12 月他指挥哥伦比亚一秘鲁联军取得阿亚库乔战役的决定性胜利，为西属美洲独立战争的最后胜利做出贡献，被玻利瓦尔授予“阿亚库乔大元帅”称号。1825 年 2 月苏克雷挥师东进，解放上秘鲁。1825 年 8 月 6 日，苏克雷在上秘鲁的丘基萨卡召开国民代表大会，宣布该地区独立，成立玻利维亚共和国。1826 年苏克雷当选为新成立的玻利维亚的总统。1828 年 4 月，一批军官与地方保守派勾结，在丘基萨卡发动叛乱反对苏克雷。为了避免内战和国家分裂，他在 1828 年 8 月 2 日辞职，并离开基多，回到大哥伦比亚，打算退出政治。

1828 年末，玻利瓦尔敦促苏克雷接替他，他一直认为苏克雷是自然的继任者。1830 年初苏克雷出任大哥伦比亚共和国议会主席，当时共和国内部分裂主义活动加剧，委内瑞拉和厄瓜多尔要求脱离大哥伦比亚而独立，苏克雷维护统一，反对分裂。在得知玻利瓦尔已经辞职后，苏克雷决定前往基多，准备说服分裂主义者，在途中被埋伏在南哥伦比贝鲁埃戈斯山区的帕斯托附近的政敌暗杀，时年

35 岁。谋杀案的详情至今仍不清楚。

苏克雷在作战中富于谋略，战术灵活，善于使用骑兵，以快制胜。哥伦比亚的苏克雷省，玻利维亚的苏克雷城，以及前厄瓜多尔货币均以他命名。他的出生地库马纳现为委内瑞拉的苏克雷省省会。

第七节　风土人情

【委内瑞拉社交礼仪】服饰礼仪：委内瑞拉人在正式社交场合通常穿西装，由于当地除山区外基本上属热带草原气候，所以在多数地方只穿夏季薄西装，有的热带城市则只能穿短袖白衬衫。当地的妇女喜欢艳丽的色彩，很爱打扮自己，走亲访友时喜欢在耳朵处插上羽毛。

仪态礼仪：当地人举止大方，活泼好动，即便是初识的朋友，他们也会亲热地扳住对方的肩膀，滔滔不绝地说话。他们喜欢交谈时彼此靠得更近些，其亲热的程度常使外国人咋舌。

相见礼仪：委内瑞拉人在社交场合与客人见面时，一般是行握手礼，男性朋友之间见面，习惯施拥抱礼；妇女之间相见，除拥抱外还吻脸。

餐饮礼仪：委内瑞拉人以面为主食，爱吃面包和饼类，人们普遍爱吃牛肉，羊肉；常食的蔬菜有黄瓜，辣椒等。平时以西餐为主，喜欢喝酒，酒量颇大，牛奶，咖啡都是他们常用的饮料。

商务礼仪：到委内瑞拉从事商务活动，最宜选在 1—6 月，9—11 月。委内瑞拉商人一般不轻易请人到家里作客，如受到邀请，说明他对你有了一定了解并希望发展这种关系。到他们家中作客，事先应送去一束花。兰花受到当地人的普遍喜爱，把它送给女主人将会受欢迎。

【霍罗波】（joropo）委内瑞拉民间舞。主要流行于奥里诺科平原。因受西班牙舞蹈影响，以踢踏舞步为主，变化丰富。可以男女对舞，也可男女各自舞蹈，也有若干男子围着一个女子舞蹈。男子舞蹈慓悍、粗犷，女子舞蹈在旋转中将艳丽的长裙甩出各种裙花图案。节奏以 3/4、6/8 交替进行。舞蹈时常有民歌伴唱或欢快的呼喊。整个舞蹈热烈、奔放、欢乐。

【禁忌】委内瑞拉人厌恶孔雀，认为孔雀会带来灾祸。人一见到孔雀，就会数日不得安宁。由此类推，凡是与孔雀有关的东西，如孔雀的图案，羽毛，一律被当地人视为不祥之兆。委内瑞拉人喜爱黄色，不喜红色。数字 13、14 表示厄运。

【印第安人】委内瑞拉最早的居民是印第安人，他们按语言、风俗而划分部族，散居在不同的地区。印第安人的生产、生活和其他委内瑞拉人有很大差异。印第安人部落是社会的基本单位，部落的首脑是酋长。最流行的宗教是拜物教和黄教。比较安定的部落建在村里，大的数千人，小的几百人，有的部落数百人都住在一间大草屋里。各个部落婚姻习俗各异，有的部落是一夫多妻制，妻子们法律上平等，她们各自耕种土地。有的部落则分为若干个母系亲属集团，只给女孩举行成人礼，在结婚时彩礼送给女孩的母亲或舅舅。

印第安人有的从事农业，种植果树、可可、烟草和棉花，但不会织布；有的养蜂、饲养野猪、家禽；有的编筐、制陶器和贵重金属手工业；有的则善于航海，进行贸易，他们的货币是制成圆片的贝壳；有的仍过着游牧生活，以渔猎和采集为主。有的部落习惯将死者以坐姿埋葬在洞窟内，并将尸体制成木乃伊。印第安人的游戏也含有宗教的色彩。他们的游戏有玩球、赛跑和跳舞。跳舞时用泥或竹子制成的喇叭、鼓和葫芦笙伴奏。

【圣黑人祭】委内瑞拉最具有特色的节日是黑人的宗教节日。居住在西部的黑人盛行过圣贝内狄克特节。圣贝内狄克是黑人的圣人，故又称“圣黑人祭”。每年 10 月 1 日至 12 月 25 日，信徒们便举着圣像周游各个村落。先是游行，最后举行村祭，典祭时所有阶层的人们都可以参加。花车游行到灰色的星期三“沙丁鱼的埋葬”祭典时宣告结束。在祭典中有“恶魔”登场，惊吓人群而中断仪式。

【委内瑞拉爱美之心人皆有之】有“美女之国”之称的委内瑞拉曾经在世界上赢得了 4 个“环球小姐”和 5 个“世界小姐”的桂冠。最近的一项针对 30 多个国家的调查表明：在委内瑞拉，不管男人还是女人都是世界上最爱美的人，他们对美的追求是其他国家人无法比拟的。

在委内瑞拉，无论是穷人还是富人，男人还是女人，年轻人还是年长者，都千方百计地把自己打扮得格外吸引人，且不惜花费金钱、时间、精力。单从外表看，最富的人和最穷的人没有多少差别。调查表示，委内瑞拉人把收入的五分之一用于美容和服饰上。

委内瑞拉还有选美的风俗，中小学都盛行选美，运动队、私人俱乐部、职业协会都要选出自己的美后，更不用说市、省和全国的大型选美活动了，甚至在监狱里也流行选美。在这样氛围里成长起来的委内瑞拉人，难怪会把外表美看得如此重要。

第八节　自然景观

【马拉开波湖】（Lago de Maracaibo），位于委内瑞拉的西北部，总面积 1.34 万平方公里，最长处 212 公里，最宽处 92 公里，是委内瑞拉同时也是南美洲最大的湖泊。马拉开波湖湖面宽广，一望无际，平均水深达 20 多米。靠南的部分有大小 150 多条内陆河注入，是淡水；湖北部出海口有近 10 公里宽的水面与加勒比海相接，水很咸。

1962 年建成的马拉开波大桥是世界上最早的混凝土斜拉桥，主桥 5 孔，跨径 235 米，全桥长 8.6 公里。壮观雄伟的马拉开波大桥不仅是连接湖两岸的交通枢纽，也是湖区一景，当地人的骄傲。为纪念独立战争时期的英雄，人们把这座大桥称为乌尔塔内塔将军桥。

马拉开波湖被誉为世界上最富足的湖。宽广的湖面上采油站、井架、磕头机比比皆是，整个湖区有 7000 多口油井，年产 7000 多万吨原油。马拉开波湖的渔业资源也十分丰富，除出产大量鱼虾外，现在湖边的许多地方也搞起了水产养殖。湖岸四周是大片肥沃的牧场，是委内瑞拉全国最重要的畜牧业基地，这里出产的牛奶和奶酪占全国的 70%。当地人这样比喻，马拉开波湖的形状就像是个朝加勒比海开口的钱袋，湖口的乌尔塔内塔将军大桥是扎着袋口的绳子，湖底和四周埋藏的全是石油和美元。

【奥里诺科河】（Orinoco）南美洲重要河流。流域面积95万平方公里，从流入大海的水量来看，在世界大江大河中居第4位。它发源于委内瑞拉与巴西交界的帕里马山脉德尔加多查尔包德山西坡，呈弧形绕行于圭亚那高原西、北部边缘，向东注入大西洋。

【安赫尔瀑布】世界上最高、落差最大的瀑布，又名丘伦梅鲁瀑布，当地的印第安人取名为“出龙”。它位于委内瑞拉玻利瓦尔州的圭亚那高原，卡罗尼河支流丘伦河上，藏身于委内瑞拉与圭亚那的高原密林深处。安赫尔瀑布是世界上落差最大的瀑布，丘伦河水从平顶高原奥扬特普伊山（Auyantepui）的陡壁直泻而下，几乎未触及陡崖，落差达979.6米，大约是尼亚加拉瀑布高度的18倍。瀑布分为两级，先泻下807米，落在一个岩架上，然后再跌落172米，落在山脚下一个宽152米的大水池内。近看瀑布势如奋奔闪电的飞虹，远眺其柔美又如月笼轻纱。每当晨昏之际，云雾弥漫崖顶，只见瀑布从悬崖上飞泻直下，宛如一条英姿勃勃的银龙从天而降，发出隆隆的雷鸣声。飞流落下，溅得满山谷珠飞玉散，如果在阳光的照射下，便有一条美丽的彩虹悬挂在水雾上，像是有谁撒出彩练，再加上瀑布两旁藤缠葛绕的参天古木和嶙峋山石，使其更显得磅礴壮观。

1935年，西班牙人卡多纳首次发现了这个瀑布。1937年，美国探险家詹姆斯·安赫尔（James Crawford Angel）在空中对瀑布进行考察时坠机，委内瑞拉也因此将瀑布命名为“安赫尔”。

【卡奈玛国家公园】委内瑞拉最大的自然保护区，面积300万公倾，位于圭亚那高原卡劳河与卡罗尼河会合处的上游。那里河流交错，飞瀑争喧，高山壁立，并有一望无际的热带雨林和开阔的草地，除有世界上著名的安赫尔瀑布外，还有众多的瀑布群。被誉为“瀑布之乡”的卡奈玛有两组最大最壮观的瀑布群，一组在阿恰，一组在龙里。阿恰大瀑布群水量大而急，水流跌落后汇成一个宽阔的湖泊——卡奈玛湖。公园里有美洲虎、虎猫、摸面揣、树獭、刺豚、负鼠、鳄鱼、大鹰、鹦鹉等各种各样的珍禽异兽。在卡奈玛小镇上建有旅游营地，几十间椭圆形的，用棕榈叶盖顶的白墙小屋和凉亭错落有致地坐落在卡奈玛湖畔，掩映在湖边的绿树丛中。

【梅里达热带雪山】梅里达位于马拉开波湖南边，它像绿树林海中的一颗明珠，镶嵌在高山峡谷中。泛着白色浪花的溪水肆意奔流，在溪畔有甘蔗园和咖啡园，还有一望无际的热带雨林。梅里达五座高峰终年被白雪覆盖，那白色的雪冠就像落在山尖上的白色雄鹰，人们把这 5 座山峰称作 5 只白鹰。5 座峰中玉柱峰顶高 5000 米，是全国最高点，为纪念玻利瓦尔，玉柱峰被命名为玻利瓦尔峰。

【玛格丽塔岛】委内瑞拉东北部的岛屿。在加勒比海上，南距阿拉亚半岛 19 公里。岛长 68 公里，宽 5—35 公里，面积 1072 平方公里，是委内瑞拉最大的岛屿。玛格丽塔岛实为两岛，中由低狭的地峡相连。西部多山，炎热干燥，为牧羊区；东部山势稍缓，沿海多平原和天然港湾，为肥沃农业区，种植玉米、甘蔗、棉花、豆类等作物。人口 11.8 万，多为印第安人。采珍珠、捕鱼和旅游业为其主要收入来源。岛上有渔产品加工业和编织业。费明港附近有镁矿。最大城市波拉马尔。城市居民饮水由大陆以海底水管输入。

第九节　重大事件

【委内瑞拉局势动荡之内缘外因】近年来，委内瑞拉政府与反对派反复较量，国家政局动荡不已。从表面上看，委内瑞拉政坛风云翻滚缘自国内两派权力之争搅动；事实上，两派之争的背后有着更为深刻的社会原因和外部原因。

（1）内因：查韦斯改革与“倒查”活动

1998 年，职业军人出身的查韦斯首次当选委内瑞拉总统，上台后，他着手修改宪法，于 1999 年 12 月颁布新宪法，并在 2000 年修宪后举行的大选中再度胜出。查韦斯上台后，着手大胆改革委内瑞拉根深蒂固的传统社会经济模式。执政五年来，查韦斯一直将政府工作的优先目标定为：“消除贫困，增加就业和发展经济”。

查韦斯政府的做法旨在公平分配社会财富，得到广大贫苦群众的拥护和支持，但却触犯了富有者的利益。2001 年底，议会通过 49 项新法律，将国内的改革进程推向高潮。《土地法》和《渔业法》在新法律中最具代表性，被视为“侵犯”了大农场主和大企业家的利益。《石油法》则被认为严重“损害”了跨国公司的利益，因而遭到保守势力的强烈反对。

委内瑞拉政府的一系列举措使查韦斯成为反对派的眼中钉。国内的各反对党、政治组织、企业家协会、反对派工会、教会和军队内部的不满现状者聚拢起来，在“倒查”的旗帜下结成反政府的共同战线。双方的对立行动导致政局持续动荡。委内瑞拉政府和反对派组织的大规模示威游行活动接连不断，两派群众流血冲突时有发生。双方长期对立的局面给国家经济造成巨大损失。直至今天，消极影响仍未彻底根除。

（2）外因：美国暗中支持委内瑞拉反对派

委内瑞拉反对派屡遭挫败，但仍能不断向查韦斯政府发动新挑战，重要原因在于美国政府的背后支持。

委内瑞拉在拉美地区经济排位第四。美国一直把委内瑞拉作为自己在南美的重点干预对象，以谋求自己的政治经济利益。

首先，查韦斯政府在很多重要问题上与美国立场相左。查韦斯执政以来奉行独立的对外政策，在建立美洲自由贸易区、反恐战争和伊拉克战争等一系列问题上公开与美国唱反调。

其次，委内瑞拉与古巴的关系令美国头痛。查韦斯执政后，委内瑞拉一直同古巴保持着密切往来。“亲古反美”是委内瑞拉外交政策的重点之一。委内瑞拉一向在政治上支持古巴，在经济上援助古巴。

第三，美国企图控制委内瑞拉的石油资源。委内瑞拉是美国的第四大石油供应国，目前每天对美出口原油和成品油 150 万桶，约占美国能源进口的 13%。委内瑞拉已探明的原油储备达 780 亿桶。油轮从委抵美的运输时间比从中东节省四分之三。

第十二章　厄瓜多尔

第一节　概况

【国名】厄瓜多尔共和国（La República del Ecuador）

【面积】256,370 平方公里

【人口】人口 1260 万（2002 年）。其中印欧混血种人占 41%，印第安人占 34%，白种人占 15%，黑白混血种人占 7%，黑人和其他人种占 3%。

【首都】基多（Quito），位于国境北部，海拔 2852 米，仅次于玻利维亚首都拉巴斯，为世界上海拔高度第二的首都。人口 140 万（2002 年），是全国政治、经济、文化、交通中心。厄瓜多尔是个"赤道之国"，国土面积被赤道分为两部分。基多虽接近赤道，但一年中月平均气温都在 16℃左右，气温年相差只有 4℃，是一个四季如春、凉爽宜人的赤道城。因为基多地处赤道而并不炎热，所以又被称为"赤道冷城"。基多气候不分四季，但有雨季和旱季之分，一般上半年为雨季，下半年为旱季。基多天气变化无常，有时天空晴朗，万里无云，阳光灿烂，突然会乌云密布，大雨倾盆。

基多曾有几个世纪为印第安王国的都城，由于主要为基维多部族人居住，曾被称为"基维多"，后被西班牙殖民者简化为"基多"。1811 年，厄瓜多尔获得独立，基多成为厄瓜多尔的首都。

基多依山筑城，城区分为古城和新城。古城区在城南，街道大多狭窄，由鹅卵石铺成。古城四周有一些被划为第一类文物古迹保护的街道。这里虽然街道狭窄坡陡，但人群拥挤，热闹非凡。古城内有总统府、图书馆、高等院校。近年来新建了贸易中心大厦、银行和行政管理大厦等。新城在城北，主要是大片住宅区，还建有一些纺织、制药、化学品、食品、轻工等企业。

基多是西半球最美丽的城市之一，也是厄瓜多尔的一座历史名城。基多城附近有印加帝国金字塔遗址。市内共有大小教堂、修道院 86 座，著名的有圣弗朗西斯科教堂、孔帕尼亚耶稣大教堂、明斯德女修道院等。这些建筑集中反映了基多古代和 16 至 17 世纪的艺术成就。圣弗朗西斯科教堂被视为巴洛克式建筑风格的杰作，是西班牙在美洲宗教建筑的典范之一。它由一座大教堂、几座小教堂和众多的回廊组成。教堂内珍藏着印第安人、西班牙人的绘画和雕塑名作，享有“美洲基多艺术学派珍藏地”的盛誉。孔帕尼亚耶稣大教堂建于 1722 年至 1765 年间，教堂正面拱形大门上、四周墙壁以及天花板上镶嵌有精美的金叶图案，富有珍贵的历史文化价值。圣弗朗西斯科教堂、孔帕尼亚耶稣教堂和明斯德女修道院是美洲大陆上西班牙建筑艺术、美学与印第安文化相互渗透的精品建筑。

由于基多的地理位置优越，1735 年，法国科学家在这里进行了一系列有关地球体的研究和测量，证实了牛顿关于地球偏平线的计算方法，并于 1774 年在这里建造了第一座赤道纪念碑。1978 年，赤道纪念碑被联合国宣布为世界文化遗产，基多政府也于当年决定在基多城北 24 公里、海拔 2400 米高山上的赤道 0° 所在地再修建一座赤道纪念碑。这座赤道纪念碑高 30 米，碑身为方柱形花岗石，四周镌刻着曾到此进行科学考察的科学家的名字。碑顶部拱托着一个直径为 4.5 米的用青铜铸成的地球模型。地球模型上划有一条象征着赤道的白线，顺着碑体、碑座一直延伸到广场。在纪念碑前方，有一条石砌的长长的通道。通道两旁矗立着一些石雕群体。凡到基多的游客，都要踏上赤道纪念碑前这条神秘庄重的石路，并喜欢双脚分踩象征赤道的白线两侧，照相留念。到这里游览的人们还可以得到管理部门签发的一张证明书，证明其某年某月某日曾到南北半球的分界线一游。

【国旗】呈横长方形，长与宽之比为 2：1。自上而下由黄、蓝、红三个平行横长方形相连而成，黄色部分占旗面的一半，蓝色、红色部分各占旗面的 1/4。旗面中央有国徽图案。黄色象征国家的财富、阳光和粮食，蓝色代表蓝天、海洋和亚马逊河，红色象征为自由和正义而战的爱国者的鲜血。

【国徽】中间的椭圆形中有表达象征意义的图案：高耸的山峰代表该国的最高峰——海拔 6310 米的钦博拉索山（Chimborazo），它在厄瓜多尔的独立战争中具有历史意义；航行于海上的轮船表示美洲历史上第一艘轮船在南美洲西岸建造，也象征海上贸易的重要性；太阳图案的带子上写着 3、4、5、6 月份，是为了纪念 1845 年 3－6 月间厄瓜多尔人民为独立自由而进行艰苦斗争的岁月。椭圆形两侧各有两面国旗和绿枝；上端为国鸟大兀鹫，象征自由和勇敢；下端是象征正义和权威的束棒。

【货币】原来的货币是苏克雷。2001 年，厄瓜多尔完成经济美元化进程，美元正式取代本币苏克雷。

【宗教信仰】天主教占 94%，基督教新教和其他教占 6%。

【国花】白花修女兰（兰科）

【国鸟】大兀鹫

【时差】比格林威治时间晚 5 小时，比北京时间晚 13 小时。

【与我国建交时间】1980 年 1 月 2 日

【独立日】8 月 10 日（1809 年）

【首都以外其他主要城市】瓜亚基尔：厄瓜多尔最大城市和港口，瓜亚斯省首府。人口约 170 万。位于基多西南 274 公里，瓜亚基尔湾沿岸、瓜亚斯河西岸的海岸平原，海拔 3 米。气候湿热，年平均气温 24.8℃，年降水量 1100 毫米。1535 年西班牙人始建。1942 年地震毁坏后大部分重建。瓜亚基尔是全国重要工业中心和最大外贸港口。进口量占全国 90%，出口量占 50%以上。有现代化港口设施的外港——马里蒂莫港。进口工业原料、机器、运输设备、建筑材料等。出口香蕉、可可、蔗糖、咖啡、水产品、木材和石油等。工业发达，有纺织、制革、水泥、钢铁、造船、制糖、炼油等工业。交通便利，有国际机场，并有铁路、公路通基多等地。市内有瓜亚基尔大学、艺术学院、国立图书馆等。城北是以玻利瓦尔大学为中心的文教区。

昆卡：厄瓜多尔南部城市，阿苏艾省首府。在安第斯山区昆卡盆地中，西北距瓜亚基尔 120 公里。海拔 2581 米，气候四季温和宜人。人口 33 万。始建于 1557 年，原为印加帝国汤姆班巴城故址。南部山区的最大商业中心，集散谷物、水果、牛、皮革、金、银、大理石等。有毛纺织、制革、食品加工、轮胎、锯木、酿酒、陶器、塑料等工业，尤以巴拿马草帽、花边编织、金银首饰等手工艺品著称。昆卡是全国文化艺术中心，有建于 1868 年的大学以及艺术学院、教堂、博物馆等。旅游胜地，铁路北通首都基多，有泛美公路通过，拥有飞机场。

第二节 地理

【概况】位于南美洲西北部。东北与哥伦比亚毗连，东南与秘鲁接壤，西临太平洋。海岸线长 930 公里。安第斯山脉纵贯国境中部。

【地貌】赤道横贯国境北部，厄瓜多尔就是西班牙语“赤道”的意思。安第斯山脉纵贯国境中部，全国分为西部沿海、中部山地和东部地区三个部分，以及太平洋上的加拉巴哥群岛。

（1）西部沿海：包括沿海平原和山麓地带，东高西低，一般海拔 200 米以下，有一些海拔 600—700 米的丘陵和低山。

（2）中部山地：安第斯山脉自哥伦比亚入厄瓜多尔国境后，分为东、西两条山脉，两山之间为北高南低的高原，海拔平均在 2500 米到 3000 米之间。山脊纵横交错，把高原分成十多个山间盆地。最重要的是基多盆地和南部的昆卡盆地。境内火山众多，地震频繁。著名的科托帕希火山（Cotopaxi）海拔 5897 米，为世界最高的活火山之一。位于厄瓜多尔中部的钦博拉索山（Chimborazo）海拔 6310 米，为厄瓜多尔最高峰。

（3）东部地区：为亚马逊河流域的一部分。海拔 250—1200 米的山麓地带河水湍急，250 米以下为冲积平原，河面开阔，水流平缓，多河曲。

【气候】西部沿海属热带雨林气候，最南端开始向热带草原气候过渡。年平均降水量从北往南由3000多毫米递减到500毫米左右。中部山间盆地属热带草原气候，山地属亚热带森林气候，海拔4000米以上常年积雪。年平均降水量在1000毫米左右，12月至次年6月为雨季，7—11月为旱季。东部地区属热带雨林气候，全年湿热多雨，年平均降水量在2000—3000毫米之间。

第三节　政治

【宪法】现行宪法于1978年1月通过，翌年8月10日正式生效。宪法规定，总统由选举产生，不得连任。1997年11月，国会通过宪法修正案，取消国家战略经济部门不能进行私有化的限制，并规定国家公共部门人员举行罢工为非法。1998年，全国代表大会通过宪法修正案，取消省市级地方议员的中期选举。

【议会】国会实行一院制，行使最高立法权力。议员共100名，任期四年，由各省按人口比例选举产生。议长、副议长由国会全体会议选举产生，任期两年，可连选连任。2003年1月组成的国会中各党派所占席位如下：基督教社会党25席，罗尔多斯党15席，民主左派党15席，帕查库蒂克10席，制度革新党10席，人民民主党5席，1·21爱国社团党5席，人民民主运动3席，自由党、人民力量集中党、社会党、团结祖国运动、民主转变党和一体化运动各1席，独立或党派联盟议员6席。

【政府】总统为国家最高行政首脑。2003年1月组成的政府包括15名部长和3名秘书长。

【司法机构】由最高法院（直属五个法庭）、高等法院、裁判所与行政诉讼法庭两大系统组成。最高法院由30名大法官组成，均由国会任命，实行终身制。

【行政区划】划分为22个省，下设215个市、1081个区。各省名称如下：阿苏艾（Azuay），玻利瓦尔（Bolívar），卡尼亚尔

（Cañar），卡尔奇（Carchi），钦博拉索（Chimborazo），科托帕希（Cotopaxi），埃尔奥罗（El Oro），埃斯梅拉达斯（Esmeraldas），加拉帕戈斯（也称科隆群岛，Galápagos 或 Colón），瓜亚斯（Guayas），因巴布拉（Imbabura），洛哈（Loja），洛斯里奥斯（Los Ríos），马纳维（Manabí），莫罗纳—圣地亚哥（Morona-Santiago），纳波（Napo），奥勒亚纳（Orellana），帕斯塔萨（Pastaza），皮钦查（Pichincha），苏古姆比奥斯（Sucumbíos），通古拉瓦（Tungurahua），萨莫拉—钦奇佩（Zamora-Chinchipe）。

【政党】全国共有 13 个合法政党，主要有：

（1）“1·21 爱国社团”党（Sociedad Patríotica 21 de Enero）：2002 年 2 月建立。党员 40 万人。该党主张继承拉美和厄瓜多尔民族先驱的理想，建立一个摆脱殖民主义、落后贫困与愚昧状态的民主国家；主张根除腐败，实施立法、司法和监察机构的改革；反对霸权主义，主张人民自决。

（2）基督教社会党（Partido Social Cristiano）：1945 年成立时称基督教民主党，1951 年改为现名。1956—1960 年和 1984—1988 年两次执政。党员 35 万。它代表企业家利益，主张“基督教民主”。

（3）民主左派党（Partido Izquierda Democrática）：1977 年 11 月正式成立。党员 20 万。党的纲领为争取实现社会正义和民主自由。1988—1992 年执政。

（4）厄瓜多尔罗尔多斯党（Partido Roldosista Ecuatoriano）：1982 年创建。前身为罗尔多斯运动，由人民、改革和民主党中分裂出来的人士组成。党员 20 万。民众主义政党，主张实行参与制民主，通过变革建立一个正义合理的社会。1996 年 8 月至 1997 年 2 月执政。

其他政党有：制度革新全国行动党、人民民主党—基督教民主联盟、帕查库蒂克—新国家运动、人民民主运动党、人民力量集中党、社会党等。

【文化教育】宪法规定，政府预算的 25—30%用于教育。2001 年全国文盲率为 8.4%。2004 年，教育预算 8.76 亿美元，占国家预算的 12.6%。目前国立大、中、小学实行免费教育，大学实行自治，保护私人办学自由。近几年来，教育事业发展较快。著名高等院校有厄瓜多尔中央大学、天主教大学、瓜亚基尔大学和昆卡大学。

【新闻出版】厄瓜多尔新闻事业比较发达。有 50 多种报纸和 21 种杂志，多为私人经营。主要报纸和发行量：《商报》，为曼蒂利亚家族的私营报纸，发行量 9 万份；《今日报》，由海梅·曼蒂利亚集资兴办，发行量 7.2 万份；《宇宙报》，发行量 7.5 万份；《快报》，发行量 6 万份。《浏览》是发行量较大的综合性杂志。以上报刊均为西班牙文版。

国家通讯社：厄瓜多尔新闻社。

全国社会通讯秘书处成立于 1973 年，原名全国公共新闻秘书处，是厄瓜多尔政府发言人，主管全国新闻宣传工作的机构。

广播电台：全国电台共 460 多家，首都有 54 家。主要有厄瓜多尔电台、天主教电台、基多电台、成就电台和安第斯之声电台。电台绝大多数为私人所有。

全国共有 19 家电视台，均由私人经营。主要电视台：2 台、4 台、8 台、10 台和 13 台。

第四节　经济

【概况】南美地区经济相对落后的国家，经济以农业为主，农业人口占总人口的 47%。工业基础薄弱。经济发展分为三个时期，即可可时期、香蕉时期和石油时期。厄瓜多尔以“香蕉之国”闻名于世，1992 年起连续多年香蕉产量和出口量均居世界第一位。20 世纪 70 年代，石油工业迅速发展，国民经济结构发生显著变化。80 年代中期至 90 年代末，受自然灾害、国际市场价格下跌及政策失误的影响，厄瓜多尔面临高通货膨胀、高失业、外债负担过重等经济困难，但仍保持低速增长。1998 年，由于石油价格暴跌、厄尔尼诺现象和东南亚金融危机等不利因素影响，厄瓜多尔经济形势严峻。2000 年 1 月，马瓦德总统宣布实行经济美元化，遭到民众反对。诺沃亚继任总统后，正式实施经济美元化政策，推动经济的结构性调整和改革，并争取到国际金融机构提供的贷款，金融形势有所改善，经济复苏。2001 年，厄瓜多尔完成经济美元化进程，美元正式取代本币苏克雷，进入流通领域，经济状况得到明显改善。2002 年，厄瓜多尔经济保持增长势头，但美元化同时也造成厄瓜多尔竞争力下降，出口乏力。2003 年，古铁雷斯政府为巩固财政平衡及满足国际货币基金组织的贷款条件，实施减少财政支出、整顿海关、清算破产银行等政策，经济继续保持平稳增长。

【自然资源】自然资源较丰富，石油是厄瓜多尔经济重要支柱，为采矿业主要部门，石油已探明储量为 49.3 亿桶。天然气储量 2250 亿立方米。此外，还有金、银、铜、铁、锰、煤、硫磺等资源。森林覆盖率 42.5%。水力和渔业资源丰富。

【农林牧渔业】全国可耕地面积为 931.3 万公顷，种植面积 363.8 万公顷。大致可分为两种不同类型的农业区：山地农业区，位于海拔 2500—4000 米左右的安第斯山间河谷和盆地地带，主要种植粮食作物、蔬菜、水果，以及饲养牲畜，主要粮食作物为玉米、大麦、小麦、马铃薯等；沿海农业区，位于西部沿海和大河谷地，主要种植供出口的香蕉（2000 年香蕉种植面积 14.39 万公顷。年产约 340 万吨）、可可、咖啡等，此外还种植稻子、棉花。2001 年有 124.4 万人从事农牧渔业；2002 年，农牧业产值为 15.8 亿美元，占国内生产总值的 9%。

沿海渔业资源丰富，近年来池虾养殖和出口量在国民经济中占据越来越重要的位置。2002 年捕鱼量 90 多万吨。

【工业】主要有石油提炼、制糖、纺织、水泥、食品加工和制药等。2002 年，制造业产值 22.48 亿美元，占当年国内生产总值的 12.9%；石油和采矿业产值 33.66 亿美元，占当年国内生产总值的 19.4%；建筑业 13.44 亿美元，占当年国内生产总值的 8%。2001 年从事制造业和建筑业人数分别为 47.15 万和 28.78 万人。2003 年厄瓜多尔石油产量为 1.53 亿桶。

【旅游业】厄瓜多尔历来重视旅游业，旅游业已成为厄瓜多尔第四大创汇行业，约有 50 万人直接或间接从事旅游业。2003 年，来厄瓜多尔旅游人数为 76 万人次，旅游收入约 6.2 亿美元。2000 年，全国共有旅游饭店 2252 家。主要旅游点有基多、瓜亚基尔、昆卡、因巴布拉省、东部亚马逊河流域和加拉帕戈斯群岛（龟岛）。基多市、龟岛和昆卡市被联合国教科文组织列入“世界文化与自然遗产”名录。

【交通运输业】交通事业自 20 世纪 80 年代起发展较快。

公路：总长 4.32 万公里，其中沥青路 6040 公里，硬石路 2.1 万公里，其余为土路。

铁路：总长 965 公里。近几年铁路建设基本处于停滞状态。

空运：国际机场两个，在基多和瓜亚基尔市。国内航线的民用机场有 17 个。厄瓜多尔航空公司为国营，拥有 10 架大型客机。私人航空公司两家，还有属军队管辖的 TAME 公司。

水运：拥有一个 8 艘油船的石油船队，1700 余艘渔船和两家私人海运公司。主要港口有瓜亚基尔、埃斯梅拉达斯、博利瓦尔、曼塔和巴拉奥。

输油管道：由东部阿格略湖至埃斯梅拉达斯港，全长 503 公里。

【对外贸易】厄瓜多尔奉行“出口商品”和“市场多样化”，保护和发展民族工业，鼓励工业制成品和半制成品出口等政策。主张同世界不同制度和意识形态的国家发展贸易并进一步寻求新市场，与 94 个国家和地区有贸易关系。它主要出口石油、香蕉、池虾和鲜花，2002 年上述产品出口收入分别为 18.47 亿、9.81 亿、3.43 亿和 2.73 亿美元。主要进口品有机械设备、工业原料、燃料和消费品等。主要贸易伙伴是美国、欧盟、日本和拉美国家。

第五节　历史

4000 多年前，厄瓜多尔地区居住着奇布查、奇穆、基图、普鲁亚和卡拉等几十个印第安部族，人们以捕鱼、狩猎和务农为生。15 世纪后半叶，印加人开始入侵。1474 年印加帝国吞并了基多王国，基多成为印加帝国的经济，文化和军事重镇。

1533—1535 年，以塞巴斯蒂安·德·贝纳尔卡萨尔（Sebastián de Benalcázar）为首的西班牙殖民者在厄瓜多尔建立了殖民统治。印第安人的大片肥沃土地被强占，大量印第安人沦为奴隶。1563 年西班牙王室在基多设立检审庭，初归秘鲁总督区管辖，1739 年划归新格拉纳达总督区管辖。在殖民统治时期，天主教会拥有很大势力，寺院众多。经济方面主要种植小麦和养羊，在农业、矿业和纺织工厂中广泛实行强迫劳动。殖民当局的倒行逆施引起了基多人民的强烈反抗，各地暴动和起义不断。

1809 年 8 月 10 日，以胡安·比奥·蒙图法尔（Juan Pío Montufar）为首的爱国者在基多发动起义，印第安民众占领了政府大厦，驱逐了西班牙官吏，宣布独立。但这次起义最后被西班牙殖民者镇压。1821 年，南美洲解放者西蒙·玻利瓦尔派遣苏克雷将军率领爱国军支援基多人民的解放战争。1822 年 5 月 22 日，苏克雷（Antonio José de Sucre）在基多附近的皮钦查战役（Batalla de Pichincha）中大败西班牙殖民军，结束了殖民统治，厄瓜多尔获得独立。当年，基多加入大哥伦比亚共和国。1824 年，在颁布《新国家领土划分法》时，玻利瓦尔称基多为“厄瓜多尔”，“厄瓜多尔”这一名称第一次出现在正式文件中。1830 年厄瓜多尔脱离哥伦比亚共和国，宣布成立厄瓜多尔共和国。厄瓜多尔人民为纪念苏克雷的功绩，将其货币称为“苏克雷”；为纪念 1809 年 8 月 10 日基多人民起义，将 1809 年定为独立年，将 8 月 10 日定为独立日，每届总统都在这一天宣布就职。

胡安·何塞·弗洛雷斯（Juan José Flores）当选为厄瓜多尔共和国首任总统。此后直到 20 世纪初叶，厄瓜多尔两大政党保守党和自由党互相争夺权利。1860—1875 年，保守党人加布列尔·加西亚·莫雷诺（Gabriel García Moreno）实行独裁统治，1869 年颁布的宪法规定只准信奉天主教。自由党领袖爱罗伊·阿尔法罗（Eloy Alfaro）执政期间（1895—1901，1906—1911），实行政教分离，没收教会财产，允许宗教信仰自由，并建成连接内地和沿海的基多－瓜亚基尔铁路，促进了经济发展。19 世纪下半叶，英美资本相继渗入，逐步控制了厄瓜多尔的经济命脉。在自由党人莱昂利达斯·普拉萨·古铁雷斯（Leónidas Plaza Gutiérrez）任总统期间（1901—1905，1912—1916），政局相对稳定，经济有所发展，可可成为主要出口商品。1916—1925 年，厄瓜多尔的政治、经济大权完全掌握在商业和农业银行手中。1925 年一些青年军官发动起义，推翻了代表金融资产阶级利益的冈萨雷·科尔多瓦（Gonzalo S. De Córdova）政府。1930—1940 年更换了 12 个总统。第二次世界大战期间，厄瓜多尔站在同盟国一边，自由党总统卡洛斯·阿罗约·德尔·比诺（Carlos A. Arroyo del Pino）将加拉帕戈斯群岛租让给美国作空军基地。1941 年厄瓜多尔同秘鲁发生边界武装冲突，结果失败，丧失大片国土。1944 年 5 月阿罗约·德尔里奥被人民起义推翻，何塞·贝拉斯科·伊瓦拉（José M. Velasco Ibarra）就任总统。

第二次世界大战后，厄瓜多尔民族民主运动高涨。1945 年颁布了一部比较民主的宪法。同年底，美国被迫撤除设在加拉帕戈斯群岛的空军基地。1947 年发生军事政变，贝拉斯科·伊瓦拉政府被推翻。1948 年自由党人伽罗·普拉萨·拉索（Galo Plaza Lasso）出任总统，同美国签订双边军事协定。1952 年贝拉斯科·伊瓦拉第 3 次当选总统。同年 8 月，厄瓜多尔同秘鲁、智利共同签署维护 200 海里海洋权的《圣地亚哥宣言》。1956 年以后曾多次建立亲美独裁政权。1968 年 6 月贝拉斯科·伊瓦拉第 5 次当选总统。两年后他解散议会，宣布全国戒严，独揽大权。1971 年由于美国渔船不断在厄瓜多尔领海非法捕鱼，厄美关系紧张。

20 世纪 50 年代至 60 年代中期，香蕉取代可可成为厄瓜多尔的主要产品，出口量占当时世界第一位。1972 年厄瓜多尔开始大规模开采并首次出口石油，从此石油逐渐取代香蕉成为国家经济的主要支柱。

1972 年 2 月，以陆军司令吉列尔莫·罗德里格斯·拉腊（Guillermo Rodríguez Lara）为首的一批具有民族主义倾向的军人发动政变，推翻贝拉斯科·伊瓦拉，建立军政府。罗德里格斯·拉腊执政期间，采取了一些社会、经济改革措施。1973 年，厄瓜多尔加入石油输出国组织。1976 年 1 月，罗德里格斯·拉腊被迫辞职，以海军司令阿尔弗雷多·波韦达·布尔瓦诺（Alfredo Poveda Burbano）为首的最高执政委员会接管政权。波韦达·布尔瓦诺政府加强同各界对话，恢复政党活动。1978 年 1 月举行公民投票，通过新宪法。1979 年 4 月举行大选，军政府还政于民，人民力量集中党候选人海伊麦·罗尔多斯·阿吉莱拉（Jaime Roldós Aguilera）当选总统，结束了自 1972 年以来的军人统治，政局趋于稳定。他执政期间，对内发展民族经济，鼓励私人和外国投资；对外维护国家主权，奉行民族主义政策。1980 年 1 月 2 日，厄瓜多尔同中国建交。1981 年 5 月，罗尔多斯因飞机失事遇难，副总统、人民民主党人乌尔塔多·拉雷亚继任总统。1984 年 5 月，基督教社会党人莱昂·费夫雷斯·科尔德罗（León Febres Cordero）当选总统。

2013 年 2 月，厄瓜多尔举行总统选举投票，时任总统拉斐尔·科雷亚·德尔加多获得多数选票，再次成功连任。

第六节　人物介绍

【何塞·华金·奥尔梅多】（José Joaquín Olmedo，1780—1847）厄瓜多尔诗人、政治活动家，生于瓜亚基尔。1806 年在利马获法学博士学位，曾在利马圣马科斯大学和基多圣托马斯大学任教。他曾任国会议员、副总统和临时政府的首脑。在诗歌创作上他是拉丁美洲文学从新古典主义向浪漫主义过渡时期的重要代表。他的著名的长诗《胡宁的胜利：献给博利瓦尔的颂歌》（1825），形式上属于古典主义，但奔放的热情、丰富的想象，使作品带有浓郁的浪漫主义色彩。诗中歌颂了 1824 年的胡宁战役。全诗共 906 行，分为三部分：第一部分预示博利瓦尔的军队必将在胡宁战役中获胜；第二部分描绘胡宁战役的场面，抒发了爱国的感情；第三部分包括太阳女神之歌和胜利之歌，写博利瓦尔率领的独立革命军队在希腊众神的支持和协助下，战胜了人数众多的西班牙殖民军，表现了丰富的想象力。他被认为是西班牙语浪漫主义诗歌的先驱。他还创作有长诗《献给米尼亚里卡战役的胜利者弗洛雷斯将军》(1835)。

第七节　风土人情

【习俗礼仪】服饰礼仪：不论男女都喜欢文身，妇女穿一种名为图南的衣裙，五颜六色，科方部族的男子穿无袖长衫，妇女穿裙子或带袖的罩衫，喜欢佩戴羽毛和花草做成的耳环。

仪态礼仪：当地人在交谈时喜欢距离很近，说话时将嘴凑到对方耳边。但他们在大街上行走时，男人之间或妇女之间都不能手拉手。

相见礼仪：厄瓜多尔人与客人相见时，以握手为礼。亲朋好友相见，妇女之间亲脸，男子之间则拥抱。当地人对头衔很重视。

餐饮礼仪：厄瓜多尔的中部高原地区与西部沿海地区的饮食习惯有明显差别。高原地区以土豆为主食，人们最喜欢吃的是浓汁乳酪土豆汤，有时还配上鳄梨片，另外还喜欢煎土豆。

喜丧礼仪：厄瓜多尔的印第安人仍保留有一些传统的婚俗。青年男女求爱时，小伙子向姑娘投掷小石块，打中对方部位越高，表示爱的程度越深，他们的婚礼多在傍晚举行。厄瓜多尔每年 11 月的头两天要过亡人节，此节类似中国的清明节。

主要禁忌：厄瓜多尔人中信奉天主教的占 94%，信基督教新教的占 1.9%。他们忌讳 13 和星期五。

【厄瓜多尔的印第安人婚俗】厄瓜多尔约有 350 万印第安人，约占全国人口总数的 40%，是拉丁美洲印第安人较多的国家之一。在一些印第安人部落中，青年男女恋爱和结婚仪式至今依然保持着传统的习俗。

青年男子如果看中某个姑娘，先尾随意中人并吹口哨示爱。隔几天再迎面向姑娘投掷表示爱情的小石块。再过数日便想方设法扯下姑娘遮头盖脸的头巾。这时，姑娘如果有意，则微笑着松开双手，留下头巾作为定亲物。如无意，则千方百计护住头巾，不让对方得到。

结婚仪式也颇有情趣。婚礼通常在晚上举行。届时，男女双方的宾客站立两旁，新郎新娘双双跪在酋长面前。酋长把两个人的头抱在一起，用一串项链把他们的脖颈套在一块，表示两人已经结为夫妻。然后，鼓乐齐鸣，新人同唱《夫妻歌》，歌词都基本相同，大意为：夫妻携手，白头到老，同舟共济，敬老爱幼，并向酋长和来宾表示谢意。歌毕，酋长向新郎新娘祝福，仪式结束。人们把新人关入洞房，将房门加锁。接着，主人家设宴招待宾客。但是，婚礼到此并未结束。次日清晨，亲朋好友要到洞房前向新郎新娘表示祝贺，并打开房门簇拥着新人到河边举行洗脸仪式。新人的父母趁给新人洗脸之机，再次分别向他们面授处世之道和养育之法，叮嘱他们和睦相处，互敬互谅。与此同时，亲朋好友将鲜花撒入河中，表示祝愿新婚夫妇的生活像鲜花一样美好，像流水一样欢畅。直到这时，整个婚礼方告结束。

【黑母亲节】每年 9 月是厄瓜多尔黑母亲节，又称圣母施恩节。相传圣母玛丽亚的乳娘是黑人，是她引导印第安人和梅斯索人崇拜圣母玛丽亚。人们为纪念黑人乳娘而把每年 9 月定为黑母亲节。

【特产】厄瓜多尔有三种传统工艺产品深受世界游客的欢迎，分别是草帽，软木和“塔瓜”。人们过去都叫“草帽”为“巴拿马草帽”，但它产于厄瓜多尔，而不是巴拿马，因为通过巴拿马销往世界各地而得此名。巴拿马草帽是由一种很细的苇草编成的，全部由手工制作，工艺考究，式样美观，深受人们喜爱。最初，只有印第安人会编制这样的草帽。后来，草帽生产受到政府的鼓励和支持，生产规模不断扩大。如今，每年有几百万顶巴拿马草帽销往世界各地。

软木就是巴尔萨木。巴尔萨木生长在西部沿海地区，是世界上最轻的树种。树干高大挺直，树叶宽大，呈椭圆形。这种树生长很快，六七年便可成材，长成高 15—25 米，直径达 80 厘米的大树。巴尔萨木木质轻软，可用来做空运的箱子，盒子等。每年厄瓜多尔都有大量软木出口。

“塔瓜”是另一种树木。这种树能结出很大的果实，果实的核像象牙一样坚硬无比，因此被称为“植物象牙”。人们用它来制成工艺品，如首饰，纽扣等，它很受旅游者欢迎。

【圣胡安尼托】厄瓜多尔的民族舞曲，是以厄瓜多尔的守护神胡安尼托的名字命名的。此舞曲常用小调，2/4 拍。节奏特点为不太过分的切分，并且常常把一组由一个十六分音符，一个八分音符，一个十六分音符组成的切分组合改变为三连音。

第八节　自然景观

【世界最高的活火山科托帕希】（Cotopaxi）厄瓜多尔中部安地斯山地中科迪勒拉山脉的火山峰，海拔 5,897 米，是世界最高的连续活动的火山。火山锥相当匀称，经常被云雾掩蔽，晚上火山口的火则把云照得通明，沸腾的岩浆不断喷出蒸气。整座山由喷出的黑色粗面岩岩浆流和落下的浅色火山灰交替堆积而成，虽立于开阔的高山草原，较高部分却终年覆盖着白雪。这座火山的休眠期很少超过十五年。

【加拉巴哥群岛】（las Islas Galápagos）位于厄瓜多尔本土以西 1000 公里的东太平洋赤道上，是一群与世隔绝的孤立岛屿。两百万年前，海底火山爆发，喷出的岩浆冷却后形成了这些大小不同的岛屿。群岛由 13 个较大的岛屿和十几个小岛组成，总面积 8000 平方公里。最大的岛屿是伊莎贝拉岛。

加拉巴哥，西班牙语意为“大乌龟”，岛上除了拥有珍稀的特有鸟类，还有濒临绝种的独特爬虫类象龟、巨鬣蜥。体型硕大的象龟最大可长达 1.8 公尺，重 230 公斤。

由于岛上除了雨水外几乎完全没有淡水来源，因此大多数岛上没有人烟。1585 年才有人偶然间发现了群岛，1685 年加拉巴哥群岛第一次出现在航海图上。1835 年，达尔文跟随一艘名叫“小猎犬”号的英国海军测量船第一次来到了这里。他在岛上花了一个多月的时间搜集标本，岛上一些物种间的差异和类似现象让他百思不得其解。回到英国后，他又继续生态方面的研究，当初在加拉巴哥群岛上观察到的生态现象增强了他对自己提出的全新生物理论的信心。

1859 年他发表了《物种起源》一书，阐明了进化论的思想，把生物学科学带入了一个崭新的领域。达尔文的著作让加拉巴哥群岛成为生物学爱好者必去的“圣地”。

今天，加拉巴哥群岛已经被规划为国家公园，并且被联合国教科文基金会列为人类共有的自然遗产。目前来这里的游客数量必须由官方控制，以确保岛上生态环境不被破坏。

【赤道纪念碑】厄瓜多尔赤道纪念碑分为新旧两座。旧碑落成于 1774 年，位于西经 78°27′8″和纬度 0°交叉的圣安东尼奥镇，南距首都基多 24 公里。碑高 10 米左右，通体用赭红色花岗岩建成，造型呈方柱形，四周刻有 E.S.O.N.四个表示东、南、西、北的西班牙字母，以纪念对测量赤道、修建碑身做过贡献的法国和厄瓜多尔的科学家。碑身上刻有“这里是地球的中心”字样。碑顶是一个醒目的大型石刻地球仪，上面有一条象征赤道的白色中心线，从上至下与碑东西两侧台阶上的白线相连,这条白线把地球分为南北两部分。每年 3 月 21 日和 9 月 23 日，太阳从赤道线上经过，直射赤道，全球昼夜相等。这时，厄瓜多尔人要在此举行盛大的迎接太阳神的活动，感谢太阳给人类带来温暖和光明。厄瓜多尔人称这块纪念碑为世界之半。旅客们喜欢站在石阶上拍照留念，双脚分别踏在白线两边，以示自己同时站在南北两个半球上。1978 年被联合国确定为世界文化遗产。

1981 年，厄瓜多尔政府决定在旧纪念碑附近的埃基诺西亚尔谷再建一座新的赤道纪念碑。新碑落成于 1982 年 8 月 9 日。其外型基本与旧碑相同，但是旧碑的三倍：高 30 米，直径 4.5 米，重 4.5 吨。碑的东西刻着：西经格林威治 78°27′8″，纬度 0°0′。碑里修建了电梯，碑顶设有瞭望台。在纪念碑前方有一条石砌的长长的通道，通道两旁矗立着一些石雕群体。

第九节　重大事件

【瓜亚基尔会晤】即南美洲西班牙殖民地独立战争的两位领袖

玻利瓦尔和圣马丁在厄瓜多尔的会面。1822年，南美洲民族解放斗争进入关键时期。这一年，玻利瓦尔率军队解放了基多省（今厄瓜多尔），圣马丁前来瓜亚基尔与他会晤。7月26日，两人就独立战争和未来美洲政治问题举行秘密会谈。两人的会谈是在极端秘密的状况下举行的，没有任何人参加，也没有留下任何记录。7月27日，圣马丁悄然离开瓜亚基尔，回到利马。两个月后，圣马丁辞去秘鲁政府首脑，隐退到智利，声称已完成军事战斗者的任务，1824年圣马丁赴欧。圣马丁和玻利瓦尔直到临终仍对这次会见保持缄默。他们会谈的内容和圣马丁引退的原因至今仍是一个历史之谜。瓜亚基尔会晤是拉丁美洲史研究中的一个争论课题。

【秘厄领土争端】秘鲁与厄瓜多尔两国边境线长达1660公里。19世纪初两国分别摆脱西班牙殖民统治独立。独立后双方一直在边界问题上纠纷不断，虽经多次谈判，但始终未能达成协议。

1941年，秘厄两国军队在边境线附近发生一系列小规模冲突，这些冲突最终演变成两国之间的全面战争，秘鲁军队赢得了这场战争，他们占领了争议地区的绝大部分土地。1942年1月，在阿根廷、巴西、智利和美国的调停下，经过复杂的谈判，秘厄两国在巴西里约热内卢签订了《和平友好边界议定书》，划定了双方的边境线，秘鲁从此拥有了马腊尼翁河以北大片地区，双方的争议告一段落。

然而平静并没有持续多久，1950年，厄瓜多尔宣布协议无效，理由是该协议是在秘鲁军队撤出厄瓜多尔领土之前签定的，因此是不公平的，此外该协议对孔多雷山脉地区的划分也存在问题。于是两国的边境线再一次紧张起来，沿着争议的孔多雷山脉地区78公里的边境线，双方军队都建立了军事设施，厄瓜多尔人把前哨据点建在孔多雷山脉的制高点，而秘鲁人则在塞内帕河谷安营扎寨。尽管局势紧张，但是双方都没有采取进一步的行动，和平一直持续到80年代。

80年代初，有传闻说在有争议的孔多雷山脉—塞内帕河谷地区发现了蕴藏丰富的金矿和铀矿，两国的争议再一次升温。1981年1月，一支秘鲁的巡逻队发现厄瓜多尔军队在孔多雷山南侧修建了一个前哨据点，秘鲁政府立即指责厄瓜多尔对秘鲁领土的侵略，并宣布该据点非法。

伴随着政府的宣言，秘鲁军队开始组织对厄瓜多尔哨所的进攻，秘鲁空军出动战斗机对哨所进行轰炸，秘鲁以极小的伤亡夺取了哨所。

尽管有相当一部分秘鲁将军想对厄瓜多尔进行全面战争以便占领《边界议定书》划给秘鲁的全部领土，但 1981 年冲突的范围始终被控制在两国边境哨所附近的地区。此后两国的关系逐渐缓和，孔多雷山脉—塞内帕河谷地区再次安静下来，但这一切仅仅是个开始。

1981 年的边境冲突结束以后，秘厄两国军队继续在孔多雷山脉从查莫拉到圣地亚哥河之间 76 公里的边境线上修建军事设施，双方岗哨的距离非常接近，小规模的冲突时有发生。多年的积怨在 1995 年演变为两国间大规模的全面战争。

1995 年初，厄秘发生大规模边境武装冲突。在里约议定书四保证国调停下，双方于 2 月签署《伊塔马拉蒂和平声明》和《蒙得维的亚声明》，基本实现停火。1997 年 1 月，布卡拉姆总统访问秘鲁，成为历史上第一位正式访秘的厄总统；同年 4 月，厄秘两国在巴西利亚就边界问题举行实质性谈判；11 月 26 日签署《巴西利亚声明》。1998 年 8 月，马瓦德总统执政后，把最终实现厄秘和平作为首要目标，多次与秘鲁总统藤森就遗留的孔多尔山脉划界问题进行谈判；10 月 26 日，马瓦德总统和藤森总统在巴西利亚签署“全面和最终和平协议”，结束了厄秘领土争端。1999 年 5 月 13 日，两国完成竖立界碑工作，结束划界，从而解决了持续近 60 年的两国领土争端。

【秘厄边境国际“一体化”桥建成】2003 年 3 月 8 日，秘鲁总统托莱多和厄瓜多尔总统古铁雷斯在秘鲁东北部卡哈马卡省的楠巴耶城为坎切斯河上的两国边境桥梁——国际“一体化”桥举行揭幕仪式。

国际“一体化”桥于 2001 年 11 月开始筹建，2002 年 12 月 21 日竣工。该桥长 60 米，宽 8 米，由秘鲁交通通讯部门承建，总投资 180 多万美元。该桥的建成使 4 号轴心路得以贯通。4 号轴心路南起秘鲁的萨拉梅里萨市，北至厄瓜多尔的洛哈市，途经秘厄两国边境共 7 个城市。该桥的建成标志着秘厄两国在地区合作和一体化方面的进步，将促进秘厄北部边城地区的贸易发展，使两国大约 70 万边境居民受益。

托莱多和古铁雷斯在桥梁揭幕仪式上分别对 1998 年签定的双边和平协议表示了肯定。自 1998 年 10 月和平协议签署以来，两国经贸关系和科技文教项目合作发展迅速。在南美洲国家中，秘鲁已成为厄瓜多尔最主要的经济合作伙伴。

第十三章　玻利维亚

第一节　概况

【国名】玻利维亚共和国（La República de Bolivia）

【面积】1,098,581 平方公里

【人口】人口 827.4 万（2001 年）。其中城市人口 516.3 万，占总人口的 62.4%，农村人口 311.1 万，占总人口的 37.6%。印第安人占 54%，印欧混血种人占 31%，白人占 15%。

【首都】玻利维亚有两个首都，一个是拉巴斯，一个是苏克雷。苏克雷位于国境东科迪勒拉山脉东麓谷地内，最早为印第安人村落，1538 年修建城市，1839 年起成为玻利维亚首都，以共和国第一任总统苏克雷的名字命名。

1898 年，玻利维亚政府中一部分军政要员建议把首都迁到拉巴斯，他们列举的理由是拉巴斯所在的西部及西南部高原地带集中了全国 3/4 的人口，是重要的农牧业生产地区，有利于对全国的控制，政府内的另外一部分人则持激烈的反对意见。由于两种意见严重对立，难于得到统一，最后达成一种折衷方案：把总统府、议会大厦以及大部分政府机构迁往拉巴斯，而将最高法院仍然留在苏克雷。这样，苏克雷只保留着法定首都的名义，而拉巴斯便成为实际上的首都。

拉巴斯（La Paz）：玻利维亚的行政首都和商业中心，玻利维亚中央政府和议会以及拉巴斯省首府所在地。位于玻利维亚高原东部，座落在拉巴斯河（亦称乔克亚普河）畔，南依伊利马尼山，西距世界上最高的淡水湖的的喀喀湖 55 公里，海拔 3630 米，是世界上地

势最高的首都。市区建筑沿拉巴斯河依山势向四周次第隆起，犹如一座巨大的环形体育场看台。气候属于亚热带山地气候，年平均气温 14℃。人口 79.4 万（2001），其中 40%是印第安人。

拉巴斯是西班牙人在一个印加村落的基础上于 1548 年建立的，当时是为从波多西银矿到秘鲁利马的车队提供歇脚之处，西班牙语意为"和平之城"。因为地处山谷内，人们选择这里来暂时躲避高原严酷的气候。村庄被亲切地称为"我们的拉巴斯夫人"，以此来赞美这个地区宜人的气候。18 和 19 世纪，拉巴斯发展为高原地区的主要供应点和众多采矿活动的中心。1898 年，玻利维亚大部分政府机构从苏克雷迁往拉巴斯。从此拉巴斯成了事实上的首都，全国的政治和经济中心，全国第一大城市，而苏克雷只是保留了法定首都的名义。玻利维亚独立后的 100 多年里，拉巴斯并不和平，经历了 190 次政变、更换了近 70 名总统。

全城以拉巴斯河岸的穆里略广场为中心，依山势向四周山丘建筑，犹如一个巨大的体育场看台。低层处是高级住宅区；中层是行政中心和商业区，有总统府、政府宫、大使馆、高等学府、大小商店；高层是印第安人住宅区，多简陋低矮的住房。

穆里略广场中央耸立着南美争取民族独立的先驱者佩德罗·多明戈·穆里略的铜像。广场附近有政府机构和国会大厦。白色的总统府是三层小楼，建筑新颖别致，门前的卫兵还穿着传统的天蓝色上衣和红色长裤。另外还有古色古香的大教堂。广场的四周为老城区，方方正正的街区，道路狭窄，房屋低矮。广场向西不远便是圣克鲁斯元帅大道，路面宽阔，从城西北向东南成对角线贯穿全城，是闻名全国的主要街道。大道路的两头分别耸立着美洲伟大的解放者，玻利维亚第一任总统玻利瓦尔的纪念像和路东头的玻利维亚解放者之一苏克雷将军的纪念像，他骑着骏马，昂首向东，威武雄壮，仿佛整装待发。

蕾瓦瓦纳科公园内特别引人注目的是印加帝国古城遗址和美洲最驰名的古迹——太阳门。太阳门用整块巨石筑成，上面有人形浮雕，每年 9 月 21 日，当旭日初升时，阳光恰好从门中央射出，具有神秘色彩。

在拉巴斯附近发掘出一座古城的遗迹。学者认为这是印加时代一个古帝国的首都蒂瓦纳库城，据传说建于公元前 1600 年，古城建筑雄伟壮观，别具一格。遗址中有一座扩音壁，石壁长 43 米，有圆孔，当人们把耳朵贴在圆孔上，可以清晰地听到远处对着石壁说话的声音，宛如中国北京天坛的回音壁，是古人艺术创作的结晶。

布宜诺斯艾利斯大街一带是拉巴斯著名的闹市，那里既有露天市场也有现代化的商业街。印第安农民在市场里出售最新鲜的蔬菜水果和的的喀喀湖的水产，还有具有四千年历史，民族风格浓郁的手工编制品。

除了政府职能外，拉巴斯也是高原上最大的商业城市。城内的工业有食品加工、纺织、制造、玻璃、家具和电力设备等。拉巴斯矿产资源丰富，是世界有名的矿产品出口地，主要有锌、黄金、银、锡、锑、钨、铜、铁、石油、天然气等，它们的储量和质量都位居世界前列。

城内有著名的圣安德烈斯大学（1830 年建）和玻利维亚天主教大学等高等学府及各类中等教育机构，有国立艺术博物馆、考古博物馆等。

拉巴斯还是全国的交通枢纽。铁路、公路等交通要道都云集于此。这里有铁路与智利、阿根廷、巴西等国相通，有海拔 3819 米的拉巴斯国际机场，该机场是世界上最高的商用机场。

苏克雷（Sucre）：玻利维亚法定首都，最高法院所在地。位于东科迪勒拉山脉东麓卡奇马约河谷地，被两座山峰所包围，一个是斯开斯卡山，另外一个是群克拉山。海拔 2790 米。年平均气温 21.8 ℃。年降水量 700 毫米。人口 21.6 万（2001 年）。因市内主要建筑和居民住宅均呈白色，故该城有“白色城市”的美誉。

苏克雷原为印第安人村落，名为丘基萨卡，1538 年建城，曾名拉普拉塔、查尔卡斯。1559 年，西班牙殖民者在这里设立了美洲殖民地司法最高机关——大审问院。1809 年在此爆发南美洲反对西班牙统治的第一次起义，并于 1825 年 8 月 6 日在此宣布玻利维亚独立。

1839 年起成为玻利维亚首都，并以第一任总统苏克雷之名命名。1898 年成为法定首都。

苏克雷城的中心是巨大的“5 月 25 日广场”。广场正南是白色的新古典主义样式的建筑物“自由之家”，建于 1701 年。1825 年，西班牙承认玻利维亚独立，曾在“自由之家”独立厅签署了《独立宣言》。广场对面建有苏克雷大教堂。大教堂始建于 1551 年，17 世纪末增建了两个侧廊，中央入口也改建成巴洛克样式。侧廊有瓜达尔佩圣母小礼拜堂，安置有 1601 年制作的南美最珍贵的圣母像，饰有钻石和珍珠。大教堂 5 层高的钟楼是苏克雷的标志性建筑。钟楼的四角有 4 位福音使者和 12 名使徒的站立雕像。苏克雷最古老的教堂是始建于 1538 年的圣拉萨罗教堂，当时用印第安人传统方法以土坯和草木灰建造。1691 年建立的方济会的拉·莱可莱塔修道院是城中最古老最美丽的修道院。

由宗教团体创建的众多的塔和钟楼与纪念碑相结合，共同形成了多样的风格，如哥特式、文艺复兴式、巴洛克式、混合式，新古典主义和古典主义风格。建筑上融合了拉丁美洲当地风格和从西班牙引入的外来风格，是人类丰富的文化遗产之一。1991 年联合国教科文组织将苏克雷古城作为文化遗产，列入《世界遗产名录》。

苏克雷主要工业有石油提炼、冶金、纺织、水泥、卷烟和水果罐头。铁路南接波托西，公路北通科恰班巴，油管东至卡米里油田。

【国旗】呈长方形，长与宽之比为 3：2。自上而下由红、黄、绿三个平行相等的横长方形构成，黄色部分中央有国徽图案。原来的含义为：红色象征为国献身，黄色代表未来和希望，绿色象征神圣的国土。现在这三色分别代表该国的主要资源：红色代表动物，黄色代表矿产，绿色代表植物。一般场合用不带国徽的国旗。

【国徽】中间为椭圆形，圆面上有太阳、山峰、面包树、驼羊、谷物等图案。圆周下半部分有九颗五角星，代表组成玻利维亚的九个省；上半部分用西班牙文写着“玻利维亚”。椭圆形两侧各悬挂三面国旗；背后交叉着束棒和武器，象征权威；左边的束棒顶端有一顶“自由之帽”。椭圆形上端是一只被称为神鹰的大兀鹰，象征力量和自由。鹰两旁饰有月桂枝和橄榄枝，代表该国人民对民族自由的自豪感和与其他国家人民和睦相处的愿望。

【货币】玻利维亚诺（Boliviano）。

【宗教信仰】95%的居民信奉天主教，其他宗教（主要是基督教卫理公会教徒）占 5%。

【国花】葵花

【国鸟】大兀雄鹰

【时差】比格林威治时间晚 4 小时；比北京时间晚 12 小时。

【与我国建交时间】1985 年 7 月 9 日

【独立日】8 月 6 日（1825 年）

【首都外其他主要城市】科恰班巴（Cochabamba）：玻利维亚中部城市，科恰班巴省首府，位于东科迪勒拉山脉科恰班巴盆地内，海拔 2560 米，为全国第三大城。科恰班巴始建于 1574 年，原名“奥罗佩萨镇”，1786 年改现名。科恰班巴谷地是玻利维亚最大的谷物和水果产区，农牧产品的集散地和加工中心。这里有输油管，建有全国最大的炼油厂；还有罐头食品、纺织、轮胎、制乳、烟草、酿酒、制鞋等工业；有大学、博物馆、大教堂等著名历史建筑，气候温和，风景秀丽，为旅游地。拉巴斯通公路、铁路，有飞机场。

奥鲁罗（Oruro）：玻利维亚西部矿业城市，奥鲁罗省首府，位于波波湖以北 48 公里、奥鲁罗山麓，北距拉巴斯 209 公里；海拔 3706 米，气候夏凉冬寒。人口多为印第安人。建于 1595—1606 年。原为银矿开采中心。十九世纪末以后，锡、钨、铜的开采成为城市经济基础。城南利亚利亚瓜的“二十世纪”矿为全国最大的锡矿。市东南的卡塔维锡矿是全国最大的矿业中心。奥鲁罗有炼锡、纺织、制革、食品、木材加工等工业。它是全国铁路网中心，有飞机场，设有大学。

第二节　自然地理

【概况】位于南美洲中部的内陆国。西部通向智利和秘鲁，南部与阿根廷和巴拉圭为邻。东部和北部与巴西接壤。

【地貌】玻利维亚从东到西可分为三个区域：

东部平原区，大部为亚马逊河的冲积平原，南部为拉普拉塔平原的一部分，称为大查科（草原），约占全国面积的3/5，人口稀少，至今未被很好开发。

中部谷地区，当地人称"永加斯"，为东科迪勒拉山脉的山麓地带，十分富饶，重要的谷地有科恰班巴、苏克雷、塔里哈等许多大城市。

西部山地高原区，海拔平均都在5000米以上，主要是东科迪勒拉山脉和普纳（荒漠高原）的一部分，属安第斯山脉。

秘鲁与玻利维亚交界的的的喀喀湖终年可通航，是两国的交通要道。湖泊周围是南美古文化的发祥地。

【气候】境内东部和中部为热带草原气候，向西部山地过渡到亚热带森林气候，内陆高原属山地气候。年平均降水量从东北往西由2000毫米递减到100毫米以下。

第三节　政治

【宪法】1826年颁布，1967年和1994年两次修改。宪法规定，国体为共和制，总统和副总统均由直接选举产生，总统任期为5年，不得连任，但可隔届当选一次；副总统不得在下届当选总统或副总统。

【议会】国会由参众两院组成。国会拥有通过和修改法律、审查议员资格、处理违法议员、弹劾政府部长等职权。宪法规定，共和国副总统是当然的国会主席。众议院设130席，按各省人口比例分配，68位众议员经各区选民直接选举产生，其余在大选中产生。参议院设27席，每省3席，参议员经大选直接选举产生。每届国会任期五年，参、众议长由两院分别选举产生，任期一年，可连选连任。

【政府】总统内阁制。总统为国家元首、政府首脑和武装部队统帅。

【司法机构】由国家最高法院、宪法法院和地方法院组成。最高法院和宪法法院均设在苏克雷，最高法院有 12 名大法官，由国会议员经 2/3 多数选举产生；宪法法院有 5 名大法官，由国会议员经 2/3 多数选举产生，任期均为 10 年。

【行政区划】全国共分为 9 个省（departamento），99 个县（Provincia）。各省名称如下：丘基萨卡（Chuquisaca）、拉巴斯（La Paz）、科恰班巴（Cochabamba）、奥鲁罗（Oruro）、波多西（Potosí）、塔里哈（Tarija）、圣克鲁斯（Santa Cruz）、贝尼（Beni）、潘多（Pando）。

【政党】全国合法政党 23 个，主要有：

（1）民族主义革命运动（Movimiento Nacionalista Revolucionaria）：1941 年由埃尔南·西莱斯·苏亚索和维克多·帕斯·埃斯登索罗等人创建，主要由中产阶级知识分子、工人、农民和小资产阶级组成。它主张“革命民族主义”和“阶级联合”，以社会变革实现真正民主。

（2）左派革命运动（Movimiento de la Izquierda Revolucionaria）：1971 年成立，成员为工人和自由职业者，主张实行进步的民族主义。1989—1993 年执政。1992 年加入社会党国际。

（3）公民团结联盟（Unidad Cí vica Solidaridad）：1989 年 8 月成立。该党主张基督主义和信仰自由，强调维护和巩固民主、多元化和民众参与的社会制度，保护私有财产和实行社会市场经济。

（4）争取社会主义运动：1995 年 3 月成立。玻利维亚新兴左派政党，系“广泛参与的全国性民主力量”。它反对新自由主义经济政策和经济全球化，是玻利维亚议会第二大政治力量。

（5）民族主义民主行动党（Acción Democrática Nacionalista）：1979 年由前军政府总统班塞尔将军创建，是“民族主义、民主和人道主义的组织”，维护企业主和中产阶级利益，主张实行市场经济和对国营企业私有化。

其他主要政党有：新共和力量党、祖国意识党、自由玻利维亚运动、左革阵、基督教民主党、“四·九”革命先锋党、社会党等。

【文化教育】玻利维亚文化教育落后，其文盲率是拉美最高的国家之一。2001 年 15 岁以上人口中文盲率为 12.93%。2002 年公共部门教育文化投入为 6.74 亿玻利维亚诺。国家对 6—12 岁儿童实行义务教育，但基础设施薄弱，资金缺乏。著名大学有圣弗朗西斯科·哈维尔大学和圣安德烈斯大学。

【新闻出版】主要报刊有《日报》，发行量 5 万份；《责任报》发行量 4 万份；《理性报》发行量约 3 万份；《时代报》发行量约 2.5 万份；《现状报》，天主教会主办，发行量 6500 份；《最后一点钟》，发行量 5000 份。

2006 年有广播电台 639 家，其中 322 家设在城市，317 家设在农村。多为商业电台，用西班牙语、阿依马拉语和克丘亚语广播。

国家电视台创建于 1964 年，在拉巴斯等 7 个省有转播台。另有 9 家私营电视台及 3 家有线电视和卫星电视台。

第四节　经济

【概况】玻利维亚是南美最贫穷的国家之一，世界著名的矿产品出口国，农业落后，工业不发达。1985 年以来，玻历届政府推行新自由主义经济政策，稳定宏观经济，调整经济结构，减少国家干预并通过立法对主要国营企业实行资本化（即私有化）。经济改革取得一定成效，国民经济保持一定增长，通货膨胀得到遏制。1998 年至今，玻利维亚经济一直增长缓慢。

【自然资源】矿产资源丰富，主要有锡、锑、钨、银、锌、铅、铜、镍、铁、黄金等。锡的储量为 115 万吨，铁储量约 450 亿吨，在拉美仅次于巴西。石油已探明储量为 9.29 亿桶，天然气为 52.3 万亿立方英尺。森林覆盖面积 50 万平方公里，占国土面积的 48%。

【农林牧渔业】农业较落后。全国可耕地面积 3.4 万平方公里，约占国土面积的 3%。2000 年，全国土地种植面积 188 万公顷。粮食生产仅能满足国内 34%的需求，其余依赖进口。主要经济作物有棉花、咖啡、烟草、甘蔗、向日葵和古柯等。主要农牧产品为玉米、水稻、小麦、薯类产品和大豆等。

全国牛存栏数为 640 万头，羊 784 万头，猪 186 万头。

渔业资源贫乏，1996 年，捕鱼量 5300 吨。2002 年，农牧渔业产值 71.15 亿玻利维亚诺，占国民生产总值的 12.72%。

【工业】工业落后，以小工业及食品、纺织、皮革、酿酒、卷烟等加工业为主。有色金属冶炼有一定能力，拥有号称世界第三的平托（Vinto）冶炼厂。2002 年，矿业（包括石油、天然气）产值约占国内生产总值的 6.3%，加工业产值约占国内生产总值的 13.05%。建筑业占 3.27%。

【旅游业】旅游基础设施相对落后。近年来重视发展旅游业。有旅馆 692 家，客房 15812 间。游客多来自秘鲁、阿根廷、美国、巴西及西欧国家。2002 年接待外国游客 74.2 万人，国内游客 38 万人。主要旅游景点有的的喀喀湖、殖民遗迹、耶稣传教区和亚马逊河流域地区等。

【交通运输业】主要铁路和公路网集中在西部，边远地区依靠航空沟通。

公路：2004 年，各类公路总长 52748 公里，其中沥青路占 5.6%，石子路面占 30.2%，土路占 64.2%；2002 年，各类机动车辆 44.9 万辆。

铁路：2004 年铁路全长 3800 公里。2002 年铁路运输量客货运量分别为 72.6 万人次和 151.6 万吨，分别比上年增长 2.92%和 14.81%。

空运：拥有玻利维亚劳埃德航空公司等 3 家民用航空公司和 8 家航空运输公司。拉巴斯、圣克鲁斯和科恰班巴各有 1 个国际机场，国际航线 14 条。2002 年客运量为 149.6 万人次，货运量 2.42 万吨，分别较上年增长 0.6%和 1.81%。

水运：内河航运线 1.4 万多公里。2002 年水运客货运量分别为 1.58 万人次和 107 万吨，同比分别增长 6.61%和 4.3%。

【对外贸易】2003 年，玻利维亚出口总额为 16.48 亿美元，占国内生产总值的 20%。玻历届政府均重视发展对外贸易，特别是鼓励出口以拉动经济增长。玻利维亚积极参与地区一体化进程，与多数拉美国家签有经济互补协定。近年来，玻利维亚大力开拓其天然气出口市场，并制定了“南方共同市场能源供应地”的战略。现与世界近 80 个国家和地区保持着贸易关系。

2003 年玻利维亚主要出口产品为天然气、矿产品及农牧产品，主要进口原材料及中间产品、工业设备、消费品、运输设备和食品。主要出口对象国为巴西、瑞士、委内瑞拉、美国和哥伦比亚。

第五节　历史

玻利维亚原始居民很早就在的的喀喀湖周围劳动生息。公元 5—10 世纪左右，这里的居民创造了灿烂的蒂亚瓦纳科文化，农业、水利、金属冶炼、制陶、建筑、雕刻等均已发展到一定水平。15 世纪，该地区成为印加帝国的一部分。

1535 年，西班牙殖民势力侵入玻利维亚高原地区，称之为“上秘鲁”（Alto Perú）。1538 年西班牙人在这里建丘基萨卡城（西班牙人称拉普拉塔，当地印第安人称查尔卡斯，1839 年改名苏克雷）从此，玻利维亚沦为西班牙殖民地。1545 年，波托西地区发现丰富的白银矿，上秘鲁遂成为西班牙殖民者掠夺的一个重要地区。当时这里银的产量相当于全世界白银总产量的一半。1548 年西班牙殖民者建拉巴斯城。1561 年，西班牙殖民当局在丘基萨卡设置查尔卡斯检审庭。丘基萨卡最初隶属秘鲁总督区，1776 年划归拉普拉塔总督区管辖。西班牙殖民政权强制推行米塔制，迫使印第安人服劳役或到矿山采矿。

残暴的殖民统治激起印第安人不断反抗。1780—1781 年图帕克·阿马鲁（Túpac Amaru）三兄弟发动起义，反抗西班牙殖民者的掠夺和残酷剥削。1809 年，拉巴斯和丘基萨卡两城人民相继起义，揭开了上秘鲁独立革命的序幕。此后各地不断发生反抗西班牙殖民统治的斗争。1824 年，西蒙·玻利瓦尔派部将苏克雷率军进攻上秘鲁，驱逐西班牙殖民军。1825 年 8 月 6 日，上秘鲁宣告独立。为了对玻利瓦尔表示敬意，定国名为玻利维亚共和国。玻利瓦尔被选为第一任总统，由苏克雷代行职务。1826 年 5 月，苏克雷（Antonio José de Sucre）正式就任总统。

在独立后的 160 年里，玻利维亚经历了 190 余起政变，更换了近 70 名总统。1828 年 8 月，苏克雷辞职。翌年，安德烈斯 •桑塔 •克鲁斯（Andrés Santa Cruz）就任总统，玻利维亚进入军事独裁统治时期（1829—1884）。在此期间，各地军事首领争权夺利，内战绵延，矿业农业生产停滞，国家长期处于贫穷、落后状态。1836 年玻利维亚与秘鲁组成联邦，1839 年由于智利入侵而瓦解。1863 年，太平洋沿岸的阿塔卡马省发现丰富的硝石矿藏。1879 年，智利出兵占领矿区，玻利维亚与秘鲁联合，同智利发生“太平洋战争”。1883 年，玻利维亚战败，1884 年同智利签订停战协定，丧失了盛产硝石的太平洋沿岸的安托法加斯塔省，从此成为内陆国。

太平洋战争后，玻利维亚开始文官政府统治。1884—1899 年，保守党人执政。1899—1920 年，自由党人掌权。银矿业日趋衰败，锡矿业迅速发展。与外国资本紧密结合的“三大家族”垄断锡矿业，操纵国家的政治、经济。1920—1934 年，共和党执政。1922 年政府将石油藏量丰富的 300 万公顷土地租让给美国新泽西美孚石油公司勘探、开采。在美、英石油公司的挑唆下，1928—1930 年和 1932—1935 年间，玻利维亚同巴拉圭因争夺边界上石油资源丰富的查科地区两度爆发了“查科战争”，结果玻利维亚战败，失去了四分之三的有争议领土。

1934—1936 年，自由党人何塞 •特哈达 •索尔萨诺（José Tejada Sorzano）任总统。但查科战争的失败激起人民对独裁政府的强烈不满。1936 年 5 月，戴维 • 托罗（David Toro）上校发动政变，就任总统。托罗及其继承者赫尔曼 • 布什（Germán Busch）提出“打倒寡头政治”、“取消旧政党”的口号，组织工会，开展农民运动；宣布实行社会主义，颁布石油国有化法令，将美资石油公司收归国有；下令各大矿业公司将外汇全部上交玻利维亚中央银行。1939 年，军人集团攫取政权，实行军事统治，镇压工农民主运动。1940—1943 年，恩里克 • 佩尼亚兰达（Enrique Peñaranda）任总统。1942 年 1

月，玻利维亚政府宣布和德、意、日断绝外交关系，1943 年 4 月对德、意、日宣战。这一时期，民族主义革命运动、左派革命党、革命工人党等相继成立。1943 年，民族主义革命运动联合军官集团发动政变，由瓜尔贝尔托·比利亚罗埃尔（Gualberto Villaroel）任总统。他仍旧实行托罗和布什·贝塞拉执政时期的改革政策，1945 年 4 月与苏联建立外交关系。1946 年，军人又发动政变夺取政权。此后，保守党人恩里克·埃尔佐格 （Enrique Hertzog），马梅尔托·乌里奥拉戈伊蒂亚（Mamerto Urriolagoitia）相继任总统。

1952 年 4 月，民族主义革命运动领导矿工、农民及其他阶层人民举行武装起义，夺取政权，民族主义革命运动领导人埃斯登索罗和西莱斯相继担任总统。民族主义革命运动执政期间（1952—1964），把主要由美国资本控制的三大锡矿公司收归国有，建立国营的玻利维亚矿业公司；实行土地改革，使一部分农民分得了土地，建立了普选制。1964 年 11 月，副总统热内·巴里恩托斯（René Barrientos）发动政变夺取政权。1969—1971 年，军人艾尔弗雷多·奥万多·坎迪亚（Alfredo Ovando Candía）和胡安·何塞·托雷斯·冈萨雷斯（Juan José Torres González）相继执政，继续推行国有化和发展民族经济的措施，收回美资矿业公司租让权和撤消美国军事基地。1971 年 8 月雨果·班塞尔·苏亚雷斯（Hugo Banzer Suárez）发动政变上台，提出收回出海口等“国家复兴”计划，同时镇压群众运动和反对派政党。1978 年恢复选举，民主运动高涨。但此后军人势力继续把持政权，一再发动政变，国内政局动荡混乱，经济停滞。

1982 年 10 月 5 日，左派民族主义革命运动领导人埃尔南·西莱斯·苏亚索（Hernán Siles Zuazo）当选为总统，恢复文人政府执政，结束了 18 年的军人统治。他恢复民主政治，允许政党和工会公开活动，奉行独立自主的外交政策，并于 1985 年 7 月 9 日同中国建立外交关系。同年 8 月，民族主义革命运动领导人维克多·巴斯·埃斯登索罗（Víctor Paz Estenssoro）再次当选总统。新政府致力于恢复经济，巩固民主；但由于采取一系列严厉的经济紧缩措施，推行新自由经济政策，遭到广大工人和反对党的强烈反对。

1989 年 8 月，玻利维亚 25 年来首次正常更迭政府，在民族主义民主行动党领导人班塞尔（Hugo Banzer）的支持下，左派革命运动候选人海梅·帕斯·萨莫拉（Jaime Paz Samora）当选总统，组成以这两党为主体的联合政府。1993 年 6 月玻利维亚举行全国大选，民族主义革命运动（Movimiento Nacionalista Revolucionario）和杜帕克·卡塔里解放革命竞选联盟（Movimiento Revolucionario de Liberación Túpac Katari）候选人贡萨洛·桑切斯·德洛萨达（Gonzalo Sánchez de Lozada）得多数票，并同公民团结联盟和自由玻利维亚运动组成联合政府。

2009 年 12 月，时任总统莫拉莱斯在总统选举中获得多数选票，再次当选总统。莫拉莱斯是玻利维亚自西班牙占领之后 500 年来第一位印第安人总统。

第六节　人物介绍

【阿尔西德斯·阿格达斯】（Alcides Arguedas，1879-1946），玻利维亚作家、政治活动家；生于拉巴斯，曾任律师、众议员，并从事外交工作多年。他的代表作《青铜的种族》（1919）是以现实主义手法反映印第安民族生活的小说。小说前半部通过主要人物阿希阿利等几个印第安人穿越高山深谷、涉渡激流险滩的旅行，描绘了安第斯山雄伟壮丽的景色和当地人民的苦难生活。后半部刻画了白人地主潘托哈的种族偏见和横暴凶残。他因侮辱阿希阿利的妻子未遂而把她打死，触发了被压迫的印第安群众的积恨，他们杀死潘托哈，并放火烧毁他的庄园。作者对统治阶级的代表人物采取了鲜明的批判态度，对被压迫的印第安民族寄予深切的同情。作品揭露了民族压迫和阶级压迫，使读者对玻利维亚的国土和人民留下深刻的印象，给 20 世纪 30、40 年代许多以印第安民族生活为题材的拉丁美洲作家以深刻的影响。

论文集《病态的民族》（1913）分析了玻利维亚的社会问题，指出贫困落后的症结在于印第安民族所遭受的压迫，希望进行社会和经济的改革。

他的其他小说还有《瓦塔·瓦拉》（1904）、《克里奥约生活》（1905）。另外，还著有历史著作《玻利维亚通史——文明的考迪罗和野蛮的考迪罗》（1925）。

【奥古斯都·塞斯佩德斯】（Augusto Céspedes，1904-1997）玻利维亚小说家。生于科恰班巴，大学期间投身于政治活动和新闻工作，是玻利维亚政党“民族主义革命运动”的创始人之一，曾主编《街道》报。他年轻时曾以陆军少尉的身份，参加玻利维亚对巴拉圭的大厦谷战争，后当选为议员，曾任驻巴拉圭和意大利大使。

塞斯佩德斯的主要著作有《梅斯提索人的血》（1936）、《魔鬼的金属》（1946）和《独裁者自杀》（1956）。

短篇小说集《梅斯提索人的血》以大厦谷战争为背景，描写人民的牺牲、政治家的错误和国际资本家的野心。它是塞斯佩德斯的成名作，给玻利维亚小说注入了新鲜的现代内容，开创了玻利维亚文学史上的一个新时代——“厦谷的一代”。

《魔鬼的金属》以锡矿大王西蒙·帕蒂尼奥的发家史为题材，以伤感的笔调，描绘矿工的悲惨生活，暴露国内和国际资本互相勾结、残酷剥削工人和贪婪掠夺国家资源的种种行径。作品的特点是以辛辣的讽刺和幽默的文笔表现严酷的社会现实。

第七节　风土人情

【人口构成】在现代玻利维亚人中，印第安人占 53%，印欧混血种人约占 32%，白人约占 15%。

印第安人以艾马拉人和克丘亚人为最多。艾马拉人居住在北部地区，是高原上最早的居民；克丘亚人曾是印加帝国的居民，住在河谷地区。这两支印第安人均以“艾柳”（即氏族）为其基本社会经济单位。印第安人目前占农业人口和矿场非熟练劳动力的大多数。另有约 5 万名“森林部落”印第安人，现居东部地区，主要划分为塔卡纳人、帕诺人、阿鲁阿科人、查帕库拉人、博托库多人等支系，有各自的方言，从事采集和农业，大多保持原始的部落习俗和信仰。

印欧混血种人，当地称乔洛人，通常从事手工业或经商。

白人主要是西班牙人、德国人和意大利人的后裔，一般充任行政官员，居于社会上层。

还有少数黑人，系西班牙殖民者从非洲贩运来的黑奴的后裔。最近外来移民（包括日本人）大部分种植水稻。农业和矿业为国民经济的基础，农业生产落后，主要是因为实行封建农奴制，广大印第安人受到残酷剥削造成的。印加帝国在文化上曾留下深刻影响，表现在饮食、音乐、服装和建筑物（如波托西城圣洛伦索大教堂）等方面，居民仍以“光荣的印加祖先”为荣。

【摔跤之乡】玻利维亚是南美有名的“摔跤之乡”。玻利维亚的女子摔跤项目近年来声名鹊起，与美式摔跤、墨西哥式摔跤不相上下。由于种种客观原因，玻利维亚的女子摔跤还只是停留在初级运作阶段，没有固定的舞台，更没有赞助商给予资金援助。但这不妨碍人们对于女子摔跤的热爱。

【奥鲁罗狂欢节】在玻利维亚西部的安第斯山脉地区，每年 4 月，都会有一个盛大的狂欢节——奥鲁罗狂欢节在这里举行，并且持续十天时间。这个狂欢节有着浓郁的社会文化特点，独特的音乐、舞蹈和工艺品，特别是一支大型的游行队伍，以 20000 名舞蹈家和 10000 名音乐家的规模，在 4 平方公里的地方连续表演 20 个小时。每年的狂欢节都吸引着 40 多万人前来观看。

【头骨祈福日】玻利维亚一些地区的居民至今仍保持着一种神秘的传统——将死去亲人的头骨放在家中，当作护身符。11 月 8 日是玻利维亚的“头骨祈福日”，在这一天，当地居民纷纷将亲人的头骨带到教堂进行祈福，期盼能带来好运。

第八节 自然景观

【的的喀喀湖】位于玻利维亚和秘鲁两国交界的科亚奥高原上，是世界最高最大的淡水湖，被称为“高原明珠”。长 200 公里，宽

66 公里，面积 8330 平方公里，海拔 3812 米。传说水神的女儿伊卡卡私自与青年水手蒂托结为夫妇。水神发现后，一怒之下将蒂托淹死，伊卡卡悲伤不已，她将蒂托化为山丘，自己则变成浩瀚的泪湖。印第安人为了纪念他们，将他们的名字合在一起称之为“的的喀喀湖”。湖中共有小岛 41 个。其中最有名的是玻利维亚一侧的太阳岛和月亮岛，岛上有印第安人的遗迹。湖东南 21 公里处保留着古城遗迹。

该湖系构造遗迹湖，形成于东科迪勒拉山麓一构造盆地内。湖底有冰川沉积物。平均水深 100 米，最大水深 304 米，水体容积 8270 亿立方米。湖水主要依靠东科迪勒拉高山融雪补给，水温较低（12—16℃）。湖东南有一出口，经德萨瓜德罗河通波波湖。湖岸曲折，多半岛和湖湾港汊。湖中有利用芦苇和蒲草编扎的名曰托托拉的小船，用以捕捞水产。为玻秘两国水上运输通道，游览胜地。

【乌尤尼盐湖】位于玻利维亚西南部的高原地区，海拔 3650 米，东西长 250 公里，南北最宽处 150 公里，总面积 1.2 万平方公里，盐层平均深度达 121 米。是世界上最大的盐湖，远远望去，这里白茫茫一片。据考证，数百万年前，这里是一片汪洋大海，随着地壳不断上升，海水逐渐退去，留下一个个湖泊。玻利维亚地处南半球，全年分为旱季、雨季两个季节。每年 12 月至来年 3 月的雨季期间，乌尤尼变成一个巨大的咸水湖，水深 0.3 至 0.8 米。到了 4 月至 11 月的旱季，湖水干涸，湖面变得坚硬无比。

目前，这里已经成为了南美洲的另一个旅游好去处。附近的河水边，火烈鸟悠闲自得。盐湖被评为世界 25 大奇迹之一，每年大约接待 6 万名游客。大量游客乘专门开辟的航班来到这里，飞机跑道就建在盐湖上。不仅如此，盐湖上所有的建筑也都用盐作为建筑材料，是名副其实的盐岛。游客们在这里还能看到在大量开采的盐矿。这片白色的天地让许多游客慕名而来，而奇妙的旅程也会让他们流连忘返。

【蒂瓦纳科遗址】蒂瓦纳科文化的宗教、政治中心，玻利维亚印第安古文化遗址。位于的的喀喀湖以南约 20 公里处。海拔 3500

米。蒂瓦纳科在古印第安语中是“创世中心”之意，大批宗教建筑、绘画雕刻以及高度发展的古印第安文化都集中在此。5 世纪到 9 世纪它达到了鼎盛时期。遗址主要由四部分组成：

一是阿卡帕纳金字塔。

二是大卡拉萨萨亚神庙，它是蒂瓦纳科人举行宗教仪式的场所。

三是“太阳门”，是该遗址中最著名的古迹。门是用一整块巨大的安山岩雕凿而成，门框的上下左右均布满了轮廓清晰、刀法雄健的石雕神像和各种花纹图案。太阳门上端正中部分有一个维拉科查太阳神像的浮雕。太阳门上的雕饰最集中地反映了蒂瓦纳科文化的艺术特色。

第四部分是位于一座巨大的庭院中央的石墓宫地墓。

蒂瓦纳科古城是公元 400 年玻利维亚人在的的喀喀湖边建造的。很快居民聚居中心就繁荣发展起来，成为一座繁忙的城市。在这片土地上，修建了许多梯形金字塔、法庭和城市中心建筑。今天的艾马拉印第安人聚居的小村落就很靠近西班牙征服前的蒂瓦纳科遗址。

蒂瓦纳科有着自己独特的与当地土壤条件和气候条件相适宜的农业耕作模式，他们的祖先充分利用了这一地区的湿地。他们挖出多条相距 16 到 30 英尺宽的渠（有些地方长达 650 英尺），渠和渠之间用于耕种，渠中养鱼和种植水生植物。渠中的水还可以调节土壤的温度，保证作物不被冻坏。这种耕作方式一直被艾马拉人沿用至今。

蒂瓦纳科人一直统治着南部河谷，在公元 400 年到 500 年间，他们控制了的的喀喀湖的西部和北部地区，也把他们的货物和耕种方式带到了这些新的地方。在这段时间内，蒂瓦纳科人和周围地区贸易往来频繁，载满货物的美洲驼队穿梭在城市之间，整个经济网络覆盖了安第斯南部的大部分地区。

【波托西银都】坐落在玻利维亚高原东部的波托西山麓，海拔 4000 多米， 16—20 世纪初这里是玻利维亚最大的银矿产区，因此称为“银都”。西班牙殖民者于 1545 年在波托西附近的里科山发现丰富的银矿后，强迫当地人开矿，这个城市因此而逐渐形成，当时波托西有土炉 6000 多座，银产量占世界银产量的 50%。城市建筑多为殖民时期风格。波托西被联合国教科文组织评为人类遗产。

第九节 重大事件

【南美太平洋战争】智利同玻利维亚、秘鲁争夺南太平洋沿岸阿塔卡马荒漠硝石产地的战争。

阿塔卡马荒漠位于玻利维亚、智利和秘鲁的交界处，在西班牙殖民统治时期从未明确划定归属。三国独立后，玻利维亚据有阿塔卡马荒漠中部安托法加斯塔地区，秘鲁占有荒漠北部塔拉帕卡地区，智利则取得荒漠南部地区。三国均认为对荒漠地区拥有主权。

由于在阿塔卡马荒漠中部和北部发现丰富的硝石矿藏，三国争执更加尖锐。1866 年，智利与玻利维亚签订边界条约，规定以南纬 24° 线为两国边界，南纬 23° 线与 25° 线之间一切矿产品和输出产品的关税，由两国平分。同年，智利和英国合资经营的硝石公司同玻利维亚签订合同，取得在安托法加斯塔地区的开采权。1874 年玻智两国签订新约，规定智利政府放弃南纬 24° 线以北地区的全部权利，玻利维亚同意在 25 年内对智利公司不提高现行税率。1878 年，玻利维亚决定对智利公司增加税额。智利公司根据 1874 年条约拒绝交纳。玻利维亚决定没收其全部资产并公开拍卖。1879 年 2 月 14 日，智利在英国资本家的支持下，出兵占领玻利维亚领土安托法加斯塔，南美太平洋战争爆发。秘鲁因曾与玻利维亚签订一项秘密同盟条约，不久也卷入冲突。同年 4 月 5 日智利正式向玻、秘两国宣战。

智利拥有一支两倍于秘玻联合舰队的海军，在梅希约内斯附近海战中获胜，取得了海上控制权。11 月初，智利军队在秘鲁皮萨瓜登陆，全歼当地守军，迅速占领了塔拉帕卡省全境。1880 年初，智利军队在秘鲁伊洛和帕科查港登陆，占领莫克瓜，通过荒漠地带，在塔克纳和阿里卡两次战役中打败了玻秘联军。至此，智利军队已占领了玻秘两国太平洋沿岸全部硝石产地。玻利维亚失去了继续进行战争的能力，并实际上退出了战争。1881 年 1 月 17 日智利军队攻占秘鲁首都利马。

1883 年 10 月 20 日，秘鲁与智利在利马北部安孔城签订条约，结束了太平洋战争。根据安孔条约，秘鲁将塔拉帕卡省割让给智利，并将塔克纳和阿里卡两地区交给智利管辖 10 年。玻利维亚则先后于 1884 年和 1904 年与智利签订瓦尔帕莱索协定和“和平友好条约”。玻利维亚丧失了安第斯山脉与太平洋沿岸之间的全部领土，变成了一个没有出海口的内陆国，严重地影响了其经济的发展。

【查科战争】玻利维亚和巴拉圭争夺两国毗连的查科北部地区的战争，又译为大厦谷战争。

查科位于南美洲大陆的中心，东起巴拉圭河和巴拉那河，西至安第斯山麓，北临亚马逊盆地，南接萨拉多河与潘帕斯草原，面积约 65 万平方公里。1864—1870 年巴拉圭战争后，巴西、阿根廷各占该区一部分，所余查科北部约 26 万平方公里地区，由巴拉圭和玻利维亚分别占有。玻巴双方都认为享有北查科主权。该地区发现石油后，两国争议更加激烈。

南美太平洋战争后，玻利维亚失去太平洋出海口，迫切要求通过北查科经巴拉圭河、巴拉那河，沟通与大西洋的联系。1922 年美国美孚石油公司取得在玻利维亚开采和冶炼石油的权利。但其产品只能经由巴拉圭和巴西口岸才能输出。而巴拉圭在英国和阿根廷的支持下，对玻利维亚石油过境征收高额关税，并不准玻利维亚铺设石油管道。1928 年，玻巴矛盾激化，双方派兵进入争议地区。同年 12 月 5 日，双方发生武装冲突。虽经国际联盟和一些美洲国家调解，两国军事冲突仍时断时续。1932 年 6 月 15 日，玻利维亚出兵占领了北查科荒漠中的亚基萨卡咸水湖地区，查科战争爆发。

1933 年 5 月 10 日，巴拉圭向玻利维亚宣战。1935 年 6 月，巴拉圭军队占领了北查科大部分地区，但也付出了巨大代价，无力对玻利维亚本土发动进攻。1938 年 7 月 21 日，两国在布宜诺斯艾利斯签订了和平条约。根据和约，在争议地区划定明确边界线，北查科 18 万平方公里土地归巴拉圭，6 万平方公里土地归玻利维亚。同时在巴拉圭河畔划出一条走廊地带，卡萨多港供玻利维亚使用。查科战争使玻巴双方受到重大损失，死亡达 10 万人，两国经济几乎破产，并引起了国内政治动乱。然而，在战争中各自支持一方的英美垄断资本却进一步加强了对南美洲的控制和影响。

【1936 年政变】1935 年查科战争结束以后，玻利维亚的经济进一步恶化，人民群众对统治集团与美国的不满情绪日趋强烈。这时出现了一个大部分由学生与退伍士兵组成的反对党——激进党。一部分军官也与之有关系。1936 年 5 月 17 日，他们发动政变，由参谋长托罗上校就任总统。1937 年托罗政府在人民群众的压力下，采取了一些改进措施，其中包括：把“美孚石油公司”的财产收归国有，同时成立了玻利维亚国家石油储藏公司；使交通运输业国有化；对地主的未被利用的土地征税；限制商业的利润额；以及国家给予劳动人民工作的机会并增加工资等。这些措施实际上并未完全实行，但是仅仅没收“美孚石油公司”的财产一项，就大大触动了美国。托罗上校在同一年为美国采矿资本家所支持的赫尔曼·布什所发动的政变中被迫下台了。

布什上台后，采取了一系列改良措施，他在 1938 年颁布新宪法以代替 1880 年宪法。新宪法中最主要的一条是宣布全部矿产财富和资源归国家所有，允许政府对国家的经济命脉(主要是贸易和工业)，有干预的权利，设立免费的公立学校，承认工人有集体订约、罢工及组织工会的权利等。这个宪法有些类似墨西哥 1917 年民主宪法，但事实上并未执行。由于反对派的极大阻碍，布什后来又被迫取消了这个宪法。1939 年 3 月，布什已经无法挽回玻利维亚在立宪道路上的破产，便宣布自己为“极权统治者”。此后，他由于遭到来自国内外各方面的压力而日感困难，终于癫狂病发作，于同年 8 月 23 日自杀身亡。

【1952 年玻利维亚革命】20 世纪 40 年代，玻利维亚工农民主运动高涨。1951 年大选，玻利维亚民族主义革命运动提名维克多·巴斯·埃斯登索罗（Víctor Paz Estenssoro）为总统候选人，在

工农民主力量支持下，他当选为总统。但马梅尔托·乌里奥拉戈伊蒂亚（Mamerto Urriolagoitia）政府却将政权移交给军人执政委员会。军政权下令禁止当时流亡在国外的巴斯·埃斯登索罗回国，禁止游行示威和罢工，取消言论自由。1952 年 4 月 9 日，民族主义革命运动发动人民群众举行武装起义。工人、学生与农民拿起武器，击溃政府军队的进攻；各地农民成立农民协会，展开夺地斗争。在工农群众支持下，民族主义革命运动推翻了乌戈·巴利维安·罗哈斯的军事独裁统治，夺取政权，巴斯·埃斯登索罗就任总统。

新政权实施了一系列社会、政治、经济改革。1952 年 4 月 17 日成立玻利维亚总工会，开始在工厂、矿山实行工人监督。7 月颁布新选举法，规定年满 21 岁的未婚和年满 18 岁的已婚玻利维亚人，不分性别、职业、文化程度和财产收入，均享有选举权。10 月 31 日将主要由美国资本控制的 3 家锡矿公司收归国有。1953 年 7 月下令解散旧军队，建立新军队，并在拉巴斯军事学院培养民族主义革命运动成员。同年 8 月 2 日颁布土地改革法，没收大庄园主的土地，分配给农民，并帮助印第安人重建村社。1956 年 1 月颁布教育法规，指出发展教育是国家的最高职责，受教育是人民的权利，规定了带有民族主义和反帝反封建性质的教学内容，强调发展乡村教育，提高印第安人的文化水平。政府制定了经济发展规划，组织勘探石油，发展轻工业和机器制造业；还致力于开发东部地区，发展农牧业，以减少粮食进口。50 年代末，玻利维亚民族主义革命运动领导人开始右转。他们提出建立资产阶级民主社会，主张与美国结盟；废除工人监督，冻结工人工资，宣扬“劳工即共产主义”。因而引起人民群众不满。1964 年 11 月，热内·巴里恩托斯发动政变夺取政权，玻利维亚革命告一段落。

第十四章　秘鲁

第一节　概况

【国名】秘鲁共和国（La República del Perú）

【面积】1,285,215 平方公里

【人口】2797 万（2005 年）。其中印第安人占 41%，印欧混血种人占 36%，白人占 19%，其他种族占 4%。

【首都】**利马**（Lima）：利马省首府，东至安第斯山脉，西临太平洋，是秘鲁最发达也是最古老的城市之一。跨里马克河南、北岸，利马的名字即来源于里马克河。人口为 781 万（2005 年）。利马是世界闻名的“不雨城”，四季无雨，只在 12 月到来年 1 月间，常有浓湿雾形成的繁雾，年降水量仅 10—50 毫米。这里的气候四季如春，最冷时月平均温度为 16℃，最热时月平均温度为 23.5℃。

利马建于 1535 年，在大部分殖民地时期，利马始终是南美洲最重要的政治和商业中心。这辉煌的过去反映在殖民地时期的建筑上，这些建筑也为利马赢得了联合国教科文组织授予的“世界文化遗产”的美名。1821 年秘鲁独立，定利马为首都。

利马城区分新老两部分，老城在北面，靠近里马克河，多殖民统治时期的建筑。老城多广场，它的中心是马约尔广场（Plaza Mayor，原称“武器广场”）。广场中央的铜喷泉建于 1650 年。广场四周有总统府、利马市政大厦、大教堂等。利马老城的建筑仍保持西班牙的建筑艺术风格特色。自广场向西南行，经过最繁华的商业中心乌尼昂大街（团结大街），到达圣马丁广场，这是首都的中心地区。广场上矗立着美洲独立战争中建有奇功的民族英雄圣马丁将军骑马塑像，广场中间有一条宽阔的大街——尼科拉斯德皮埃罗拉大街。大街的西端是“五月二日广场”，广场不远处是拉丁美洲知名学府圣马科斯大学。广场往南行到达博洛格内西广场，这两个广场之间宽阔的街道是新城的商业中心。

利马是全国的文化中心。圣马科斯大学是秘鲁全国最有名的高等学府，于 1551 年建校。利马还有许多博物馆，其中黄金博物馆当列首位。

【国旗】呈长方形，长与宽之比为 3：2。由三个平行相等的竖长方形组成，中间为白色，两侧为红色，白色长方形中间有国徽图案。白色象征自由、民主、和平与幸福；红色象征人民在独立战争中取得的胜利，也表示人民对烈士的怀念。

【国徽】中心图案为盾徽。盾面左上方是一只南美骆马，为该国国兽，代表国家的动物资源，也是秘鲁民族的象征之一；右上方是一棵金鸡纳树，代表该国的植物资源；下半部分为一只象征丰饶的羊角，代表该国的自然资源和矿藏。盾徽上端为一个绿枝叶环；两侧各有两面秘鲁国旗。

【货币】新索尔

【宗教信仰】罗马天主教占 92.4%，其他占 7.6%。

【国花】葵花

【国鸟】蜂鸟

【时差】比格林尼治时间晚 5 小时，比北京时间晚 13 小时

【与我国建交时间】1971 年 11 月 2 日

【独立日】7 月 28 日（1821 年）

【首都外其他主要城市】卡亚俄（Callao）：秘鲁第二大城市。位于卡亚俄湾内，里马克河口南岸。外有圣洛伦索岛为屏障，并有防波堤保护，为优良海港。海拔 6 米。气候温和干燥，年平均温度 19℃，年均降水量 12 毫米。1537 年由西班牙人兴建，成为殖民者掠夺金银财富的起运港。1746 年被地震、海啸所毁，后在其附近重建。秘鲁独立后 1826 年才从殖民者手中夺回。卡亚俄现为现代化港口和利马外港，设施优良，对外贸易占全国进口量的 3／4 和出口的

1/4，进口小麦、机器、木材等，出口矿产品、精炼金属、鱼粉、鱼油、棉花和羊毛等。工业有造船、鱼类加工、机械、酿酒并有一大型炼油厂。卡亚俄有公路及南美最早铁路（1851 年通车）通利马。市内有技术大学、航海学校和军事学校。圣洛伦索岛为秘鲁重要海军基地。

阿雷基帕（Arequipa）：秘鲁第三大城，阿雷基帕省首府。人口约 64 万。位于秘鲁南部的米斯蒂火山山麓地带的奇利河谷地，土地肥沃且水源充足。海拔 2304 米。气候干爽温和，四季如春，年平均气温 14.4℃，年均降水量 109 毫米。1425 年以前为印加帝国古城，1540 年在古城址上兴建。阿雷基帕曾屡遭火山、地震破坏，是秘鲁南部最大的文化、工商业中心。工业以毛纺织、皮革、食品加工、塑料、炼钢、小型化工为主，周围灌溉农业发达，为南秘鲁高地驼羊、骆马及羊毛的主要市场。它地处交通枢纽，位于泛美公路上，有铁路连接库斯科、莫延多港，建筑多为白色火山岩筑成。市内有大学、博物馆、教堂及其他运动娱乐设施，并有温泉、印加文化遗迹等。

库斯科（Cuzco）：秘鲁南部安第斯山地城市，库斯科省首府。海拔 3416 米，气候凉爽。人口约 18.2 万，大部分为印第安人。库斯科是美洲最古老的城市之一，长期是印加帝国都城；是著名的考古中心和印加文化中心，多古宫、庙宇、堡垒、石墙遗迹及教堂，并有考古博物馆和 1692 年建的大学。历史上遭西班牙殖民者洗劫，又屡遭地震破坏。它是山区农牧业产品的贸易中心，有纺织、食品、冶炼、制革等工业。公路和铁路交通便利，有飞机场。旅游业发达。

第二节 地理

【概况】位于南美洲西北部，北接厄瓜多尔、哥伦比亚，东接巴西，东南邻玻利维亚，南接智利，西濒太平洋。海岸线长 2254 公里。

【地貌】全境由西向东分为三个区域：

西部沿海区为狭长的干旱地带，有断续分布的平原，约占全国面积的12%。

中部高原区，约占全国面积的22%，平均海拔约4300米。安第斯山脉居中部，纵贯南北。在安第斯山脉有瓦斯卡兰山、科罗普纳峰和萨尔坝大山等世界著名山脉，海拔均在6000米以上。秘鲁境内最高峰是瓦斯卡兰山，海拔6768米。

东部亚马逊河的上游地区，亦称东部亚马逊林区，约占全国领土面积的63%。

秘鲁以安第斯山脉为分水岭，分为东西两大水系：东部水系亦称亚马逊河水系，这一水系主要源头河有马腊尼翁河、乌卡亚利河、普图约河，其中乌卡亚利河全长1800公里，是秘鲁汇入亚马逊河的最长河流。西部水系中主要有吉拉河和桑塔河，均属季节性的，注入太平洋。

秘鲁最大的湖泊是的的喀喀湖，最深处370米。湖面海拔3812米，约8290平方公里，其中4790平方公里在秘鲁境内。的的喀喀湖是南美洲最大的淡水湖，也是世界上最高的淡水湖。

【气候】秘鲁为热带气候区。其中，安第斯山区属热带山岳气候，气温变化不大，年平均气温1—14℃，年降水量不足200毫米；东部亚马逊林区属热带雨林气候，高温多雨，年平均降水量在2000毫米以上，年平均气温24—35℃；西部沿海区属热带沙漠、草原气候，为世界上最干燥的地区之一，年平均降水不足50毫米，年平均气温12—32℃。

第三节　政治

【宪法】现行宪法于1993年12月31日生效。宪法规定总统可连任一届，隔届可再当选；增设第一和第二副总统；国会两院改为一院制；对恐怖分子可处极刑等。2000年11月2日，秘国会通过宪法修正案，规定总统不得连任。

【议会】称国会。一院制，由120名议员组成。国会拥有立法和监督职能。议员由选举产生，任期五年，议员须是秘鲁出生、年满 25 岁、有选举权的本国公民，可连选连任。国会休会期间，由常务委员会主持工作。每届国会任期五年。2001 年 7 月 23 日成立的国会中各政党或政治组织议席情况如下："可行的秘鲁" 43 席，阿普拉党 28 席，"全国团结" 14 席，"道德化独立阵线" 10 席，"我们是秘鲁" 4 席，"秘鲁团结" 4 席，人民行动党 3 席，"改革 90—新多数派" 3 席，"人民出路" 1 席，独立议员 10 席。

【政府】总统主持部长会议和任命内阁。内阁由部长会议主席和 15 名部长组成。

【司法】法院分四级：最高法院、高级法院、一审法院和调解法院。各级法官均通过全国或地方法官委员会考核推荐，由总统任命。最高法院院长从大法官中选举产生，任期一年。

【行政区划】全国共分 24 省和 1 个直属区（卡亚俄区，Callao)。各省名称如下：亚马逊（Amazonas)、安卡什（Ancash)、阿普里马克（Apurímac)、阿雷基帕（Arequipa)、阿亚库乔（Ayacucho)、卡哈马卡（Cajamarca)、库斯科（Cusco)、万卡维利卡（Huancavelica)、瓦努科（Huánuco)、伊卡（Ica)、胡宁（Junín)、拉利伯塔德（La Libertad)、兰巴耶克（Lambayeque)、利马（Lima)、洛雷托（Loreto)、马德雷·德迪奥斯（Madre de Dios)、莫克瓜（Moquegua)、帕斯科（Pasco)、皮乌拉（Piura)、普诺（Puno)、圣马丁（San Martín)、塔克纳（Tacna)、通贝斯（Tumbes)、乌卡亚里（Ucayali)。

【政党】秘鲁政党林立，主要有：

（1）可行的秘鲁（Perú Posible)：1994 年 9 月由托莱多总统创建，原名"可行的国家"，1999 年 2 月更为现名。党员 35 万人。它主张"以人为本"进行社会、经济和文化建设，尊重民主和人权。

（2）秘鲁阿普拉党（Partido Aprista Peruano)：又称人民党。1930 年由阿亚·德拉托雷创建，党员 50 万，成员多为中下层人士。

其他政党组织还有：人民行动党、基督教人民党、我们是秘鲁、道德化独立阵线、秘鲁团结、改革 90—新多数派等。

【文化教育】秘鲁 15 岁以上人口的识字率是 88.7%。该国教育主要受不断增长的人口困扰，政府不得不不断地追加投资（大约占财政支出的五分之一），以确保 6 到 15 岁的儿童可以得到免费的教育。但是，在广大的农村地区，义务教育往往很难推行。由于班级规模过大，教学设施匮乏以及师资力量薄弱，普通儿童在公立学校中受到的教育水平普遍偏低。因此，大部分上层阶级的家长把自己的孩子送到私立学校学习。秘鲁著名的大学包括秘鲁天主教大学，利马大学，以及南美最古老的高等学府圣马尔科斯国立大学。秘鲁现有大、中、小学近六万所。

【新闻出版】全国共有各种报纸及刊物 20 余种，其中在利马发行 11 种，主要有：《商报》，发行量约 28 万份；《快报》，发行量 15 万份；《共和国报》，发行量 15 万份；《秘鲁人报》，发行量 25 万份；《太阳报》，发行量 3 万份。主要政论期刊有：《假面具》周刊，发行量 3.5 万份；《请听》和《是》各发行 1 万份。

秘鲁新闻社和安第斯新闻社为官方通讯社。

全国共有广播电台 1107 家，除一家国家电台外，其余均为私人电台。影响较大的电台有：国家电台、圣罗莎电台、秘鲁节目电台、团结电台和联合电台等。

全国共有电视台 74 家，其中 57 家为发送台，17 家为转播台。电视七台为国家台，其余均为商业性电视台。

第四节　经济

【概况】传统农矿业国，矿业、农业和渔业是秘鲁国民经济的基础，有人把这三个部门称为秘鲁经济三大支柱。上述三项占秘鲁出口额的 80%。经济属拉美中等水平。矿产丰富，石油自给有余。藤森执政后，实行私有化政策，相继拍卖了数十家大中型国有企业。1993 年，秘鲁政府加快私有化步伐，并在物价、税收等方面进行了一系列改革，经济形势逐步好转，国民经济在连续几年衰退后开始回升。1991 年到 1994 年经济快速增长，1994 年增幅高达 12.7%，1995 年为 7.5%。1997 年政府加强宏观调控，国民经济实现高增长、低通货膨胀，经济改革和结构调整取得初步成效，国内生产总值增长 7.6%。1998 年，受厄尔尼诺现象和亚洲金融危机的严重影响，秘鲁经济在连续 7 年高速增长后出现大幅下滑，仅增长 0.7%。1999 年，秘鲁政府加大经济结构调整力度，经济开始回升，增长率为 3.8%。2000 年上半年秘鲁经济继续保持增长，但下半年受政局动荡的影响，经济出现停滞。2001 年 7 月托莱多政府执政后，实行“恢复经济政策”。2002 年秘鲁宏观经济继续保持稳定，由于以矿产为主的出口增加，内需回升，私人投资扩大，外债规模得到控制以及国际储备增加等因素的影响，经济增长率达 5.2%，位居拉美榜首。

【自然资源】秘鲁位于南美洲西部，著名的安第斯山由北向南纵贯秘鲁全境，形成一个丰富的含矿地带。秘鲁的矿脉约占其领土的 26.6%，尤以东安第斯山蕴藏最多。丰富的矿产资源使秘鲁成为世界 12 大矿产国之一，也是拉美重要的矿产出口国。

秘鲁矿产资源有两个特点。一是品种多，二是储量大。目前秘鲁已探明的主要矿物有：铜、铅、锌、银、金、铁、铋，此外还有：钨、锰、煤、锑、镉、锡、磷、铀、钼、石油、汞、石墨、钒、硝石和重晶石等。目前，秘鲁已探明的一些矿藏的储量是：铜约 2500—3450 万吨，居拉丁美洲第 2 位，世界第 3 位，占世界总储量的 15%；主要分布在塞罗维尔德、科夫里萨、 托克帕拉、克里亚维科、廷塔亚、安塔米纳和马尔科纳等地。秘鲁铜产量占世界第 6 位，仅次于美国、智利、赞比亚、加拿大和扎伊尔。铝储量 400 万吨，在拉美国家中居第 1 位。铋居世界第 2 位。镁矿石 8—10 亿吨，居拉美国家第 3 位，主要集中在马尔科纳铁矿区。锌 720 万吨，居拉美国家第 2 位。铅 400 万吨，产量占世界第 5 位，仅次于俄罗斯、美国、澳大利亚和加拿大。银 7.3 亿盎司，产量仅次于墨西哥和南非，居世界第 3 位。目前石油探明储量为 8 亿桶，天然气 71000 亿立方英尺。森林覆盖率为 58%，面积达 7800 万公顷，在南美洲仅次于巴西。水力和海洋资源也极为丰富。

【农林牧渔业】农牧渔业是秘鲁的重要经济部门，从业人数占全国就业人口的 34%，产值占国内生产总值的 15%。秘鲁耕地面积大约为 294 万公顷，仅占全国面积的 2.3%，大部分集中于西部沿海地区。秘鲁在历史上农业较发达，是玉米和土豆的发源地；主要农产品有玉米、土豆、稻米、棉花和甘蔗等。畜牧业产品包括家禽、牛肉、猪肉、羊肉、牛奶、蛋等。驼羊是秘鲁安第斯山高原地区特有的饲养动物，皮毛有很高的经济价值。

秘鲁沿海渔类资源十分丰富，鱼的种类繁多，是世界重要鱼产国；主要鱼类有鳕鱼、沙丁鱼和鲭鱼等。在每年捕到的鱼中，90%以上加工成鱼粉、鱼油、鱼罐头和其他鱼制品。鱼粉的出口是秘鲁主要的外汇收入之一。从 1988 年至 1991 年，捕鱼量每年都超过 6500 万吨。1992 年发生“厄尔尼诺”现象，海洋变化破坏了海水中的生态平衡，鱼量锐减，水产量不断下降，这对其后秘鲁的渔业生产产生严重的不利影响。

【工业】工业不发达。矿产业是秘鲁经济的传统部门，也是目前经济中关键部门之一，被称为秘鲁经济的主要支柱。秘鲁从事矿业的人数只占全部劳动力的 2%左右，其产值在国民生产总值中约占 13%。秘鲁不少国有采矿亏损严重。为了减轻财政压力，已对一些国有企业实行私有化。

秘鲁的动力工业主要依靠石油，石油提供的能源占全部能源消耗的 2/3。秘鲁有 100 多万平方公里的沉积盆地，占全国陆地面积的 5/6。秘鲁主要有两块大油田，一是西北油田或塔拉拉油田。二是林区油田，位于东部亚马逊丛林地区。

秘鲁电力工业发展比较缓慢，远远不能满足国内经济发展和人民生活的需要。全国一半以上的居民至今还不能用电照明。

制造业在秘鲁国民经济中占有极为重要的地位，其就业人口超过全国就业人数的 10%，其产值占国民生产总值的 1/5 强。秘鲁的制造业有发展水平不高、部门结构畸形的特点。秘鲁制造业中包括消费品、中间产品和资本货三类，其中消费品工业即轻工业最为发达。制造业中 3/5 属于消费产品，主要是仪器和纺织品两项，其他部门比重很小，受外资控制严重。制造业部门主要有：鱼粉工业、制糖工业、谷物加工业、化学工业（主要制造肥皂、蜡烛、化妆品和医药品等，现在已扩大到生产硫酸、氢氧化钠、采矿用炸药和农用化肥等。)、纺织工业、金属制品业、电机和非电机制造业、交通器材制造业、非金属矿物工业、造纸工业、皮革、制鞋业、橡胶、木材家具业、农牧渔业等等。

【旅游业】秘鲁是印加文化的发祥地，旅游资源丰富。2002 年，来秘外国游客达 105.3 万人次，旅游外汇收入达 8.41 亿美元，占国内生产总值的 1.48%。1998 年，全国共有各类饭店、旅馆 4100 家，其中五星级饭店 10 家，四星级饭店 30 家。主要的旅游景点有：利马大广场、托雷塔格莱宫、黄金博物馆、库斯科城、马丘·毕丘遗址等。

【交通运输业】秘鲁的交通运输以公路为主，公路货运量占全国运输总量的 80%。水上运输较发达，外贸主要依靠海上运输。

铁路：秘鲁是南美最早修建铁路的国家。铁路总长 2122.8 公里（2000 年）；年客运量 143.8 万人次，货运量 696.4 万吨。

公路：2002 年公路总长 78128 公里。有机动车 120.09 万辆，其中货车 15.33 万辆，小汽车 59.73 万辆。

水运:2000 年有各种船只 6883 艘;2000 年货运量为 1534 万吨。2003 年全国共有 21 个港口，主要港口有：卡亚俄、钦博特、伊洛、派塔和萨拉维里。

空运：2001 年全国共有飞机 143 架；2003 年客运量 442.79 万人次，客运量为 7767.98 万吨；全国有 50 多个机场，其中国际机场 5 个，分别是：利马“豪尔赫·查维斯”国际机场、库斯科国际机场、伊基托斯国际机场、塔克纳国际机场和阿雷基帕国际机场。

【对外贸易】秘鲁实行自由贸易政策。2003 年，出口总额占国内生产总值的 15%。主要出口矿产品、鱼粉、咖啡、糖、棉花等。近年来，非传统产品的出口上升到占全国出口额的 30%左右。2003 年，秘鲁传统产品出口约 62.38 亿美元，同比增长 15.6%，其中矿产品出口 45.54 亿美元，鱼粉出口 7.42 亿美元；非传统产品出口约 26.15 亿美元，同比增长 15.2%，其中，农产品出口 6.23 亿美元，纺织品出口 8.23 亿美元。进口工业原料、资本货和消费品等。主要贸易伙伴为美国、欧盟和亚洲，双边贸易额分别占其对外贸易总额的 26.5%、25.6%、16%。随着拉美一体化进程的加快，秘与哥伦比亚、智利、巴西等周边国家的贸易额增长较多。

第五节 历史

秘鲁是历史悠久的文明古国，是美洲文化的发源地之一。大量的考古发现说明，早在两万年以前，就有人生息在今日秘鲁这块土地上。印第安人是这块土地的主人。大约在公元前 3500 年前，印第安人开始从狩猎和采集转为种植和定居生活。史学家通常把公元前 3500 年至公元 12 世纪这段时期称为“前印加文化”或“古典时期”。前印加文化先后经历了查文、莫契卡、纳斯卡、蒂亚瓦纳科、奇穆、帕拉卡斯文化等几个发展阶段。考古学家发掘出来的文物说明，在公元前 1000 年左右的查文文化时期，印第安人便已会种植玉米、马铃薯等多种农作物。在雕刻、建筑、制陶技艺方面也获得了相当成就。从帕拉卡斯文化（公元前 5 世纪到公元 5 世纪）的遗迹中发掘出一些精美的木乃伊套服，被认为是世界最早的织布工艺。

到公元 1200 年左右，一支自称是“太阳神子孙”的印加部落逐渐强盛起来，他们以库斯科为中心，征服了邻近许多部落的大片土地，建立了“印加帝国”。这个帝国在极盛时期，其疆域达 200 万平方公里，除今天的秘鲁本土之外， 还包括厄瓜多尔、玻利维亚以及哥伦比亚、阿根廷和智利的部分地区。

西班牙殖民者入侵之前，秘鲁印第安原始社会正处于解体过程之中，国家权力以及大部分土地逐渐集中于一小撮奴隶主贵族手中，广大印第安人实际上已日益沦为奴隶。

1531 年，西班牙殖民者弗朗西斯科 •皮萨罗（Francisco Pizarro）在秘鲁北部通贝斯登陆。西班牙征服者一手拿剑、一手拿十字架，利用当时印加帝国内部王位之争，于 1532 年 11 月 16 日在卡哈马卡诱俘了印加国王阿塔瓦尔帕，勒索大量财宝后背信弃义地将他处死。随后殖民者长驱南下库斯科。1533 年，秘鲁沦为西班牙殖民地。1535

年 1 月，皮萨罗定都利马，开始了长达 300 年之久的殖民统治。

1542 年，西班牙王室在利马设总督府，建立秘鲁总督区，统治整个南美地区。当时秘鲁商业发达，商人操纵着大部分南美的进出口贸易，西班牙人从南美掠夺的贵重金属及其他物资均从秘鲁运出。殖民者在秘鲁大肆侵占土地，强制推行“米塔制”（Mita），迫使印第安人到矿场从事奴役性劳动，致使印第安人大量死亡。为反对西班牙殖民统治，印第安人举行过多次起义，其中规模较大的有 1535 年的曼科起义、1742 年的胡安·桑托斯起义和 1780—1781 年的图帕克·阿马鲁起义。1780 年 11 月 4 日，印第安酋长图帕克·阿马鲁（Túpac Amaru）二世领导库斯科地区的印第安人举行大规模起义，在“不独立毋宁死”这一口号的鼓舞下，6 万起义军解放了大片土地，直逼殖民统治中心利马。这次起义后来虽然因叛徒的出卖而失败，但它动摇了西班牙殖民统治的基础，揭开了民族解放独立战争的序幕。

19 世纪初，拉丁美洲民族独立斗争蓬勃高涨。西班牙殖民军遭到玻利瓦尔和圣马丁率领的起义大军的南北夹击，节节败退。1821 年 7 月 28 日，起义军攻克利马，秘鲁宣告独立。这一天后来被定为秘鲁“独立节”。此后玻利瓦尔继续与西班牙军作战，经过胡宁和阿亚库乔等战役，于 1826 年解放秘鲁全境。

秘鲁独立后，政权掌握在考迪略手中，大地产制继续发展，英、法、美等外国资本大量涌入。1836 年秘鲁与玻利维亚组成联邦，1839 年由于智利入侵而瓦解。雷蒙·卡斯蒂利亚执政时期（Ramón Castilla，1845—1851，1855—1862）政局比较稳定，政府为增加国库收入，大力开采鸟粪；改进交通，发展教育；废除印第安人贡税，解放黑奴；为解决劳动力不足问题，从中国招募契约华工。

19 世纪后半期，秘鲁处于严重的财政危机之中，国库入不敷出，外债高筑。文官主义党人曼努埃尔·帕尔多（Manuel Pardo，1872—1876 在任）和马里阿诺·伊格莱西奥·普拉多（Mariano Ignacio Prado，1876—1879 在任）执政时，企图限制外国资本，发展民族企业，以繁荣国家经济，但未奏效。1879—1883 年，由于英国的唆使，秘鲁、玻利维亚与智利之间发生了争夺硝石产区的“太平洋战争”，即“硝石战争”。结果，秘鲁和玻利维亚战败，根据1883年签订的《安孔条约》，秘鲁将世界上最大的硝石产地塔拉帕卡省割让给智利。由于战争破坏、军费开支扩大和主要硝石产区的丧失，秘鲁外债高达1.5亿美元。1889年，英国的“秘鲁公司”代表债权人接管秘鲁铁路，为期66年，以抵偿外债；秘鲁还向债权人每年提供300万吨鸟粪，并在33年内每年偿还8万英镑债务。

民主党人尼古拉斯·德·彼罗拉总统执政时期（Nicolás de Piérola，1895—1899），秘鲁开始了“工业时代”，政府资助私人企业，修建铁路，稳定货币。20世纪初，工矿业有所发展，纺织业基本上采用机器生产，食品、银器、蔗糖、棉花、葡萄产量增加。第一次世界大战期间，秘鲁出口增多，美国垄断资本掌握了秘鲁的森林、银和石油等主要生产部门。随着工业的发展，工人阶级队伍壮大起来，各地普遍成立工会。何塞·帕尔多·伊·巴雷达（José Pardo y Barreda）任总统期间，颁布限制女工、童工法，规定了某些重体力劳动的8小时工作制。

第一次世界大战后，美国控制了秘鲁经济命脉。1919年奥古斯都·贝纳尔蒂诺·莱吉亚（Augusto Bernardino Leguía）执政后，大量从美国借款，给美国资本家优惠投资条件。他的独裁统治引起了各阶层的不满。1924年，在墨西哥城成立美洲人民革命联盟（简称阿普拉党），号召人民推翻莱吉亚的统治。1928年，成立秘鲁社会党（1930年改称秘鲁共产党），主张推翻资本主义制度。1930年，莱吉亚独裁政权垮台。路易斯·桑切斯·赛罗（Luis M. Sánchez Cerro，1930—1933在任）和奥斯卡·雷蒙德·贝纳维德斯（Óscar Raimundo Benavides，1933—1939在任）总统对共产党和阿普拉党百般迫害。第二次世界大战期间，曼努埃尔·普拉多·伊·乌加特切总统（Manuel Prado Ugarteche，1939—1945在任）在经济上依赖美国，并追随美国对轴心国宣战。战后，美国资本家纷纷向秘鲁投资，秘鲁经济出现繁荣局面。1945—1948年，共产党、人民党、社会党和国民行动党组成的全国民主阵线候选人布斯塔曼特—里维罗（José

L. Bustamante y Rivero）任总统。1948 年，美国策动曼努埃尔・奥德里亚（Manuel Odría）发动军事政变上台，实行独裁统治。1956 年，各大城市 10 多万人展开反对亲美独裁政权的斗争，迫使奥德里亚下台。1956—1962 年，普拉多・伊・乌加特切再次任总统。1962 年 6 月，亲美军人再次发动政变上台。组成以里卡多・佩雷斯・戈多伊为首的军政府。

20 世纪 60—70 年代，秘鲁的民族民主运动蓬勃发展，共产党及其他进步组织不断掀起大规模反政府和反美斗争，工人经常罢工。统治阶级为缓和人民不满情绪，曾采取一些改革措施。人民行动党人费尔南多・贝朗德・特里（Fernando Belaúnde Terry）任总统期间（1963—1968），扩大经济建设，以解决工人失业问题，并将地主的闲置土地分给债役农耕种。1968 年 10 月，以胡安・贝拉斯科・阿尔瓦拉多（Juan Velasco Alvarado）为首的军人集团发动政变，建立军政府，宣布没收美资国际石油公司以及一些工厂和种植园，实行企业国有化和土地改革，维护 200 海里领海权。1971 年 11 月 2 日秘鲁与中国建交。1975 年 8 月 29 日，军政府总理弗朗西斯科・莫拉莱斯・贝穆德斯（Francisco Morelas Bermúdez）将军宣布取代贝拉斯科・阿尔瓦拉多任总统，宣称“秘鲁革命进入第二阶段”。1977 年莫拉莱斯・贝穆德斯宣布还政于民的政治计划。1980 年贝朗德再次当选总统后，废弃国有化，吸收美国资本，国家经济状况恶化，政局动荡。1985 年 7 月，秘鲁人民党总书记阿兰・加西亚・佩雷斯（Alan García Pérez）就任总统。1990 年 7 月，民选总统阿尔韦托・藤森（Alberto Fujimori）上台执政。1994 年 4 月，藤森再次当选为秘鲁总统。2001 年 7 月 28 日，“秘鲁可能党”总统候选人亚历杭德罗・托莱多・曼里克（Alejandro Toledo Manrique）在第二轮总统选举中，以微弱多数票获胜，当选秘鲁共和国历史上第一位土著总统，任期至 2006 年 7 月 28 日。托莱多就任总统后，主张全国和解，致力于解决贫困等社会问题，但未取得明显成效。2002 年 5 月，秘全国总工会发起全国性大罢工，反对政府的经济和社会政策。6 月中旬，秘鲁政府对南部两个电力公司实行私有化的决定引发阿雷基帕市大规模社会骚乱，托莱多总统被迫撤销上述决定，并对内阁进行重大调整。2003 年 5 月，秘鲁交通部门工人和教育工作者举行全国罢工，托莱多总统宣布全国进入为期 30 天的紧急状态，并被迫两次改组内阁。2004 年 2 月，因政府多名高官涉嫌丑闻，托莱多总统再次对内阁进行大幅人员调整。虽然托莱多总统执政困难重重，但秘鲁政局基本保持稳定。

2011 年 6 月，左翼"秘鲁胜利"联盟候选人奥良塔·乌马拉以 44 万张选票的优势击败对手"2011 力量"党候选人藤森庆子，当选总统。

第六节　人物介绍

【马里奥·巴尔加斯·略萨】（Mario Vargas Llosa）秘鲁作家，秘鲁语言学院院士。1936 生于阿雷基帕市。1957 年获圣马科斯大学文学学士学位。1958 年，法国杂志在秘鲁举办短篇小说竞赛，他以《挑战》获奖，赴法旅行。同年在马德里中央大学获博士学位。1959 年赴巴黎进修文学。1963 年出版的第一部长篇小说《城市与狗》获西班牙简明文库文学奖等几个奖项，并被译成 20 多种外国文字出版，但因触犯秘鲁军事当局，作品被当众焚烧，作者受到失去国籍的威胁。这反倒使他获得更大的国际声誉。接着出版的长篇小说《绿房子》（1965），几年内连获西班牙文学批评奖、秘鲁全国小说奖、委内瑞拉罗慕洛·加列戈斯国际文学奖。他的长篇小说还有《大教堂中的谈话》（1970）、《潘达雷翁上尉与劳军女郎》（1973）、《胡莉娅姨妈与作家》（1977）、《世界末日之战》（1981）、《迈塔的故事》（1984）、《谁杀死了帕洛米诺·莫雷罗？》（1986）、《部落发言人》（1987）等。此外，他还创作了一些中短篇小说、散文和文学评论。1976 年在第 41 届国际笔会代表大会上被推选为主席，成为第一个任此职的拉美作家。《城市与狗》被认为是 60 年代拉美爆炸文学的 4 部重要长篇小说之一。它以作家生活过的军校为背景，暴露士官的黑暗生活及其反抗斗争，刻画了上校校长这个军事独裁统治代表的形象。《绿房子》通过妓院“绿房子”的兴衰，概括了20世纪20年代以来秘鲁北部长达40年的社会生活，表现了现代化进程与原始落后状态的冲突及悲剧现实，以及印第安人的反抗斗争。小说采用结构现实主义手法，借鉴意识流，打破时空次序，又保持某些传统手法。这部作品被认为是他的代表作。《世界末日之战》以19世纪80年代巴西一场农民起义为题材，将魔幻与历史结合起来，获得高度评价。他的长篇小说以触及重大社会与政治问题及结构新颖见长。

【阿尔韦托·藤森】藤森是继圭亚那于1970—1980年出现首位华裔总统钟亚瑟（Arthur Chung）以来，第二位亚裔人士出任拉美国家的元首。在他就任期间，国内同时发生过多场骚乱，包括恐怖事件，因而引来不少人的争议。此外，在藤森下台后，他的领导也被批评过于专制。

他在任期间，被指涉及多宗政治贪污丑闻。自他的丑闻被揭发后，于2000年他逃回日本定居，只以一封传真递交请辞信。逃往日本后他才公开自己同时暗中拥有日本国籍的双重国籍的秘密。

秘鲁政府要求日本政府引渡藤森回秘鲁受审，但日本政府以他拥有日本国籍为由，拒绝引渡要求。

藤森生于秘鲁首都利马，其父母来自日本熊本市，于1934年移居秘鲁。在藤森参政之前，他曾于秘鲁国立农业大学就读农业工程系，1961年毕业，并获有农业工程师的专业资格。他其后赴欧美攻读硕士学位，回国后曾任国立农业大学校长及全国大学校长委员会主席。

1989年，开始投身政治，成立了政党“改革九十”（Cambio 90），并于翌年参加总统选举，被评为当时的黑马候选人，声望急速升高，最终藤森以57%的得票率胜过作家出身的马里奥·巴尔加斯·略萨（Mario Vargas Llosa）当选总统，并于1990年7月28日宣誓就职。

在藤森上台前，秘鲁全国有不少领土均为反政府游击队所控制，主要是 “光辉之路”（Sendero Luminoso）及马列主义组织“图帕克—阿马鲁革命行动”游击队（MRTA）。据估计，在1990年代初期，全国有近60%领土由游击队占据，住在这些地方的居民需向游击队缴税。

藤森在位期间曾逮捕“光辉之路”领袖阿维马埃尔·古斯曼（Abimael Gusmán），结束了长达 15 年的恐怖时代，而获得人民的赞赏。在反恐手段中，藤森赋予军队权力，逮捕怀疑恐怖分子并于军事法庭进行秘密审讯，又动员郊区的民众武装起来，组织自卫队，共同反恐。

随着清剿行动渐见成效，游击队的活动于 1992 年起大幅减少。有人认为藤森的反恐行动与侵犯人权的问题出现抵触，在军方与武装分子的交战当中，死伤者多为无辜的农民。另外秘鲁军方在该段时间，曾破坏一些村落以及杀害一些被怀疑协助叛军的农民，有滥杀无辜之嫌。

藤森在下台前，宣布于 1980—1995 年间，曾触犯人权罪行的军警可获得特赦，此举受到人权组织及多个国家的批评。

藤森利用访问日本的机会，通过传真及邮寄递交请辞信后，流亡日本。由于藤森保留有日本国籍，因此可于日本居留。不少日本政客对藤森表示支持，其中原因是他在 1997 年的日本大使馆人质事件中表现果断。

而继任总统托莱多从即位起，便不停查找藤森过往的犯罪证据，包括多次与最高法院、税局及其他权力机构开会，以“集中力量，把罪犯藤森从日本抓回来”。

2005 年 11 月 6 日，藤森在毫无预告的情况下，乘坐私人飞机飞抵智利首都圣地牙哥，并直接到达酒店下榻。据了解，这次藤森返回南美洲是为了下一届秘鲁总统竞选作准备。由于智利和秘鲁两国关系紧张，藤森可能是看准了智利政府不会把他交给秘鲁，才敢到智利。智利警方将藤森逮捕。2006 年 1 月 10 日，秘鲁国家选举委员会决定，禁止藤森参加下一届总统大选。

2007 年 9 月 21 日，智利最高法院宣布，秘鲁前总统藤森将被引渡回秘鲁受审。藤森获悉后表示，这一结果在意料之中，但他坚信自己最终能够洗脱罪名。流亡 7 年后，藤森被押回秘鲁受审。藤森被引渡回国后将面临腐败、侵犯人权等 20 多项指控，其中包括

1992 年杀害秘鲁拉坎图塔大学 9 名学生和 1991 年利用准军事组织杀害 15 名居民的指控。

【哈维尔·佩雷斯·德奎利亚尔】（Javier Perez de Cuellar）1920 年 1 月 19 日出生于秘鲁的利马。曾在秘鲁天主教大学攻读国际法。1940 年进入秘鲁外交部工作。1944—1960 年先后在秘鲁驻法国、玻利维亚大使馆任职。曾任秘鲁驻英国大使馆一等秘书和代办，驻巴西大使馆参赞。1960 年回国后至 1964 年历任外交部法律和人事司、行政司、礼宾司和政治事务司司长。1964—1966 年任秘鲁驻瑞士大使和驻奥地利公使。1966—1969 年任贝朗德政府的外交部秘书长和外事办公室秘书长。1969—1971 年任驻苏联大使兼驻波兰大使。1971—1975 年历任常驻联合国代表和安理会代表。1975—1978 年任联合国秘书长在塞浦路斯和阿富汗的特别代表。1978—1979 年任驻委内瑞拉大使。1979—1981 年任联合国负责特别政治事务的副秘书长。德奎利亚尔于 1982 年 1 月 1 日就任联合国秘书长。1986 年 10 月 10 日，他当选连任，第二任期于 1987 年 1 月 1 日开始。

1994 年 8 月 14 日回国，21 日宣布为无党派总统候选人，参加 1995 年 4 月的秘鲁总统竞选。1999 年 4 月 12 日起为国际奥委会道德委员会委员。2000 年 11 月 23 日被任命为秘鲁部长会议主席（总理）兼外交部长，任期至 2001 年 7 月 25 日。

佩雷斯·德奎利亚尔先生曾获多所大学的荣誉博士学位，他还担任过秘鲁外交学院国际法教授和秘鲁空战学院国际关系教授，著有《外交法手册》（1964 年）。

第七节　风土人情

【饮食文化】秘鲁的食品和菜肴丰富多样，别具一格。秘鲁人民是马铃薯的最早培育者和食用者，马铃薯至今仍是他们钟爱的食物。烹调技术多有独创的秘鲁人民可以用马铃薯做主要原料，制作出上百种风味各异的糕点和佳肴。在他们款待宾客的餐桌上，总少不了几道以煮、煎、烧、烤方法制作的马铃薯风味菜。

秘鲁菜肴大体可分为两大系：以利马为代表的沿海区以辣味为主，主料是鱼、海味、鸡和马铃薯，做法多为凉拌、清蒸和烧烤；名菜有生鱼“塞维切”，火烤辣味牛心或鱼块串“安蒂库乔”等。以库斯科为代表的山区菜以甜味为主，主料是牛、羊肉和马铃薯，以炖、烩、煎为主。名菜有牛肉、甘薯和大蕉烩制的“桑科恰多”；马铃薯干煎的“丘纽”；甜咸味的虾菜汤“丘佩”等。秘鲁的传统饮料是奇恰酒和皮斯科酒，分别以玉米和葡萄酿制而成。一般来说，山区的印第安人爱喝奇恰酒，沿海城市居民喜饮皮斯科酒。

秘鲁印第安人嗜嚼古柯叶。他们每天午饭后，都喜欢围坐在一起咀嚼古柯叶。据说咀嚼古柯叶能使人产生温暖和舒服之感。

【信仰忌讳】秘鲁居民中绝大多数人信奉天主教。秘鲁基巴罗族人视巫师如神明，并对其异常崇敬。秘鲁人特别忌讳“死亡”这个字眼，若以“死亡”来诅咒他人，必定会引起一场大决斗。

秘鲁人崇拜太阳神，每年冬至日要举行祭祀活动，尤以库斯科的祭典规模最大，人们在头戴假发和面具的男主祭人主持下，一连三天，膜拜初升的太阳，并和着民间乐曲跳太阳舞，以示对太阳神的祈祷。

秘鲁的印第安人在每年 9 月定期举行驱魔节日。因 9 月是雨季，瘟疫易于流行。为了驱除病魔，秋分后月圆的第一天，所有的人要禁食。晚上各家聚会，烤制一种玉米饼。人们在洗浴之后，用这种面饼擦头、脸、胸、肩、腿，认为这样可以消除病痛，然后用这种面饼再擦门槛，证明全家都已斋戒净身。

山区印第安人绝不坐在山坡上，因为他们敬畏生长在山坡上的苔藓。每当经过湖边时，他们总是发出喊声、叫声，因为他们深信有受到巫术催眠的龙伏在湖底，有意发出声音，目的在于借此破解巫术。他们常在墙上放置头盖骨“示警”，相信红线可避免妖魔缠身，大蒜可防邪恶等等。这种物神崇拜都是用神秘信仰保护自己的种种方法。

在库斯科以东约 80 公里的冰山上（海拔 4800 米）相传耶酥曾于 1780 年在这里的一块岩石上显过圣。于是印第安人就把它奉为

"圣石"，并在这里设祭坛，建圣祠和圣陵，岁岁朝拜。朝拜活动在复活节后约 9 个星期的基督圣体节举行，历时数日。

秘鲁人忌讳"13"和"星期五"。认为这都是不吉利的数字和日期，遇其必将会大难临头。他们忌讳乌鸦，认为乌鸦是一种不祥之鸟，给人以厄运和灾难。他们忌讳以刀剑为礼品，认为送这些东西意味着割断友谊。他们在饮食上忌食海参一类的奇形怪状的食品。

【习俗礼仪】秘鲁人在社交场合与客人相见和告别时，都惯以握手为礼。男性朋友之间相见，一般惯施拥抱礼，并互相拍肩拍背。秘鲁妇女之间相见习惯施亲吻礼（亲吻对方的面颊），嘴里都不停地发出表示友好的啧啧声或说问候的话。

秘鲁人对约会的时间，总习惯迟到半小时左右。他们认为这是自己的礼节风度。秘鲁女子除在官方场合穿礼服外，平时习惯身披大披肩，宽大通风，别有风姿。这个披肩白天当衣服，晚上可以当被子。

秘鲁人对紫色倍加赞赏。在每年十月份举行的宗教活动中，人们广泛地使用紫色，认为紫色预示着幸运的到来。他们偏爱向日葵。因为它是秘鲁的象征，人们喻其为国花，还称其为"印加魔花"、"太阳花"。他们非常喜欢猫头鹰，认为这是一种益鸟，会给人类造福，并认为它是智慧和力量的象征。

秘鲁坎姆巴族人有一种聚饮会的交际习俗。会前，男主人用"阿肖特"（一种颜料）涂面，并备好乐器、酒具及烟草。聚饮会用的"马沙托"木薯酒是前三四天就已着手制成的。客人到后，主人家中的男子依次围绕客人走一圈，以示欢迎。然后再把盛有"马沙托"酒的葫芦或竹筒奉献给客人，宾主立即开怀痛饮，一醉方休。

秘鲁的奥列宗人都喜欢在耳垂上嵌一个木盘；起初为小盘，随着年龄的增长，逐渐换成大盘，以至把耳垂拉得很长，有的甚至两耳垂肩，故被称为"大耳人"。在该部族，大耳不仅是美的标志，也是智慧的象征。

印第安人中乌罗人是世界上最原始的民族之一。他们生活在的的喀喀湖畔的香蒲之中，居住在用香蒲堆起的数十个"漂浮岛"上，每个“岛”上住有4—5户人家。每户又用香蒲草盖起茅屋，屋顶呈圆锥状，远远望去，酷似蘑菇一般。除此之外，香蒲还是他们的重要食品之一。乌罗妇女也用香蒲编织各种日用品及手工艺品，这就是“香蒲文明”。除了上述民俗外，秘鲁的沿海城市特鲁希略城每年9月的最后一周要庆祝特鲁希略春节；普诺人每年11月4—11日为“民俗节”，是为纪念印加古国创始人曼克·卡帕克兴建普诺城；每年6月24日（南半球的冬至日）印第安人庆祝太阳节；每年的10月，以印第安人聚居的城镇为中心，举行纪念库斯科爱国青年印加里爱国活动的印加里节。

第八节 自然景观

【马丘·毕丘】（Machu Picchu），秘鲁南部古印加帝国的古城废墟，是秘鲁最著名的游览胜地，也是联合国教科文组织批准的人类文化遗产。“马丘·毕丘”在印加语中意为“古老的山巅”。位于古印加帝国首都库斯科城西北112公里的高原上，四周丛山峻岭环抱。古城两侧为600米悬崖峭壁，下临湍急的乌鲁班巴河。面积13平方公里，海拔2280米。据估计建于四、五百年前。西班牙人入侵美洲大陆后，古城被舍弃，由于山高路陡，丛林密盖，一直未被发现。1911年，为美国耶鲁大学南美历史学教授海勒·宾加曼发现。古城街道狭窄，但排列整齐有序。宫殿、寺院与平台宏伟壮观，还有作坊、堡垒等，它们多用巨石砌成，大小石块对缝严密，甚至连一片刀片都插不进去。巍峨的金字塔上有太阳神庙。有些贵族住宅的墙壁上遗留有呈长方形或三角形的窗户；台阶倚山铺砌，高广整齐；还有石砌蓄水池，引山泉流入供饮用。这里发掘出的日晷显示了古印加帝国高度的文化水平。考古学家还在这里发掘出成千具印加人的残骸和头盖骨，每具男性遗骸周围呈辐射状埋葬着10具女性遗骸。废墟石壁上刻有许多尚未为人知的符号和标记。

【库斯科】（Cuzco），秘鲁南部著名古城，古印加帝国首都，现为库斯科省省会。旅游胜地，以印加古迹闻名。“库斯科”在克丘亚语中意为“世界的中心”。位于比尔加诺塔河上游，安第斯山高原盆地，海拔3410米。居高临下，四周皆崇山峻岭，林木葱郁，气候凉爽，秘鲁人称它为“安第斯山王冠上的明珠”。库斯科城是灿烂的古印加文化的摇篮。

传说远古时代，古代印第安人民在这里披荆斩棘，缔造家园，感动了太阳神，赠给他们一柄金斧。公元1200年前后，国王曼科·卡帕克遵循他父亲太阳神的指示，从的的喀喀湖迁都这里，建成雄伟华丽的库斯科城，并以这里为中心，建立了庞大的印加帝国（印加意为“太阳的子孙”），创造了印加文化，成为南美大陆印第安文明的最高峰。

1533年西班牙殖民者入侵，将财宝文物洗劫一空，后又经几次地震和二百多年的拉锯战，城市受到很大破坏；但城内有些印加帝国时代的街道、宫殿、庙宇和房屋建筑仍留存至今，后西班牙殖民者又修建了大批屋舍，两种建筑风格融合，被誉为西班牙—印加的独特建筑方式。

中心是武装部队广场，正中耸立着一位印第安人的全身雕像，四周有西班牙式的拱廊和四座天主教堂。几条狭窄的石铺街道呈放射形通向四周，街道两旁仍矗立着用土坯建造的尖顶茅屋，其中许多石头房基还是古印加帝国的遗物。广场东北，有五间大厅的太阳庙建于高耸的金字塔顶。还有月亮神庙和星神庙。广场东南，有对峙的太阳女神大厦和蛇神殿的墙壁遗迹。广场西南方，有一较小的欢庆广场，印加人昔称为“库西帕塔”，是欢庆帝国军队凯旋归来的场所。两个广场附近有考古博物馆，展出印加帝国时期遗留的陶器、纺织品、金银器皿和雕刻碎片等。城中还有1692年建立的大学。距库斯科城1.5公里的300米高处有世界闻名的举行“太阳祭”的萨克萨瓦曼圆形古堡。以古堡为起点，印加人修筑了漫长的古道，全长二三千公里，是秘鲁古代一条主要交通干线。从古堡东行可至肯科遗迹。据考证，这里是古墓地和宗教祭祀中心，留有神庙和圆形斗技场的遗迹。场中央有一巨石雕凿的祭台。距城9公里处的塔姆博马柴有温泉和瀑布。

【纳斯卡地画】（Líneas de Nazca），美国人保罗·科索科在纳斯卡地区研究古印第安人灌溉系统时于1939年发现。位于秘鲁首都利马南300多公里处。纳斯卡地区是散布在250平方公里干燥沙质地表上的众多深几十厘米、长几百米到几公里不等的巨大线条，以笔直的直线和箭头型为主，也有其他几何图型和动物图案，如蜂鸟、卷尾猴等。因尺寸巨大，游客须乘飞机在空中才能看到全貌。

有关线条的制作者和制作目的有许多猜测。主要推测认为，这是创造过纳斯卡文化的古印第安人的作品，是古代人奇特的天文日历；或是印第安人的灌溉系统；或与印第安人的宗教祭祀活动有关。甚至有人认为可能是外星人修建的飞船着陆标志。但从公元前3世纪到公元5世纪纳斯卡文化留下的陶器上的图形看，纳斯卡文化同巨型图画之间有着密切关系。基本上可以肯定，线条出自创造纳斯卡文化的古人之手。1932年，德国妇女玛丽亚·莉切来到秘鲁研究印第安文化。1946年，莉切定居纳斯卡地区，开始对线条进行研究，后出版《秘鲁的纳斯卡—潘帕的秘密》一书。为保护线条，她每日清扫覆盖在上面的沙石，常年不辍，直至1998年去世。秘鲁政府特为她举行国葬，以表彰她以毕生精力保护这一文明遗产。联合国科教文组织于1994年12月14日决定将这一遗迹作为人类文化遗产予以保护。

【帕拉卡斯自然保护区】（Reserva Nacional de Paracas），位于利马南部247公里处，在伊卡省境内，距皮斯科城19公里，总面积33万公顷，是秘鲁太平洋海岸著名的旅游胜地。保护区内最引人入胜的去处是鸟岛，鸟岛由南岛、北岛和中岛及6个礁石岛组成。其中北岛最大，面积为64公顷，距海岸11公里，从帕拉卡斯海湾乘游艇一小时行程。岛上栖息着许多濒临灭绝的海洋动物和鸟类，主要有海豹、企鹅、火烈鸟、海龟、海豚等，其中尤以为数众多的海豹最为壮观。一些胆大的海豹会在游船四周探头探脑，十分逗人喜爱。岛屿高处堪称海鸟的天堂，黑白两色的海鸟不尽其数，其中一种企鹅为当地所特有。岛上大量鸟粪，为优质肥料，是19世纪秘鲁开发的主要自然资源。

据考古学家考证，帕拉卡斯已有5000年历史。从帕拉卡斯海湾到鸟岛的途中，人们可以看到，在一个小岛的坡面上有一幅巨大的图案，其形状像蜡烛台，也有些像仙人掌树。有的考古学家认为这是过去为船只导航用的，也有的认为是外星人刻画的。这个图案是什么年代刻画的，其作用是什么，至今仍是个难解的谜。

第九节 重大事件

【印加文明】因印加人统一中安第斯山地区，建立印加帝国而得名。印加人原是生活在的的喀喀湖周围的一个部落，10世纪以后，他们逐步北迁，一路征战，于1243年来到现今库斯科，在瓦纳卡里山上定居下来。据印加人的传说，此时他们的首领是曼科·卡帕克。从曼科·卡帕克起，到1532年印加人的末代首领阿塔瓦尔帕被西班牙征服者皮萨罗杀害，印加国大约经历了整整3个世纪的发展过程，其间共传12世、13王。

印加国本名叫“塔万廷苏龙”，意为四方之地，首都是库斯科。全国按方位分为四大行政区，名叫“苏龙”。西北方位叫钦查苏龙，包括厄瓜多尔、秘鲁北部和中部；西南方位叫库蒂苏龙，包括秘鲁南部和智利北部；东北方位叫安蒂苏龙，包括东部森林和乌卡亚利河一带；东南方位叫科亚苏龙，面积最大，包括现今玻利维亚大部国土，阿根廷西北山区和半个智利。

“印加”一词的本来含义是“首领”或“大王”的意思，是塔万廷苏龙的最高统治者。西班牙人到来后，简单地以“印加”一词指称这个国家及其居民，至今已是约定俗成了。

印加帝国享有“美洲的罗马”之称，它以有一套完整的国家机器而闻名于世。印加国是一个奴隶制国家，奴隶主阶级包括印加王、王室贵族、高级官吏和祭司。他们不从事生产劳动，过着奢侈的生活。印加王被称为太阳之子，是神的化身，拥有至高无上的权力，独揽国家一切政治、军事和宗教大权。为了维护自己的统治，印加王建立了以中央集权为中心的政治制度，他以库斯科为中心，通过各级官吏，牢牢地控制着全国。除了政权机构外，印加奴隶主还拥有一支20万人的训练有素的常备军队，用其对外扩张，对内镇压反叛力量。印加帝国还建立了严厉的司法制度，用来维护奴隶主阶级的利益。为了巩固自己的统治，印加王还采取了一些文化和经济措施。例如，对于那些刚被征服的地区，强行推广克丘亚语。再者，以库斯科为中心，修建了条条通往京城的道路交通网，以利于对边远地区的控制。

印加人能在中安第斯山区建立这样一个幅员辽阔的国家，与当地发达的经济文化是分不开的。

在农业方面，印加人继承前人的成就，在干旱缺水的山区修建了水渠和梯田，使粮食生产得到稳定发展，保证了非农业人口的需要。印加人的水渠和梯田修筑得非常坚固，有些水渠至今还在使用。印加人培育了大约40多种作物。他们还饲养骆马和羊驼，成为美洲印第安人中唯一饲养大牲畜的人民。这些动物的饲养不仅为人民提供了肉食和毛皮，而且还为农业生产提供了优质肥料，这反过来又促进了粮食产量的提高。

四通八达的交通网不仅便于印加王室对全国的统治，而且也促进了各地区的联系与文化交流。印加人修筑的道路举世闻名，其中有两条主干道自北向南纵贯全国：一条沿安第斯山而行，从哥伦比亚南部起，穿越厄瓜多尔和秘鲁，进入玻利维亚后通向阿根廷，全长达3200公里；另一条沿太平洋岸而行，起自秘鲁西北的通贝斯，全长达2300公里，路面宽达3.5—4.5米。在山峦起伏、沟堑纵横的安第斯山区修筑这样的道路并非易事。根据地形，道路有时盘旋曲折，有时需要开凿阶梯和隧道，有时又要架设桥梁。印加人尚不知道拱顶知识，他们的桥梁主要是吊桥，有的吊桥长达60余米。

印加人的金属加工业比较发达，他们不但懂得金、银、铜、铅、锡、汞的冶炼，还会冶炼各种合金，并知道利用汞来提纯黄金。金银主要用来制作装饰品和艺术品，其中有一种金蝴蝶的翅膀只有1/10毫米厚，重心找得非常准确，投出后能在空中盘旋。铜及其合金主要用来制造武器、日用器皿和利刃工具。但是，如同美洲其他印第安人一样，印加人一直不知道铁。印加人掌握了许多种金属加工工艺，如铸造、锻打、模制、冲压、镶嵌、铆接、焊接等。有研究认为，印加人的金银装饰品，其技巧可与欧洲文艺复兴时相比。

印加人的纺织技术也达到了较高的水平。远在公元前2000年，他们就会纺纱织布了。他们的毛织品和棉织品花色多样，色彩调和，制作精细。如1000年前留下来的一幅地毯，每英寸含绒纱500根，而欧洲中世纪同类织物却只有100根。在南部沿海皮斯科附近出土的木乃伊套服被称作是“世界纺织品的奇迹之一”。

印加帝国时期的制陶业也有所发展。陶器的主要特点是具有引人注目的磨光技术、雅致的装饰、优美的几何图案和绚丽的色彩。他们在陶器的制作技术和纹饰式样等方面不仅吸取了前人及同时期其他地区的经验，而且有了进一步的发展。

在医药学方面，印加人的成就也令人惊叹。他们的外科手术特别是穿颅术在当时居于世界先进行列。手术刀主要是一种“T”形铜刀，非常锋利。与外科手术相伴而生的麻醉术，印加人也是内行。印加人知道多种草药，如奎宁、可可等。

在天文、历法和数学领域，印加人也达到了相当高的水平。在首都库斯科，印加人在城东、城西建有四座天文观象台，中心广场另设一座。根据长期的观测，印加人测得地球运行周期是365天零6小时，并据此制定了太阳历。印加人还有一种历法是阴历，包括354天，是根据对月亮的观测结果制定的。与阿兹特克人和玛雅人不同，印加人的数学采用10进位制。不过，印加人尚未创制文字，他们的计数方法是结绳，克丘亚语称“基普”，即在一条主绳上结上许多小绳，用结节表明数字，用不同的颜色和长度表明不同的类别。

印加人在音乐、文学方面也有很高造诣。有人认为，印加音乐可与欧洲古代民歌相媲美，甚至更为高超；还有人认为，印加音乐具有亚洲古代音乐的水平和相似的表现手法。由于印加人没有完整的文字系统，文学多是口头传说和戏剧。其中最著名的有《奥扬泰》，在西班牙人到来前已广泛流传于中安第斯山区，在殖民时代初又被用克丘亚文字（西班牙传教士创制）写成剧本，在世界古典文学名著中占有重要地位。

【阿亚库乔战役】（Batalla de Ayacucho）阿亚库乔之战是拉美独立战争中最著名的一次战役。1824 年 12 月 9 日，在秘鲁阿亚库乔平原，玻利瓦尔的部将苏克雷率军与西班牙主力部队展开激战，西军虽然占有地形和兵力上的优势，但却遭到围歼。此役后，秘鲁全境解放。

19 世纪 20 年代初，西班牙的美洲属地已大部分获得解放，只有秘鲁仍由殖民者控制。1823 年，哥伦比亚共和国总统玻利瓦尔应秘鲁爱国者的请求，率军进入秘鲁，并与秘鲁爱国军组成联军，以彻底击败西班牙殖民军。1824 年 8 月，联军在胡宁之战中首战告捷，大败西班牙殖民军，迫其残部向库斯科方向败退。随后，玻利瓦尔令苏克雷率联军主力 5700 多人挺进秘鲁南部，寻机同西班牙最后一支主力部队进行决战。西班牙总督拉塞尔纳率西军主力 9300 余人从库斯科北上，企图与联军决一死战，以恢复西班牙对南美的殖民统治。12 月 8 日，阿亚库乔东部的高地已被西军抢先占领，联军只夺得西边的小高地。双方利用现有地形，加紧布阵。9 日上午，大规模的交战在阿亚库乔地区激烈展开。西军凭借有利地形，从两翼同时发起冲击。左翼遇到联军的顽强抵抗，前进受阻；右翼则在炮兵和骑兵支援下取得进展。拉塞尔纳见胜利在望，下令西军主力开始从正面攻击，以求迅速突破联军阵地。苏克雷识破西军企图，立即命令联军左翼和正面部队坚守阵地，阻敌前进；而以右翼部队在骑兵协同下实施反击，猛攻西军侧翼。此计果然奏效，联军一举突破西军左翼，预备队随即投入战斗，顿时西军大乱，惨遭失败。10 日，西军被迫签字投降，承认秘鲁独立。秘鲁境内的西班牙作战人员、物资和设施等均交联军处理。

在阿亚库乔之战中，联军以少胜多，毙伤西军 2500 余人，俘获西总督拉塞尔纳和 14 名将军、300 余名校官以及士兵 3000 多人，故此战又被称为“将军之战”。作战中联军仅伤亡 919 人。联军赢得此战的胜利，不仅保证了秘鲁的独立，而且最终结束了西班牙对南美大陆 300 余年的殖民统治。

【游击队】 秘鲁主要存在两支游击队组织：一是“光辉道路”，二是“图帕克•阿马鲁革命运动组织”。

“光辉道路”是秘鲁最大的游击队组织，由曾担任圣克里斯托瓦尔大学哲学教授的阿维马埃尔·古斯曼于1970年创立，后发展成为拉丁美洲地区历史上最残忍的恐怖集团，大约有3万人死于其发动的战争。他们宣称其目标是摧毁现有秘鲁政权，取而代之以共产主义革命政权。它还反对任何国外势力。

1992年9月该组织主席古斯曼被捕并被判处终身监禁后，组织力量大为削弱，这一事件不仅中断了“人民战争”的进程，而且标志着“光辉道路”游击队开始走向灭亡。一年后，“光辉道路”产生分裂：古斯曼及其他被监禁的该组织领导人同政府签署了一项和平协议，同意“光辉道路”放下武器。但此协议遭到以领导人拉米雷斯•杜兰德为首的部分人的反对，拉米雷斯率追随者组建了“红色道路”，继续从事反政府的暴力活动。秘鲁政府为此曾悬赏20万美金捉拿拉米雷斯·杜兰德。1999年7月13日，秘鲁总统藤森亲自指挥军警联合部队2000多人在胡宁省的比尔卡科托地区实行围剿，次日凌晨，拉米雷斯和另外13名“红色道路”成员在这次围剿中落网。拉米雷斯的被捕不仅消除了暴力活动在秘鲁死灰复燃的危险，也使1992年古斯曼被捕后残存的“光辉道路”游击队遭到了致命的一击。

“图帕克•阿马鲁革命运动组织”（MRTA）是与“光辉道路”齐名的左翼组织，成立于1983年，活跃在90年代。目的在于建立红色政权。秘鲁反恐怖计划低估了这个组织实施恐怖袭击的能力，使该组织制造了很多恐怖袭击。随着其主要领导人被捕或死亡，它已失去了左翼分子的支持。目前部分MRTA成员依旧被关押在监狱中。

“图帕克•阿马鲁革命运动组织”早期的活动主要是炸弹袭击、诱拐、混战以及暗杀，但后来行为趋向激烈。1996年11月，14名MRTA成员占领了日本大使在利马的居所并劫持了72名人质，对峙超过4个月。秘鲁军队在1997年4月发动了猛烈的进攻，成功解救13名人质，而且杀死了包括该恐怖组织领导在内的14名恐怖分子。

第十五章　智利

第一节　概况

【国名】智利共和国（La República de Chile）

【面积】756,626 平方公里（其中陆地面积 756,253 平方公里，岛屿面积 373 平方公里）

【人口】1511.6 万（2002 年）。其中城市人口占 86.6%。印欧混血种人占 75%，白人 20%，印第安人 4.6%。

【首都】圣地亚哥（Santiago），南美洲第四大城市，位于智利中部，首都大区面积 15,718 平方公里，南北长 35 公里，东西宽 40 公里，海拔 556 米，东望安第斯山脉，西靠海岸山脉，是智利经济、政治、文化和交通中心，人口约 580 万，占全国人口的 39.4%。气候宜人，夏季干燥温和，冬季凉爽多雨。圣地亚哥虽是世界最南端的首都之一，游人却络绎不绝，世界各主要航空公司均有航班抵离，与各地联系便利。

圣地亚哥市建于 1541 年 2 月 12 日。西班牙殖民者彼德罗·得拉·瓦尔迪维亚从市中心的圣卢西亚小山开始建城，经过 450 多年的变迁，逐步将圣地亚哥市建成一个中等规模的现代化的美丽都市。解放者奥希金思大街横穿东西，泛美公路纵贯南北，具有西班牙风格的古老建筑与现代化的高大楼房交错相映。市中心的八个街区集中了政府主要机关和金融商业机构，白天车水马龙、夜间灯火辉煌，呈现一片生机勃勃的繁荣景象。中央广场周围，市政府、大教堂、中央邮局和国家历史博物馆等建筑鹤立。位于宪法广场南侧的总统府——莫内达宫庄严肃穆，象征着政府的权威。它始建于 1784 年，于 1805 年竣工启用，是西班牙统治末期在其殖民地兴建的最大建筑，具有浓郁的新古典主义风格。1973 年军事政变时曾遭严重破坏，后照原样修复。现为总统府、内政部所在地。自 1932 年以来，每隔 48 小时，上午 10 点至 10 点半，总统府卫队举行威武雄壮的换岗仪式，成为当地居民和国内外游客观览的一个固定节目。

城市近一二十年的发展特别迅速，四周的贫民窟逐渐被简易楼房所取代，而沿着肯尼迪大街两侧兴建了一栋栋富人居住的漂亮住宅，南北三条地铁线也给首都的面貌增添了不少光彩。

海拔 860 米的圣克里斯托瓦尔山是大都会公园，面积 712 公顷，设有动物园、文化之家、游泳池等游览休闲场所。乘电缆车或驱车登山俯瞰，全城景色尽收眼帘。山顶耸立的圣母塑像高 14 米，重 36.5 吨，成为圣地亚哥的主要标志。此外，城内大小街心花园遍及各区，再加上私人庭院的花草树丛点缀，显得满城春色。

圣地亚哥大区集中了全国一半以上的加工工业，其中以纺织、服装、食品、酿酒、机械和冶金工业为主。大区国内生产总值占全国的 41.5%。郊区土地肥沃，物产丰富，除农牧业外，盛产葡萄、苹果等各种水果。

【国旗】智利历史上第一面国旗是在 1812 年 7 月 4 日制定的，后人称之为“早期国旗”。它自上而下由蓝、白、黄三种长宽相等的色条组成，象征智利由南至北三个互相平行的并列地带。1817 年 10 月 18 日起改用由蓝、白、红三种平行色带组成的国旗，后来发现这面旗帜易与法国的三色旗相混淆，于是在 1912 年 1 月 11 日决定改用由胡安·格雷戈里奥·德拉斯埃拉斯设计的新国旗：上半部靠近旗杆一侧的三分之一处是一个蓝色正方形，其中心部位有一颗白色五角星，其余三分之二是一个白色长方形；下半部为一个红色长条。红色象征蓝卡瓜战役中烈士和英雄们的鲜血，白色象征安第斯山的白雪；蓝色象征海洋。

【国徽】智利的国徽正中是一颗银白色五角星，其衬底是蓝、红横断圆面，顶端有一束红、白、蓝色羽毛，左侧是一只鹿，右侧是一只安第斯山秃鹰。每只动物的头部都装饰着一顶王冠。圆面底部有一条花带，中央嵌着“真理或力量”的词句。这个国徽是1834年6月26日创制的。

【货币】比索

【宗教信仰】15岁以上人口中信仰天主教的占69.90%，信仰福音教的占15.14%。

【国花】“科皮乌埃”，又名“红铃兰”，是一种野生百合花。

【国鸟】“孔多尔”，是一种安第斯山秃鹰。

【时差】比格林威治时间晚4小时，比北京晚12小时。

【与我国建交时间】智利于1970年12月15日同中国建交，是第一个同中国建交的南美洲国家。

【独立日】9月18日（1810年）

【首都外其他主要城市】瓦尔帕莱索市：（Valparaíso）瓦尔帕莱索市是智利议会所在地，也是第五大区（帕莱索地区）的首府和瓦尔帕莱索省省会、智利第二大城市和南美太平洋沿岸最大的深水港。瓦市也是智利最大的对外贸易港，位于太平洋瓦尔帕莱索海湾南端，距首都圣地亚哥119公里。目前，该市人口有28万多，面积402平方公里。该市东部和南部为海岸山脉。城市宛如一轮明月镶嵌在大海与高山间8平方公里的狭长地带上。始建于1536年。屡遭海盗、风暴、大火、地震毁坏，现市区大多为1906年地震后重建；1971年又遭地震破坏。港湾开阔，筑有坚固的防波堤以及现代化的港口设施。瓦市地理位置优越，是智利最早的贸易港口。巴拿马运河开通之前，瓦市有“智利门户”之称。瓦市也是智利最大贸易港，其中输入产品占全国进口总值的半数以上。工业约占全国的五分之一。目前，瓦市有2000多米长的泊位，有现代化的装卸设备。繁忙的码头景象是智利对外经济发展的象征。工商业发达，有铸造、机械、炼油、化工、纺织、化纤、制革、药品、香烟、榨糖、食品、搪瓷、造船和金属加工等。

瓦尔帕莱索也是交通中心，与首都圣地亚哥通电气化铁路，还有铁路通往各大城市和港口，同时该市服务业和旅游业也很发达。

瓦尔帕莱索在西班牙文中意思是“天堂谷”。它由西班牙殖民者修建，至今已有 350 多年的历史，城内的建筑、街道依然遗留着殖民时期的痕迹。城中的特色之一在于一种特别的交通工具：缆车。为了人们平时上下山的方便，它几乎全天运作着。

2003 年，联合国教科文组织授予瓦尔帕莱索市“人类遗产”称号。

维尼亚德尔马市：（Viña del Mar），始建于 1875 年，南与智利第一大港瓦尔帕莱索市连接，人口约 30.3 万。维尼亚德尔马西班牙文意为“海上葡萄园”，气候宜人，景色秀丽，享有“花园之城”的美誉。市内花团锦簇，绿树成荫；海边高楼林立，碧海漪涟。色彩鲜艳的“花草时钟”堪称独特一景，乘坐古色青铜马车在窈窕多姿的维市兜游，颇有一番优雅的诗意。

维市是南美洲太平洋沿岸的著名旅游城市，海滩平坦细匀，游览设施齐全，每年要接待十几万国内外旅游者，许多阿根廷人常常驱车穿越安第斯山来到这里欢度周末。从耸立海边的望海楼举目远眺，可饱览汹涌澎湃的太平洋景色。国际娱乐场被誉为“蒙的卡罗”，全年开放。依山而建的露天剧场可容纳万名观众，每年举行高水平的国际歌咏比赛，更为该市增添生气。古老的卡拉斯科庄园被市政府辟为“文化之家”，法国著名雕塑家罗丹的作品——英雄纪念碑与其翘首相望。每到旅游旺季，剧院、赌场、酒吧和夜总会人潮涌动，以海鲜佳肴为特色的餐馆时常座无虚席。

第二节　自然地理

【概况】位于南美洲西南部，安第斯山脉西麓。东同阿根廷为邻，北与秘鲁、玻利维亚接壤，西临太平洋，南与南极洲隔海相望。海岸线长约 1 万公里，南北长 4200 公里，东西宽 96.8—362.3 公里，是世界上最狭长的国家。

【地貌】东为安第斯山脉的西坡，约占全境东西宽度的 1 / 3；西为海拔 300—2000 米的海岸山脉，大部分地带沿海岸伸展，向南入海，形成众多的沿海岛屿；中部是由冲积物所填充的陷落谷地，海拔 1200 米左右。境内多火山，地震频繁。位于智利、阿根廷边境上的奥霍斯－德尔萨拉多峰海拔 6885 米，为全国最高点。全国有河流 30 余条，较重要的有比奥比奥河等。主要岛屿有火地岛、奇洛埃岛、惠灵顿岛等。

【气候】智境内分为南、中、北三个明显不同的气候区，南部为多雨的温带阔叶林和寒带草原气候；中部为冬季多雨和夏季干燥的亚热带地中海气候；北部为长年无雨的热带、亚热带沙漠气候。全国正常年份平均降雨量为 312.5 毫米。

第三节 政治

【宪法】现行宪法 1981 年 3 月 11 日生效，1989、1991、1993 年三次修改。宪法规定，总统是国家元首和政府首脑。任期 6 年，不得连任。

【议会】国民议会（Congreso Nacional）实行参、众两院制。根据宪法，议会由直接选举的 120 名众议员、38 名参议员、9 名指定参议员和 1 名终身参议员组成。参议员任期 8 年，每 4 年改选一半；众议员任期 4 年。1973 年军事政变后议会停止活动，1994 年 3 月 11 日恢复。2002 年 3 月 11 日组成的国民议会是参、众两院领导成员通过投票表决和党派协商相结合方式产生的，主要党派在议会中所占席位如下：基民党 36 席，社会党 17 席，争取民主党 25 席，民族革新党 29 席，独立民主联盟 46 席，社会民主激进党 6 席。

【政府】2000 年 3 月 11 日组成的政府共设有 17 个部委。

【司法】全国设最高法院、17 个上诉法院和 1 个军事法庭。1999 年成立检察院。

【行政区划】全国划分 13 个大区（Región），下设 50 个省（Provincia）和 341 个市（Comuna）。大区主席和省长由总统任命，市长直接由选举产生，任期 4 年，可连任。第一大区塔拉帕卡（Tarapacá）、第二大区安托法加斯塔（Antofagasta）、第三大区阿塔卡马（Atacama）、第四大区科金博（Coquimbo）、第五大区瓦尔帕莱索

（Valparaíso）、第六大区奥希金斯将军解放者（Lib. General Bernardo O' Higgins）、第七大区马乌莱（Maule）、第八大区比奥比奥（Bío-Bío）、第九大区阿劳卡尼亚（Araucanía）、第十大区劳斯拉各斯（Los Lagos）、第十一大区艾森（Aisén）、第十二大区麦哲伦（Magllanes）以及圣地亚哥首都大区（Santiago）。

【政党】主要政党有：

（1）社会党（Partido Socialista，PS）：1933 年 4 月成立，有党员约 7 万人。1970—1973 年同共产党等联合组成"人民团结"政府，该党领导人阿连德任总统。1979 年发生分裂。1989 年 12 月阿拉特和阿尔梅达两大派宣布联合。1989、1993 和 1999 年联合争取民主党与基民党等组成执政联盟参加竞选获胜。它主张巩固真正民主体制，实现民主谅解和争取建立社会主义民主。1996 年 9 月加入"社会党国际"。该党具有社会民主党色彩，强调民主价值观。

（2）争取民主党（Partido por la Democracia，PPD）：1987 年 12 月由以拉戈斯为首的一批社会党等左翼政党人士创立，有党员 8.4 万人，主要来自社会党，其主张与社会党基本相同。1996 年 9 月与社会党同时加入"社会党国际"。

（3）基督教民主党（Partido Demócrata Cristiano，PDC）：1957 年 7 月成立。党员登记人数 10.84 万人。"基民党国际"成员。它主张实现真正的基督教主义，建立民主制度，尊重人权，与不同的思想派别共处。该党在智民主化进程中起了重要作用，其领导人艾尔文 1989 年 12 月当选为军政府后的第一任民选总统。但近年来，该党内部党派分歧明显。在 2001 年议会选举中失去了保持 40 多年的议会最大党团地位。

（4）社会民主激进党（Partido Radical Social Demócrata，PRSD）：前身为激进党，1888 年 11 月 19 日成立，智利最古老的政党之一。1987 年党内发生分裂，原副主席安塞尔莫·苏莱等另组社会民主激进党。1992 年两党合并定为现名。党员约 9 万人。"社会党国际"成员。

（5）独立民主联盟（Unión Demócrata Independiente ，UDI）：

1983 年 9 月 25 日成立，由独立人士和 1979 年成立的“新民主”组织组成。它支持军政府，坚决反共，主张保留指定参议员。2000 年 1 月联盟领导人拉温作为反对党组成的“争取智利联盟”候选人参加总统竞选，以微弱劣势败北；10 月，拉温在市政选举中当选为首都圣地亚哥市市长。

（6）民族革新党（Renovación Nacional，RN）：1987 年 2 月由右翼的民族联盟、独立民主联盟和全国劳动阵线合并而成。后独立民主联盟又分裂出去。党员 7.7 万人。其宗旨是在智维护和发展西方文明和历史传统，建立“以人为中心，充分尊重个人自由”的非无产阶级社会，反对马克思主义。

（7）共产党（Partido Comunista，PC）：1912 年 6 月成立。有党员 4.7 万人。原名社会主义工人党，1922 年改为现名。1970-1973 年与社会党等联合执政，1979 年提出“人民造反”路线，要求立即结束军政权。1983 年同社会党阿尔梅达派等组成“人民民主运动”，1985 年被宪法法庭宣布为非法。1990 年 10 月恢复合法地位。

其他政党还有南方党（Partido del Sur）、左派民主党（Partido Democrático de Izquierda）、人道主义党（Partido Humanista）、基督教左派党（Partido Izquierda Cristiana）、马普工人农民党（Partido Mapu Obrero Campesino）、自由党（Partido Liberal）等。

【文化教育】实行 8 年义务基础教育。中等学校分为两种：一是科学—人文学校，即普通中学，学生毕业后绝大部分报考大学；另一种为技术—职业学校，分工业、商业、技术和农业等门类。从这类学校毕业的学生既可参加工作，也可升大学。有各类学校 10768 所，其中高等教育院校 298 所，职业学校 82 所，技术培训中心 156 个。著名大学有：智利大学、智利天主教大学、圣地亚哥大学。人均受教育时间为 9.25 年。2001 年各类学校在校生 398.29 万人，其中，学前教育 27.74 万人，基础教育 243.02 万人，中等教育 82.29 万人，高等教育 45.24 万人。成人识字率为 95.79%，文盲率为 4.09% 左右。教育经费支出为 18400 亿比索（合 28 亿美元）。

【新闻出版】全国有报社 87 家。主要报纸有：《信使报》，1827

年创刊，发行量平日 12 万份，星期日 25 万份；《民族报》，1980 年创刊，发行量 3 万份；《三点钟报》，1950 年创刊，发行量 20 万份；《二点钟报》（晚报），1931 年创刊，发行量 4 万份；《最后消息报》，1902 年创刊，发行量 15 万份；主要杂志有：《事件》，1971 年创刊，发行量 3 万份；《新情况》，1976 年创刊，发行量 2.5 万份；《今日》，1977 年创刊，发行量 3 万份。

主要通讯社为环球通讯社。

全国有电台 1095 家，主要有国家电台、合作电视台、波塔莱斯电台、农业电台和矿业电台。

电视台 9 家，其中影响较大的是国家电视台（7 台）、智利大学电视台（11 台）、天主教大学电视台（13 台）、大视野电视台（9 台）和瓦尔帕莱索天主教大学电视台（5 台）。

第四节　经济

【概况】智利属于中等发展水平国家。矿业、林业、渔业和农业资源丰富，是国民经济四大支柱。智利是拉丁美洲最主要的工业国和最大的原材料出产国。它拥有世界上已知的，最大的铜矿（占世界铜储量的 40%）。19 世纪硝酸盐为智利带来了巨大的财富。此外智利还有石油，天然气和宝石。智利的农业和渔业也很发达，服务行业也很重要。20 世纪 80 年代起，皮诺切特军政府采用“芝加哥学派”经济理论，实行对外开放的自由市场经济政策。1984 年起连续 15 年经济年均增长达 6.5%，被世界银行和西方国家誉为拉美经济发展的样板。受国际金融危机和巴西金融动荡影响，1999 年首次出现负增长。2000 年经济强劲复苏，增幅达 5.4%。2001 年增长趋缓，增幅为 2.8%。2002 年，受国际经济持续低迷、阿根廷危机全面爆发、巴西和乌拉圭金融动荡影响，智利外贸下滑，外资减少，经济增幅下挫。

【自然资源】矿藏、森林和水产资源丰富，以盛产铜闻名于世，素称“铜之王国”。已探明的铜蕴藏量达 2 亿吨以上，居世界第一位。

铜储量、产量和出口量均为世界第一。铁蕴藏量约 12 亿吨，煤约 50 亿吨。此外，还有硝石、钼、金、银、铝、锌、碘、石油、天然气等。盛产温带林木，木质优良，是拉美第一大林产品出口国。渔业资源丰富，是世界第五大渔业国。

【农林牧渔业】2001 年，农、林业产值 15243.51 亿比索，农业劳动力 70.4 万人，占总劳动力的 12%。耕地面积 1.66 万平方公里。主要农作物播种面积 84.45 万公顷。主要的农作物有小麦、燕麦、大麦、玉米、土豆、甜菜、水稻等。

2001 年水果种植面积为 18.1 万公顷，总产量 341.1 万吨。主要水果有梨、苹果、葡萄、柠檬、弥猴桃等。

林业：全国森林覆盖面积 1564.9 万公顷，占全国土地面积的 20.8%。其中，天然林 1344.3 万公顷，人工林 211.9 万公顷，混合林 8.6 万公顷。主要林产品为木材、纸浆、纸张等。

畜牧业：牧场面积 12.93 万平方公里。2001 年产牛肉 21.8 万吨，羊肉 1.1 万吨，猪肉 30.3 万吨，鸡肉 48.5 万吨。

渔业：2001 年渔业产值 5285.47 亿比索，捕鱼量为 466.4 万吨。

【工业】工矿业是智利国民经济的命脉。2001 年，工业总产值为 57220.56 亿比索，矿业总产值 30507.27 亿比索。工矿业从业人口为 82.9 万人，占总劳动力的 14%。

【旅游业】政府重视发展旅游业。近年来，在维护原有海滨和南部风景区的基础上，不断开发新的旅游景点，完善旅游服务设施。2001 年全国有旅行社 908 家，旅游饭店 1128 家，共接待外国游客 172.3 万人次，旅游外汇收入 7.88 亿美元。游客主要来自阿根廷等周边国家（71.9%）、北美（10.3%）和欧洲（13.8%）。

【交通运输业】铁路：总长 8613 公里，其中电气化铁路 1654 公里。2001 年客运量为 1309 万人次，客运里程 8.7 亿公里，货运量 2251 万吨，货运里程 33.2 万公里。首都圣地亚哥地铁全长 27.25 公里，2001 年客运量为 20.25 万人次。

公路：总长 7.96 万公里。其中泛美公路长达 3600 公里。2001 年全国有各种机动车 212 万辆，其中小轿车 135 万辆。

海运：商船队拥有 79 艘船，总吨位为 120 万吨，担负着智 50% 的进出口运输任务。国际海运航线 19 条。有 70 多个沿海港口，货物总吞吐量达 6958 万吨。2001 年国内外船只装卸量分别为 4822 万吨和 2636 万吨。主要港口有瓦尔帕莱索港，塔尔卡瓦诺港，安托法加斯塔港，圣安东尼奥港和彭塔阿雷纳斯港等。

空运：有 5 家航空公司，6 个国际机场。智利国家航空公司有波音飞机 11 架，与阿根廷、玻利维亚、巴西、加拿大、法国、秘鲁、西班牙、美国、乌拉圭和委内瑞拉通航；私营的铜业航空公司有波音飞机 7 架，与阿根廷、巴西、哥伦比亚、厄瓜多尔、巴拉圭和美国通航。2001 年国内航线年客运量 311.6 万人次，货运能力 6.37 亿吨公里，货运量 3.50 亿吨公里。国际航线客运量 213.2 万人次，国际货运能力 28.66 亿吨公里，实际货运量 19.81 亿吨公里。全国有大小机场 325 个，主要国际机场有首都的阿图罗・梅里诺・贝尼特斯机场和北部阿里卡市的查卡柳塔机场。

【对外贸易】智利经济在很大程度上依赖对外贸易。出口总额占国内生产总值的 34%左右。实行统一的低关税率（2003 年起总关税率为 6%）的自由贸易政策。目前同世界上 170 多个国家和地区有贸易关系。主要出口产品是矿产品、农牧渔业等产品、工业产品；主要进口产品是消费品、中间产品、资本货。主要贸易对象是阿根廷、巴西、加拿大、美国、德国、法国、英国和日本。

第五节　历史

智利原有居民是印第安人，16 世纪处于从母系氏族向父系氏族过渡阶段。其中，北部的乌鲁人、孔萨人和中部的阿劳坎人主要从事农业生产，兼营渔业，有的已能制造铜器和金银器；南部的奥纳人、雅甘人等靠渔猎为生。

16 世纪 30 年代，西班牙殖民者弗朗西斯科•皮萨罗（Francisco Pizarro）征服秘鲁以后，派他的伙伴迭戈•德•阿尔马格罗（Diego de Almagro）于 1535 年侵入智利。因遭印第安人袭击，1538 年逃回秘鲁。1540年，皮萨罗又派佩德罗·德·巴尔迪维亚（Pedro de Valdivia）再次侵入智利，陆续建立圣地亚哥康塞普西翁和瓦尔迪维亚等城镇，智利遂沦为西班牙殖民地。此后，印第安人继续坚持战斗，其中阿劳坎人长期控制着比奥比奥河以南的领土。

智利初由秘鲁总督管辖，1778年西班牙王室设置智利都督府和检审庭，作为智利的最高统治机构。殖民统治时期，智利经济以农业为主，生产小麦、玉米；畜牧业也占有重要地位。西班牙殖民者侵占大片土地，推行委托监护制，强迫印第安人从事农业劳动或采掘贵重金属。他们使用各种手段搜刮财富，给当地人民造成严重灾难。智利人民曾在1651、1655、1723、1766、1780年多次举行起义。

1810年9月18日，圣地亚哥的土生白人推翻了殖民政权，成立独立政府。1814年10月秘鲁总督派兵前来恢复殖民统治。智利民族志士在贝尔纳尔多·奥希金斯领导下越过安第斯山，与圣马丁的军队会合。1817年，这支军队在圣马丁指挥下进军智利，2月12日在查卡布科大败西班牙殖民军。同年，奥希金斯被推举为智利最高执政官。1818年2月12日奥希金斯正式宣布智利独立，成立共和国。

智利独立后，政权为土生白人地主所掌握。奥希金斯政府采取了一些进步措施，如取消贵族爵位，允许传布新教，发展公立学校，鼓励对外贸易等，引起地主阶级和天主教会不满。1823年奥希金斯被迫辞职，流亡秘鲁。此后，由于不同政治派别之间的斗争，国家一度陷于动乱。1831年保守党上台执政。1833年制定宪法，赋予总统以极大权力，以天主教为国教，巩固了大地主阶级的统治，开始了此后30年比较稳定的政治局面。在这期间，保守党政府鼓励来自欧洲各国的移民，侵占印第安人的土地，开发阿塔卡马和科金博铜矿，使智利成为世界重要的产铜国。矿产和粮食的出口增加，教育也有所发展。与此同时，大量英美资本投入硝石、铜矿开采业以及铁路。1836—1839年间，智利进行了反对玻利维亚－秘鲁联邦的战争。

19世纪40—50年代，自由党在自由派地主和矿业资本家支持下强大起来。1861—1891 年自由党执政期间，政府极力削弱天主教势力，开发阿塔卡马沙漠的硝石区，并改进了交通。英美资本进一步侵入，控制了铁路和主要生产部门。1865—1866 年，智利与秘鲁、厄瓜多尔和玻利维亚结成同盟，进行了反对西班牙的战争。在南美太平洋战争中，智利吞并了秘鲁的塔拉帕卡省和阿里卡省以及玻利维亚的安托法加斯塔地区。

1891 年，海军军官何塞•蒙特（José Montt）发动内战，夺取政权。此后，地主阶级联合大进出口商通过国会控制政府，开始了所谓“国会共和时期”（1891—1920）。这个时期，智利经济有所发展。工人阶级队伍也逐渐成长起来，1909 年成立了工人联合会。1912 年成立了社会劳工党。

第一次世界大战后，美国垄断资本家大规模在智利投资，智利资产阶级力量也有所增长。1920 年，自由联盟候选人阿尔图罗•亚历山德里 •帕尔马（Arturo Alessandri Palma）当选为总统。1925 年，召开制宪会议，制定新宪法，规定选民直接选举总统，实行政教分离，征收累进税，政府有权征用私人财产。工人运动日益发展。1922 年社会劳工党改名为共产党，并加入共产国际。1930 年的世界经济大萧条对智利打击很大，铜和硝石的价格巨跌。1932 年亚历山德里 • 帕尔马再次当选总统后，反民主倾向加剧，法西斯势力日益猖獗。1936 年，激进党、共产党、社会党、民主党和劳工联盟组成人民阵线。激进党在人民阵线支持下执政，佩德罗•阿吉雷•塞尔达（Pedro Aguirre Cerda，1938—1942）、胡安•安东尼奥•里奥斯（Juan Antonio Ríos，1942—1946）和加布列拉•冈萨雷斯 •魏地拉（Gabriel González Videla，1946—1952）相继任总统。前两届政府曾大力兴办学校，成立“生产开发公司”，发展民族工业，向农民贷款，发展对外贸易。与此同时，无产阶级更加壮大。1941 年国会选举时，有 18 名工人代表被选入国会。

第二次世界大战前期，智利保持中立。1944 年与苏联建立外交关系，1945 年对轴心国宣战。冈萨雷斯 • 魏地拉执政初期，曾吸收共产党人入阁。1947 年起，他关押并流放大批共产党人，镇压罢工工人，并同苏联等社会主义国家断交。1948 年颁布《保卫民主法》，宣布共产党为非法。1952 年，卡洛斯•伊瓦涅斯 • 德尔坎波（Carlos Ibáñez del Campo）当选总统后，继续执行对外追随美国、对内压迫人民的政策。由于美国资本的控制，智利民族工业发展非常缓慢；农业亦非常落后，全国 70%的可耕地掌握在大地主手中。人民生活日益困苦，反帝反封建的民族民主革命运动日益发展。

1958 年，自由党和保守党支持霍尔赫•亚历山德里 • 罗德里格斯（Jorge Alessandri Rodríguez）当选总统。1964 年，基督教民主党领袖爱德华多•弗雷 • 蒙塔尔瓦（Eduardo Frei Montalva）当选总统后，迫于人民的压力，曾对美资铜矿公司实行“智利化”（即合营）；同时征收地主的部分土地分配给农民。1970 年，社会党、共产党、激进党、统一人民行动运动、社会民主党和独立人民运动等 6 个党组成人民团结阵线，支持社会党人萨尔瓦多•阿连德 • 戈森斯（Salvador Allende Gossens）当选总统。阿连德 • 戈森斯吸收共产党人入阁，执政期间实行了一系列重大经济和社会改革，许多经济产业（如铜矿）被国民化。1970 年 12 月 15 日与中国建立外交关系。阿连德 • 戈森斯的政策引起美国垄断资本家和国内保守派的反对，美国伙同其盟国对智利实行经济封锁。1973 年 9 月 11 日军人发动政变，推翻了阿连德 • 戈森斯政府。陆军司令奥古斯都•皮诺切特 • 乌加特（Augusto Pinochet Ugarte）任“军人执政委员会”主席。1974 年 6 月，皮诺切特 • 乌加特就任总统，1981 年 3 月出任立宪总统。军政府执政后，禁止政治活动，取缔所有政党。此后几年中，上千人被杀，上百万阿连德的支持者被迫流离。1988 年全民表决，大多数人反对皮诺切特继续任职。1989 年自由选举，基督教民主党人帕特里西奥 • 艾尔文（Patricio Aylwin）被选为总统。

1994 年至 2000 年间，基督民主党人埃杜阿多 • 弗雷（Eduardo Frei）当选总统。1998 年皮诺切特从陆军首长职务退位，同年在英国被捕。其后他被软禁。2000 年由于身体健康的原因被释放。2000 年起社会民主党人里卡多 • 拉戈斯（Ricardo Lagos）开始执政。拉戈斯总统执政后，经历皮诺切特、全国市政选举和议会换届选举等重大事件，政局未出现大的动荡。2001 年议会选举后智政治格局发生较大变化，执政联盟仅以微弱优势战胜反对党联盟，后者在议会中势力加强，政治实力继续上升，形成中左、中右两大阵营对峙局面。现在智利国内政治和社会局势基本保持稳定。受反对党势力牵制及执政联盟内部矛盾等因素影响，政府推行的政经改革进展不大。腐败丑闻对执政联盟和政府的形象造成一定冲击，经济增长缓慢导致失业率居高不下，社会问题仍是关系政局稳定的重要因素。

2013 年 12 月，在智利总统选举第二轮投票中，由 7 个政党组成的反对派联盟“新多数联盟”候选人米歇尔·巴切莱特以明显多数击败执政的“争取变革联盟”候选人埃韦琳·马泰，赢得总统选举。巴切莱特曾在 2006 年首次参加总统选举并获胜，成为智利历史上首位女总统，也是南美首位女总统。

第六节　人物介绍

【卡夫列拉·米斯特拉尔】（Gabriela Mistral，1889—1957），生于圣地亚哥以北的埃尔基河谷，死于纽约。父亲早逝，她早年独立谋生，靠自学获得文化知识。14 岁开始发表诗作。17 岁时与一个铁路职员恋爱，对方由于不得志而自杀。对死者的怀念成为她初期创作的题材，作品充满哀伤的情调。1911—1919 年在家乡从事教育工作。1914 年以《死的十四行诗》获圣地亚哥花节诗歌比赛第一名。1918—1920 年任阿雷纳斯角女子中学校长。1921 年在圣地亚哥主持女子中学。1922 年应邀参与墨西哥的教育改革。同年发表第一部诗集《孤寂》，笔触细腻感人，突破当时风行于拉丁美洲的现代主义诗歌的风格。1924 年应邀赴美讲学，以后在拉美和欧洲一些国家任领事。1930 年发表《艺术十条原则》，认为世界上不存在无神论的艺术；美就是上帝在人间的影子；美是指灵魂的美，美即是怜悯和安慰。陆续问世的诗集和散文集有《柔情》（1924）、《白云朵朵》（1934）、《智利掠影》（1934）、《母亲的诗》（1934）、《有刺的树》（1938）、《葡萄压榨机》（1955）等。

米斯特拉尔早期沉湎于个人爱情的悲欢，作品格调委婉凄恻，但感情细腻，文字清新。1938 年后题材和情调有明显变化，面向更广阔的生活，反映了受压迫、被遗弃的人们的困苦，对资本主义社会不合理现象作了一定的揭露和抨击。晚年思想境界较高，艺术技巧益臻圆熟。诗人善于发现美，赞颂美，激发人们对美好事物的热爱和追求。此后她的诗歌创作有明显的转变，从个人的忧伤转向人道主义的博爱。

诗集《有刺的树》（1938）为贫苦人们的不幸大声疾呼，为犹太民族的遭遇表示不平，为穷苦儿童祈求怜悯，这一创作倾向对拉丁美洲抒情诗歌的发展产生了深远的影响。1945 年 9 月“因为她那富于强烈感情的抒情诗歌，使她的名字成为整个拉丁美洲的理想的象征”而获诺贝尔文学奖金，成为拉丁美洲获得诺贝尔奖金的第一人。晚年曾任驻联合国特使。1955 年出版的诗集《葡萄压榨机》表达了对祖国和人民的热爱。此外她还写过一些有关文化与国际和平运动的文章。其创作能从大处着眼，小处着墨，颇具功力，但常夹杂若干宗教色彩。

【巴勃鲁·聂鲁达】（Pablo Neruda，1904—1973）智利诗人。生于帕拉尔城。少年时代就喜爱写诗并起笔名为聂鲁达，16 岁入圣地亚哥智利教育学院学习法语。1928 年进入外交界任驻外领事、大使等职。1945 年被选为国会议员，并获智利国家文学奖，同年加入智利共产党。后因国内政局变化，流亡国外。曾当选世界和平理事会理事，获斯大林国际和平奖金。1952 年回国，1957 年任智利作家协会主席。1973 年逝世。

聂鲁达 13 岁开始发表诗作，1923 年发表第一部诗集《黄昏》，1924 年发表成名作《二十首情诗和一支绝望的歌》，自此登上智利诗坛。他的诗歌既继承了西班牙民族诗歌的传统，又接受了波德莱尔等法国现代派诗歌的影响；既吸收了智利民族诗歌特点，又从惠特曼的创作中找到了自己最倾心的形式。从 1925 年到西班牙内战爆发是聂鲁达创作的第二个阶段．基本上运用超现实主义和象征主义手法，追求神秘的内心体验，主要诗作是《地球上的居所》（1933—

1935)。1937 年，他进入创作的第三阶段，亦是全盛时期，主要作品有著名长诗《西班牙在我心中》(1937）和代表作《诗歌总集》(1950)，后者包括此时期发表的最著名的两首长诗：《马丘·比丘高峰》和《伐木者，醒来吧》(1948)。此后陆续发表诗集《元素之歌》(1954)、《葡萄和风》(1954)、《新元素之歌》(1956)、《一百首爱情十四行诗》(1957)、《英雄事业的赞歌》(1960）等。

聂鲁达在拉美文学史上是继现代主义之后崛起的伟大诗人。他的诗歌以浓烈的感情、丰富的想象，表现了拉美人民争取独立、民主、自由的历程，具有高度的思想性和艺术力量。由于“他的诗作具有自然力般的作用，复苏了一个大陆的命运与梦想”，聂鲁达于1971 年荣获诺贝尔文学奖。

【伊莎贝尔·阿连德】(Isabel Allende，1942—）出身于智利名门世家。她的伯父就是在 1973 年死于智利政变的总统萨尔瓦多·阿连德。在智利政变之后，阿连德就踏上了流亡之路，一直到 1982 年出版了她的处女作——长篇小说《幽灵之家》后才引起西方文学界的注意。

《幽灵之家》甫一出版立即得到了广泛的好评，这部小说也是阿连德迄今为止最重要的作品。《芝加哥论坛报》认为这部小说是二次大战后世界文坛最重要的小说之一；著名的《出版人周刊》则把《幽灵之家》与 1982 年诺贝尔文学奖得主马尔克斯的《百年孤独》相提并论：“以天才的方式回应《百年孤独》，只是更清澈、更直接、更浓烈，全景展现 20 世纪历史变迁。”欧洲出版商干脆就把阿连德称为“穿裙子的马尔克斯”。

在《幽灵之家》这部小说中，阿连德以她的家族历史为原型，以特鲁瓦埃家族为中心，讲述了特鲁瓦埃、瓦列、加西亚三个家族间近一个世纪的恩怨情仇。阿连德通过自己家族的故事折射出智利的历史风云，甚至是整个拉美大陆的命运和未来。

阿连德其他的作品还有：《幽灵之家》、《佐罗：一个传奇的开始》、《阿佛洛狄特：感官回忆录》、《怪兽之城》、《金龙王国》、《矮人森林》。

【贝尔纳尔多·奥希金斯】（Bernardo O'Higgins，1778—1842）智利民族独立运动领袖，独立后第一任最高执政长官（1817—1823）。早年先在奇廉、利马就读，后在伦敦接受高等教育。1798 年，他结识南美独立运动的先驱者弗朗西斯科·德·米兰达，参加秘密革命团体“劳塔罗”。1801 年返回智利，积极投入反对西班牙殖民统治的活动。1811 年 7 月 4 日，智利第一届国民议会开幕，他成为激进派议员的领袖。1814 年被任命为爱国军总司令，同年 10 月在兰卡瓜战役中爱国军战败，圣地亚哥陷落，西班牙殖民统治复辟。奥希金斯率爱国军余部退至阿根廷的门多萨城与圣马丁会合。1817 年 2 月至 1818 年 4 月歼灭殖民军主力，奥希金斯被推举为智利最高执政长官。1818 年 2 月 12 日，智利正式宣布独立。执政期间，实行发展文化教育、取消殖民统治时期的一些赋税和废除贵族爵位等改革，创建海军，支援圣马丁解放秘鲁。他的改革遭到保守派和教会的反对。1823 年 2 月，他被迫辞去最高执政长官之职，后流亡并卒于秘鲁。

第七节 风土人情

【国舞——奎卡舞】智利的奎卡舞（cuenca）约诞生于 1824 年。起初是一种音乐沙龙舞蹈，由竖琴和吉它伴奏，而乡间则在临时搭建的小型木板舞台上表演，伴以吉它和歌唱，后演变为智利民间舞蹈。1979 年 9 月 18 日奎卡舞被指定为智利国舞。

奎卡舞的起源至今尚无确切考证，主要有三种说法：非洲黑人舞蹈，土著印地安人舞蹈，由西班牙传至秘鲁的一种民间舞蹈演变而来。

奎卡舞有不同的跳法，最有名的奎卡舞包括：北方奎卡舞，土著奎卡舞，乡间奎卡舞，华尔兹奎卡舞，长奎卡舞，喜剧奎卡舞，码头奎卡舞和奇诺艾奎卡舞。

奎卡舞是一种节日舞蹈，热烈欢快，体现男女青年田园诗般的爱情。其欢乐的旋律，优美的舞姿，深受智利人民喜爱。参加聚会的人对舞会的欢乐气氛起着很大的作用。跳舞者和助兴者是一个整体。当歌手、吉它和竖琴开始表演，舞者起舞时，观舞者即伴随吉它和竖琴的节奏开始击掌，并高喊“阿罗”!“阿罗”! 掌声越响，舞者的情绪就越高涨。

奎卡舞大致如下：舞者一男一女结对，男着马刺白裤，女着彩色花裙，手持白手帕，舞蹈开始时，男子向他最倾慕的姑娘走去并向她伸出手，姑娘站起来，陪他在舞池中小走一会儿。之后，二人面对面站着，举起手帕，在观众的鼓舞下开始起舞。起初的舞步是安静的、小幅度的摆动，手帕也在轻柔地飘动，并显示舞蹈将要旋转的方向。最后，男子开始表演踢踏舞，其节奏和难度不断升级，直到最后一圈拥抱对方并单膝着地为止。

【风俗习惯】服饰礼仪：智利服装业发达，市场上有各种款式的流行服装，因此有人认为智利服装引导着南美潮流。当地的一些少数民族仍穿着具有鲜明民族特色的传统服装。如阿劳坎人的男子身披毛织斗篷。

仪态礼仪：智利人举止大方，待人接物非常讲礼貌。到当地一些办事机构办事，经过严格训练的秘书小姐总会彬彬有礼地接待来客。

相见礼仪：智利人十分重视见面时的问候礼节，他们同外来客人第一次见面时，多要握手致意，有时男性之间要热情地拥抱，女性之间要相互亲吻面颊，最常用的问候语是“您好”“见到您非常高兴”“感谢上帝让我们相识”等。熟悉的朋友见面，多是热情拥抱和亲吻，寒暄问候，异常亲密，男女均是如此。一些上了年纪的人见面，还习惯行举手礼或脱帽礼。

喜丧礼仪：智利信奉天主教的人，其婚礼、丧礼都按天主教的礼仪办理。如婚礼是由神父主持在教堂中进行，神父需询问男女双方是否同意结为夫妇。当地的阿劳坎人的丧葬礼仪是把死者埋在墓穴中，在其身边放些陪葬物品，一般男子放武器，女子放日用器皿。

【饮食习惯】智利人的主要食物有面粉、大米、玉米。牛肉、猪肉和羊肉，它们在智利重大的活动中都占有重要位置，而且多为烤肉。在该国，葱头、土豆、西红柿、生菜、龙须菜、白菜和紫菜头等蔬菜及菜豆、兵豆和鹰嘴豆都是家庭餐桌上必不可少的食品。智利的高质量海产品，如海蟹、大牲朗和硕大的贻贝，也是节日里做菜的主要原料。各种各样的天然水果，如苹果、柑桔、葡萄、西瓜、甜瓜、李子、杏、草莓、桃、荔枝和山橄揽等是家家户户餐桌上的必备之物。智利人吃饭必须饮酒，而且，在智利消费的红、白葡萄酒都是上等酒，还有白酒，喝的方法也很多，可以单独饮用，也可以掺进柠檬和糖作开胃酒。

【体育活动围牛】围牛是智利的一种民间体育活动，广泛流行于全国农牧民中间。它不仅检验牧民驾驭马匹，驱赶牛群的能力，同时还考验他们的果敢精神。围牛比赛时，骑手们两人一组互相配合，以适合的速度、高超的技巧将蛮牛围堵在指定区域，以得分多少决定名次。围牛活动始于殖民时期。由于该国牧业发达，当时的牧场没有界限，牛群到处乱跑，牧民们必须为牛作标记，并将牛群分给不同的主人，这样便产生了围牛活动。作为一种民族文化传统，围牛是智利节假日不可少的保留表演项目之一。每年 9 月至来年 3 月，在全国范围内进行预选赛，4 月初在智利中部城市兰卡瓜举行决赛。比赛场地是直径 45 米的圆型沙土场，牛为 400—450 公斤重的牛犊，每头牛只被使用一次。

【阿劳干人的风俗】智利北部的阿劳干人实行一夫多妻制。按照当地的风俗，婚姻在近亲中间缔结。他们有的遵父母之命，媒妁之言而拜堂成亲；有些指腹为婚的，则幼时即成眷属，婚礼也仅仅是一种形式。

阿劳干人结婚时，新郎首先应当付给新娘的父母一笔彩礼，作为妻子的赎金。赎金的多少是新郎预先同新娘的父亲商妥的，依新娘的社会地位而定。只有在付清赎金之后，婚姻才算有效。如果新郎一次不能全部付清赎金，就必须住在妻子那儿，直到他付清全数为止。最后，新郎还必须举办喜宴。

婚姻仪式中有一个有趣的节目，是假抢亲。婚礼在夜里举行，新郎伙同一群青年假装把新娘抢走。然后骑上备好的马，奔向大自然的怀抱，享受蜜月。如果新娘的双亲不同意这桩亲事，那么新婚夫妇就暂时躲藏在树林里，或躲在外村的亲属处，等到新娘的父亲同意和承认他们的婚姻之后，才商议交付赎金。

第八节　自然景观

【复活节岛】太平洋东南部岛屿，是智利的一个小岛，距智利本土 3600 多公里。当地称“拉帕努伊岛”，意即“石像的故乡”。由复活节岛和周围一些小岛组成，陆地面积 120 平方公里。人口约 2000 人，主要是波利尼西亚人。属热带海洋性气候。火山岛，土壤肥沃。自 1888 年起归智利管辖，行政属智利瓦尔帕莱索省。该岛产甘蔗、香蕉、玉米等，并产鱼、虾。经济主要是畜牧业和旅游业。岛上有巨大石像等文物古迹，被称作“神秘之岛”。首府杭加罗阿，在岛的西南部，附近有飞机场，并建有美国卫星跟踪和气象观察站。

据说，1722 年荷兰探险家雅可布·洛吉文（Jabbo Roggeween）在南太平洋上航行探险，突然发现一片陆地。他以为自己发现了新大陆，赶紧登陆，结果上岸后才知道是个海岛。正巧这天是复活节（1722 年 4 月 5 日），于是就将这个无名小岛命名为复活节岛。1888 年，智利政府派人接管该岛，说来也巧，这天又正好是复活节。

一提起复活节岛，人们首先想到的是那矗立在岛上的 600 多尊巨人石像。石像造型之奇特，雕技之精湛，着实令人赞叹。人们不禁要问，这么多的石像是什么人雕凿的？雕凿如此众多的石像的目的是什么？是供人瞻仰观赏，还是叫人顶礼膜拜？近些年来，一些国家的历史学家、考古学家和人类学家都曾登岛考察，企图弄个水落石出，结果虽提出种种解释，但也只能是猜测，不能令人信服。复活节岛上的石像一般高 7—10 米，重达 30—90 吨，有的石像一顶帽子就重达 10 吨之多。石像均由整块的暗红色火成岩雕凿而成。所有的石像都没有腿，全部是半身像，外形大同小异。石像的面部表情非常丰富，眼睛是专门用发亮的黑曜石或闪光的贝壳镶嵌上的，格外传神。个个额头狭长，鼻梁高挺，眼窝深凹，嘴巴噘翘，大耳垂肩，胳膊贴腹。所有石像都面向大海，表情冷漠，神态威严。远远望去，就像一队准备出征的武士，蔚为壮观。面对这一尊尊构思奇巧的巨人石像，游客们自然会有一连串的疑问：石像雕于何时？如此高大的石像又用什么办法搬到海滨？一些尚未完工的石像，又是遇到什么问题而突然停了下来？

为揭示这些谜团，科学家们进行了长期调查研究，对于一些问题已有了初步的答案。但众说纷纭，莫衷一是。在岛上上万件古文物中，有 25 块上面刻有人、兽、鱼、鸟等图形符号的木板，大的长 2 米，岛民称为之为“会说话的木板”，至今无人能读懂它们。对于这些神秘古物，岛民也不知其来历。

【阿塔卡马沙漠】从智利首都圣地亚哥北行，约 8 小时的车程就能到达阿塔卡马沙漠里人口最密集的城市——安托法加斯塔。当地的气象记录表明，这个城市全年仅有 20 个有云彩的日子，其余全是晴空，平均年降水量 3 毫米，而周围大部分地方更是 40 年至 100 年没有下过雨，阿塔卡马沙漠因此而被称为世界“旱极”。在这片荒瘠、强酸性的土壤上，甚至连细菌也不能存活。

阿塔卡马沙漠宽 160 公里、长 1000 公里，濒临太平洋，沙漠北部紧挨的安第斯山如同一道屏障，阻挡了亚马逊河的潮湿空气南下。另外，这里盛行与海岸平行的离岸风，又是秘鲁寒流流经之地，沿海空气与寒流表面接触，下层冷却，水汽只能成雾，而难以升至高空凝云致雨。据说，当地有一个被科学家称为“绝对沙漠”的地方，自 1870 年西班牙人建立气象观察站以来，还没有过下雨的记录。

由于几乎没有雨水，阿塔卡马地区的房屋都没有挡雨的房檐，屋顶大都建成平的，不必考虑排水的斜度。有的人家还在屋顶上砌一圈矮墙，用来堆放家庭杂物。城市里尽管街道纵横交错，但马路上却没有排水道。大部分人不知雨伞、雨衣是何物，大大小小的商店里也没有防雨商品可卖。由于缺乏防雨设施，即使一点降雨也会引起全城骚动，把人们弄得手忙脚乱。

据考古学家考察，阿塔卡马地区有人类居住的历史至少已经 1 万年。圣彼德罗就是一个有悠久历史的村落遗址。人们在此能看到古代印第安人居住的房子、防御工事、行政中心和古道。目前这里依然生活着许多印第安人。由于干旱少雨，他们至今仍保留着求神降水的风俗。祭祀仪式的中心活动是杀骆驼祭神。印第安人将一只高大强壮的骆驼捆绑起来，用染上颜色的羊毛扎在骆驼的后背和耳朵上，然后再用刀剖开骆驼的身体，将跳动的心脏用古柯叶包起来投入火中。此时，人们会闪出一条通道，为骆驼的灵魂“顺利升天”腾出地方，骆驼鲜血则被人捧着洒向四方。

不过，随着社会的进步和发展，当地人已逐渐学会饮用安第斯山的雪水以及开采地下水源。有趣的是，在沙漠北端的阿里卡市，印第安人还根据多雾而无雨的气候特点发明了“用网捕水”的办法。说起来这还要归功于植物的启发。当地人发现有两种植物在干旱的沙漠中长势良好，原因就是其枝叶能从雾气中摄取所需的水分。受这一现象启发，他们设计了一种专门用来收集雾水的捕雾网，垂直悬挂在野外，以捕捉山峰上的浓雾。等雾气凝结在网的表面，积攒成水流后再通过水槽，输送给村里的住家。现在居民们高兴地说，遇上大雾天，他们一个村每天可用网收集到 1 万升的“自来水”，不但饮用有余，还能经常淋浴洗澡。

在“旱极”阿塔卡马沙漠，大自然的鬼斧神工塑造出了迷人景致。宽广的盐碱地和永恒的雪火山远远望去别具情致。沙漠中还有一片区域，其地理构造如同月球一样，因此被地理学家赋予了一个美丽的名字——月亮谷。人们可以在那里欣赏美丽的落日和由盐渗透、侵蚀而成的天然雕塑。许多过惯了多雨生活的人慕名去当地感受“干旱”的滋味，阿塔卡马沙漠也因此成为智利的旅游胜地，每年吸引着众多来自世界各地的背包客。

【托雷德裴恩国家公园】在距离智利首都圣地亚哥大约 2500 公里的巴塔哥尼亚高原（Patagonia）上，曾经居住着印第安的一个民族——德卫尔彻人（Tehuelche）。西班牙人入侵后，德卫尔彻整个民族都灭绝了，但是他们留下的文化保存了下来。今天巴塔哥尼亚高原上的托雷德裴恩国家公园名字中的裴恩（Paine）一词就是德卫尔彻人的语言，意思是“蓝色”。

也只有世世代代生于斯长于斯的当地原著民才可以找到这么简单而确切的一个词来概括这里的一切景物。托雷德裴恩有大大小小数不清的湖泊，河流和泻湖。也许是因为水中一种海藻的作用，这里的湖泊都呈现出一种异样的蓝色，尤其是最美丽的拉哥裴赫湖（Lago Pehoe）。这种蓝色好像不属于自然界，世上再难找出和它一样蓝的东西，倒像是上帝专门为高山上的这汪湖水另外创造了一种蓝色似的。

包围着拉哥裴赫湖的柯尔诺德裴恩和托雷德裴恩两座雪山对当地人来说不仅仅是普通的山峰。传说这里曾经住着一条邪恶的大毒蛇，它制造了一场大洪水想要灭绝居住在托雷德裴恩的部落，洪水退去后，毒蛇偷去了部落内最强壮的两名勇士的尸体，把他们变成了石头，当地人相信，柯尔诺德裴恩（Cuernos del Paine）山的两座并列的山峰就是那两位勇士变的。他们不仅守护着臂弯里那奇异的蓝色湖泊，也守护着生活在托雷德裴恩的人们。

托雷德裴恩国家公园里汇集了冰川、湖泊、河流、森林和瀑布，大自然的赏赐都在这里，但是因为地方偏僻，天气多变，有机会欣赏的人并不多。也正因为这样，托雷德裴恩数百种野生动物就有了自由快乐地生活的机会。如果你在山间远足，很可能会碰到这里特有的驼马，它们丝毫不怕人，即使近到离它们只有咫尺之遥，它们也不走开。

第九节　重大事件

【1973 年军事政变】在 1973 年之前的 100 多年里，智利是拉丁美洲最为民主的国家。1970 年的总统选举中，由社会党、激进党、共产党、社会民主党、统一人民运动和独立人民运动 6 个党派组成的人民联盟的候选人阿连德获得胜利。阿连德政府实行了一系列的社会经济和政治政策，其中包括国有化政策。这些政策既打击了美国等外国垄断资本，也打击了国内的大庄园主，从而引起了美国对智利的经济制裁和军事渗透，以及国内右翼势力的反对。右翼势力

及其控制和影响的军队从 1973 年 6 月起发动了几次军事叛乱，但受到护宪派陆军司令普拉茨将军的镇压。镇压行为也引起了军队内部的不满，并迫使普拉茨辞职，由皮诺切特取而代之。在 1973 年 9 月 11 日发生了皮诺切特酝酿已久的军事政变，政变由皮诺切特同当时的海军、空军司令和警察局长四人策划。政变部队的坦克向总统府发起了攻击，阿连德亲自持枪抵抗，但最后总统府被炸弹炸毁，阿连德以身殉职。

政变后，皮诺切特组织了军政府并自任主席。次年他成为总统，对智利实行军事独裁统治，赋予军队很多特权，实行全国戒严，终止宪法，解散议会，禁止政党活动，限制集会和新闻自由，迫害和暗杀政治上的反对派，很多人被军队随意抓去拷打甚至不经审讯予以杀害。在 17 年的黑暗统治中，智利有 2000 人失踪，3000 多人被杀害，10 万多人被迫流亡国外，25 万人被关进监狱或集中营。

但权威主义的统治也带来了经济发展。皮诺切特的支持者认为他的主要“功绩”是：军政府制定出了一系列稳定和恢复经济的计划。在这 17 年的统治中，智利经济的增长成为南美的奇迹，为 20 世纪 90 年代智利经济的快速发展奠定了基础。皮诺切特本人也被视为最成功的国家领导人之一。

【皮诺切特案例】奥古斯都•皮诺切特（Augusto José Ramón Pinochet Ugarte，1915—2006），1973—1990 年为智利军事独裁首脑。在美国的支持下，他通过政变，推翻了民选总统阿连德，建立军政府。任内进行了意义深远的新自由主义经济改革，但是同时残酷打击异己，制造了大量侵犯人权的事件。

1973 年 9 月 11 日，皮诺切特指挥军队包围攻击总统府，总统阿连德遇难，随即皮诺切特建立军政府。军政府对左翼进行了残酷的镇压。

1980 年，新宪法在一次普遍认为是“不规范、不民主”的公民投票中获得通过。新宪法规定，1988 年进行等额选举的总统大选，1990 年还政于民。皮诺切特在大选中失利。1989 年，智利举行差额选举的总统大选，帕特里西奥 • 埃尔文（Patricio Aylwin）获胜，于次年接替皮诺切特出任总统。皮诺切特卸任后，仍保留军队总司令的职务至 1998 年。根据 1980 年宪法的规定，他可以在智利参议院获得一个终生参议员席位。

1998 年，皮诺切特前往英国就医。英警方宣布，应西班牙司法当局的请求，警方在伦敦一家私人医院将他拘留。由此引发了英国、西班牙、智利之间的一场外交争议。最终由于健康原因，皮诺切特获得释放回到智利。2002 年，智利最高法院裁定皮诺切特因病不适宜出庭接受指控，他随即放弃了在参议院的席位。2004 年 5 月，智利最高法院又裁定他具有接受审判的能力。当年 12 月他遭到多项罪名的起诉。2006 年 12 月 10 日，皮诺切特在圣地亚哥军医院去世，终年 91 岁。

第十六章　巴拉圭

第一节　概况

【国名】巴拉圭共和国（La República del Paraguay）

【面积】406,752 平方公里

【人口】6,036,900 人（2003 年）。其中印欧混血种人占 95%，其余为印第安人和白人。人口增长率 2.6%。

【首都】首都亚松森（Asunción），人口约 60 万，占全国人口的 11.2%，全国最大的城市，地处巴拉圭河的东岸，皮科马约河和巴拉圭河汇合处。地势平坦，海拔 47.4 米。亚松森每年 12 月至翌年 2 月为夏季，平均气温 27℃；6 至 8 月为冬季，平均气温 17℃。

亚松森始建于 1537 年，创始人是胡安·德阿约拉斯。这个城市取名为“亚松森”，是因为 1537 年 8 月 15 日圣母升天节时，城基址上建成了围栏居民区。“亚松森”在西班牙语中为“升天节”之意。1811 年，巴拉圭独立，亚松森成为首都。该城地处南美第二大河巴拉圭河系的上游，战略地位非常重要。1864—1870 年发生了巴拉圭战争，亚松森被巴西、阿根廷、乌拉圭三国联军占领，由巴西统治到 1876 年。

亚松森是一座美丽如画的内河港口城市，人们称它为“森林与水之都”。山坡高丘，桔园遍布。收获季节到来时，桔子挂满了桔树，宛如一盏盏明亮的灯饰，因而许多人又把亚松森称为“桔城”。

亚松森城市保留着西班牙统治时期的长方形状，街区宽阔，树木、花卉、草坪连成一片。城市由新城、老城两部分组成。市区主要街道——国家独立大道横穿市中心。街上有英雄广场和政府机构

大楼、中央银行大楼等建筑。另一条横贯全市的街道——棕榈树大街是全市繁华的商业区。

亚松森的建筑物具有古西班牙的风格，恩卡纳西翁教堂、总统府、议会大厦、英雄殿等都是19世纪遗留下来的西班牙式建筑，其中长古贝大教堂是梵蒂冈公认的世界十大神迹之一。在市中心，现代化多层建筑较多，其中瓜拉尼民族旅馆是由设计巴西新首都巴西利亚的总设计师奥斯·尼梅耶尔设计的。

亚松森市有许多大型公园，如骑士公园、法国罗德里盖斯公园等。距亚松森45公里处有驰名世界的伊帕卡拉伊湖。湖长24公里，宽4公里，湖面宽阔，湖水湛蓝，巴拉圭人称之为“蓝色的湖”。这里环境十分幽静，环湖是一片树林，有柠檬树、面包树、兰科树等等，林间空地上开满鲜花，一派绚丽的亚热带情调。湖畔建有一幢幢造型别致的旅馆和别墅，并设有划船俱乐部。离城不远有著名的亚松森植物园，它是美洲规模最大的植物园之一， 园中名贵树木繁多，处处奇花异草。

亚松森是全国政治、经济、文化和水陆交通中心。亚松森的港口可停泊两千吨高级货船，成为重要的水运港口。对外贸易绝大部分经此进出，输出棉花、卷烟、肉类、茶叶和木材。工业有纺织、卷烟、榨油、制糖、面粉、造船、制革等。公路四通八达，铁路通恩卡纳西翁，并经轮渡与阿根廷铁路线相连，有国际机场。市内有国立亚松森大学，圣母升天公教大学等高等院校。

【国旗】呈横长方形，长与宽之比为2：1。自上而下由红、白、蓝三个平行相等的横长方形组成。旗面中央正面为国徽图案，背面为财政玺。

【国徽】呈圆形。圆面正中是一颗光芒四射的五角星，称为“五月之星”，以纪念巴拉圭摆脱西班牙殖民统治，于1811年5月14日获得独立。“五月之星”由象征胜利的棕榈枝和象征和平的橄榄枝环绕，绿枝下端由国旗三色带系扎。绿枝环上半部为西班牙文“巴拉圭共和国”。圆周由国旗三色圆环构成。财政玺亦为圆形，圆面中间图案有别于国徽，为一只金色狮子，其背后立一根“自由之竿”，竿顶有一顶“自由之帽”。

【货币】瓜拉尼（guaraní）

【宗教信仰】罗马天主教徒占97%，其他占3%。

【国花】西番莲、茉莉

【国鸟】无

【时差】比格林威治时间晚4小时，比北京晚12小时。

【与我国建交时间】与我国尚无外交关系

【独立日】5月14日（1811年）

【首都外其他主要城市】东方市（Ciudad del Este）：原名斯特罗斯纳港，位于巴拉圭东部，巴拉那河右岸，隔河与巴西为邻。上巴拉那省首府。城名取自巴拉圭总统斯特罗斯纳之名。因世界最大的伊泰普水电站兴建而迅速发展，为仅次于亚松森的全国第二大城。现已成为边境贸易中心，南美最大的购物转口城市，每天进出东方市的人潮近三十万，以巴西人、阿根廷人与玻利维亚人为主。市内建有连接巴西的友谊大桥（1964 年），友谊桥全长八百多公尺，横跨两国边境，连接巴拉圭的东方市和巴西的福斯市。有陶瓷、食品加工等工业。旅游业兴盛。这里还是伊泰普大坝巴拉圭境内工程建设中心。在此以台湾商人较多，有1万多人。中国人刻苦勤俭白手起家的生命力，将东方市建成巴拉圭最大的财政税收区。对南美洲人民来说，这里的货物物美价廉，各种日常用品一应俱全。巴拉圭政府将这里设为自由商业区，整区都是高楼大厦，近一半大楼是侨商投资建起，因此大楼命名也都取中国名。

佩德罗胡安—卡瓦列罗（Pedro Juan Caballero）巴拉圭东部边境城市，阿曼拜省首府。位于阿曼拜山脉西侧，海拔651米，邻近巴西边镇蓬塔波朗。周围为牧牛区和咖啡种植区。全省主要商业中心。公路通康塞普西翁和亚松森。

恩卡纳西翁（Encarnación）巴拉圭南部城市，伊塔普阿省首府。位于上巴拉那河畔，与阿根廷的波萨达斯隔河相望。始建于1632年。1926年曾遭龙卷风破坏。周围农牧区和林区的贸易和工业中心。有木材加工、制茶（马黛茶）、卷烟、轧棉、制革、谷物加工等工业。铁路和公路通亚松森，并有火车轮渡同阿根廷铁路衔接。有飞机场。

第二节 地理

【概况】位于南美洲中部，内陆国家。北与玻利维亚接壤，东邻巴西，西、南同阿根廷交界。

【地貌】巴拉圭地处拉普拉塔平原的北部。巴拉圭河从北向南把全国分成东西两部分。河东为山地、沼泽和波状平原，集中了全国人口的 90%。河西为拉普拉塔平原北部的大查科草原，大部分为原始森林和草原，地势平坦。

【气候】地跨南回归线，北部属热带草原气候，南部属亚热带森林气候。12 月至次年 2 月的夏季平均气温 27℃，6—8 月的冬季平均气温 17℃。年平均降水量约 1000 毫米。

第三节 政治

【宪法】现行宪法于 1992 年颁布。宪法规定巴为代议制国家，总统由普选产生，任期五年，不得连任。

【议会】国民议会由参议院和众议院组成，享有立法权。参议院 30 席，众议院 60 席。议会选举和总统选举同时举行，任期均为 5 年。在总统选举中获胜的政党即取得两院 2/3 的多数席位。

【政府】总统为国家元首，执掌行政权。总统必须是天主教徒，由直接选举产生，任期 5 年，不得连任。总统有权制定法律。总统兼任武装部队总司令，并有权任免国务委员会成员，解散议会和下令实行戒严状态。内阁成员由总统任命。现政府由 11 个部组成。

【司法机构】根据宪法，国家设司法委员会，由 8 人组成。最高法院由 9 名大法官组成，大法官由司法委员会提名并经政府同意后，由参议院任命。

【行政区划】全国划分为 17 个省和 1 个特别区（首都亚松森）。

17 个省为：康塞普西翁（Concepción）、圣佩德罗（San Pedro）、拉科迪勒拉（La Cordillera）、瓜伊拉（Guairá）、卡瓜苏（Caaguazú）、卡萨帕（Caazapá）、伊塔普阿（Itapúa）、米西奥内斯（Misiones）、巴拉瓜里（Paraguarí）、上巴拉那（Alto Paraná）、森特拉尔（Central）、涅恩布库（Ñeembucú）、阿曼拜（Amambay）、卡嫩迪尤（Canindeyú）、阿耶斯总统（Presidente Hayes）、上巴拉圭（Alto Paraguay）和博克龙（Boquerón）。

【政党】现有 8 个政党，主要是：

（1）红党（Partido Colorado）：又名全国共和联盟（ANR，Asociación Nacional Republicana）或国家共和党，执政党。党员约 100 万人（1994 年）。1887 年成立并执政到 1904 年。1948 年再度执政。从 1954 年起连续执政至今。该党是巴拉圭传统的保守党，代表大农牧主、大资产阶级的利益，在农民和军队中影响较大。党内分成三派: 红色调解运动（Movimiento de Reconciliación Colorado）、红色道德全国团结 （Unión Nacional de Colorados Eticos）和民主共和行动 （Acción Democrática Republicana）。

（2）真正激进自由党（Partido Liberal Radical Auténtico）：又称蓝党，第二大党。1977 年从激进自由党分裂出来，是自由党国际成员。在斯特罗斯纳独裁时期持强硬的反政府立场，长期处于非法地位。1989 年 2 月后获合法地位。在 1998 年 5 月举行的大选中，与全国聚会党组成民主联盟，共同推出候选人拉伊诺，获得 47%的选票。自称有 46 万党员。在工人、农民和知识界有一定影响。主张实行土改、发展民族经济、通过非暴力手段实现由军人独裁向民主政府的过渡。在外交方面，主张维护民族独立、反对外来干涉，同世界各国发展友好关系。1999 年 3 月同红党、全国聚会党组成联合政府，于 2000 年 2 月退出政府。

（3）全国聚会党（Partido Encuentro Nacional）：参政党。1993 年 5 月巴拉圭大选前成立。主要由独立派人士组成，党员约 18 万人。该党政治上主张多元化，以改变传统政党长期执政的局面；经济上主张改革，以实现社会财富的公平分配。在 1998 年 5 月举行的大选中与激进自由党组成竞选联盟，共同推出候选人卡瓦列罗。1999 年 3 月与红党、真正激进自由党组成联合政府。

（4）激进自由党 （Partido Liberal Radical）：在野党。1967 年成立。由流亡国外的老自由党人组成。1989 年 2 月政变后，领导人陆续回国。

此外还有基督教民主党（Partido Demócrata Cristiano）、二月革命党（Partido Revolucionario Febrerista）、大家的亚松森党 （Asunción para Todos）和大家的巴拉圭党（Paraguay para Todos）。

【文化教育】实行小学 6 年免费义务教育。全国有 2 所公立大学，国民大学和天主教大学，另有 10 所私立大学。政府自 1990 年起执行全国教育发展计划，开展扫盲运动。1991 年文盲率为 28%。

【新闻出版】主要报纸有：《彩色 ABC》，日发行量 7.5 万份；《今日报》，日发行量 4 万份；《祖国报》，日发行量 8 千份；《论坛报》，日发行量 3 万份；《最新时刻》，日发行量 4.5 万份。

全国广播电台为国家电台，另有 11 个私营商业电台和 4 家电视台。

第四节 经济

【概况】巴拉圭经济以农、牧、林业为主，工业基础薄弱。属拉美最落后的国家之一。现政府实行新自由主义经济政策，同时积极扩大对外贸易和引进外资，努力使巴经济与南方共同市场其他 3 个成员国（阿根廷、巴西和乌拉圭）经济融为一体，同世界经济接轨。近年来，巴经济保持低速增长。

【自然资源】盐矿和石灰石储量较大，还有少量铁、铜、锰、铁矾土、云母、铌、石油、铝矾土等。水力资源丰富，水力蕴藏量约 210 万千瓦。

【农林牧渔业】农业是巴国民经济的主要支柱，约占国内生产总值的 16%。现农业用地 458.6 万公顷，占国土面积的 11.3%。全国 46%的经济自立人口从事农业。主要农作物有大豆、棉花、烟草、小麦和玉米等。

森林面积约占全国面积的 31%，出产珍贵的硬质木材和其他优质木材。由于运输条件和资金、技术等问题，大部分木材资源未能被充分开发利用。

全部土地中天然牧场占 40%。畜牧业曾在巴拉圭经济中占有重要地位，近年来由于牲畜和肉类大量向邻国走私及国际市场肉类价格下跌，巴肉类无竞争力，肉类出口逐渐被棉花和大豆代替，畜牧业在国民经济中的比重下降。

巴拉圭地处内陆，远离海洋，渔业并不发达。

【工业】工业不发达，仅有一些小工业和农牧业产品加工业。工业产值约占国内生产总值的 15%。主要集中于为国内市场生产轻工消费产品。主要工业和农牧业产品为冻肉、糖、植物油、棉纱、原木、水泥等。

【旅游业】旅游业不发达，国外旅游者主要来自阿根廷和巴西。年接待旅游者约 45 万人次，外汇收入约 2 亿美元。

【交通运输业】铁路：总长 1641 公里（2010 年）。原由英国资本控制， 1961 年收归国有，1979 年耗资 6800 万美元进行现代化改造。中央铁路长 438 公里，连接首都和巴阿边境城市安卡尔纳森。

公路：总长 3 万公里，其中铺设路面的公路 2700 公里。泛美公路由亚松森市直通玻利维亚。全国共有注册车辆 20 万辆。

水运：主要港口是亚松森。国家商船队主要承担巴拉圭至阿根廷和乌拉圭的短途河运。此外，巴拉圭海外船运公司有商轮定期通往美国和欧洲一些主要港口。

空运：巴拉圭有两个国际机场，分别位于亚松森市和东方市。国内航线由空军和国营航空公司经营。巴拉圭航空公司（LAPSA）原为国营航空公司，1994 年政府出售了其中 80%股份。有定期航班通往阿根廷、乌拉圭、玻利维亚、比利时和美国。

【对外贸易】农牧产品为主要出口产品。1993—1995 年主要出口产品为棉花、大豆、肉产品、木材；进口产品为食品、饮料和烟草、燃料和润滑油、纸制品、化工医药产品、车辆及配件、纺织、农机、铁制品、金属制品、机器等。出口主要贸易对象为巴西、阿根廷、乌拉圭、荷兰、美国、意大利；进口主要贸易对象为巴西、阿根廷、乌拉圭、美国、德国、阿尔及利亚。

第五节 历史

【早期居民及殖民时期】欧洲殖民者到来之前，圭库鲁人活动在西巴拉圭，以渔猎为生；瓜拉尼人生活在东巴拉圭，从事农业生产。他们从事狩猎，种植玉米、木薯等作物，过着半游牧的生活。1524年，为了寻求财富，葡萄牙人阿来克索·加尔西亚（Aleixo García）从巴西海岸穿过大查科到达今天的巴拉圭一带。西班牙人马上也知道了当地富有白银的传闻，西班牙船只继葡萄牙之后来到这里。西班牙人在巴拉圭河与皮科马约河汇合处建立了第一个殖民点亚松森。从此，巴拉圭逐渐沦为西班牙殖民地。16 世纪末，划归秘鲁总督管辖。17 世纪初，耶稣会传教士进入巴拉圭，随后霸占了近 20 万平方公里土地，建立了数十个“传教区”，对印第安人实行“神权”统治。1721—1735 年，土生白人地主组织武装力量，打击耶稣会势力，反抗西班牙王室的专制统治。1767 年耶稣会被驱逐出境，巴拉圭完全被置于西班牙殖民统治之下。1776 年巴拉圭并入拉普拉塔总督区。

【独立时期与两次战争】1811 年 5 月 14 日，亚松森人民起义，推翻西班牙殖民政权，6 月正式宣告巴拉圭独立。1813 年 10 月，国民议会通过宪法，宣布实行共和，决定由福尔亨西奥·耶格罗斯（Fulgencio Yegros）与何塞·加斯帕·罗德里格斯·德·弗朗西亚（José Gaspar Rodríguez de Francia）共同执政。翌年，议会决定“一人执政”，推举弗朗西亚为最高执政官，任期 3 年。1817 年议会任命他为“终身执政”，授予“元首”称号。弗朗西亚实行独裁统治，镇压反对派；但也采取一些有利于国家独立和发展的措施。1840 年弗朗西亚去世，由卡洛斯·安东尼奥·洛佩斯（Carlos Antonio López）和马里阿诺·罗格·阿隆索（Mariano Roque Alonso）共同执政。1844

年议会通过新宪法，选举洛佩斯为总统。他鼓励对外贸易，大量引进外资；修筑公路、铁路，发展水陆交通；延聘欧洲和美国医生、工程技术人员开办工厂和学校。1862 年 9 月 10 日洛佩斯去世，其子 F.S.洛佩斯继任总统。

1864—1870 年，巴拉圭和巴西、阿根廷、乌拉圭三国发生战争，史称“巴拉圭战争”。1870 年巴拉圭战败，洛佩斯战死，人口损失一半。1872 年订立和约，巴拉圭丧失一半领土，经济受到严重破坏。1878—1904 年，全国共和联盟（即巴拉圭红党）执政。1904—1936 年，自由党掌权。这期间，党争不止，党阀擅权，政治混乱，经济发展缓慢。

1932 年，在英美垄断集团怂恿下，巴拉圭为争夺查科地区的石油资源同玻利维亚开始交战，1935 年战争结束，巴拉圭获胜，占领争议地区 3/4 土地。

1936 年 2 月 17 日，拉斐尔·弗朗哥（Rafael Franco）发动政变，夺取政权。他加强中央集权，实行一些政治、经济改革，征收大庄园主部分闲置土地，分配给无地农民。1939 年 4 月，何塞·菲利克斯·埃斯蒂加里维亚（José Félix Estigarribia）在自由党支持下当选总统，1940 年 9 月因飞机失事遇难。伊西尼奥·莫里尼戈（Higinio Morínigo）继任总统后，实行军事独裁统治。1948 年 2 月，“红党”把他赶下台，夺取政权，由胡安·纳塔里西奥·冈萨雷斯（Juan Natalicio González）任总统。此后政局混乱，总统更迭频繁。1954 年 5 月，阿尔弗雷多·斯特罗斯纳（Alfredo Stroessner）发动政变，推翻当时的总统费德利格·查韦斯（Federico Chávez），上台执政。同年 7 月作为国家共和党候选人当选总统，为拉美执政时间最长的领导人。他利用红党和军队维持其统治，对外依靠美国，对内严厉镇压反对派。

【政局动荡的两党执政时期】19 世纪 70 年代后，基本上由国家共和党（红党）和自由党交替执政。两党之争使巴国政局长期动荡。即使是“还政于民”后也未能实现长治久安。1989 年初，陆军第一司令安德烈斯·罗德里格斯（Andrés Rodríguez）发动军事政变推翻斯特罗斯纳政权后，任临时总统。巴拉圭长达 35 年之久的“斯特罗斯纳时代”宣告结束。1989 年 5 月，巴拉圭举行斯特罗斯纳垮台后的第一次全国自由选举，罗德里格斯作为红党候选人当选为巴拉圭总统，成为巴拉圭 35 年以来第一任民选总统。新政府希望加入阿根廷、巴西和乌拉圭的一体化进程，以便结束斯特罗斯纳时期国家的孤立状态。1991 年 3 月，巴拉圭、乌拉圭、阿根廷、巴西的总统和外长在亚松森签订条约，建立南方共同市场。1992 年 6 月，制宪会议颁布新宪法，废除了 1991 年规定的军队干预政治的权利。1993 年 5 月，巴拉圭根据新宪法举行了第一次全国大选，红党候选人胡安·卡洛斯·瓦斯莫西（Juan Carlos Wasmosy Monti）当选总统。成为巴拉圭 40 年来第一位民选文职总统。1996 年 4 月，陆军司令奥维多因为拒绝退役而企图发动政变，巴拉圭政局出现动荡。1998 年 5 月红党总统候选人库瓦斯（Raúl Cubas Grau）当选第 44 届总统。1999 年 3 月，副总统、红党主席阿加尼亚被暗杀，库瓦斯被迫辞去总统职务，参议长、红党的刘易斯·冈萨雷斯·马基（Luis Ángel González Macchi）接任总统。2000 年 8 月，自由党人胡利奥·塞萨·弗兰科（Julio César Franco）当选副总统，从而结束了长期以来红党一党执政的历史。2003 年 4 月，红党再次在选举中胜出，其候选人尼卡诺尔·杜阿尔特·弗鲁托斯（Nicanor Duarte Frutos）接任总统。

2013 年 4 月，“红党”（全国共和联盟）候选人百万富翁奥拉西奥·卡特斯在总统大选中当选，结束了这个南美洲国家历时 10 个月的政治危机。

第六节 人物介绍

【奥古斯都·罗亚·巴斯多斯】（Augusto Roa Bastos）（1917—2005）巴拉圭著名作家，南美最著名的小说家、诗人，拉丁美洲文学中“神奇的现实”流派的代表人物之一。

巴斯多斯 1917 年出生，写过诗歌、短篇小说，也从事过新闻写作。他勇于揭露腐败的独裁统治，积极地用自己的笔从事解放运动。

他成了独裁统治者的眼中钉，因此遭受了野蛮的驱逐。1947 至 1976 年，巴斯多斯一直在阿根廷流亡，他的大部分作品也主要是在这里创作而成的，可以说阿根廷是他的第二故乡。巴斯多斯在外流放长达 42 年，直到上世纪 90 年代中期独裁统治结束才重新回到了巴拉圭。

巴斯多斯一生出版了 20 多部著作，除了诗歌和小说之外，他还撰写过电影剧本。巴斯多斯最广为人知的作品是《我，至高无上者》，这部历史小说揭露了独裁者弗朗西亚对巴拉圭长达 26 年的铁腕统治，是上世纪 70 年代拉丁美洲文学中反寡头政治的优秀长篇小说之一。巴斯多斯的其他作品还有诗集《歌唱黎明的夜莺》（1942）、《燃烧的橘林》（1960），小说《叶丛雷声》（1933）、《人子》（1960）、《水上行》（1967）、《莫利恩西娅》（1969）等。

巴斯多斯曾长期被推选为诺贝尔文学奖的候选人。1989 年，巴斯多斯荣获西班牙塞万提斯文学奖。2003 年，阿根廷政府授予了巴斯多斯“圣马丁解放者勋章”。

【阿尔弗雷多·斯特罗斯纳】（Alfredo Stroessner，1912—2006）巴拉圭前独裁者，生于恩卡纳西翁。其父是德国移民，曾就读于巴西里约热内卢。亚松森军事学院炮兵科和陆军大学毕业，参加过同玻利维亚的查科战争，曾任迫击炮部队司令、武装部队司令。1954 年发动政变，同年 7 月出任总统。此后又连任 7 届总统。曾是国家共和党（红党）最高领袖。在任期间他实施专制统治，镇压不同政见者。1989 年 2 月 3 日被罗德里格斯发动政变推翻，流亡巴西。由于 70 年代斯特罗斯纳政府对巴拉圭进步人士进行镇压，在他实施的“神鹰行动”中，数十人被杀害或失踪，目前巴拉圭法院正在对这些案件进行调查。负责调查其中两名失踪者的法官桑坦德于 2004 年 9 月下令逮捕斯特罗斯纳，并要求将他从巴西引渡回国接受审判。2005 年 5 月巴拉圭法院下达了对斯特罗斯纳实施预防性拘留的命令。

第七节　风土人情

【嗜饮马黛茶的巴拉圭人】 巴拉圭人嗜饮马黛茶，常常一杯不断加水，大家轮流吸饮，也喜用此作为待客之物。马黛茶是一种常青灌木的叶子，采摘下来经晾晒而成，沏在一种圆形或葫芦形的壶里，再用细管吸来喝；客人喝得越起劲，主人也就越高兴。

【“编织”的国家】 走进巴拉圭国土，人们会感觉到这是一个编织的国家。不论普通百姓还是政府官员，都喜欢穿亚麻编织的网状服装上班。这种绣有美丽图案的网状织品，被人们称为“让奴地”。

进入巴拉圭的人家，客人们发现门帘是由五颜六色的丝线编织而成的；台布和床上用品也全部用“让奴地”装饰得整洁大方；姑娘们衣裙上的花边也都搭配着颜色鲜艳的“让奴地”。据说，“让奴地”在巴拉圭的盛行与一个美丽的传说有关。有一位勤劳勇敢的青年与一位美丽的姑娘相爱，但是青年的多次求婚得不到姑娘的允诺。一天，姑娘羞答答地指着眼前的蜘蛛网对他说，“你把蜘蛛网拿下来作为礼物，我才会答应你的求婚。”青年无法拿下完整的蜘蛛网，垂头丧气地回到家，愁得不思茶饭。最后，还是他的老母亲想出办法，将自己的头发剪下，染成各种颜色，又花费了三个晚上织成网状的织品。姑娘终于被这位老妈妈的智慧和爱心所感动，当即答应了求婚。从此，“让奴地”成为人们的信物，而且当地姑娘一定要学会绣织“让奴地”才有资格出嫁。

在巴拉圭，编织“让奴地”的姑娘到处可见，是最普通的一景。现在，“让奴地”已成为巴拉圭的艺术品。在离首都亚松森约 30 公里的伊塔瓜市，已建成“让奴地”的生产基地，家家户户都是编织“让奴地”的家庭作坊。

【巴拉圭式斗牛】 在殖民地时期，巴拉圭人就有斗牛和观赏斗牛的风俗，但巴拉圭式的斗牛不同于传统的西班牙斗牛。巴拉圭式斗牛更注重的是娱乐性，参加者除职业斗牛士外，还有几位装束奇特的小丑助兴。斗牛前要先把牛角锯下，并围着牛载歌载舞。

【巴拉圭的冷食日】时间是在元旦前5天至元旦期间。

据说，400 多年前，巴拉圭人民反抗西班牙殖民者的侵略。在一次战役中，在离新年还有5天的时候，一支巴拉圭军队被西班牙侵略军包围，弹尽粮绝，情况十分危险。但他们顽强不屈，一直抵抗到元旦的黎明，援军来了，他们终于取得了胜利。

这个故事激励着千百万后人。为了纪念这次战役，巴拉圭人民把元旦前的5天定为“冷食节”。在这期间，全国上至元首下至黎民百姓都不许动烟火做饭，只能吃冷食。这样一直到元旦零时钟响，才许点火做饭，欢庆新年的到来。

【习俗礼仪】喜丧礼仪：巴拉圭瓜拉尼人有一种物葬的习俗，人死之后，亲友们把死者用过的物品装入一个木匣，同死者一同埋葬。

服饰礼仪：巴拉圭人在正式场合多穿西式服装，当地的印第安人有的仍保持着原始的服饰习俗，他们最普遍的饰物是唇饰，这是一种嵌在下唇上的小棍。妇女儿童戴一种项圈。

成人仪式：在巴拉圭的印第安人中，男子到14岁就要举行成年仪式。部落长刺破男孩的下身，其他的男人便向“图帕”神祈祷，连续3天，男孩只能够吃玉米粥。从此以后，他就有了与成年人同等的权利。女孩子在年满13岁也要经受一定的考验。人们把她关在屋内，用一个屏障隔开，接连3个星期，女孩子只能吃少量的食物，不能讲话，不能笑，眼睛看着地面。然后，女孩就有了同成年妇女一样的权利。

【巴拉圭地名语源】其地名源于巴拉圭河，在当地印第安语中意为“有一条大河的地方”或“海水的源泉”。“para”意为“海水”，“guay”意为“源泉”。另一说其名源于一个名叫巴拉圭的印第安部落。

【巴拉圭“奇迹”圣母节】巴拉圭全国最重大的宗教节日，每年12月8日举行庆祝活动。巴拉圭“奇迹”圣母为国家保护神。各地都在这个节日里到离首都亚松森 60 公里的卡亚库佩国家教堂进行朝拜，成千上万的人还登山祈祷圣母赐佑。

【巴拉圭春日与青年节】巴拉圭的青年节日。每年 9 月 21 日，当北半球入秋时，位于南半球的巴拉圭却是开春时节，鲜花处处。这一天青年人要在首都亚松森的主要大街帕尔玛大街上举行盛大的庆祝活动。

【瓜拉尼人】主要分布在巴拉那河，巴拉圭河流域和靠近大西洋沿岸一带。操瓜拉尼语，长期以来吸收了不少的西班牙语和葡萄牙语词汇。从西班牙人征服起，就同西班牙人杂居，并改信天主教，没有改信天主教的被称为“卡因瓜”。瓜拉尼人以农业为主，种植甜木薯，香蕉和甘薯。擅长用烟熏和晒干的方法来保存鱼和肉。早期住在草房或“社团房”，中间围以小广场，用以集会。睡在吊床或“平台床上”。他们制作陶器，还会编织。人口现约有 170 万。在巴拉圭，瓜拉尼语和西班牙语同为国语，出版有瓜拉尼语的书刊报纸。

【瓜亚基人】南美洲印第安游牧部落，居住在巴拉圭东部巴拉那河和巴拉圭河之间的秘林山地，操图皮—瓜拉尼语的图皮方言。西班牙人的入侵将他们逼进了山区。瓜亚基人传统上以游牧为生，据一些社会学家称，直到 20 世纪后半叶瓜亚基人还保留着食人的习俗。

第八节　自然景观

【巴拉圭河】南美洲巴拉那河重要支流，发源于巴西马托格罗索高原帕雷西斯山东麓，流经巴西西南部和巴拉圭，在阿根廷的科连特斯附近注入巴拉那河。全长 2550 公里，流域面积 110 万平方公里。上游（饶鲁河河口以上）流经山地峡谷，形成一系列急流瀑布；中游（阿帕河河口以上）流经沼泽平原，水流平缓，比降仅 0.03‰；下游纵贯巴拉圭中部，为巴拉圭东部湿润平原与西部大查科的分界线。流域处于热带草原气候带，10 月至翌年 3 月为雨季，6—7 月为干季；科伦巴以上的中、上游 1—2 月为汛期，8 月为枯水期，年平均流量 2000 立方米 / 秒；科伦巴以下由于大沼泽调节，汛期推迟至 6—8 月。除上游外全程皆可通航，亚松森以下可通大型河轮。

第九节　重大事件

【“世纪工程”伊泰普水电站】从巴西著名旅游城市里约热内卢乘飞机向西南飞行约三个半小时，机翼下方的热带丛林深处，有一个烟波浩淼的巨大湖泊，一道大坝在湖泊的一侧巍峨矗立，这就是举世闻名的“世纪工程”——伊泰普水电站。

伊泰普水电站位于巴西西南部与巴拉圭和阿根廷的交界处。从巴西边境小城福斯杜伊瓜苏驱车，用不了多久，就可隐约听到远处的轰鸣声。再向前走，响声逐渐扩大，震耳的轰鸣犹如千军万马在驰骋。这是伊泰普水电站溢洪道的水流在奔腾。车行半小时，闻名于世的伊泰普水电站就展现在面前。

从近处看，全长 7744 米的大坝就像一座钢筋混凝土铸就的长城，在浪花掀起的雾气的笼罩下，显得雄伟壮观。坝高 1 96 米，相当于 65 层楼房的高度。大坝外壁，18 个巨型管道——18 个发电机组的注水管一字排开，每根管道的直径 10.5 米，长 142 米，每秒注水 645 立方米。从坝底仰望，它们好似 18 根擎天巨柱，头抬得再高，也难望其全貌。

这座雄伟的大坝将巴拉那河拦腰截断，形成深 250 米、面积达 1350 平方公里、总蓄水量为 290 亿立方米的人工湖。大坝的西侧是水库的溢洪道，十几道闸门敞开，库水能以每秒 4.6 万立方米的流量倾泻而出，飞卷的波浪高达几十米，形成一道壮丽的人工瀑布，蔚为壮观。

伊泰普水电站是当之无愧的“世纪工程”。水电站 18 台发电机组总装机容量为 1260 万千瓦，是当今世界上已建成水电站中的巨无霸。其装机容量相当于美国大库力水电站的 1.2 倍，委内瑞拉古力水电站的 1.4 倍，原苏联克拉斯诺雅尔斯克水电站的 2.1 倍，埃及阿斯旺水电站的 5.9 倍。在发电量方面，其他水电站更是望尘莫及，伊泰普的发电量分别相当于古力的 1.5 倍，克拉斯诺雅尔斯克的 2.5 倍，大库力的 3.7 倍，阿斯旺的 7.7 倍。

在伊泰普水电站修建期间，开挖的土石方达 6385 万立方米，是连接法国与英国的欧洲海底隧道土石方的 8.5 倍。如果将其用普通卡车装运，可排成长达 12.8 万公里的漫长车队，能绕地球赤道 3 周。浇筑的混凝土达 1257 万立方米，用这些混凝土可以再建一个人口达 1700 万的里约热内卢城，可修建 210 座世界上最大的可容纳 20 万人的里约热内卢马拉卡纳足球场。所使用的钢铁可建 380 座艾菲尔铁塔。伊泰普水电站世界之最的地位由此可见一斑。

修建伊泰普水电站是上世纪巴西政府做出的最重大的战略性决策之一。巴西自上世纪 70 年代经济起飞后，先后经历了两次电力能源危机。出于深刻的教训和对未来经济与社会发展对能源需求的预计，巴西政府毅然决定同巴拉圭合作建造世界上最大的水电站。

在成立伊泰普两国公司的基础上，1975 年 10 月，伊泰普水电站终于破土动工。在施工高潮期间，工地上的建筑大军达 3 万之众，耸立着 17 个臂长 80 米的起重机。经过 10 年奋战，1984 年 5 月，第一台发电机组投入运转。又经过 7 年的努力，1991 年 5 月全部工程完工，最后一台发电机组开始发电，耗资 183 亿美元的世界上最大的水电站终于建成，巴西和巴拉圭两国人民创造的这一奇迹受到世界的瞩目。

自建成以来，伊泰普水电站已在巴西和巴拉圭能源供应和经济发展中发挥着举足轻重的作用。如今，伊泰普水电站不仅能满足巴拉圭全部用电需求，而且能供应巴西全国 30%以上的用电量，圣保罗、里约热内卢、米纳斯吉拉斯等主要工业区 38%的电力来自伊泰普。

伊泰普水电站的修建也促进了周边地区的经济特别是旅游业的发展。附近原来只有四五万人口的小镇福斯杜伊瓜苏已变成一座颇具规模的城市。市内道路宽阔，商店橱窗里商品琳琅满目，游人川流不息，一派繁荣景象。

伊泰普水电站的建成也改变了当地的自然景观，河道上游的景点七星瀑布被淹在水底，下游鱼产量减少。但新形成的巨大人工湖可发展旅游业并养鱼。整个库区年产鱼可达 40 万吨。库区还建有 6

个生态保护区，总面积为 9.2 万公顷。

【巴拉圭战争】1864—1870 年，巴拉圭与巴西、阿根廷、乌拉圭三国同盟之间进行的战争。又称三国同盟战争。

巴拉圭与巴西、阿根廷长期存在边界争端。1864 年，乌拉圭发生红党与白党的权力之争，巴西出兵帮助红党驱逐白党。巴拉圭支持白党，于同年 11 月对巴西宣战。巴拉圭军队企图假道阿根廷进攻巴西南部而遭拒绝，遂于 1865 年 4 月 13 日攻占阿根廷的科连特斯，随后攻入巴西南部。5 月 1 日，巴西、阿根廷和乌拉圭结成三国同盟，共同对抗巴拉圭。战争爆发时，巴拉圭人口 52 万，陆军近 2 万人；而三国同盟人口 1100 万，陆军 6.2 万人，并拥有一支强大的舰队。同年 6 月，三国同盟海军在巴拉那河沿岸的里亚丘埃洛摧毁巴拉圭舰队，从而控制河道并切断巴与外界的水上联系。8 月，巴拉圭军队攻占巴西南部重镇乌鲁瓜亚纳，但 9 月被联军包围，被迫投降。11 月，联军收复科连特斯，并于 1866 年春渡过巴拉那河，攻入巴拉圭，5 月 24 日在图尤蒂歼灭巴军 1.3 万人。时巴拉圭总统洛佩斯动员全国人力物力，依托乌迈塔等要塞迟滞联军进攻。9 月，巴军在库鲁派蒂歼敌 9000 人。此后，战争一度陷入僵局。1868 年 8 月，联军水陆协同攻占乌迈塔要塞。8—12 月，双方在安戈斯图拉附近激战，损失惨重。12 月 25 日在伊帕卡拉伊之战中，巴军数千人被歼。30 日，安戈斯图拉守军投降。1869 年 1 月，巴拉圭首都亚松森陷落。洛佩斯率残部退入北部山区开展游击战，于次年 3 月阵亡，战争结束。

此战是拉丁美洲历史上一次最残酷的战争。巴拉圭一半以上人口死于战争（至 1871 年只有约 22 万人，其中男性仅 2.8 万人），并将 10.4 万平方公里的国土割让给阿根廷和巴西，巴拉圭社会经济发展受到严重阻碍。此战中，三国同盟损失约 19 万人。

第十七章 乌拉圭

第一节 概况

【国名】乌拉圭东岸共和国（La República Oriental del Uruguay）

【面积】17.7 万平方公里

【人口】338 万（2002 年），其中白人占 90%以上，印欧混血种人占 8%。

【首都】蒙得维的亚（Montevideo），坐落在拉普拉塔河下游，濒临南大西洋，与阿根廷首都布宜诺斯艾利斯隔河相望。面积 530 平方公里，人口 138 万（2000 年 6 月），约占全国人口的 43%，是乌拉圭的政治、经济、贸易、金融和文化中心，拉美地区历史较悠久的主要港口城市之一。这里气候温和，常年绿树成荫，鲜花盛开，素有“南美的瑞士”之称。

18 世纪初，西班牙殖民者为了防御葡萄牙人和英国人的入侵，在塞罗山上建起了一座要塞，这就是最初的蒙得维的亚城。

现在的蒙得维的亚分旧城和新城两部分。旧城挤在一条伸向河湾去的狭小半岛上，虽仅占目前城区的很小一部分，但保留了西班牙殖民时代的建筑风格。街道布局比较工整，但显得狭窄拥挤。在米格莱特河边，还保留着一些昔日富人修建的精致别墅，古朴典雅的伊比利亚式建筑和宁静的气氛，正是这座旧城的特色。旧城的市中心在宪法广场，广场上有 18 世纪末建造的天主教堂，这是南美洲著名的教堂之一。广场附近还有建于 1804 年的旧市政厅，这座殖民时期的建筑目前已成为历史绘画和家具陈列馆。全市最繁华的商业中心也在这里。

新城的主要街道是“7 月 18 日大道”。它像一条大动脉，贯穿全城。这条大道是为纪念 1830 年 7 月 18 日宣布乌拉圭第一部宪法而命名的。大道两边同一条条的小街相接，浑然一体，犹如一个大棋盘。这些小街都以乌拉圭的历史人物和各省省名为街名。

“7 月 18 日大道”的起点是独立广场，在从这里延伸到立宪者塔五六公里长的路段上，两旁商店林立，高层建筑较少。每隔三五个街口就有广场和街心花园，周围绿树如茵，花树相绕，竖立了许多乌拉圭和世界历史名人的塑像。独立广场是乌拉圭骄傲的象征。广场中央矗立着乌拉圭独立之父阿蒂加斯的雕像。他跨着战马，腰挂战刀。铜像高 17 米，重 30 吨。阿蒂加斯的遗体就安葬在铜像下的墓地。独立广场两侧是乌拉圭政府大厦和维多利亚大旅馆。靠近政府大厦是 1856 年建筑的索利斯大剧院，以演古典戏剧和歌舞著称。

在“7 月 18 日大道”中段，有一个自由广场，广场上有一座自由纪念碑，碑顶的自由女神手持火炬，耸入云空。广场周围有银行，旅馆，饭店，旅行社和陆海空运输公司，还有外币兑换商店和各种小摊。到了夜晚，灯火通明，显示出一派繁华景象。自由广场常是青年学生和工人群众集会，示威游行的场所。“7 月 18 日大道”还有好几个广场和街心花园，各具特色。

蒙得维的亚是南美洲最美丽的城市之一。市内风景优美，街道清洁，绿树成荫。普拉多公园是市内最古老，最著名的公园，园内植有 800 多种玫瑰，使这个城市有“玫瑰之城”的雅称。最吸引游人的是蒙得维的亚的拉普拉塔河岸的沙滩，沿河岸有十几个宽广的沙滩，一条河滨大道把它们串连起来。平静的河水、洁白的沙滩和宜人的气候，使蒙得维的亚成为世界避暑胜地之一。每年 12 月 8 日是乌拉圭的“沙滩日”，天主教在这一天要为河水举行祈祷仪式，游泳季节也从这一天开始。游客们在白色的沙滩上支起色彩斑斓的遮阳伞，穿着五颜六色的游泳衣，把沙滩装点得绚丽多姿。

蒙得维的亚是全国最大的工商业中心。全国 3/4 的工业集中于此，90%的对外贸易由此进出。工业的肉类冷藏、加工最为重要，纺织、面粉、制革、化学、炼油、造船、水泥等也较著名。

蒙得维的亚是南太平洋上的重要港口，是通向巴西、阿根廷和南美心脏地带的门户之一。乌拉圭全国铁路，公路和航空线都以蒙得维的亚为中心，并联系着南美洲的其他大城市。

【国旗】呈长方形，长与宽之比为 3：2，由宽度相等的五道白色宽条和四道蓝色宽条相间相连构成，旗面左上角为白色正方形，内有一轮“五月的太阳”。乌拉圭历史上曾同阿根廷组成一个国家，所以两国国旗都有蓝、白色和“五月的太阳”；九道宽条代表当时组成共和国的九个政治区域；太阳放射八道直线和八道波状光芒，象征国家的独立。

【国徽】呈椭圆形。椭圆面上有四组图案：左上角为一副天平，象征正义；右上角为多岩石的要塞，象征首都蒙得维的亚；左下角为奔驰的骏马，象征自由；右下角为一头牛，象征财富和畜牧业。椭圆形两侧以橄榄枝和月桂枝装饰，象征和平与胜利；上端是“五月的太阳”。

【货币】乌拉圭比索

【宗教信仰】基督教占 62.9%（其中罗马天主教占 59.5%），犹太教占 1.7%，其他宗教占 35.4%。

【国花】海红豆（豆科）

【国鸟】无

【时差】比格林威治时间晚 3 小时；比北京时间晚 11 小时。

【与我国建交时间】1988 年 2 月 3 日

【独立日】8 月 25 日（1825 年）

【首都外其他主要城市】萨尔托（Salto）：乌拉圭西北部边境城市，萨尔托省首府，全国第二大城市。位于乌拉圭河东岸，同阿根廷孔科尔迪亚隔河相望，有渡轮往来。人口约 8 万。全省农牧产品集散地和工业中心。周围地区农牧业发达，腹地是饲养牛、羊的重要畜牧区，城郊环绕着 32 公里长的柑橘林和葡萄园。工业以肉类加工、制革、水果罐头、面粉、酿酒为主，北郊有造船厂。交通发达，铁路、公路和航空连接首都蒙得维的亚和西部主要城镇，水路通阿根廷首都布宜诺斯艾利斯。因乌拉圭河的航运为城北 20 公里处的萨尔托格兰德瀑布所中断，该城遂成为航运的终点，为乌拉圭西北部和巴西部分地区物资供应港。河流可通吃水 3.6 米的轮船。20 世纪 70 年代在瀑布处与阿根廷合资兴建了大型水电站，1983 年竣工，总装机容量为 189 万千瓦，成为全国的电力中心之一。城市附近多急流瀑布，城北 6 公里处有萨尔托矿泉，为旅游疗养胜地，每年吸引大批国内外游客前往观光。

派桑杜（Paysandú）：乌拉圭西部边境城市，派桑杜省首府。乌拉圭河左岸的河港，与阿根廷的科隆隔河相对，有 1975 年建成的乌拉圭河大桥相通。人口 6.2 万，始建于 1772 年。全国第三大城，重要的商业和工业中心，集散和加工西北部农牧区的物产。工业以肉类冷藏和加工为主，次为制革、面粉、纺织、乳制品、啤酒、木材加工、炼油等。城内有国立大学农业分校及宏伟的大教堂。铁路、公路、航空站连接首都和西部主要城镇。乌拉圭河的海运起点和河运转口港。

第二节 自然地理

【概况】位于南美洲东南部，乌拉圭河东岸，东北与巴西接壤，西南和阿根廷为邻，东南濒临大西洋，是南美洲最小的国家。海岸线长 660 公里。

【地貌】境内地势平坦，平均海拔 116 米。南部为起伏的平原，北部和东部有少数低山分布，西南部地区土地肥沃，是主要农牧业产区，东南部为潘帕草原的延伸，是畜牧业主产区。大库奇利亚山脉由南向东北延伸至巴西边境，海拔 450—600 米。

主要河流有拉普拉塔河、乌拉圭河和内格罗河。拉普拉塔河可供海轮航行，直通欧洲和北美；乌拉圭河为乌与阿根廷的界河；内格罗河发源于巴西高原，流经国境中部，注入乌拉圭河，全长 800 多公里。位于内格罗河上的内罗格水库是南美最大的人工湖之一（面积约 1 万平方公里）。

【气候】乌拉圭属亚热带海洋性气候，温和湿润，冬季最低月平均气温（7－9 月）南部为 10 度，北部为 18 度，夏季平均气温（1－3 月）东南为 22℃，西北为 24℃。沿海地区年降雨量为 1114 毫米，内陆为 800－900 毫米，北部巴西边境一带高地的年降雨量为 1200－1300 毫米，雨水充足。土地全年生长适宜牛羊放牧的植物，为发展农牧业提供了十分有利的自然条件。

第三节　政治

【宪法】1830 年 7 月 18 日颁布第一部宪法，后经多次修改。1951 年宪法废除了总统制，设立国务会议（最高行政权力机构）。1966 年修宪，恢复总统制。1973 年军人政变后停止实施宪法。1985 年民选政府上台后即予恢复。目前实施的是 1996 年修改并经全民公决通过的宪法。宪法规定，乌实行民主共和制，三权分立。设总统和副总统各一名。总统是国家元首和政府首脑，兼武装力量最高统帅，副总统为当然参议员，兼任国会主席和参议长。总统、副总统、国会议员和各省省长均由公民直接选举产生，任期五年。总统不能连任，但可隔届再次参选。

【议会】分参、众两院，由 30 名参议员和 99 名众议员组成，均由公民直接选举产生，任期五年，可连选连任。每年 3 月 15 日至 12 月 15 日为国会会期。国会闭会期间，由参、众两院组成常设委员会主持日常工作。

【政府】除总统、副总统外，2000 年 3 月 1 日组成（2002 年 10 月由于机构精简和白党退出执政联盟等原因曾作过调整）的内阁还包括 11 名部长。

【司法机构】最高法院由 5 名大法官组成，需经国会批准。五人轮流担任院长，任期一年。

【行政区划】全国共分 19 个省，各省名称如下：阿蒂加斯（Artigas）、卡内洛内斯（Canelones）、塞罗拉尔戈（Cerro Largo）、科洛尼亚（Colonia）、杜拉斯诺（Durazno）、弗洛雷斯（Flores）、弗洛里达（Florida）、马尔多纳多（Maldonado）、拉瓦列哈（Lavalleja）、蒙得维的亚（Montevideo）、派桑杜（Paysandú）、里奥内格罗（Río Negro）、里韦拉（Rivera）、罗恰（Rocha）、萨尔托（Salto）、圣何塞（San José）、索里亚诺（Soriano）、塔夸雷博（Tacuarembó）、特雷塔伊特雷斯（Treinta y Tres）。

【政党】红党和白党系乌两大传统政党，在乌交替执政。其它主要政党有进步联盟－广泛阵线和新空间。

（1）红党（Partido Colorado）：1836年成立，代表工商资产阶级和自由职业者利益的传统政党。该党信奉民主、自由、参与、社会公正原则。对内主张建立合理的国民经济体系，发展社会福利事业，公平分配收入。对外强调民族自决与不干涉政策，主张和平解决国际争端，积极参与和推动多边合作及地区一体化。历史上先后执政达100多年。1973年被军政府取缔。1982年恢复合法地位，1984、1994和1999年在大选中三度获胜。党内主要有“激进巴特列主义”（Batllismo Radical）、“巴特列论坛”（Foro Batllista）、“红色巴特列联盟”（Unión Batllista Colorada）和“九四运动”（Cruzada 94）等派别。党的领导机构为全国执行委员会，由15名委员组成，按月轮流担任主席。设秘书长一名。

（2）白党（Partido Blanco）：又称民族党（Partido Nacional）。1835年成立。代表农牧业主利益的传统政党，在内地影响较大。政治上主张维护国家主权、公民自由和宪法，提出建立以正义为基础的民主社会。主张对经济、社会和国家体制实行改革。对外奉行独立自主、多元化外交，愿在自决和不干涉原则基础上同世界各国发展关系。1973年被军政府取缔，1982年恢复合法地位，曾于1990—1995年执政。2002年10月退出与红党的执政联盟。党内有“埃雷拉派”（Herrerismo）、“实干派”（Manos a la Obra）、“全国罗查运动”（Movimiento Nacional de Rocha）、“全国挑战派”（Desafío Nacional）等派系。党的最高领导机构是全国领导委员会，在重大问题上有决策权。

（3）进步联盟－广泛阵线（Encuentro Progresista -Frente Amplio）：左翼反对党联盟。成立于 1994 年大选前，以广泛阵线为核心，包括其他一些中、小左派政党和派别。联盟的目标是社会民主主义，认为民主的内涵应包括政治、经济、社会三方面：追求政治民主，反对集权统治；追求经济民主、向贫困宣战；追求社会民主，经济增长应当与社会公正协调发展。在对外交往中主张通过对话和平解决争端，捍卫自决，反对干涉、封锁、以大欺小。广泛阵线于 1971 年大选前成立，是由社会党、共产党以及从红党和白党内分裂出来的民族主义派组成，1973 年被军政府宣布为非法，1984 年 7 月恢复合法地位，1989 年和 1994 年两度竞选首都市长成功。近年来，进步联盟力量日益壮大，1999 年大选后成为乌第一大政治力量和议会第一大党团。

（4）新空间（Nuevo Espacio）：中左派反对党。1989 年大选前成立，由从广泛阵线分裂出来的部分成员组成。近年实力呈下降趋势。

【文化教育】教育事业发达。实行中小学义务教育，大学和专科学校免收学费。2002 年 15 岁以上人口文盲率为 2%。设在首都的共和国大学是全国唯一的综合性公立大学，有 22 个院系。

【新闻出版】2000 年各类报刊 374 种，其中日报 31 种。主要报纸有：《国家报》，1918 年创刊，发行量 10 万份；《晨报》1917 年创刊，发行量 4 万份；以及《共和国报》、《观察家报》和《最新消息报》等。全国有各类电台 284 家，电视台 60 家，有线电视台 120 家。

第四节　经济

【概况】乌拉圭是一个传统农牧业国家。工业不发达，以农牧产品加工业为主。经济依赖出口，主要出口产品有肉类、羊毛、水产品、皮革和稻米等。20 世纪 90 年代以来，乌实行新自由主义经济政策，在推进传统产业的同时更注重非传统产业的发展，积极参与地区经济一体化。乌经济已连续第4年出现负增长。尽管政府采取了紧缩财政、调低税率、放开汇率等一系列宏观调控政策，但未能遏制乌经济下滑势头，成为拉美地区经济下滑幅度最大的国家之一。

【自然资源】盛产大理石、紫水晶石、玛瑙、乳白石等。已探明有铁、锰等矿藏。林业和渔业资源丰富，盛产黄鱼、鱿鱼和鳕鱼。

【农林牧渔业】可耕地和牧场面积占国土面积的90%，其中85%为牧场。农牧业劳动力约占全国劳动力的14%。农作物以稻米为主，2001年产量为93.95万吨，大部分供出口，现为世界第六大稻米出口国。

畜牧业在国民经济中占重要地位，是国家经济的支柱产业之一。牛肉、羊肉、羊毛、皮革制品是乌拉圭的传统出口产品。乌拉圭羊毛产量占世界羊毛产量的3%；羊毛及其制品的出口占全国出口总额的20%以上，占世界出口的2%。肉类、羊毛、皮革等传统产品出口约占出口总额的三分之二。

乌拉圭东南部濒临大西洋，渔业资源十分丰富，为其发展海洋捕捞创造了良好的条件，盛产鲸鱼、鳍鱼。捕鱼业以近海作业，合资企业为主。淡水渔业不发达。部分鱼可供出口。

乌拉圭森林资源丰富，森林和林地面积占全国面积的近1/3。乌拉圭的林业主要供国内市场消费。

【工业】工业产值约占国内生产总值的25%，以农牧产品加工业为主，包括肉类加工、榨油、酿酒、制糖及罐头、面粉、牛乳、干酪加工等，其次是纺织业，主要加工羊毛、生产棉纺和化纤产品。工业部门劳动力占全国劳动力的16%。近年加工工业和制造业有所发展。能源不能自给。石油全部依赖进口，2002年进口原油价值1.83亿美元。电力以水力发电为主，相当部分需从邻国进口，2001年发电量为79.84亿千瓦。

【旅游业】旅游业较发达。境外游客主要来自阿根廷，巴西、巴拉圭和智利等周边国家。乌政府重视发展旅游业，先后于1985年4月和1989年7月成立旅游部和旅游协会，1995年在大学设立旅游系。埃斯特角和首都蒙得维的亚是主要旅游地。2001 年赴乌的外国游客达 213.5 万人次，旅游外汇收入为 5.6 亿美元。

【交通运输业】以公路运输为主，占全部货运量的 80%以上。交通运输业大部分由政府控制。

公路：总长 8762 公里。2000 年全国共有机动车 72.35 万辆。

铁路：总里程 2993 公里，2001 年货运量 119.1 万吨。

水运：内河航运为重要运输手段，航线总长 1250 公里。海运不发达。蒙得维的亚港是全国最大的港口，2004 年全年吞吐量 630 万吨；其次还有科洛尼亚、派桑杜和埃斯特角等港口。

空运：有两家主要的航空公司。普卢纳（Pluna）公司负责国际航线，与阿根廷、巴西、智利、巴拉圭、玻利维亚、西班牙等国通航。塔穆（Tamu）公司负责国内航线。首都的卡拉斯科机场是国内最大机场，派桑杜、里韦拉、萨尔托、梅洛、阿蒂加斯、埃斯特角及杜拉斯诺等地均有机场。2001 年全国航空客运量 119.8 万人次。

【对外贸易】在国民经济中占有重要地位，外贸总额约占国内生产总值的 31%。历届政府均强调以外贸带动经济的发展，采取鼓励出口及市场多元化政策。现政府除加强与本地区国家经贸关系外，积极开拓北美和亚太市场。乌拉圭主要的贸易伙伴依次为巴西、美国、阿根廷、德国和中国。主要出口肉类、羊毛、皮革、稻米和水产品，进口机电产品、轻工产品、原料和燃料。

第五节 历史

早期的乌拉圭河东岸地区居住着查鲁亚（charrúas）印第安人。1516 年，西班牙探险家发现这一地区。1680 年后一直是西班牙和葡萄牙殖民者争夺的对象。1680 年，葡萄牙人在科洛尼亚建立殖民点。1726 年，西班牙殖民者建立蒙得维的亚，并逐渐向周围扩张。1776 年西班牙将该地区并入拉普拉塔总督辖区。次年，西班牙人攻占科洛尼亚，乌拉圭遂沦为西班牙殖民地。1807 年 2 月，英军攻占蒙得维的亚，以此作为入侵布宜诺斯艾利斯的基地。在英军 7 个月占领期间，蒙得维的亚军民奋起抵抗，并支援布宜诺斯艾利斯人民反对英军入侵的斗争，终于迫使英军投降。

1811 年，乌拉圭爱国者发动反抗西班牙殖民统治的起义，攻占了索里亚诺和梅塞德斯。同年 4 月，民族英雄何塞•赫尔巴西奥•阿蒂加斯（José Gervasio Artigas）从阿根廷回到乌拉圭，领导独立战争。5 月，在拉斯彼德拉斯战役中打败西班牙殖民军。1814 年，阿根廷派军占领蒙得维的亚。1815 年，阿蒂加斯的部队攻克蒙得维的亚，随即控制乌拉圭全境，并成立了议会和政府。1816 年葡萄牙再次入侵，并于 1821 年 7 月将乌并入巴西，改名为西斯巴拉丁省。1825 年 4 月 19 日，逃亡在阿根廷的 33 名乌拉圭爱国者在胡安•安东尼奥•拉瓦列哈（Juan Antonio Lavalleja）率领下回到乌拉圭，发动武装起义。同年 8 月 25 日，起义军收复蒙得维的亚，宣布乌拉圭独立。10 月，起义军在萨拉蒂战役中获胜，赶走了巴西军队，并宣布乌拉圭并入拉普拉塔联合省，但导致巴西向阿根廷宣战。在英国干预下，1828 年 8 月 27 日，巴西与阿根廷在蒙得维的亚签订和约，承认乌拉圭为独立国家。

乌拉圭独立后，于 1830 年 7 月 18 日颁布了第一部宪法。同年 10 月，福鲁克多索•里韦拉（Fructuoso Rivera）被选为第一届总统。1835 年形成红党和白党两大政治集团。此后至 1903 年，两党争夺政权，政府更迭频繁，其间大部分由红党执政。1839 年，阿根廷独裁者罗萨斯在白党支持下侵入乌拉圭，第二次乌拉圭战争爆发。1843-1851 年，乌拉圭人民进行了长期的蒙得维的亚保卫战，粉碎了罗萨斯兼并乌拉圭的企图。1865 年，乌拉圭又同阿根廷、巴西结盟，卷入反对巴拉圭的战争。

19 世纪 70 年代以后，由于欧洲市场对谷物和肉类的需要量增加，乌拉圭的畜牧业和农业迅速发展，屠宰业也随之发展起来。在这前后，西班牙和意大利等国移民大量拥入，促进了乌拉圭经济的发展。1903—1907 年和 1911—1915 年，红党领袖何塞•巴特列•伊•奥多涅斯（José Batlle y Odóñez）两次担任总统期间，实行司法、行政、经济、社会和教育改革，大力发展民族经济，限制外国资本的渗入，带来乌拉圭政局的相对稳定和经济文化的发展，奠定了国民经济发展的基础。20 世纪上半叶，乌经济稳定、社会安宁。享有“南美瑞士”的美誉。

1929 年爆发资本主义世界经济危机，乌拉圭出口锐减，生产下降，人民生活恶化，政局动荡。1933 年 3 月加夫列尔 •特拉（Gabriel Terra）发动政变，废除国家行政委员会，解散国会，实行军事独裁统治。

第二次世界大战前期，乌拉圭保持中立，1945 年向轴心国宣战。战争期间，美国垄断资本加紧向乌拉圭渗透，逐渐取代英国而控制乌拉圭的重要经济部门。战后，乌拉圭民族经济有很大发展，开始兴建炼钢厂和大型水力发电站，扩大公路网，增建科学、教育、文化和医疗保健设施。农牧业也有较快的发展，到 1954 年，乌拉圭已由大米和小麦进口国转变为出口国。1951 年举行公民投票修改宪法，将总统制改为国务会议制。1954 年以后，乌拉圭经济恶化，导致工人示威和人民普遍不满。结果在 1958 年的大选中，执政 93 年的红党被击败，白党获胜。1959—1967 年白党执政期间，颁布镇压进步活动的“安全法”，修改宪法，废除国务会议制，恢复总统制。1967 年红党再度执政。1973 年 2 月，陆、空军发动政变，以国家安全委员会名义参政。乌社会矛盾激化，局势动荡。1973 年军队发动政变上台执政，统治乌拉圭达 12 年之久。1981 年 7 月，军政府同红党和白党就修改宪法和拟订政党法达成协议。同年 9 月 1 日，国家委员会任命前陆军司令格里高利奥•阿尔瓦雷斯 （Gregorio Álvarez）为总统，组成向“全面恢复民主”准备条件的过渡政府。1982 年 6 月颁布《政党组织法》，准许红党、白党和公民联盟恢复政治活动。1983 年军政府宣布暂时禁止这三个政党公开活动。1984 年 1 月，爆发了全国大罢工；7 月军政府恢复政党活动。同年 11 月 25 日举行大选，恢复文官政府。同年 11 月红党候选人胡利奥 • 玛丽亚 • 桑吉内蒂（Julio María Sanguinetti）当选总统，乌恢复民主宪制。桑吉内蒂政府对内执行“巩固民主、振兴经济”的政策，广泛开放民主，强调全国和解与团结；对外奉行和平与开放的外交政策。

1988 年 2 月 3 日与中国建立大使级外交关系。1989 年，白党的路易斯·拉卡列（Luis Alberto Lacalle）当选总统。1994 年，桑吉内蒂再次当选总统。1999 年，红党的豪尔赫·巴特列（Jorge Batlle）当选总统并于 2000 年 3 月 1 日就职。巴特列政府执政以来，始终强调全国和解与社会对话，营造和谐的社会政治环境。2002 年，乌政局基本稳定。但由于经济连续第 4 年衰退，联合政府受到责难。白党因各项主张多未被采纳，无法充分实现其政治利益，于 10 月底宣布退出执政联盟。左派在野党则因与现政府执政理念不同等原因，在议会对政府提出的议案亦多采取不合作态度。国家经济复兴受到影响，社会矛盾和社会治安问题日益突出，政府支持率有所下降。2004 年 11 月，左派政党联盟总统候选人巴斯克斯（Tabaré Vázquez）在大选中以获得超过 50%的选票击败乌拉圭传统政党红党和白党的候选人，当选新一届总统，成为乌历史上首位左派总统，实现了乌拉圭历史上左翼政党首次执政。

2009 年 11 月，执政的左派联盟广泛阵线候选人何塞·穆希卡在总统选举中获胜，当选下任总统。

第六节　人物介绍

【何塞·赫尔巴西奥·阿蒂加斯】（José Gervasio Artigas，1764—1850）乌拉圭民族英雄，独立之父。1764 年 6 月 19 日生于牧场主家庭，1850 年 9 月 23 日卒于亚松森。1797 年参加西班牙人组织的轻骑兵团队，反对葡萄牙人入侵。1807 年参加抗击英军入侵蒙得维的亚的战争。1811 年 2 月，放弃西班牙殖民军军官职务，参加拉普拉塔地区独立革命，任乌拉圭河东岸爱国军副司令。同年 4 月，率领 150 名士兵回到乌拉圭，领导独立战争。5 月，在拉斯彼德拉斯战役中，击溃西班牙殖民军，接着率部围攻西班牙人控制的蒙得维的亚。后因葡萄牙王室出兵干预，被迫率约 1.6 万人撤入阿根廷境内。1812 年，协助阿根廷军队包围蒙得维的亚。1814 年，乌拉圭和阿根廷东北部五省相继脱离拉普拉塔联合省，组成“联邦同盟”，他任同盟的“保护者”。1815 年 2 月，攻占蒙得维的亚，成立议会和政府。1816 年，葡萄牙军从巴西侵入乌拉圭，次年 1 月占领蒙得维的亚。阿蒂加斯率部退入内地，1820 年战败，流亡巴拉圭。1850 年 9 月 23 日在巴逝世。1855 年遗体被运回蒙得维的亚安葬，被后人称为“东岸民族的奠基人”。

【胡安·卡洛斯·奥内蒂】（Juan Carlos Onetti，1909—1994），乌拉圭著名小说家。1909 年生于首都蒙得维的亚。当过记者、编辑，翻译过福克纳和乔伊斯的作品，是“45 年一代”的中坚人物。1939 年发表第一部小说《井》并一举成名。1941 年创作《无主之地》，获阿根廷罗萨达征文奖第二名。1913 年，标志着奥内蒂风格形成的《为了今宵》在布宜诺斯艾利斯出版后，反响强烈。此后，随着“圣塔玛丽亚”系列小说的陆续问世，他在拉丁美洲文坛的地位日益提高。系列小说包括《短暂的生命》（1950）、《生离死别》（1954）、《无名氏墓志》（1959）、《造船厂》（1961）和《收尸馆》（1964）等，被视为拉丁美洲“文学爆炸”时期的重要作品。它们不但是二战后南美社会病态发展的写照，同时也是作者生活感受的外化和内心世界的坦露，情调有些悲观，时空被高度浓缩，福克纳和乔伊斯的影响自不待说，萨特的印迹也是显而易见的。其他作品有《多么可怕的地狱》（1962）、《像她那样悲哀》（1963）、《被窃的未婚妻》（1967）、《障碍》（1973）等中、长篇小说和短篇小说集多种。由于作品多以布宜诺斯艾利斯和蒙得维的亚为背景，奥内蒂素有“城市作家”之称。1979 年获塞万提斯奖。

第七节　风土人情

【乌拉圭人】 14 世纪以前，乌拉圭的最早居民是印第安人，主要有查鲁亚人、查纳人、雅罗人、博安内人和格诺亚人，均以游猎和采集为生。乌拉圭曾经历西班牙与葡萄牙近百年的争夺。1777 年沦为西班牙殖民地后，印第安人不断遭到镇压和屠杀，到 19 世纪上半叶几乎被灭绝。独立后，随着欧洲移民的增多和资本主义的发展以及民族解放运动的兴起，逐渐形成了乌拉圭现代居民。目前，居民中约 90%为白种人，主要是 16—18 世纪西班牙殖民者和后来的西班牙、意大利、法国等欧洲国家移民的后裔，聚居在南部各省。印欧混血种人(包括高乔人的后裔)、黑人和黑白混血种人约占 10%，分布在北部以及同阿根廷和巴西交界的地区。

【风俗习惯】乌拉圭人同外来客人见面，即使是初次交往，都是主动打招呼，互相握手，寒暄问候。如同其它美洲国家一样，乌拉圭人见面使用最多的称呼是先生和夫人（或称太太)，对未婚青年男女可称为少爷和小姐。乌拉圭人喜爱称对方的行政职务或学术职务。对外来客人也用称呼加上行政或学术职务，如“总统先生”、“博士先生”等。乌拉圭人去赴宴或参加其它宴会，都要带上蛋糕、酒等礼物。进出公共场所的大门时，一般男子应先让女子进出；在宴会上要给妇女上菜，以示对妇女的尊重。居民的禁忌和其它欧美、拉美国家基本一样，但是目前这些禁忌在居民的心目中已经很淡薄了，有人对此很不介意，有人干脆就不知道。

乌拉圭城市建筑多为楼房，有西班牙式的，有意大利式的。农村的房屋多用草和泥筑成，也有砖瓦房。乌拉圭人大部分为西班牙人及意大利人后裔，性格开放，热情浪漫，非常喜欢唱歌、跳舞。著名的探戈舞很早以前就是从乌拉圭和其它拉美国家先流行开的。居民在正式场合一般穿西装，平时衣着很随便。

乌拉圭城乡居民的主要食物是大米、玉米、面包、蔬菜、禽蛋、柑橘、柠檬等。饮料有用甘蔗制作的烧酒、葡萄酒，也有从意大利进口的格拉帕酒。常见的饮料有可口可乐、苏打水等。

乌拉圭人忌讳“13”和“星期五”。他们认为“13”和“星期五”会给人们带来不幸或灾难。因此，人们平时都设法避讳“13”和“星期五”。他们不喜欢涉及政治方面的话题。他们忌讳青色，认为青色意味着黑暗的前夕，并会给人以压抑之感，是一种令人懊丧或倒霉的色彩。他们在饮食中也有所忌讳，不喜欢吃形状奇异的水产品和两栖类的动物肉。

【饮食习惯】乌拉圭人通常以西餐为主。早餐多以面包、牛奶、麦片、鸡蛋为主。午餐一般吃三明治、牛奶、咖啡及罐头食品；晚餐大多较为重视。一般多吃鱼、肉类及蔬菜。牛肉为乌拉圭人主要肉食。乌拉圭街头的烤肉店大小林立,可以尝到地道的乌拉圭烤肉。乌拉圭烤肉与巴西有所不同，采用果木在烤架上烤制，风味独特。乌拉圭人对中餐也极感兴趣。他们习惯使用西式餐具，以刀叉为主，对中国的筷子有一种新鲜感。

乌拉圭人平时喜欢饮用马黛茶，外出时随身携带，边走边喝。在海滩经常可以看到一边晒太阳，一边饮茶的游人。

第八节　自然景观

【埃斯特角市】从乌拉圭首都蒙得维的亚东行约 300 公里，即可抵达南美洲著名的避暑胜地——埃斯特角半岛。埃斯特角半岛很早以前是富人的疗养地，如今已成了有名的旅游胜地。埃斯特角风光秀丽，草木常青，在郁郁葱葱的树木花丛中，建有许许多多的别墅和宾馆及疗养院。每年到这里消夏和疗养的游客络绎不绝。

半岛东西两侧伸展着迷人的海滩，海滨浴场连成一片。半岛东临烟波浩渺的大西洋，汹涌的浪涛如同咆哮的猛兽，一刻不停地冲击着海滩。在这儿游泳和赛船的人都得有相当的勇气和胆量。人们把这片海滩称之为“狂暴海滩”。然而有趣的是，半岛西部的海面却常年风平浪静，素以“温顺海滩”著称。两个不同景色的海滩为不同爱好者提供了各自满意的活动场所。对于海上运动者来说，埃斯特角更富有魅力。

埃斯特角旅游设施齐全，服务周到热情。这里的常住人口 5000 多人，几乎全部都是旅游服务人员，每年接待游客 30-50 万人。乌拉圭旅游收入一半都是从埃斯特角半岛赚来的。埃斯特角还是经常举行国际会议的地方，自 1967 年美洲国家首脑会议在该地召开后，埃斯特角开始在世界上崭露头角。而 1986 年召开的关贸总协定缔约国部长级乌拉圭会议（即所谓的“乌拉圭回合”会议）更令这里蜚声全球。

【乌拉圭国会大厦】国会大厦是乌拉圭规模最大的建筑物，也是最充分展示乌雕塑艺术的场所。大厦有4层，高40米，占地8000平方米。大厦的外部墙上有精心制作的大量浮雕，内部则以多彩的天然大理石镶面并有众多的反映乌历史场景的壁画。在意大利、乌拉圭著名艺术家、工匠和建筑师的共同努力之下，这一宏伟壮观的建筑耗时十七年方始启用。

1902年6月28日，当时的国会通过法令批准成立专门委员会负责修建国会大厦。1904年，意大利建筑师维克多•麦阿诺（Victor Meano）的设计入选，但他于同年6月1日在布宜诺斯艾利斯被谋杀。设计者以新古典主义风格为主，追求庄严宏伟但又平易的效果，设计上接受了维也纳议会大厦风格的影响。由于原设计师去世，设计施工的图纸由另外两名乌拉圭和意大利的建筑师进行了扩充和修订。

1906年2月18日，在巴特列总统主持下举行了奠基仪式。1908年9月26日正式开工。由于总统巴特列的意愿，决定为大厦内外全部镶嵌上大理石雕刻。大理石全部采自乌拉圭的马尔多纳多省（Maldonado）。

国会大厦外部花园中的四座铜像组雕分别代表法律、公正、科学和劳动，作者是著名的意大利雕塑家吉阿尼诺•卡斯迪加里奥尼（Giannino Castiglioni，1884—1971）。

第九节　重大事件

【1930年乌拉圭世界杯】尽管国际足联在1904年便宣告正式成立，但在此后的 20 年间还没有进行过任何一项国际性的足球比赛。1924年在巴黎举行的奥林匹克运动会上，足球终于成为正式比赛项目。随着职业足球的不断发展，应该成立一项独立的国际足球赛事了。

1928年5月26日，国际足联代表大会在阿姆斯特丹召开。会上经过投票通过了于1930年举办一项新赛事的决议。1929年5月

18 日，在巴塞罗那召开的会议上，乌拉圭被投票选举为首届 FIFA 世界杯赛的主办国。

1930 年 7 月 13 日—30 日，首届世界杯在乌拉圭正式举行。共有 13 个国家参加，包括 4 支欧洲队伍、8 支南美队伍以及一支来自美国的代表队。不过比赛仍然体现了当时世界上最高的水平。

首届世界杯的组织形式与现在有很大区别，它不设预选赛，13 支被邀请而来的球队直接分成四组，而分组抽签仪式也是在他们抵达乌拉圭之后才进行的。这届世界杯一共进行了 18 场比赛，一共打入 70 球，平均每场有 3.88 个进球。

国际足联在乌拉圭举行首届世界杯赛的决定并没有得到广泛的支持，原因是当时欧洲正陷于经济危机之中，而前往海外参赛又将面临漫长而消费高昂的旅途。此外对于一些优秀的俱乐部来说，世界杯赛的举行将使他们队中最重要的球员离开两个月之久——这个问题直到今天仍然争论不休，因此不少球队放弃了参加这次比赛的机会。

乌拉圭队凭借东道主之利闯进了决赛，对手是阿根廷队。最终他们以 4：2 赢得比赛，成为了第一届世界杯冠军得主。乌拉圭队夺冠之后，在蒙德维的亚的庆祝活动持续了几天几夜。同时为了纪念这次伟大的胜利，7 月 31 日——也就是决赛之后的第二天被定为全国性的节日。世界杯成为足球界最具影响力的比赛，而这项运动也越来越为全世界所瞩目。

【乌拉圭回合】1986 年 9 月，在乌拉圭的埃斯特角城举行了关贸总协定部长级会议，决定进行一场旨在全面改革多边贸易体制的新一轮谈判，故命名为“乌拉圭回合”谈判。这是迄今为止最大的一次贸易谈判，历时 7 年半，于 1994 年 4 月在摩洛哥结束。谈判几乎涉及所有贸易，从牙刷到游艇，从银行到电信，从野生水稻基因到艾滋病治疗。参加方从最初的 103 个增至谈判结束时的 125 个。

关税与总协定前七轮谈判大大降低了各缔约方的关税，促进了国际贸易的发展。从 70 年代开始，特别是进入 80 年代以后，以政府补贴、双边数量限制、市场瓜分和各种非关税为特征的保护主义重新抬头。为了遏制保护主义，避免冲突的发生，美、欧、日等缔约国共同倡导发起了此次多边谈判，决心制止保护主义，建立一个更加开放的、持久的多边体制。

乌拉圭回合是关税与总协定主持下的第八轮多边谈判，也是关税与总协定的最后一轮谈判。此次多边谈判的主要成果：一是强化了多边体制，特别是将农产品和纺织品纳入到自由化的轨道，并加强了争端解决机制；二是进一步改善了货物和服务业市场准入的条件，关税水平进一步下降，通过这轮谈判发达国家和发展中国家平均降税 1/3，发达国家制成品平均关税税率降为 3.5%左右。同时通过谈判达成了服务总协定，有关的措施和相关知识产权协议；三是建立了世界组织。

【蒙得维的亚保卫战】1843—1851 年乌拉圭人民抵抗阿根廷侵略军的首都保卫战。1839 年，阿根廷独裁者罗萨斯在乌拉圭白党支持下侵入乌拉圭，第二次乌拉圭战争爆发。1843 年 2 月，罗萨斯和白党领袖曼努埃尔·奥里韦（Manuel Oribe）的军队包围了乌拉圭红党福鲁克多索·里韦拉（Fructuoso Rivera）政府控制的蒙得维的亚。乌拉圭军民奋勇保卫首都。法国、意大利、西班牙等国人民组织志愿军参加蒙得维的亚保卫战。意大利著名爱国英雄加里坡第（Giuseppe Garibaldi）将 800 余名意大利侨民组成意大利军团，参加保卫战。英、法两国政府为维护本国利益，支持红党政府，于 1845 年封锁布宜诺斯艾利斯，并派军到乌拉圭，对罗萨斯施加压力。巴西也于 1851 年出兵乌拉圭，反对罗萨斯武装兼并乌拉圭。阿根廷恩特雷里奥斯省军政长官联合阿根廷东北部数省以及乌拉圭的里韦拉政府和巴西结成同盟，于 1851 年 10 月指挥 2 万多同盟联军进入乌拉圭，击败罗萨斯侵略军。蒙得维的亚随之解围。这次保卫战历时 9 年，粉碎了阿根廷独裁者兼并乌拉圭的企图，维护了乌拉圭的独立。

第十八章　阿根廷

第一节　概况

【国名】阿根廷共和国（La República de Argentina）

【面积】2,780,400 平方公里（不含马尔维纳斯群岛及南极）

【人口】3626 万（2001 年）。其中白种人占 95%，多属意大利和西班牙后裔。印第安人口 38.31 万（2005 年）。

【首都】布宜诺斯艾利斯（Buenos Aires），位于阿根廷东部沿海的拉普拉塔河（Río de la Plata）的河口右岸，全市分 1 个联邦区、19 个城郊区，总面积达 3885 平方公里，是南美洲最大最繁荣的城市。人口 278 万（2001 年），包括近郊 19 个区的大布宜诺斯艾利斯市共 1383 万人（2001 年）。首都气候温和，年平均气温 16℃。布宜诺斯艾利斯的西班牙语意为“好空气”，这里风景秀美，气候宜人，有“南美巴黎”之称。

布宜诺斯艾利斯的建筑风格奇异多彩，几乎包罗了欧洲古今建筑的全部风格与造型，其中有著名的科隆大剧院，其规模居世界第三位。这里还是南美洲最繁华的商业和工业中心，全市工业产值为全国工业产值的 70%，对外贸易额为全国的 45%，布宜诺斯艾利斯还是全国交通中心及对外联系的海空港口。

布宜诺斯艾利斯作为西班牙殖民中心近 300 年之久，1816 年阿根廷独立时被定为首都。这是一座十分欧化的城市，不仅城市居民几乎都是欧洲移民的后裔，而且城市布局、街景以及居民的生活方式、风俗习惯、文化情趣，处处显露出欧洲风情。

众多广场、街心花园、纪念碑和雕塑，是布宜诺斯艾利斯城的一大特色。市中心有五月广场，中央矗立着方尖塔形纪念碑，其正面刻有“1810 年 5 月 25 日”几个醒目大字，这是阿根廷人民推翻殖民统治的起义日。许多著名的大街由广场呈辐射状向四周伸展。

布宜诺斯艾利斯最繁华的佛罗里达大街是一条步行商业街。这条商业街长不足 2000 米，狭窄而又拥挤，但国内一些著名品牌的老商号全都聚集在这里，还有伦敦、巴黎等世界上许多著名的大公司设立的分号。五光十色的商品琳琅满目，舞厅、夜总会、饭馆、影剧院等随处可见，终日熙熙攘攘、热闹非凡，号称“南美百老汇”。建于布宜诺斯艾利斯郊外的“儿童共和国”，精巧的建筑和街道富有浓郁的欧洲和东南亚情调，建筑内陈列着一些国家的绘画、木刻等工艺品。全市有多所大学，其中最著名的是 1821 年创办的布宜诺斯艾利斯大学。

【国旗】国旗呈长方形，长与宽之比约为 5：3。自上而下由浅蓝、白、浅蓝三个平行相等的横长方形组成，白色长方形中间是一轮“五月的太阳”。太阳本体酷似一张人脸，是阿根廷发行的第一枚硬币的图案，沿太阳本体圆周等距离分布着 32 根弯直相间的光芒线。浅蓝色象征正义，白色象征信念、纯洁、正直和高尚；“五月的太阳”象征自由和黎明。

【国徽】为椭圆形。椭圆面上蓝下白，为国旗色，上端有一轮“五月的太阳”，寓意同国旗。椭圆形中有两只紧握着的手，象征团结；手中握有“自由之竿”，象征权力、法令、尊严和主权；竿顶为红色的“自由之帽”。椭圆形图案由绿色的月桂树叶环绕，绿色象征忠诚和友谊，月桂树叶象征胜利和光荣。

【货币】比索

【国花】赛波花

【国鸟】棕灶鸟

【时差】比格林威治时间晚 3 小时；比北京时间晚 11 小时。

【与我国建交时间】1972 年 2 月 19 日

【独立日】7 月 9 日（1816 年）

【首都外其他主要城市】**罗萨里奥**（Rosario）：阿根廷第二大

城市，巴拉那河（Río de Paraná）最大河港，位于圣菲省（Santa Fe）东南部，人口100万。1852年始建，19世纪末20世纪初由法国投资修建港口后，这里逐渐成为世界上重要的谷物港口。现在这里是北部与中部各省的进出港，万吨巨轮可以驶入。同时还是一个重要的工业城市，是大平原农牧产品的加工中心。拥有先进的食品加工、制革、造纸、机械工业。东南有第一钢铁工业基地圣尼古拉斯。该市有发达的公路及铁路网与阿根廷各地相连。

科尔多瓦（Córdoba）：阿根廷第三大城市，科尔多瓦省省会。阿根廷中部经济中心。1783年建立，人口90万。市内铁路、电力事业比较发达。南美最早大坝之一普里梅罗河圣罗克水坝的建立促进了当地商业与工业的发展，同时也为城市制革、纺织、汽车制造、玻璃和食品加工业提供了水源和电力。独特的历史和附近山区的避暑胜地使这里发展了较好的旅游业。科尔多瓦为阿根廷中部铁路和公路的交通枢纽，并配有现代化机场。该市还有很多殖民时代的遗迹，如旧市政厅、总督宫（18世纪）、大教堂（1758年）和圣特雷斯教堂和隐修院（1714 年），市内的圣马丁广场为阿根廷解放者纪念地。

乌斯怀亚：座落在阿根廷的最南部地区，火地岛首府。中间一条被称为比格尔海峡的水道是太平洋和大西洋的分界线。乌斯怀亚扼海峡咽喉，东可去马尔维纳斯群岛（福克兰群岛），西可至大洋洲，南可到南极洲，战略位置极为重要。从乌斯怀亚渡海到南极洲大陆最近处仅有800多公里，是地球上最南端的城市。“乌斯怀亚”是印第安语“观赏落日的海湾”的意思。圣马丁大街顺着山势起伏，现代化的高楼夹杂着锌皮顶的木构平房，旅馆、饭店、银行、邮电……设施应有尽有。乌斯怀亚还是阿根廷的海军基地和南极考察队的后方基地，海港设备完善，并设有飞机场。该市的常住居民约 8000人，市内建有鱼罐头、电力、木材加工、皮革、羊毛加工、屠宰等工厂。乌斯怀亚是个自由港，世界各国许多科学考察队从这里出发前往南极探险，也常有各国客人来此旅游。

门多萨市：门多萨省省会，被誉为葡萄酒市。人口约50万，位于中西部门多萨省北部的安第斯山东麓。因靠近环太平洋地震带，地震频繁。该城于 1561 年建立，1861 年毁于地震，重建后成为美丽、宏伟的现代化都市，有“安第斯山花园”之称。为了抗震，住房大都建成低矮的平房，环以各种果树和四季鲜花。该城气候干燥，年降雨量只有 200—400 毫米。但城市北面的阿空加瓜山和西南的彭加托火山山峰的积雪提供了用之不竭的水源，再加上健全的水利灌溉，使这里盛产葡萄和其它水果及蔬菜。该城以酿酒和葡萄干生产著名。目前，酿酒业约占全省国民生产总值的 4 / 5 以上，石油生产居全国首位。市内最繁华的街道是圣马丁大街。为缅怀民族英雄圣马丁，市内的广场、博物馆、图书馆多以圣马丁命名。该城交通发达，城市铁路、公路贯通全国各主要口岸，并设有国际机场。

拉普拉塔:布宜诺斯艾利斯省省会，位于首都东南 53 公里处。整个城市规划模仿华盛顿模式，市区呈棋盘状分布。文化设施比较完备，有市政图书馆、天文台、国立拉普拉塔大学、国立博物馆、自然史和化石博物馆，以及哥特式大教堂和政府机关大楼等等。拉普拉塔的工业地位相当重要，主要工业有造船、石油、水泥、化工、纤维、食品加工、冷冻机与电气设备制造等。该城精炼门多萨省油田的石油，是阿根廷重要的石油工业中心。该城的输出港有铁路和公路通往出产谷物、牲畜的南美大草原。

第二节　地理

【概况】拉美第二大国，仅次于巴西。位于南美洲东南部、东濒大西洋，南与南极洲隔海相望，西同智利接壤，北界玻利维亚、巴拉圭，东北部与巴西和乌拉圭为邻。著名的乌马瓦卡峡谷曾是古老的印加文化传到阿根廷的通道，被称为“印加之路”。海岸线长 4700 余公里。

【地貌】地势由西向东逐渐低平。西部是以绵延起伏、巍峨壮丽的安第斯山为主体的山地，约占全国面积的 30%；东部和中部的潘帕斯草原（Las Pampas）是著名的农牧区；北部主要是格兰查科平原（Gran Chaco），多沼泽、森林；南部是巴塔哥尼亚高原（Patagonia）。

主要山脉有奥霍斯·德萨拉多山、梅希卡纳山，海拔 6964 米的阿空加瓜山（Aconcagua），为南美洲万峰之冠。

巴拉那河全长 4700 公里，为南美第二大河。主要湖泊有奇基塔湖、阿根廷湖和别德马湖。

【气候】北部属热带气候，中部属亚热带气候，南部为温带气候。年平均气温北部 24℃，南部 5.5℃。

第三节 政治

【宪法】1853 年制定第一部全国统一的宪法。1994 年 8 月 22 日，宪法经第四次修改后实施。修改后的宪法规定，阿为联邦制国家，实行代议制民主。

【议会】国会分参、众两院，拥有联邦立法权。参、众议员均由直选产生，可连选连任。参议院共 72 席，每个省区各 3 席。参议员任期 6 年，每两年改选 1/3。众议院 257 席，由各省区按人口比例分配。众议员任期 4 年，每两年改选 1/2。

【政府】总统通过直选产生，任期四年，可连选连任一次。新宪法还规定设内阁首席部长一职。内阁首席部长、各部部长和总统府国务秘书均由总统任命。2003 年 5 月 25 日组成的内阁共设 10 个部。

【司法】最高法院由正副院长和 7 名大法官组成，院长和法官由总统提名后经参议院批准任命，任期三年，可连选连任。

【行政区划】全国划分为 24 个行政单位。由 22 个省、1 个地区（火地岛行政区，Tierra del Fuego）和联邦首都（布宜诺斯艾利斯，Buenos Aires）组成。各省名称如下：布宜诺斯艾利斯省（Buenos Aires）、卡塔马卡省（Catamarca）、查科省（Chaco）、丘布特省（Chubut）、科尔多瓦省（Córdoba）、科连特斯省（Corrientes）、恩特雷里奥斯省（Entre Rios）、福尔摩沙省（Formosa）、胡胡伊省

（Jujuy）、拉潘帕省（La Pampa）、拉里奥哈省（La Rioja）、门多萨省（Mendoza）、米西奥斯内斯省（Misiones）、内乌肯省（Neuquén）、里奥内格罗省（Río Negro）、萨尔塔省（Salta）、圣胡安河（San Juan）、圣刘易斯省（San Luis）、圣克鲁斯省（Santa Cruz）、圣菲省（Santa Fe）、圣地亚哥-德尔埃斯特罗省（Santiago del Estero）、图库曼省（Tucumán）。

【政党】（1）正义党（Partido Justicialista）：又名庇隆主义党，1945 年由庇隆创建，曾多次执政。现有党员 400 多万，主要由政界、工会、青年和妇女四个部分组成。主张实行民主、社会正义、国家改革和发展自由市场经济；推行“现实主义”外交政策，重视发展同美等西方国家关系，强调地区一体化。党内派别林立，历史上主要有“革新派”、“正统派”等。2003 年大选中，正义党共获得 60.8%的选票。基什内尔就任总统后，在前总统杜阿尔德的支持下整合党内力量，成立政治行动委员会取代党主席梅内姆的地位。在地方选举中获得 14 个省长席位，在议会部分改选中赢得两院多数党地位。

（2）激进公民联盟（Unión Cívica Radical）：亦称激进党，1891 年成立，为阿最老的政党，曾五次执政。现有党员 277 万，主要成分是自由职业者、知识分子和中等农牧主。主张对内实行民主和社会改良，思想多元化，建立以计划为基础、保护私人积极性的经济制度；对外同各国发展友好关系，不结盟，反对外来干涉。2001 年属于该党的德拉鲁阿总统辞职后，激进党陷入危机和分裂，2003 年大选中只获得 2.3%的选票，但在议会中仍为第二大党。

（3）平等者共和国选择（Alternativa de Una República de Iguales）：2000 年从激进党执政联盟中分裂出来，政策主张有较浓的民族主义色彩，主张打击腐败和进行政治改革。该党在 2001 年 10 月议会中期选举中一跃成为阿第三大政党。

（4）国家团结阵线（Frente del País Solitario）：1994 年 12 月 16 日创建。主要由广泛阵线、“向社会开放政治”党、社会党联盟、基督教民主党和激进新空间组成。党员主要由工人、知识分子等中左人士组成，左翼力量较有影响。主张社会正义，解决失业和贫困；

倡导廉洁，反对腐败；对外强调在保持同美国友好合作关系的同时，应更多考虑本国利益，不再参与解决国际冲突的活动。2003 年大选中，该阵线支持正义党总统候选人基什内尔，基上任后，该阵线有两人入阁。

其他政党主要有：共和国力量（Fuerza Republicana）、社会党（Partido Socialista）、重建阿根廷党（Recrear Argentina）等。

【文化教育】教育水平较高，实行 10 年制义务教育，其中包括学前 1 年，小学 6 年，初中 3 年。2002 年和 2003 年文教经费分别为 25.72 亿比索和 31.75 亿比索。2001 年人口普查显示：文盲率（10 岁以上人口）为 2.6%。6 岁—14 岁儿童入学率为 99%。15 岁—17 岁入学率达 80%。共有 94 所高等学府，其中国立大学 36 所，省立大学 1 所，私立 42 所。著名大学有布宜诺斯艾利斯大学、拉普拉塔大学、科尔多瓦大学等。

【新闻出版】全国发行各类报纸 2062 种，杂志 96 种，还有 250 种外文出版物。首都及各省重要报纸 35 家，报纸平均日发行量为 175 万份。主要报纸有：《民族报》：1870 年创刊，平均日发行量 30 万份，主要反映大农牧主的观点；《号角报》：1945 年创刊，平均日发行量 60 万份，标榜中立，反映“发展主义”的经济观点；《纪事报》：1963 年创刊，以社会新闻为主，发行 6 万份；《新闻报》：1869 年创刊，反映右翼保守势力的立场，发行 4 万份。杂志月销售量 460 多万份，重要周刊有《市场》、《索莫斯》、《人物》等。

美洲通讯社系国家占多数股份的公司，属总统府新闻国务秘书处领导。阿根廷新闻社和报联社均为私人通讯社。调幅电台 101 家，调频电台约 1500 家。开放式电视台 46 家，超高频电视台 115 家，微波电视台 61 家，有线和闭路电视台 866 家。

第四节　经济

【概况】阿根廷物产富饶，气候适宜，土地肥沃，是综合国力较强的拉美国家。阿工业门类齐全，农牧业发达，是世界粮食和肉类的重要生产国和出口国。

20 世纪 80 年代曾发生严重的债务危机，国民经济大幅衰退。1991 年开始实行以比索与美元固定兑换率为基础、私有化为核心的新自由主义经济政策，1991—1998 年年均经济增长率达 6%。受东南亚金融危机和巴西金融动荡的影响，经济自 1998 年下半年开始滑坡。2001 年 12 月，为避免金融系统崩溃，德拉鲁阿政府实施冻结银行储蓄存款的紧急经济措施，引发大规模社会骚乱并最终导致联合政府垮台，阿经济危机全面爆发。杜阿尔德总统 2002 年上台后，采取暂停偿还外债，取消固定汇率制等措施，但阿经济继续下滑，以美元计价的国内生产总值严重缩水。当年国内生产总值下降 10.9%，仅为 3309 亿比索（约合 1082 亿美元）。2003 年，基什内尔政府大力压缩政府开支，打击偷税漏税，鼓励出口，加紧与国际货币金融组织等国际金融机构谈判解决债务问题。阿根廷工业、农牧业、服务业、零售业及进出口情况好转，失业率下降，经济复苏迹象明显。

【自然资源】矿产资源有石油、天然气、煤炭、铁、银、铀、铅、锡、石膏、硫磺等。现已探明蕴藏量：石油 28.8 亿桶，天然气 7635 亿立方米，煤炭 6 亿吨，铁 3 亿吨，铀 2.94 万吨。水力资源丰富，水电发电潜力可达每年 1700 亿千瓦时。森林面积占全国总面积的 1/3 左右。沿海渔业资源丰富。

【农林牧渔业】农牧业发达，是世界主要粮食生产和出口国之一。国土面积的 55%是牧场，畜牧业占农牧业总产值的 40%。全国牲畜的 80%集中在潘帕斯大草原。阿根廷是世界粮食和肉类重要生产国和出口国，素有“粮仓肉库”之称。主要种植小麦、玉米、大豆、高粱和葵花籽等。2002/2003 年度耕地面积达 2778 万公顷，粮食及油料作物总产量 7125 万吨，同比增长 2.3%。

2001 年牛存栏 4885 万头，羊存栏 303 万头。2002 年屠宰量为：牛 1141 万头，羊 465 万只，猪 224 万头，家禽 70 万吨。产羊毛 6.5 万吨，奶 80.5 亿升。2002 年阿皮革产品出口收入达 6.99 亿美元。

渔业资源丰富。1991—1996 年，渔业是阿根廷第一产业中发展最快的部门，其产值共增长 214%。主要渔产品为鳕鱼、鱿鱼、对虾等。2002 年捕鱼量达 82.9 万吨，出口收入为 7.17 亿美元。

【工业】工业较发达，主要有钢铁、电力、汽车、石油、化工、纺织、机械、食品等。工业产值占国内生产总值的 1/3。核工业发展水平居拉美前列，现拥有三座核电站，能独立生产浓缩铀。机器制造业具有相当水平，阿产飞机已打入国际市场。食品加工业较先进，主要有肉类加工、乳制品、粮食加工、水果加工、酿酒等行业。阿是世界上葡萄酒主要生产国之一，年产量 30 亿公升。2002 年，工业产值受经济危机影响下降 11.4%。2003 年，随着整体经济及出口形势好转，工业生产增长 16%左右。

【旅游业】近几年来，阿根廷已成为南美最大的旅游国。据 2000 年统计，全国共有 7190 家旅馆，39.7 万套客房。2002 年外国游客共 300 万人次，同比增长 15%。按美元计价的旅游收入因比索贬值下降 42%，约 15 亿美元。主要旅游点有巴里洛切风景区、伊瓜苏大瀑布、莫雷诺冰川等。

【交通运输业】陆、海、空运均较发达，国内交通运输以陆运为主，外贸货物的 90%通过海运运输。铁路总长 3.58 万公里，为拉美之最，但部分路段已停运。2002 年共运送旅客 3.57 亿人次，货物 1746 万吨。公路总长 29 万公里。至 2000 年，共有客运汽车 543 万辆，货运汽车 152 万辆。有商船 140 艘，总吨位 185 万吨；沿海港口有 20 个，港口年吞吐量 8500 万吨。全国共有大型客机 29 架，机场 400 多个，其中 80 多个为主要机场。各省府、主要城市及重要旅游点每天均有航班往来，国际航线 26 条。年客运量 914 万人次，货运量 13.63 万吨（2002 年数字）。重要国际机场有首都埃塞萨（Ezeiza）国际机场。近年，政府对国营航空公司实行了私有化，57%的股份卖给了西班牙航空公司和私营企业。

【对外贸易】对外贸易在国民经济中占有重要地位。近年来，政府为刺激经济发展，制定政策鼓励出口，贸易保持顺差。主要出口产品为谷物、牛肉、皮革、羊毛、油脂、栲胶、植物油、钢材、化工产品和机械；进口化肥、石油产品、铁矿砂、煤炭、精密仪器等。主要贸易伙伴为巴西、美国、智利、中国、荷兰、乌拉圭、西班牙、法国、德国、意大利、日本等。2003 年，随着阿经济强劲复苏，阿对外贸易额达 431.88 亿美元，同比增长 25%。贸易顺差 155.62 亿美元，比上年下降 11.5 亿美元。经常项目帐户盈余 79.41 亿美元，比上年减少 18 亿美元。

第五节　历史

16 世纪前居住着约 30 万印第安人，主要分布在西北部山区、东北部林区、拉普拉塔河流域、潘帕斯平原、巴塔哥尼亚及火地岛等地。大部分印第安部族处于原始公社阶段；少数部族开始向阶级社会过渡，在玉米、马铃薯、烟草等的种植、石砌住房、灌溉系统、道路桥梁的修建以及弓箭、戈矛、陶器的制造和纺织诸方面，已经具有一定水平。

16 世纪初，西班牙殖民者分两路侵入阿根廷，一路从大西洋侵入拉普拉塔河地区，1527 年由塞巴斯蒂安·卡波特（Sebastián Cabot）率领的西班牙考察队在巴拉那河罗萨里奥附近的圣斯皮里图斯建立第一个西班牙殖民据点。1536 年 2 月，安东尼奥·德·门多萨（Antonio de Mendoza）率领的另一支西班牙远征队到达拉普拉塔河地区，建立布宜诺斯艾利斯城，阿根廷开始沦为西班牙殖民地。1580 年，布宜诺斯艾利斯划归亚松森管辖，阿根廷西北部划归智利都督区管辖。1776 年，西班牙设置以布宜诺斯艾利斯为首府的拉普拉塔总督区。

1806 和 1807 年，英国军队两次入侵拉普拉塔地区，均遭失败。抗英斗争的胜利鼓舞并推动了拉普拉塔地区人民反对西班牙殖民统治和争取独立的斗争。1808 年拿破仑一世入侵西班牙，这成为阿根廷人民争取独立的良好时机。1810 年 5 月 25 日，在革命领袖马里亚诺·莫雷诺（Mariano Moreno）和曼努埃尔·贝尔格拉诺（Manuel Belgrano）等人领导下爆发了反对西班牙统治的“五月革命”，成立了拉普拉塔临时政府。自 1812 年起，民族英雄圣马丁领导了抗击西班牙殖民军的武装斗争，征战10年，战功卓著，被阿根廷、智利、秘鲁共尊为“祖国之父”。1816年7月9日在图库曼召开国民会议，通过《独立宣言》，宣布拉普拉塔联合省独立。

拉普拉塔联合省独立后，集权派和联邦派的斗争激烈。集权派主张建立强有力的中央集权政体，联邦派主张建立联邦制政府，各省自治。1826年2月7日，里瓦达维亚（Bernardino Rivadavia）被选为拉普拉塔联合省第一任总统，但遭到联邦派的激烈反对。1827年6月28日，里瓦达维亚被迫辞职。1829年12月，布宜诺斯艾利斯省武装部队司令罗萨斯（Juan Manuel Rosas）在联邦派支持下担任布宜诺斯艾利斯省省长。1835年强迫省立法会议授予他“无限权力”，建立了阿根廷历史上最残酷的独裁统治。1852年2月3日，罗萨斯政权被联邦派乌尔基萨（Justo José Urquiza）所推翻。

1852年，乌尔基萨主持召开圣菲制宪会议。1853年5月1日，乌尔基萨将军制定了第一部宪法，建立联邦共和国，乌成为阿第一任宪法总统。1854年2月13日，他被选为阿根廷邦联总统，不久把首都迁往巴拉那。布宜诺斯艾利斯集权派拒不承认巴拉那政权，于是阿根廷出现两个政权并存的局面。1861年，集权派首领巴托洛梅·米特雷（Bartolomé Mitre）率军打败乌尔基萨。次年，米特雷当选为总统，宣布布宜诺斯艾利斯为临时首都，阿根廷正式成为统一国家。1880年9月布宜诺斯艾利斯被定为共和国永久首都。

19世纪中叶，在萨米恩托总统（Domingo F. Sarmiento）的鼓励下，欧洲大批移民抵阿。英国势力开始在阿经济中占据重要地位。自20世纪30年代起出现军人与文人交替执政的局面。1946和1951年胡安·多明戈·庇隆（Juan Domingo Perón）两次当选总统。1955年9月洛纳迪将军（Eduardo A. Lonardi）发动政变，实行军人独裁统治，庇隆流亡国外。1973年3月正义党人坎波拉（Héctor J. Cámpora）当选总统，同年6月，庇隆流亡18年后回国，并于9月大选中第三次当选总统，并提出“国家复兴和民族解放”的口号。1974年7月庇隆病故，副总统庇隆夫人（María Estela Martínez）接任总统。1976年3月陆军司令霍尔赫·拉斐尔·魏地拉（Jorge Rafael

Videla）发动政变，重新由军人执政。1981 年加尔铁里（Leopoldo Fortunato Galtieri）出任总统。1982 年，阿根廷与英国爆发了马尔维纳斯群岛战争，阿根廷战败。1983 年，激进党人劳尔·阿方辛（Raúl Alfonsín）民选政府上台，军政府还政于民，恢复宪制，大力推进民主化进程。

1989 年 5 月，阿提前举行大选，同年 7 月 8 日，阿方辛提前交权，正义党梅内姆（Carlos Menem）就任总统。在 1995 年 5 月举行的大选中，梅内姆蝉联总统。1989 至 1999 年梅内姆总统执政期间，阿民主体制进一步巩固。梅执政后期，阿经济开始衰退，社会问题日益突出，社会矛盾加剧，政治动乱迭起。1999 年 10 月 24 日，反对党联盟总统候选人、激进党主席德拉鲁阿（Fernando de la Rúa）当选阿第 47 任总统。德拉鲁阿当选总统后，未能遏止持续三年的经济衰退。2001 年 12 月，阿爆发政治、经济和社会的全面危机，阿根廷金融风暴过后，德拉鲁阿被迫辞职，搭乘直升机逃离玫瑰宫。2002 年 1 月 1 日，依据宪法，由拉蒙·普埃尔塔（Ramón Puerta）担任临时总统，但他也不愿意卷入当时混乱的政局，便辞去临时总统职位。在这段期间里，阿根廷连续换了五任临时总统，到最后由杜阿尔德（Nicanor Duarte Frutos）接任总统职位，杜阿尔德在任期间，宣布阿根廷比索贬值。杜阿尔德之后，内斯托尔·基什内尔（Néstor Kirchner）当选总统。2007 年的大选中，内斯托尔·基什内尔的妻子克里斯蒂娜·基什内尔（Cristina Kirchner）当选总统。

2011 年，在总统大选中，时任女总统克里斯蒂娜得票率远远超过对手，在首轮投票中获胜，成功连任。在克里斯蒂娜执政的第一个任期内，阿根廷成功抵御了国际金融危机的冲击，国民经济和居民消费保持稳步增长，使得克里斯蒂娜的支持率探底回升。此外，克里斯蒂娜的丈夫基什内尔 2010 年 10 月猝然去世，使得她赢得了许多选民的同情和支持。

第六节 人物介绍

【霍尔赫·路易斯·博尔赫斯】（1899—1986）阿根廷诗人、小说家兼翻译家。生于布宜诺斯艾利斯一个有英国血统的律师家庭。在日内瓦上中学，在剑桥读大学。掌握英、法、德等多国文字。中学时代开始写诗。1919 年赴西班牙，与极端主义派及先锋派作家过从甚密，同编文学期刊。1923 年出版第一部诗集，1935 年出版第一本短篇小说集，从此奠定了在阿根廷文坛上的地位。1946 年因在反对庇隆的宣言上签名，被革除图书馆中的职务，派任市场家禽稽查员，但作家拒绝任职并发表公开信表示抗议。1950—1953 年任阿根廷作家协会主席。1955 年任国立图书馆馆长、布宜诺斯艾利斯大学哲学文学系教授。1950 年获阿根廷国家文学奖，1961 年获西班牙的福门托奖，1979 年获西班牙的塞万提斯奖。 重要作品有诗集《布宜诺斯艾利斯的激情》（1923）、《面前的月亮》（1925）、《圣马丁牌练习簿》（1929）、《阴影颂》（1969）、《老虎的金黄》（1972）、《深沉的玫瑰》（1975），短篇小说集《恶棍列传》、《小径分岔的花园》（1941）、《阿莱夫》（1949）、《死亡与罗盘》（1951）、《布罗迫埃的报告》（1970）等。还译有卡夫卡、福克纳等人的作品。其作品文体干净利落，文字精炼，构思奇特，结构精巧，小说情节常在东方异国情调的背景中展开，荒诞离奇且充满幻想，带有浓重的神秘色彩。

【胡安·多明戈·庇隆】（Juan Domingo Perón，1895—1974）于第二次世界大战初期在德国和意大利学习军事。回国后为“联合军官团”首领。1943 年军官团政变成功后，历任劳工部长、陆军部长和副总统。1945 年创建正义党。

1946 年当选总统，集军政大权于一身，形成“庇隆主义党”，宣传民族主义，提出经济独立的口号，实行有利于本国工业发展的五年计划，并推行一些改良主义措施。执政后期，因对美国妥协和国内经济状况日益恶化，人民不满，国内阶级矛盾加剧。

1959 年 9 月 19 日，阿根廷的陆、海军联合发动政变，庇隆政权被推翻。庇隆流亡巴拉圭，后久居西班牙。

1973 年，阿根廷军人政权倒台，以庇隆为首的“解放正义阵线”在大选中获胜，庇隆又登上总统宝座。1974 年 7 月庇隆去世，由庇隆夫人执政。1976 年 3 月 24 日，庇隆夫人政府被军人发动的政变推翻。

【埃娃·庇隆】（Eva Perón， 1919—1952）1919 年 5 月 7 日出生在首都布宜诺斯艾利斯附近的小镇维尔科依一个已经破落的地主家庭。15 岁时埃娃怀着当明星的梦想到了首都，开始她的舞台生涯。1945 年，26 岁的埃娃与当时军政府中的陆军上校胡安·多明戈·庇隆结婚。1946 年庇隆成为阿根廷总统。埃娃作为共和国的“第一夫人”一直关注和维护穷苦大众的利益，被人称为“国母”。她的故事被搬上音乐剧和好莱坞电影，家喻户晓。1952 年 7 月 26 日，埃娃因患子宫癌不幸病逝，年仅 33 岁。50 年来阿根廷人一直在纪念这位“伟大的女性、伟大的母亲和伟大的第一夫人”。

【切·格瓦拉】（Che Guevara，1928—1967）古巴游击战术的理论家。1928 年 6 月 14 日 出生于阿根廷罗萨里奥一个声誉卓著的家族。1953 年完成医科学业，漫游南美各地，体察当地的经济和政治问题，特别是广大群众的贫苦生活，在行医中痛感人民苦难非药可治，在阅读了马列著作后决心从事政治斗争，以解放整个拉丁美洲为己任，相信只有暴力革命才是唯一的解决办法。

1954 年在危地马拉参加阿本斯领导的进步的民主政府。阿本斯政府被美国中央情报局支持的政变所推翻，从此他怀有深切的反美情绪。

1957 年，他在墨西哥结识了卡斯特罗，并参加了他们的游击部队，成为最受卡斯特罗信任的助手。1959 年古巴革命胜利后，格瓦拉加入古巴国籍，历任古巴全国土地改革委员会主席、国家银行行长和工业部长。他的反帝、反殖、特别是反对美国的立场举世闻名。

1965 年 4 月，格瓦拉突然从公众场合销声匿迹。后来知道，他曾到过刚果，帮助组织卢蒙巴营，参加那里的内战。

1966 年夏天他在玻利维亚隐姓埋名地在圣克鲁斯地区建立和领导一个游击小组，训练玻利维亚的游击队，并和他们一起战斗。1967 年 10 月 8 日游击队被政府突击队包围，几乎全部被歼，格瓦拉因伤被俘，随即遇害。著有《古巴革命战争回忆录》、《古巴的人与社会主义》、《游击战争》等。

格瓦拉死后，成为了第三世界共产革命运动中的英雄和西方左翼运动的象征。国际范围内“格瓦拉热”几十年不衰，比格瓦拉本人的胜利和悲剧更值得人们思考。

第七节　风土人情

【风俗习惯】阿根廷人在日常交往中所采用的礼仪与欧美其它国家大体上是一致的，并以受西班牙影响为最。阿根廷人大都信奉天主教，所以一些宗教礼仪也经常见诸阿根廷人的日常生活。在交际中，普遍采取握手礼。在交际场合，对阿根廷人一般均可以“先生”“小姐”或“夫人”相称。

在正式场合，阿根廷人的着装讲究干净整齐。做不到这一点的人就会失去阿根廷人的尊重。在一般情况下，不论是进行正式访问还是外出，一定要男穿西装套装，女着套裙或长裙。

阿根廷人普遍喜欢吃欧式西餐，以牛、羊、猪肉为喜食之物。人们喜欢的饮料有红茶、咖啡与葡萄酒。有一种名为“马黛茶”的饮料最具有阿根廷特色。

【阿根廷探戈】阿根廷探戈发源于阿根廷首都布宜诺斯艾利斯的港口地区。大批源于非洲、北美甚至欧洲的移民滞留在港口，形成了一个特殊的外来社会群体。他们大多社会地位低下，生活不稳定，在酒吧里靠唱歌、跳舞来消磨时光。阿根廷探戈实际上是这种特殊环境下产生的一种特殊艺术形式，其舞蹈是在米隆加、哈巴涅拉、坎东贝等拉美、非洲多种民间舞蹈的基础上演绎而成的。阿根廷探戈其实是一种唱多于跳的艺术形式。而且它的唱是清一色男性，且都是独唱，偶尔有几个小滑稽剧穿插。激昂的键盘手风琴是伴奏的主旋律，它特有的切分节奏总是给人以心灵的撞击。

跳阿根廷探戈时，两个舞伴的身体并行直立，几乎贴在一起，并且快速旋转、踢腿，非专业人士很难将这些动作连贯起来。或许正因为太过难学和曲高和寡，阿根廷人对于探戈的态度有些类似中国人对京剧的看法——年纪大的人喜之不尽，而年轻人却敬而远之。

【饮食习惯】阿根廷是一个移民国家，绝大部分居民来自于意大利和西班牙，所以它的饮食文化也搀杂了欧陆西餐的成分，肉食方面主要以牛、鸡、驴肉为主，甚少吃猪肉，而炭烧烤肉是当地的特色。

这里的炭烤牛扒不需要腌制，只是洒上点盐，直接用炭火烤至七八成熟，外表烤得略有点焦，肉香味飘散开来，吃起来外酥内嫩，里面还保留着肉汁。阿根廷人对烤肉的吃法是，吃一口烤肉，再吃一口蔬菜，所以在每一份烤肉上来的时候，也会配上些新鲜的蔬菜色拉，这样吃起来不至于肥腻。炭烤牛肋条也是肉质甘香，配上用洋葱、青红椒切细的香料，不肥不腻，香嫩可口。

马黛茶也是阿根廷的特色，据说这种茶被阿根廷誉为“国宝”“国茶”。在当地语言中“马黛茶”意为“仙草”、“天赐神茶”，因为它含有多种营养成分，不仅可以清除胆固醇、降低血脂，还能促进血液循环、提神醒脑等等，所以阿根廷人认为“马黛茶”不是一般意义上的茶。他们每人每天都在喝，从小孩到老人、从都市到乡村，甚至有“宁可食无肉不能居无茶”这样的说法。

马黛茶的喝法还有一定的讲究，不是像喝一般的茶或咖啡，要用特制的吸管、勺子、过滤器三合为一的工具，放进冲了水的茶里先吹一口气，然后再慢慢的吸，可以轻轻拌一下，但不可经常搅拌。喝起来有点像苦丁茶的味道，如果觉得苦，可以加点砂糖。

第八节 自然人文景观

【伊瓜苏瀑布】世界五大瀑布之一，位于阿根廷和巴西两国边境。1934 年，阿根廷在伊瓜苏瀑布区建立了 670 平方公里的国家公园。1984 年，伊瓜苏瀑布被联合国教科文组织列为世界自然遗产。

1542 年，一位西班牙传教士在南美巴拉那河流域的热带雨林中意外地发现了伊瓜苏大瀑布：层层叠叠的瀑布环绕着一个马蹄形峡谷咆哮着倾泻而下，激起的水雾弥漫在密林上空，奔流而下的水流声几公里外都能听见。

“伊瓜苏”在南美洲土著居民瓜拉尼人的语言中是“大水”的意思。发源于巴西境内的伊瓜苏河在汇入巴拉那河之前，水流渐缓，在阿根廷与巴西边境，河宽 1500 米，像一个湖泊。水往前流陡然遇到一个峡谷，河水顺着倒 U 形峡谷的顶部和两边向下直泻，凸出的岩石将奔腾而下的河水切割成大大小小 270 多个瀑布，形成一个景象壮观的半环形瀑布群，总宽度 3000 米至 4000 米，平均落差 80 米。

伊瓜苏瀑布与众不同之处在于观赏点多。从不同地点、不同方向、不同高度，看到的景象不同。峡谷顶部是瀑布的中心，水流最大最猛，人称“魔鬼喉”。

瀑布分布于峡谷两边，阿根廷与巴西就以此峡谷为界，在阿根廷和巴西观赏到的瀑布景色截然不同。阿根廷这边分上下两条游览路线，下路蜿蜒贯穿在密林之中，可自下而上领略每一段瀑布的宏伟或妩媚，可说是十步一景；上路是自上而下感受瀑布翻滚而下的气势。在巴西那边能够欣赏到阿根廷这边主要瀑布的全景。伊瓜苏瀑布气势最宏伟的“魔鬼喉”，在阿根廷这边是从上往下看，9 股水流咆哮而下，惊心动魄，同时还可以望见环形瀑布群的全景；在巴西那边是从下往上看，水幕自天而降，另有一番感受。

【阿根廷湖】这是一个坐落于阿根廷南部圣克鲁斯省的冰川湖，面积 1414 平方公里，以著名冰块堆积景观而闻名于世。该湖接纳来自周围 150 多条冰河的冰流和冰块。巨大的冰块互相撞击，缓缓向前移动，有时形成造型奇特的冰墙，高达 80 米。最后全部汇集到阿根廷湖，组成了洁白玉立的冰山雕塑。湖畔雪峰环绕，山下林木茂盛，景色迷人，为阿根廷最引人入胜的旅游景点。

【五月广场】五月广场是布宜诺斯艾利斯的心脏。广场中心矗立着 13 米高的金字塔尖型纪念碑，是为纪念在 1810 年五月革命中献身的爱国志士而修建的。1815 年 5 月 25 日揭幕时，在纪念碑前通过了拉普拉塔联合省（即阿根廷的前身）独立规约。1816 年 7 月 9 日在这里宣布了拉普拉塔联合省《独立宣言》。最初，这座纪念碑的基座是两层的，碑顶装饰着花瓶。1856 年，阿根廷著名画家、建筑师普利里蒂阿诺·普列伊顿加以改建，塔尖上竖起一座自由女神塑像。纪念碑四周有绿茸平整的草坪、四季怒放的花卉、清澈晶莹的喷泉和往来啄食的群鸽。

五月广场东侧是一座西班牙式玫瑰色建筑物，这就是被称为玫瑰宫的政府宫。政府宫的建筑雄伟壮丽。地面以上两层是总统府，地下一层是博物馆，陈列着历届总统的塑像、他们颁布的重要法令和公告、政府重要文献以及其它重要历史文物。政府宫正门前是五月革命领导者之一、国旗创制人贝尔格拉诺将军骑在骏马上的铜像。

五月广场由亚松森代理总督胡安·德卡拉伊（Juan De Garay）于 1580 年修建。1873 年，萨米恩托（Sarmiento）总统将总统府粉刷成粉红色，因为它象征着各种政治派别的团结。红色是当时联邦派的颜色，白色是其反对派的颜色，两种颜色放在一起就成了粉红色。

【火地岛】是世界上除南极大陆以外最南端的陆地，也是南美洲大陆最南端的岛屿。这里有着极地之外最大型的冰川——壮观的莫雷诺大冰川，还有世界最南端的国家公园——火地岛国家公园。火地岛首府乌斯怀亚是世界最南端的城市，被称为“世界尽头”。

火地岛上的动植物资源保存较好，有不怕人的海豹和企鹅，有品种优良的羊和众多的野兔，茂盛的山毛榉树则构成了森林的主体。在岛南面的比格尔海峡一带，还时常有巨大、珍贵的蓝鲸出没。另外，火地岛的土著奥那族人的流浪式生活和风俗也独具特色。他们在地上插几根木棍，再搭上几张骆马皮，就搭成了自己的房子。

特殊的地域、神奇的自然和人文景观，吸引了世界各地的旅游者来此观光。为此，阿根廷于 1960 年在岛上建立了国家公园。火地岛国家公园是世界最南端的国家公园，是世界最南部的一个自然保护区，雪峰、湖泊、山脉、森林点缀其间，极地风光无限，景色迷人，到处充满着奇妙色彩。

阿根廷冰川国家公园位于阿根廷南部圣克鲁斯省卡拉法铁城西80公里，从巴里洛切往南直到南美大陆的尖端。这里已经接近南极，到了麦哲伦海峡。当地最有特色的旅游点要数莫雷诺大冰川。莫雷诺大冰川是经过几十万年的冰雪堆积而形成的活冰川，形成于2万年前冰川时期。整个冰川高达60多米，面积有200多平方公里，每隔几十分钟就会崩溃一次。远眺莫雷诺大冰川白茫茫一片从山涧倾泻而下，宛如一条银河从天而降。近看却又千姿百态，有的像飞禽走兽，有的如人物浮雕，有的形似利剑直刺蓝天，又有的好比晶莹璀璨的珊瑚。

由于极地气候变化无常，夏日昼长夜短，晚上10点以后太阳才慢慢地消失在远处山谷，经过三四个钟头又迎来了新的黎明。漫长的白昼艳阳高照，突然间又狂风骤起，风雨交加，转瞬间又风平浪静，真是一日之内几度春秋。

【瓦尔德斯岛】位于巴塔哥尼亚地区，是全球海洋哺乳动物资源的重点保护区。这里是濒危的南部鲸的庇护地，也是南美海象，海豹和海狮繁衍生息的理想场所。

1983年，瓦尔德斯岛被设为旅游自然保护区；1999年，该岛被联合国教科文组织定为世界文化遗产。瓦尔德斯岛占地36万公顷，岛内海拔最低处低于海平面35米，最高处海拔仅100米。瓦尔德斯岛由一系列的海湾、悬崖、滩涂、海岸以及岛屿组成。半岛的海岸线长达400公里。瓦尔德斯岛东端是包含一些小岛的长达35公里的瓦尔德斯海湾。瓦尔德斯岛的内部地势平坦，有一些浅的淡水湖以及盐湖。岛内无永久性河流和小溪，因此淡水资源缺乏，而且岛内大部分的土壤层厚度很薄。岛内气候温润，年降水量在240毫米左右，每年冬季大约有12到20天的霜冻。岛内冬季平均气温为0℃到15℃之间，夏季平均气温在15到35℃之间，一年之中最热的月份是二月。

瓦尔德斯岛最主要的植被是巴塔哥尼亚草原植物，这里的植物有明显的分带现象，大致可分为 18 个区。岛内现已发现有 41 个种属的 130 种植物，其中有 41 种濒危物种。岛内占绝对优势的植物是旱生植物，另外还有一些灌木丛。

瓦尔德斯岛是非常重要而有意义的天然动物栖息地。这个地区一些濒危物种的资源保护具有突出的全球性价值。瓦尔德斯岛是大量的哺乳动物和海鸟的避难所，是阿根廷的海豹繁育基地，同时也是海狮的重要栖息地。岛内的其他哺乳动物有食肉动物逆戟鲸等。

岛内的陆生哺乳动物有骆马。其它的陆生哺乳动物还有巴塔哥尼亚野兔和阿根廷灰狐。瓦尔德斯岛内的鸟类种类繁多，达 181 种，其中 66 种是候鸟。企鹅是岛内最大的动物家族。第二大家族是海鸥。其它生活在这里的鸟类有鸬鹚、大白鹭、黑冠苍鹭和普通燕鸥。对于在海滩生活的候鸟，如白臀矶鹞、黑尾豫来说，滩涂和泻湖是最重要的栖息地。

瓦尔德斯岛上有 220 名常住居民，其中一半住在岸上的小村庄里。羊毛是当地主要的农牧产品，整个岛上有 56 个羊场，圈养着大约八万头羊。

第九节　重大事件

【五月革命】（La Revolución de Mayo）是发生在南美洲西班牙殖民地的第一次独立运动。当时拿破伦入侵西班牙，推翻了西班牙国王费迪南德七世，任命自己的兄长约瑟夫为西班牙国王，西班牙在南美洲的殖民地拉普拉塔总督辖区（包括现在的阿根廷、玻利维亚、巴拉圭和乌拉圭）丧失了宗主国的支持。1810 年 5 月 13 日，一批英国军队在蒙得维的亚登陆，证实了关于西班牙形势的流言是真实发生的。5 月 25 日在布宜诺斯艾利斯成立了政务会，推翻了拉普拉塔总督。直到 1816 年阿根廷正式独立。现在 5 月 25 日是阿根廷的独立日，阿根廷的全国性节日。

【马岛战争】南大西洋上的马岛位于南美大陆南端，英国称之为福克兰群岛。离阿根廷海岸 500 多公里，离英国伦敦 12800 公里，面积约为 11700 多平方公里。这片寒冷地带被达尔文称作“荒芜而人烟稀少”。这里几乎与世隔绝，居民们过着单调的生活，没有报纸，没有电视，没有娱乐。一到晚上 10 点，人们就上床睡觉。一年中最热闹的社会活动是剪羊毛季节举行的体育盛会。

然而，这片寒冷地带的自然资源却十分丰富，大陆架更蕴藏着丰富的石油和天然气，储量远超过英国北海油田。更为重要的是它的战略地位。马岛扼南大西洋和南太平洋的航道要冲，是巴拿马运河关闭后的惟一通道，在两次世界大战中英国曾经以这里为海军基地，成功袭击了在附近海域过往的德国舰船。

英阿两国对马岛主权的争议由来已久，争议的焦点是：谁先发现和有效占领了这些岛屿。英国认为，马岛是英国人最先发现的，1592 年 8 月 14 日，英国航海家约翰·戴维斯将他的海船“希望”号开进了这个群岛。英国从 1833 年起一直对它进行着有效管理，岛上居民多数是英国臣民。阿根廷则认为，首先发现马岛的是麦哲伦的探险队，阿根廷 1816 年独立后就继承了西班牙对马岛的主权。

1981 年上台执政的陆军总司令加尔铁里（军人执政委员会）面临着严峻的内政外交形势。外债高达 360 亿美元，通货膨胀超过 1000%，人民“要面包、要工作”，政党“要民主、要法制”的“倒军政府”活动不断。加尔铁里决定收复马岛，实现人民 100 多年的民族夙愿来达到全国团结、维系自己政权的目的，并不惜采取军事行动。

1982 年 4 月 2 日凌晨，阿根廷陆海空三军兵力 3000 人以迅雷不及掩耳之势，一举攻占马岛首府，几乎没有遇到什么抵抗便占领了英国兵营、总督府、机场和电台。在电视讲话里，加尔铁里宣布，马岛是阿根廷的第 24 个省。

同时，在伦敦，所有报纸都在头版出现了“战争”这一英国人民久违了的词语。一些留恋过去日不落帝国盛世的各种势力在议会中组成了一个有影响的“亲福克兰”院外集团，加上民众中对英国日渐衰落所怀有的压抑感，坚决支持对马岛主权毫不退让。当时的英国首相撒切尔夫人迅速作出反应——派兵到几千英里之外的地方去进行战争。

在完成部署后，5 月 1 日起，英军几乎每天都要出动飞机、军舰轮番轰炸和炮击马岛阿军的主要机场、阵地和设施。阿军进行顽强反击，双方展开激烈的海空战。路透社评论说，马岛之战是“世界上第一场涉及空间时代的导弹及其复杂的电子系统的大海战”,南大西洋成了“新式武器的试验场”。

不过，由于阿海军力量薄弱，空军攻击力量有限，未能打破英军的海上封锁，逐步丧失了制海权和马岛地区的制空权，处境被动。

5 月 21 日清晨，英军在马岛登陆，马岛战争进入决战阶段。尽管阿军空军作战勇敢，但马岛守军多半缺乏实战经验，给养不足，阿海军在英军潜艇的威胁下受到限制，不能给前线有力支援，局势越来越不利于阿军。

6 月 12 日英军发动总攻，阿军终因孤岛作战，外无援兵，内又无险可守，被迫于 6 月 24 日上午在阿根廷港升起白旗投降。午后，英阿两军司令在阿根廷港市政大楼达成非正式停火协议并立即执行。

马岛战争历时 74 天，而实战时间仅一个半月。据资料，阿军阵亡 1000 余人，伤 1300 人，失踪数百人，被俘 11800 余人；损失舰船 11 艘，飞机 117 架，耗资 10 亿美元以上，间接损失 20 多亿美元。英军阵亡 255 人，伤 777 人，被俘 210 余人，损失舰船 16 艘，飞机 34 架，耗资 12 亿美元以上。

马岛战争战败使阿根廷军政府颜面丧失，加尔铁里总统在 6 月 17 日宣布辞职，并离开军队，军人政府就此退出阿根廷历史舞台。然而，正如加尔铁里自己在离职演说中流着眼泪所说的那样:“阿根廷人自 1833 年以来的努力不会停止。”1833 年是英国人开进马岛，并对马岛进行管理的时候。

【阿根廷金融危机】阿根廷于 2001 年至 2002 年爆发了史无前例的金融危机，并同步发生财政危机、企业危机、政治危机、社会危机、体制危机。这是多年来经济下滑、政治腐败和社会分裂造成的必然结果。

阿根廷金融危机大致可分为四个阶段：

第一阶段：从 2001 年初到 2001 年 7 月，出现债务危机。2001 年 3 月，阿根廷进入偿债高峰，而国内资本外逃却日益严重。于是，在 2001 年 3 月下旬政府采取了一系列措施来应付，主要内容是削减政府开支，降低赤字，与外国债权人谈判进行债务重整，这样暂时躲过一劫。但是到了 2001 年 4 月中下旬，阿根廷经济形势急转直下，因内需不旺等原因，工业生产大幅度下降。阿根廷金融市场出现较大动荡，表现为股市指数下挫，债券价格狂跌，国家风险指数上升到前所未有的水平。到 6 月份和 7 月份，动荡加剧。7 月 11 日，阿根廷比索隔夜利率由 10 日收盘时的 18%上升到 45%。到 7 月 10 日，阿根廷首都布宜诺斯艾利斯各兑换所的汇率突然出现波动，到 7 月 12 日达到高峰，此时比索实际上已贬值 5%左右。由于经济恶化、税收减少和债务缠身等多种原因，阿根廷政府不得不在 7 月 11 日推出了“零财政赤字计划”，其主要内容包括大幅度紧缩开支、削减工资和养老金、减少地方政府财政支出以及扩大税源。这项计划一公布，立即遭到反对党、工会及企业家组织的强烈反对，金融市场随之发生大规模动荡。仅 7 月份，阿根廷股票主要股指梅尔瓦的跌幅就高达 20%以上。

第二阶段：从 2001 年 7 月到 2001 年 12 月初，出现金融危机。2001 年 8 月中旬阿根廷金融形势进一步恶化，资本市场的崩溃一触即发。8 月 21 日，经过艰苦的谈判，阿根廷终于获得国际货币基金组织 80 亿美元的应急追加贷款。作为交换条件，阿根廷承诺严格执行它的零财政赤字计划。新贷款的到位使一度形势危急的阿根廷金融市场暂时趋于稳定。10 月底，当阿根廷政府计划与债权银行谈判，重新安排高达 1280 亿美元巨额债务。消息传出后，金融市场再次出现大幅动荡。7 月到 11 月底，阿根廷股市大幅震荡达 10 次之多，从 7 月初的 406 点跌至 207 点，创 10 年新低。受此影响，阿根廷国家风险指数大幅飙升，从 1600 多点飚升至 3157 点，创历史记录。政府公共债券价格持续下跌。外国资本纷纷抽逃，仅 11 月 30 日一天，阿根廷全国就有 7 亿美元流往境外，境内私人存款创下一周流失 70 亿美元的记录。在股市下跌的同时，利率迅速上升。货币市场利率急剧飚升，以致银行间隔夜拆借利率竟高达 250%—300%。为应付严重危机局面，阿根廷政府 12 月 3 日颁布法令，宣布实施限制取款和外汇出境的措施，以稳定市场。随后，国际市场开始恐慌性抛售阿根廷国债，阿根廷出现全国罢工、游行示威、哄抢超市，造成社会危机。

第三阶段：从 2001 年 12 月 12 日到 2001 年 12 月底，金融危机演变为政治危机。从 12 月 12 日起，阿根廷街头开始爆发抗议活动，而 12 月 18 日反对经济紧缩措施的游行转变为一场暴乱，导致 28 人丧生。12 月 20 日总统德拉鲁阿和经济部长卡瓦诺引咎辞职。12 月 26 日萨阿德政府宣布即将发行第三种货币，但随即流产。此后 11 天里，阿根廷更换了 5 位总统，成为历史上非常罕见的由金融危机导致的政治危机事件。

第四阶段：从 2002 年初开始，金融危机再度加剧。2002 年 1 月 6 日，阿根廷新政府宣布停止实行已持续 11 年之久的比索与美元的联系汇率制度，将比索兑美元汇价由 1：1 贬值至 1：1.40 比索，并于 1 月 30 日实行浮动汇率。比索贬值加剧了阿根廷政府面临的信心危机，也未能舒缓外汇体系所面临的压力。阿根廷总统杜阿尔德 2 月 22 日宣布，由于国家出现经济危机，政府不得不削减政府部门公务员的工资。就在杜阿尔德宣布这一决定几个小时后，阿根廷首都布宜诺斯艾利斯爆发了大规模群众抗议游行。进入 3 月份，阿根廷金融市场再度出现混乱，比索大幅贬值，一度跌至 1 美元兑 4 比索的低点。比索贬值引发物价飞涨，生活必需品价格一周内上涨 30%。3 月 27 日，阿根廷部分地区再度发生居民哄抢商场事件。

阿根廷金融危机对拉美各国经济的影响已成为世界经济界议论的焦点之一。拉美经济界人士普遍认为，阿根廷新的经济政策将对拉美经济产生一定的不利影响，而且预计在短期内难以消除。

第十九章 巴西

第一节 概况

【国名】巴西联邦共和国 （La República Federativa de Brasil）

【面积】8,514,877 平方公里

【人口】1.91 亿人口（2011 年）。人口密度 22 人/平方公里（2011 年）。白种人占 47.7%，混血种人占 43.1%，黑种人占 7.6%，黄种人和印第安人等占 1.6%。官方语言为葡萄牙语。

【首都】巴西利亚（Brasilia）。是一座只有 30 多年历史的新城，没有一处古代建筑。联邦区（Distrito Federal）面积 5822 平方公里，所属城区和卫星城共 10 个，总人口约 200 万。巴西利亚位于巴西中央高原，海拔 1158 米，气候宜人，四季如春，全年分为雨季和旱季，年平均气温 21℃，年降雨量为 1603 毫米。巴西利亚人均绿地 100 平方米，是世界上绿地最多的都市。

巴西利亚以其独特的建筑闻名于世，融汇了世界古今建筑艺术的精华，有“世界建筑博览会”之称。其总体建设计划由建筑大师卢西奥·科斯塔（Lucio Costa）完成。在灯火通明的夜晚从空中俯视，巴西利亚宛如一架驶向东方的巨型飞机。机头是三权广场，机身是政府机构所在地，机翼则是现代化的立体公路。三权广场左侧是总统府，右侧是联邦最高法院。广场对面是国会参、众两院，两院会议大厅建筑外观如同两只大碗，众议院的碗口朝上，象征“民主”、“广开言路”；参议院的碗口朝下，象征“集中民意”。国会的两座 28 层大楼之间有通道相联，呈“H”型，为葡语“人”的首字母。三权广场上的议会大厦、联邦最高法院、总统府和外交部水晶

宫等是巴西利亚的标志性建筑。

巴西利亚最高的建筑是高 224 米的电视塔，为世界第四高铁塔，重 378 吨。铁塔瞭望台位于 75 米处，可容纳 150 人，游客可免费乘电梯登台。每逢周末铁塔周围有手工艺品市场。

市内帕拉诺阿（Paranoa）湖为人工湖，状如“人”字，面积近 40 平方公里，有调节气候的作用。湖岸长 80 公里，沿岸分布着 45 个娱乐和运动俱乐部。

巴西利亚现有小学 464 所、中学 84 所、大学 10 所，剧院 15 家，电影院 20 家，博物馆 13 个，艺术馆 19 个。

巴西利亚的发展一直受到政府严格的控制，城内各行各业均有自己的“安置区”，银行区、旅馆区、商业区、游乐区、住宅区，甚至修车都有固定的区位。为保护“飞机”形状不被破坏，城内不准建新住宅区，居民尽量分布在城外的卫星城里居住。从落成至今，巴西利亚一直是一个漂亮而现代化的都市，并把繁荣带到了巴西中西部，贯通了南部与北部，带动了整个国家一起发展进步。1987 年 12 月 7 日，联合国教科文组织宣布巴西利亚为“人类文化遗产”。

【国旗】呈长方形，长与宽之比为 10∶7。旗地为绿色，中间是一个黄色菱形，其四个顶点与旗边的距离均相等。菱形中间是一个蓝色天球仪，其上有一条拱形白带。绿、黄色是巴西的国色。绿色象征该国广阔的丛林，黄色代表丰富的矿藏和资源。天球仪上的拱形白带将球面分为上下两部分，下半部象征南半球星空，其上大小不同的白色五角星代表巴西的 26 个州和一个联邦区。白带上用葡萄牙文写着“秩序和进步”。

【国徽】图案中间突出一颗大五角星，象征国家的独立和团结。大五角星内的蓝色圆面上有 5 个小五角星，代表南十字星座；圆环中有 22 个小五角星，代表巴西各州和联邦区。大五角星周围环绕着用咖啡叶和烟草叶编织的花环，背后竖立一把剑，剑柄在五角星下端。绶带上用葡萄牙文写着“巴西联邦共和国”“1889 年 11 月 15 日”（共和国成立日）。

【货币】雷亚尔

【宗教信仰】主要宗教为天主教。居民71%信奉天主教，此外还有新教、犹太教、基督教福音派以及非洲的一些宗教。

【国花】毛蟹爪莲

【国鸟】金刚鹦鹉

【时差】比格林威治时间晚3小时，比北京时间晚11小时。

【与我国建交】1974年8月15日

【独立日】9月7日（1822年）

【主要城市】圣保罗：建市于1554年，是巴西也是南美最大的城市，圣保罗州首府，位于该州东南部。海拔760米，面积超过1500平方公里，人口超1600万。圣保罗市气候宜人，早晚温差较大，有“一年之中无四季，一日之中有四季”之说。每年12月至次年2月是圣保罗的夏季，多雨，最高温度在30度左右；每年6-8月是圣保罗的冬天，平均气温在16—20度上下。

圣保罗是一座现代化的城市。众多立交桥，多条地铁线路，环城高速公路以及直升飞机公司都使得交通十分便利。圣保罗的商业区主要集中在保利斯塔大街和共和广场一带。主要出售一些手工艺品，宝石，古董。

圣保罗主要旅游景点有：

（1）天主教大教堂：南美洲最大教堂，落成于1954年，高耸的哥特式建筑，气势宏伟，周围是步行广场和购物区。

（2）伊比拉普埃拉公园：位于圣保罗南郊，占地160万平方米，内有人工湖，群雕，众多博物馆，是世界上有名的大公园之一。

（3）东方街：众多日本、中国、朝鲜侨民居住的地方，具有鲜明的东方文化氛围，有众多中国人经营的餐馆、商店和旅行社。

里约热内卢：巴西第二大城市、全国最大的海港、全国商业和金融中心。里约热内卢有世界上最美丽的海滩，风光秀丽，是巴西最大的旅游中心。

位于巴西国土的东南部，在向北伸入的瓜纳巴拉湾西岸，有长达14公里的跨湾公路大桥与东岸的尼泰罗伊市相连。1502年1月，葡萄牙殖民者来到海湾，误以为这里是一条大河的入海口，随口起名“一月的河”，译音便是“里约热内卢”。

经过400多年的发展，里约热内卢已经成为仅次于圣保罗的特大城市和工商业、金融中心，与桑托斯港并列的最大外贸港口，并且集中了巴西最著名的博物馆，拥有拉丁美洲最大的图书馆，世界最大的足球场，以及全国最大的公园、植物园等。

耸立在瓜纳巴拉湾南口的两座状如面包的山峰（奥库卡山）是里约热内卢的标志。乘电缆车登上海拔395米的山顶，举目远眺，美丽的里约热内卢城尽收眼底：瓜纳巴拉湾波光粼粼，白帆点点；湾畔绵延的海滩上银沙耀目，游人如蚁，太阳伞如朵朵鲜花盛开；宽阔的海滨大道一直伸向看不见的尽头，来往汽车穿梭不绝，面海而立的现代化楼群密密麻麻。

里约热内卢的狂欢节因其规模之大，参加者之众，内容之丰富，气氛之热烈而举世闻名。每年的二月中下旬，巴西举国欢腾三天三夜。届时，里约热内卢的大街小巷张灯结彩，彩旗飞扬，到处披了节日的盛装。人们倾城出动，潮水般涌上街头，男女老少个个浓妆艳抹，尽情地扭动腰肢，挥动双手，大跳桑巴舞，仿佛要把一年来积压在心头的忧虑和辛劳全部发泄出去。各种音乐、舞蹈、戏剧演出和比赛此起彼伏。盛大的化妆游行把节日欢庆活动推向高潮，大型彩车簇拥着选举产生的“国王”、“王后”领先开路，浩浩荡荡的队伍中，魔鬼、天使、美女、妖仙、武士、达官、贵人、黑奴等各种奇形怪状的打扮令人眼花缭乱，目不暇接；观众为自己喜爱的人物喝彩叫好，投去鲜花和彩带。一年一度的狂欢节，淋漓尽致地表现出巴西人热情奔放的民族性格。

里约热内卢主要旅游景点：

（1）耶稣山（科尔多瓦山），因山顶建有高30米、重1145吨的耶稣雕像而得名，它已成为巴西国家的象征。

（2）里约海滩：从北至南先后绵延数十公里的海滩，已经成为世界各地旅游者向往的目的地之一，其中又以科巴卡巴纳海滩和伊帕内玛海滩最为著名。

第二节　自然地理

【概况】位于南美洲东南部。东濒大西洋，是拉美地区最大的国家。北邻法属圭亚那、苏里南、圭亚那、委内瑞拉和哥伦比亚，西界秘鲁、玻利维亚，南接巴拉圭、阿根廷和乌拉圭，东濒大西洋。海岸线长约 7400 公里。

巴西自然条件得天独厚。横贯北部的亚马逊河是世界上流域最广、流量最大的河流。素有“地球之肺”之称的亚马逊热带雨林总面积达 750 万平方公里，其中大部分位于巴西境内。

【地貌】巴西的地形主要分为两大部分，一部分是海拔 500 米以上的巴西高原，分布在巴西的南部，另一部分是海拔 200 米以下的平原，主要分布在北部的亚马逊河流域和西部。

全境地形分为亚马逊平原、巴拉圭盆地、巴西高原和圭亚那高原，其中亚马逊平原约占全国面积的 1/3。

巴西有亚马逊、巴拉那和圣弗朗西斯科三大河系。亚马逊河全长 6751 公里，横贯巴西西北部，在巴流域面积达 390 万平方公里；巴拉那河系包括巴拉那河和巴拉圭河，流经西南部，多激流和瀑布，有丰富的水力资源；圣弗朗西斯科河系全长 2900 公里，流经干旱的东北部，是该地区主要的灌溉水源。

海岸线长 7400 多公里，领海宽度为 12 海里，领海外专属经济区 188 海里。

【气候】国土的 80%位于热带地区，南部部分地区为亚热带气候。北部亚马逊平原属赤道（热带）雨林气候，年平均气温 27－29℃。中部高原属热带草原气候，分旱、雨两季，年平均气温 18－28℃。南部地区年平均气温 16－19℃。

第三节　政治

【宪法】第一部帝国宪法于 1882 年产生。1988 年 10 月 5 日颁布巴西历史上第 8 部宪法，规定总统由直接选举产生，任期 5 年，1994 年和 1997 年议会通过宪法修正案，将总统任期缩短为 4 年，取消总统直接颁布法令的权力。在公民权力方面，宪法保障人身自由，废除刑罚，取消新闻检查，规定罢工合法，16 岁以上公民有选举权等。总统和各州、市长均可连选连任 1 次。

【议会】国会是国家最高权力机构。主要职能是：制定一切联邦法律；确定和平时期武装力量编制及兵力；制定全国和地区性的发展计划；宣布大赦令；授权总统宣布战争或和平；批准总统和副总统出访；批准或撤消总统签署的临时性法令、联邦干预或戒严令；审查总统及政府行政开支；批准总统签署国际条约；决定临时迁都等。

国会由参、众两院组成。两院议长、副议长每 2 年改选 1 次，可连选连任。参议长兼任国会主席。参议员 81 人，每州 3 人，任期 8 年，每 4 年改选 1/3 或 2/3。众议员 513 人，任期 4 年，名额按各州人口比例确定，但最多不得超过 70 名，最少不低于 8 名。

【政府】总统为国家元首，通过直接选举产生，1994 年和 1997 年议会通过宪法修正案，将总统任期由原来的 5 年缩短为 4 年。内阁为政府行政机构，内阁成员由总统任命。

【司法机构】根据 1988 年宪法，联邦最高法院、联邦法院、高等司法院、高等劳工法院、高等选举法院、高等军事法院和各州法院行使司法权。联邦最高法院由 11 名大法官组成，大法官必须是年龄在 35 岁以上、65 岁以下的巴西公民，由总统提名，经参议院批准后任命。

【行政区划】全国共分为 26 个州和 1 个联邦区（巴西利亚联邦区），州下设市，全国共有 5564 个市。各州名称如下：阿克里、阿拉戈斯、亚马逊、阿马帕、巴伊亚、塞阿拉、圣埃斯皮里图、戈亚斯、马拉尼昂、马托格罗索、南马托格罗索、米纳斯吉拉斯、帕拉、帕拉伊巴、巴拉那、伯南布哥、皮奥伊、北里奥格兰德、南里奥格兰德、里约热内卢、朗多尼亚、罗赖马、圣卡塔琳、圣保罗、塞尔希培、托坎廷斯。

【政党】截至2013年3月，在巴西高等选举法院登记的政党有30个，主要有：

（1）劳工党：主要执政党。1980年2月成立，主要由城乡劳动者、工会领导人和知识分子组成，是巴西最大左翼政党，现有党员约158万人。该党政治上主张实行改革，保障劳动者的权益；经济上主张公平分配财富；对外主张各国相互尊重、加强国际合作，维护世界和平。

（2）民主运动党：执政联盟成员，党员约236万。1980年1月成立，其前身为1965年成立的巴西民主运动，在军政府时期长期为唯一合法的反对党。对内主张维护民主制度，实行土改和保护民族工业。主张社会公正，缩小贫富差距。对外主张执行独立的外交政策，尊重各国自决权。

（3）社会党：在野党。1947年成立，其前身为1946年成立的民主左派党，1947年更现名。党员约58.3万，政治上主张国家管理民主化，保障党派活动享有充分自由；经济上主张注重发展工业生产；社会领域主张充分维护工人权利；对外主张遵循国家权利和义务平等的原则，实现国家关系的和谐发展。

（4）民主工党：执政联盟成员。1979年成立，前身为巴西工党的一部分，系社会党国际成员。主张实行多党制，工会独立，实行土改，消除贫富不均和扶助中小企业。对外主张民族独立，人民自决，各民族和平相处和不结盟。

（5）共产党：执政联盟成员。1962年从原“巴西的共产党”中分裂出来，将1922年3月25日作为建党日。主要成员是城乡劳动者、青年学生和自由职业者。1985年7月获合法地位。

（6）工党：执政联盟成员。1945年由时任总统瓦加斯创立。1964年军人政变后被迫停止活动。1979年重新组建。

（7）进步党：执政联盟成员。原名巴西进步党，1995年9月由改革进步党和进步党合并而成，2003年4月更名。信奉基督教义，推崇自由、进步与社会正义。主张在不损害国家主权和尊严的基础上，逐步推行改革开放。在保障全国各地区、各阶层均衡发展的前提下，实现社会正义和国家现代化。

（8）社会民主党：主要反对党。1988 年 6 月 25 日成立，由一批退出民主运动党的人组成，党员约 135 万。主张完善民主制度，实行经济开放，鼓励外国投资，改革分配制度，消除贫富差别。

（9）民主党：主要反对党。原名自由阵线党，1985 年 1 月成立，2007 年 3 月更名，党员 108 万。主要由原民主社会党内持不同政见者组织的“自由阵线”派成员组成。对内主张维护民主制度，实行社会变革和国营企业私有化，改革分配制度等；对外主张主权自决和平等。

（10）社会主义人民党：执政联盟成员。1992 年 1 月，巴西的共产党宣布解散，以党主席罗伯托・弗莱雷为首的“现代派”决定改名成立社会主义人民党。

其他政党还有：基督教社会党、共和党、社会自由党、民族动员党、社会党、共和党、绿党等。

【文化教育】教育体系分基础教育和高等教育两级，基础教育又分初级教育和中等教育。初级教育相当于我国的小学和初中，中等教育相当于我国的高中。高等教育指各类大学，学制一般为 4 年。目前有高等教育机构 2199 所，其中公立大学 252 所，私立大学 1947 所，在校生共计 640.8 万。著名高等学府有圣保罗大学、坎皮纳斯大学、巴西利亚大学、里约热内卢天主教大学等。巴西实行九年义务教育制（6－14 岁），对贫困生入学实行国家助学金制度。2011 年，6-14 岁儿童入学率为 97%，成人识字率 91.4%。

【新闻出版】2006 年全国日报有 532 种，发行量在 15 万份以上的主要报纸有：《圣保罗页报》、《圣保罗州报》、《环球》、《号外》、《零点》、《人民邮报》等。2005 年全国杂志 3651 种，主要杂志有：《请看》、《时代》、《这就是》等，均为周刊。

全国有广播电台 4305 家，大多为私人所有。巴西广播公司为官方电台。大型电视台有七家，节目播放时间从早 6 时至次日晨 3－4 时，全国覆盖面达 99.77%，并通过卫星向美洲、欧洲主要国家和日本传送节目。

“环球台”为全国最大私营电视台，其他较大的私营电视台有“巴西电视网”和“纪录”等。政府管理的有两家，即国家电视台和教育电视台。上述电台和电视台均使用葡萄牙语。

第四节 经济

【概况】经济实力居拉美首位。农牧业发达，是多种农产品主要生产国和出口国。工业基础雄厚，门类齐全，石化、矿业、钢铁、汽车工业等较发达，民用支线飞机制造业和生物燃料产业在世界上居于领先水平。服务业产值占国内生产总值近七成，金融业较发达。

1967—1974 年，经济年均增长率高达 10.1%，被誉为“巴西奇迹”，巴跻身新兴工业国行列。上世纪 80 年代，受高通货膨胀困扰，经济出现停滞甚至严重衰退。从 90 年代开始，巴西向外向型经济模式转轨。1994 年政府实施雷亚尔货币稳定计划，有效解决高通胀问题，经济恢复增长。1999 年发生严重金融动荡，经济衰退，货币大幅贬值。其后，受国内外因素共同影响，巴经济连续几年增长缓慢。2003 年，卢拉总统执政后采取稳健务实的经济政策，控制通胀和财政赤字，鼓励生产性投资和工农业发展，市场信心得以恢复，巴经济开始走上稳定发展道路。卢拉连任总统后，推出“加速增长计划”等一系列刺激经济发展措施，巴工业生产和对外贸易持续增长。受国际金融危机影响，2009 年巴西经济下跌 0.2%，政府及时出台了一揽子稳定金融和刺激经济措施，取得积极成效，2010 年巴西经济增长 7.5%。但受美欧经济形势恶化影响，自 2011 年下半年起，巴西经济增速再度放缓，2011 年和 2012 年国内生产总值同比分别增长 2.7%和 0.9%，巴西政府因应形势相继出台扩大公共投资、刺激消费、加强国内市场保护等刺激经济增长措施，取得一定成效。

【自然资源】矿产、土地、森林和水力资源十分丰富。铌、锰、钛、铝矾土、铅、锡、铁、铀等 29 种矿物储量位居世界前列。铌矿储量已探明 455.9 万吨，产量占世界总产量的 90%以上。已经探明铁矿储量 333 亿吨，占世界储量的 9.8%，居世界第五位，产量居世界第二位。石油探明储量 153 亿桶，居世界第 15 位，南美地区第二位（仅次于委内瑞拉）。2007 年底以来，在沿海陆续发现多个特大盐下油气田，预期储量 500 亿至 1500 亿桶，有望进入世界十大储油国之列。森林覆盖率达 62%，木材储量 658 亿立方米，占世界 1/5。水力资源丰富，拥有世界 18%的淡水，人均淡水拥有量 2.9 万立方米，水力蕴藏量达 1.43 亿千瓦/年。

【农林牧渔业】巴西农牧业发达。可耕地面积约 1.525 亿公顷，已耕地 7670 万公顷，牧场 1.723 亿公顷。是多种农产品主要生产国和出口国。咖啡、蔗糖、柑橘和菜豆产量居世界首位，是全球第二大转基因作物种植国、第二大大豆生产和出口国、第三大玉米生产国。同时也是世界上最大的牛肉和鸡肉出口国。除小麦等少数作物外，主要农产品均能自给并大量出口。巴西是世界上最大的咖啡生产国和出口国，其咖啡以质优、味浓而驰名全球，素有“咖啡王国”之称。

巴西森林资源极其丰富。联合国粮农组织发布的《2007 年世界森林状况》数据显示：巴西森林面积为 4.777 亿公顷，占世界森林总面积的 14.5%，森林覆盖率 57.2%，人均森林面积 2.75 公顷，为全球人均森林面积的 4.5 倍，森林蓄积达到 810 亿立方米。

【工业】实力和工艺均居拉美首位。上世纪 70 年代即建成比较完整的工业体系，工业基础较雄厚。2013 年工业产值 9952 亿雷亚尔，同比增长 1.2%，占国内生产总值 20.6%。主要工业部门有：钢铁、汽车、造船、石油、水泥、化工、冶金、电力、建筑、纺织、制鞋、造纸、食品等。民用支线飞机制造业和生物燃料产业在世界居于领先水平。上世纪 90 年代中期以来，药品、食品、塑料、电器、通讯设备及交通器材等行业发展较快；制鞋、服装、皮革、纺织和机械工业等萎缩。

【旅游业】2013 年接待外国游客逾 600 万人次，同比增长 5%，创汇 66 亿美元，其中我国游客首站赴巴 5.3 万人次，巴西游客来华 9.6 万人次，同比分别增长 9.9%和－3.7%。全国主要旅游城市和景点：里约热内卢、圣保罗、萨尔瓦多、巴西利亚、伊瓜苏瀑布、马瑙斯、黑金城、巴拉那石林和大沼泽地等。

【交通运输业】公路运力占全国总运力的60.49%、铁路占24%、水路占13.86%、管道运输占4.46%、航空运输占0.33%。

铁路：铁路运力居拉美首位，目前铁路网总长度约30374公里，主要分布在巴西南部、东南部和东北部，其中35%以上建于60年前。铁路系统职工总人数27.6万人，拥有机车2863台，车厢8.9万节。

公路：总长175万公里，其中联邦级公路7.57万公里，铺好路面的公路21.9万公里。全国登记的各种车辆3660万辆。

水运：水运总量6.92亿吨，集装箱运输量达6328万吨，全年装箱总量为350万箱。全国有37个公共港口，远洋货船126艘。内河航线总长9403公里。主要港口有：桑托斯、维多利亚、里约热内卢、帕拉那瓜和圣路易斯等。近年来，为适应农产品出口的增长，带动东北部地区经济发展，巴西正在东北部地区兴建一批万吨级以上的深水码头。

空运：2013年巴西本国航空公司共运送旅客7740万人次，同比减少5.6%。全国有36家航空公司，其中塔姆（TAM）、戈尔（GOL）和瓦里格（VARIG）三家主要公司经营国际和绝大部分国内航线。主要国际机场为：圣保罗、里约热内卢、巴西利亚、累西腓、马瑙斯。

【对外贸易】近年来，巴西政府积极采取措施鼓励出口，实现贸易多样化，对外贸易额增长迅速。主要进口机械设备、电子设备、药品、石油、汽车及零配件、小麦等。出口汽车及零部件、飞机、钢材、大豆、药品、矿产品（主要是铁矿砂）等。

第五节　历史

早在6000年前巴西就有半游牧民族聚居，分布于亚马逊河一带的森林中，他们主要是从事耕作活动，并且每隔一段时间迁徙。

1500年4月22日，葡萄牙航海家佩德罗·卡布拉尔到达巴西。

他将这片土地命名为“圣十字架”，并宣布归葡萄牙所有。由于葡殖民者的掠夺是从砍伐巴西红木开始的，“红木”（Brasil）一词逐渐代替了“圣十字架”，成为巴西国名，并沿用至今。

随后的三百年里，葡萄牙人逐渐在此定居，一开始从事巴西红木的采伐，后来逐渐扩展到淘金、甘蔗种植，巴西逐步成为葡萄牙的殖民地。

1808 年，拿破仑入侵葡萄牙，葡萄牙女王玛丽亚一世携王室贵族和政府逃往巴西并定居在里约热内卢，里约热内卢成为葡萄牙殖民帝国的实际首都，巴西也从殖民地上升到与宗主国同等的地位。1815 年，建立了葡萄牙、巴西和阿尔加维联合王国，巴西被晋升到王国的位置，实际上成了葡的帝国中心。1816 年，女王玛丽亚一世去世，若昂六世继位，称为“葡萄牙与巴西联合王国之国王”。

1821 年 6 月，若昂六世率领葡王室迁回里斯本，王子佩德罗留巴任摄政王。葡萄牙第一届制宪会议颁布了宪法，宣布葡萄牙为君主立宪制国家。随后，制宪会议敦促佩德罗回国，企图将与葡萄牙同等地位的巴西再次降格为殖民地的地位。这一纸公文激起了巴西人民争取独立的呼声。

1821 年 12 月，在巴西独立派的推动下，佩德罗拒绝了葡议会的命令，建立了新政府。葡议会因此废黜了其巴西摄政王的职务。

1822 年 1 月 9 日，佩德罗王子正式发表声明，决定留在巴西。制宪会议闻讯后十分恼怒，宣布巴西政府为非法，并威胁派遣军队对巴西开战。消息送到佩德罗手中的时候是 1822 年 9 月 7 日，看完信后他翻身上马，抽出宝剑，对士兵们喊道：“是时候了！不独立毋宁死！”这句话史称“伊皮兰卡的呼声”，9 月 7 日被定为巴西独立纪念日。制宪会议闻讯立即向巴西派遣了军队，新生的巴西与前宗主国之间的战争也随即打响，但是巴西常备军不足，葡萄牙在拿破仑入侵后元气尚未恢复，所以战斗的规模并不大。1825 年 11 月 15 日，葡萄牙正式承认了巴西的独立地位。巴西三百多年的殖民历史就此终结。

1824 年，巴西宪法出台，这是一部中央集权的宪法，一直沿用到 1891 年。这部中央集权的宪法对维持巴西的统一产生了推动作用。佩德罗一世与东北及南方的叛党进行交涉，颇具成效，保持了国家的统一。

1831 年 3 月 13 日，里约热内卢居民和士兵联合举行反专制主义示威，各地纷纷起义。佩德罗一世被迫将皇位让给儿子佩德罗二世。佩德罗二世执政后，利用自由党与保守党交替管理政务，自己则保持最后裁决权。

1889 年 11 月 15 日，丰塞卡将军发动政变，推翻佩德罗二世为首的帝制，成立巴西合众国。

1891 年 2 月 26 日，制宪会议选举丰塞卡为第一任总统。丰塞卡主张集权，倾向独裁，反对议会限制和监督其权力，并利用职权行私营利。同年 11 月 3 日，违反宪法规定解散议会，宣布戒严，激起铁路工人罢工和陆海军骚动。11 月 23 日丰塞卡被迫辞职。副总统，陆军元帅弗罗里亚诺·佩绍托任代理总统。

19 世纪后期到 20 世纪前期，巴西接纳了超过 500 万来自欧洲和日本的移民。在出口农业的带动下，巴西工业开始发展。佩德罗二世鼓励外国移民开发国内资源，资本主义经济有所发展，工农业生产显著增长，铁路、电信建设也取得很大成效。

1922—1926 年，在贝纳德斯的独裁统治下，巴西财政赤字居高不下、地区经济发展严重失衡，加上英美垄断资本不断对巴西进行渗透，使得巴西国内危机不断加深。当时的巴西，工人罢工和农民争取土地的斗争到处蔓延，一些具有民主思想的青年军官也在军队里策划起义。

1924 年 7 月，圣保罗 6000 多名驻军在伊西多罗·洛佩斯的领导下，发动了著名的圣保罗起义，并提出了“建立人民政府”的口号。为了镇压起义，贝纳德斯调动了 3 万军队。但起义的烽火也迅速扩大到全国各地，许多地区与城市纷纷举起了起义的大旗。

1924 年 10 月 29 日，驻守在圣安热卢市的卫戍部队在普列斯特斯的领导下发动了起义。起义部队很快就扩展到 1500 人。这支起义军被称为“普列斯特斯纵队”（又称“无敌纵队”）。在两年多的时间里，普列斯特斯纵队同人数超过他们 20 倍的政府军进行了 53 次大战斗和上千次小战斗，两次穿越巴西全境，转战巴西 14 个州，行程 2.5 万多公里，成为拉丁美洲现代史上的一大革命壮举。

1930 年 11 月，瓦加斯出任总统，先后执政 18 年。其间实行石油国有化，制定了一系列有利于民族经济的政策和措施，使巴西经济得到了很大发展。受凯恩斯主义的影响，自 30 年代起，巴西倡导国家在经济中发挥主要作用并实行进口替代战略，启动了巴西大规模工业化的进程。

1950 年，瓦加斯以绝对多数票开始了第二次执政，继续执行民族主义经济政策和经济国家垄断政策，成立了占垄断地位的巴西石油公司、巴西电力公司。

1954 年发生军事政变，瓦加斯自杀身亡后，其继任者库比契克继续进行大规模工业化改造与经济国有化进程。

虽然库比契克执行的发展主义为 70 年代巴西成为世界八大工业国奠定了坚实基础，但外债增加，公共赤字增加，通货膨胀加剧使得巴西经济增长出现了减缓的趋势。

30 年代至 60 年代初，由于进口替代工业化战略，制造业部门获得较快发展。1947—1960 年的国内生产总值平均每年增长 7.3%。

1964 年，军人政变上台，实行独裁统治，1967 年改国名为巴西联邦共和国。军人独裁统治直到 1985 年才结束。1985 年 1 月，巴西民主运动党和自由阵线党组成民主联盟，竞选总统获胜，结束军人执政。此后，巴政权 6 次平稳更迭，代议制民主政体基本稳固。

60 年代中期至 70 年代中期，政府采取“高增长战略”，制造业部门不断向世界市场拓展。1967—1974 年，巴西国民生产总值连续八年以平均 10.1%的速度递增，创造了“巴西奇迹”。

70 年代中期以后，由于受到石油危机的冲击，国民经济中的一些结构性失衡越来越明显。但政府仍然依赖于巨额外债，兴建了不少耗资巨大、收效期长的大规模工程项目。至 1982 年，经常项目赤字已高达 163 亿美元，国际储备减少到 40 亿美元，中长期外债的还本付息额相当于出口收入的比重已上升到 97%，外债总额达 701 亿美元。

1985 年军人还政于民后，经过近 20 年的发展，巴西代议制民主政体逐渐稳固。民主运动党、自由阵线党、社会民主党组成的中右政党联盟长期执政。

1988 年后，巴西经济一直处于停滞，甚至是严重衰退和高通货膨胀状态中。面对债务和经济危机，历届政府先后实施了克鲁扎多计划（1986 年 2 月）、布雷尔计划（1987 年 6 月）和夏季计划（1989 年 1 月），这些非正统的经济计划以反通货膨胀为主要目标，但均未彻底成功，80 年代末以来，政府开始对经济进行深刻的改革。

1990 年科洛尔新政府执政之后，制定了指导经济发展的“新巴西计划”。其主要内容是：逐步取消关税保护，以便在国内创造一种良好的竞争环境，减少国家干预，强化市场调节机制；重视科技发展，在有选择地对高、尖、精技术部门加以保护的同时，提高本国企业开发新技术的能力。

1993 年，政府实施以恢复国民经济、遏制通货膨胀、增加社会福利、改革税收为主要内容的新经济计划“雷亚尔计划”。

1994 年和 1997 年，议会通过了宪法修正案，民主制度进一步巩固。

1995 年 1 月，费尔南多・恩里克・卡多佐总统就职，1999 年 1 月连任，成为巴历史上第一位连选连任总统。卡多佐政府继续执行稳定经济政策并不断深化改革，加速宏观经济结构的调整和私有化进程取得了积极成效，经济情况不断好转。2001 年，中央银行采取高利率政策应对通货膨胀压力，巴西经济增长明显放缓，国内生产总值增长率降至 2%以下。

20 世纪 90 年代末期以来，中右政党联盟内部逐渐分化，左翼政治力量不断成熟壮大。2002 年 10 月，以劳工党为首的左翼政党联盟候选人卢拉赢得大选，成为巴历史上首位直选左翼总统。2006 年 10 月，卢拉获得连任。

2010 年 10 月，迪尔玛・罗塞夫作为劳工党候选人赢得大选，成为巴西历史上首位女总统，并于 2011 年 1 月 1 日就职。罗塞夫政府基本延续卢拉政府既定的治国方略和发展战略，以推动巴西现代化进程、加快向全球性大国迈进为主要目标，以优化经济结构，促进可持续发展，减少贫困和推动社会进步为施政重点，加强宏观调控，加大卫生、教育和基础设施等领域投入，取得积极成效。2013年6月，巴西多地民众持续举行游行示威，抗议物价上涨、公共服务欠缺、腐败等问题。罗塞夫政府采取积极应对措施，局势较快恢复平稳。2014年10月，巴西将举行大选。目前，巴西政局总体稳定。

第六节 人物介绍

【瓦加斯】瓦加斯（1883—1954），生于里约热内卢，两次担任巴西总统（1930—1945，1951—1954）。他实行社会和经济改革，推动巴西走上现代化道路，虽有人谴责他是无原则的独裁者，但其追随者因他同大企业和大地主作斗争而尊他为“穷人之父”。

他的家庭在南里奥格兰德州政界颇具盛名。毕业于阿里格里港法律学校。l908年进入政界。1922年当选国会议员，1926年出任财政部长，1928年任州长。1930年竞选总统，眼见失败已成定局，10月发动革命推翻共和政府。其后15年一直是国家元首。1930年11月3日任临时总统。1934年7月17日制宪议会选举他为总统。1937年11月10日策动政变，推翻制宪政府，建立自称是极权主义的新国家。

瓦加斯摧毁了由地主、大农业出口商控制的州自治体制。加强中央权力，扩大选举权，予妇女以政治权利，使选民人数增加3倍。他还推行教育改革，实施社会保险，成立政府控制的工会，实行种种福利措施，包括最低工资制。他锐意改革税制，推动工业化计划，以促进工商业的发展。他的政策对私人企业不加损害，也未给农村穷人带来好处。

1945年10月29日，军人政变推翻了他的政府。可是他在民间仍有声望，12月被推选为参议员。1950年他作为巴西工党候选人参加总统选举获胜，1951 年 1 月 31 日就任总统。但在第二次执政中受到国会、各政党和舆论的掣肘，既不能满足工党追随者的要求，又不能安抚中等阶层的对抗，只得借狭隘民族主义的措施以求公众的支持。

1954 年中期，各界对政府的抨击日益剧烈，政府内部丑闻迭出，军队也奋起要他辞职，8 月 24 日瓦加斯不甘心下野，自杀身亡。

【卢拉】 全名为路易斯・伊纳西奥・卢拉・达席尔瓦（1945 年 10 月 27 日——），巴西左翼政治家，2002 年总统选举中当选为巴西总统，2003 年 1 月 1 日正式宣誓就职。2007 年 1 月 1 日连任。卢拉是巴西历史上第一位通过选举取得政权的左派总统。

1945 年 10 月 27 日出生于巴西伯南布哥州的一个小村庄，只受过小学教育，从孩提时候就开始了工作。1966 年，卢拉开始积极参加工会运动，逐渐成为工人运动领袖并转入政坛。1980 年，卢拉与一些工会领袖、学者和知识分子创建了劳工党，后当选党主席，并使该党很快发展成为巴西最大的反对党。2002 年 10 月，卢拉第四次参加总统选举并获胜，当选巴西第 40 任总统，成为巴西历史上第一位工人出身的总统。2006 年 10 月再次当选巴西总统。

卢拉主张改变使巴西经济陷入恶性循环的新自由主义政策，建立以推动社会发展为核心的发展模式，通过降低利率、税制改革、增加出口、加大基础设施投资等措施恢复经济增长，减少对外资的依赖。他承诺严厉打击腐败现象，大力解决就业、教育、卫生、住房、社会治安和贫富悬殊等社会问题。在外交方面，卢拉主张继续巩固南方共同市场，在建立美洲自由贸易区谈判中坚决捍卫巴西的利益，加强同中国、俄罗斯和印度的经贸关系。

卢拉上任后将缩小贫富差距作为其执政重点，通过创造就业机会和提高最低工资及政府补贴等方式切实增加中下阶层的收入。2003—2005 年，2000 万巴西人口摆脱了贫困，贫困人口减少了 19%，中产阶层增长到了 2900 万。

【迪尔玛・罗塞夫】 巴西历史上首位女总统。1947 年 12 月 14 日，迪尔玛・罗塞夫出生于巴西东南部米纳斯吉拉斯州的一个富裕的中产阶级家庭。

受父母影响，迪尔玛很小的时候就喜欢读书。1964 年，巴西爆发了军事政变，军人独裁政府上台。当时学校的学生运动十分活跃。在中学老师的带领下，迪尔玛和当时其他巴西青年一样，参加了反对军事独裁的游击队。后来，迪尔玛加入巴西共产党，从事一系列革命活动。1970 年，迪尔玛被捕，曾遭遇连续 22 天的酷刑，包括鞭打和电击。

迪尔玛在监狱中度过大约 3 年时光，1972 年底获释。1978 年，她在大学里攻读经济学硕士学位，并在南大河州开始其政治生涯，与同伴们一同创立民主劳工党，并积极参加各种竞选活动。2001 年，迪尔玛加入劳工党，并在 2002 年该党候选人卢拉竞选总统过程中立下汗马功劳。卢拉 2003 年就任总统后，迪尔玛被任命为国家矿产和能源部长。2005 年，迪尔玛升任有"首席部长"之称的总统府民事办公室主任，成为卢拉的"左膀右臂"。

有过两次失败婚姻的迪尔玛不善言辞，却有着坚韧耐性和毅力。2009 年 4 月，她患上淋巴癌并接受化疗，四个月后化疗结束，虽然主治医师称，癌症还有复发的可能，但迪尔玛本人当年 9 月公开宣布，自己已经康复。

在 2010 年 10 月举行的巴西总统大选第二轮投票中，作为执政党劳工党候选人的迪尔玛以超过 56%的支持率战胜对手——社会民主党候选人若泽·塞拉，当选巴西历史上首位女总统，独挑"后卢拉时代"巴西政治、经济大梁。

【球王贝利】原名埃德森·阿兰特斯·多·纳西门托，昵称贝利。1940 年 10 月 23 日出生于巴西的特雷斯科拉索内斯镇。前巴西著名足球员，入球过千，球技出神入化，被称为"世界球王"。他参加过 4 次世界杯足球赛，是世界上唯一一位 3 次夺世界杯的球员。

11 岁时就被前巴西国家队教头瓦尔德马·得·布利托相中，15 岁时加入桑托斯队，而 1956 年 9 月未满 16 岁的他就在自己的首场正式比赛 —— 对阵科林斯队中进球。贝利传奇就此诞生。

成就贝利球王地位的除了他 22 年足球生涯中的进球，最重要的还是世界杯。从 1958—1970 年，贝利共参加了 4 届世界杯，拿到了 3 次冠军，堪称世界杯之王。在 4 届世界杯上，贝利共打进 12 球。

1969 年 11 月 19 日，贝利在马拉卡纳体育场踢进了个人生涯的第 1000 球。后来桑托斯俱乐部将 11 月 19 日定为“贝利日”，纪念球王的成就。巴西总统宣布贝利为“国家珍宝”，并不允许他转会为国外效力。

70 年世界杯后，贝利宣布退出巴西队，在代表国家队出战的 92 场比赛中，他留下了 77 个进球。1974 年，贝利宣布退役，桑托斯队永久封存了他的 10 号球衣。1987 年他被授予国际足联金质勋章，1999 年被奥委会选为世纪运动员，2000 年底被国际足联评为 20 世纪最伟大的两名球员之一。

第七节　风土人情

【风俗】巴西是由欧洲人、非洲人、印第安人、阿拉伯人以及东方人等多种民族组成的国家，但核心是葡萄牙血统的巴西人。另外，由于西班牙、意大利等南欧国家移民众多，所以巴西人的习俗和葡萄牙、南欧的习俗非常相似。

初次见面时，人们以握手为礼，然而亲戚朋友彼此问候，也习惯拥抱、亲颊。商务访问时，宜穿保守式样深色西装，并事先预约。像大部分拉美人一样，巴西人对时间和工作的态度比较随便。巴西狂欢节期间，商业活动几乎完全停顿，此期间应避免前往进行商务活动。

巴西人毫不在乎在大众面前表露情感，他们慷慨好客，到他们家里做客，酒杯里永远有酒，盘子与咖啡杯里永远不空。巴西民族勤劳、严肃、认真、自信，巴西人推崇依靠自己的勤劳和努力发家致富，对前途充满自信和乐观，相信巴西在不远的将来会成为一个世界大国和强国。

在巴西，棕色表示悲伤，黄色表示绝望，紫色是死亡的象征。他们认为人死好比黄叶落下，所以忌讳棕黄色。人们迷信紫色会给人带来悲伤。另外，还认为深咖啡色会招来不幸。所以非常讨厌这种颜色。

巴西的印第安人有一种很有趣的习俗。洗澡和吃饭是他们生活中最重要的内容。若有人到他们家中做客，主人便邀请客人一起跳进河里去洗澡，一次又一次，有时一天要洗上十几次。据说，这是他们对宾客最尊敬的礼节，而且洗澡次数越多，表示对宾客越客气、越尊重。

【巴西饮食】巴西是欧、亚、非移民荟萃之地，饮食习惯深受移民国影响，所以各地习惯不一，极具地方特色。巴西南部土地肥沃，牧场很多，烤肉就成为当地最常用的大菜。东北地区人们的主食是木薯粉和黑豆，其他地区的主食是面、大米和豆类等。蔬菜的消费量以东南部和南部地区居多。

豆子炖肉是巴西的全民大菜，最具民族特色。

烤肉为一品国菜，无论走进哪家烤肉店，都会体验到极愉悦的享受。身穿灯笼袖白衬衣、红领结、黑裤长统靴的小伙子左手拿着叉有一大块牛肉的铁钎，右手持一把长长的尖刀来到你身边，轻声告诉你这是牛身上哪一部位的肉，问你要不要，你要是点头，他会立即将那根叉着肉的铁钎竖在你面前的餐盘里，轻轻地从肉块上削下几片放在盘内，几分钟后，又有另外几名同样打扮的侍者为你送上其他部位的牛肉。一般烤肉店都设有自助餐台，摆放着各式时令菜蔬、沙拉等，供顾客自取。

先是烤香肠、烤鸡心、烤小排骨、烤火腿等，有经验的顾客对这些东西都只是“小尝”即止，保存实力等后面的主菜登场，果然，接下来是色泽焦黄、香气扑鼻的软肋、前臀尖、后臀尖、里脊等，最受欢迎的是里脊和后臀尖，内行的吃客一定要点吃瘤牛的肉峰。十来道各个部位的烤牛肉，只要你有胃口，“车轮大战”会不断延续下去，直到你只有摇头的份儿为止。

【咖啡王国】巴西是世界上最大的咖啡生产国和出口国，素有“咖啡王国”之称。咖啡原产于非洲的埃塞俄比亚，1727 年传入巴西。巴西地处热带和亚热带，独特的地理和气候条件很适合种植咖啡，加之劳动力廉价，咖啡种植业迅速兴起。19 世纪，巴西的咖啡种植几乎遍及全国，随后又形成持续近一个世纪之久的“咖啡繁荣期”。咖啡大面积种植，给巴西带来了财富和繁荣。20 世纪初，巴西的咖啡产量占世界总产量的百分之七十五以上，从而赢得了“咖啡王国”的美称。咖啡是巴西国民经济的重要支柱之一。全国有大大小小的咖啡种植园 50 万个，种植面积约 220 万公顷，从业人口达 600 多万，年产咖啡 200 万吨左右，年出口创汇近 20 亿美元。近年来，由于出口结构的变化和国际咖啡市场不景气，巴西咖啡生产和出口量有所下降。巴西人酷爱咖啡。60 年代，巴西人均年咖啡消费量达 5.8 公斤。近二十年来，随着其它饮料的出现，巴西人均咖啡消费量仍超过 3 公斤。在巴西，无论在城市还是乡村，各式各样的咖啡屋随处可见。人们几乎随时随地都可以喝到浓郁芳香的热咖啡。

【桑巴舞】桑巴舞被称为巴西的“国舞”，在巴西桑巴舞非常普及。桑巴舞的参加者少则几十人，多则上万人。这种舞蹈以鼓、锣等打击乐伴奏，舞步简单，双脚前移后退，身体侧倾，前后摇摆。男舞者钟情于脚下各种灵巧的动作，两脚飞速移动或旋转；女舞者则以上身的抖动以及腹部与臀部扭动为主。舞者狂放不羁，动作幅度很大，节奏强烈，给人以激情似火的感觉。而大鼓、铜鼓、手鼓等打击乐器同时并作，高亢激越，声浪滚滚，更烘托出一种紧张炽热、烈火扑面的气氛。

桑巴舞起源于非洲的黑人舞蹈“森巴”。“森巴”原是一种激昂的肚皮舞，以上下抖动腹部、摇动臀部为主要特征。后来随着贩卖黑奴活动的兴起而开始向外传播。据考证，桑巴舞最早流行于巴西的巴伊亚州首府萨尔瓦多一带，葡萄牙人在这里办有大量的种植园和采矿场。被贩卖过来的黑奴在繁重的劳动之余，以跳这种家乡舞苦中作乐。

16 世纪，黑人舞蹈（桑巴舞雏形）因跳时身体有磨擦被视为“不入流”、“粗野”，属于低下阶层的舞蹈，殖民总督甚至下令禁跳。在 20 世纪初以前，桑巴舞者被视为游手好闲、无赖等之辈，有时警方也会制止。

后来，黑人舞蹈逐渐吸收了欧洲的波希米亚的波尔卡舞、古巴的哈巴涅拉舞、巴西当地流行的马克西克歇舞的一些因素，逐渐形成现代的桑巴舞。

20 世纪初，桑巴舞从沿海传播到内地，从贫民窟流向上层社会，从黑人、混血人中传播到白人中间。1932 年，巴西举行首次情人节桑巴舞游行观摩比赛，受到人们的欢迎和好评。从此，桑巴舞很快就风靡巴西全国。

在全世界人眼中，桑巴舞是巴西的国舞，代表着热情及多种族族群的艺术融合。对巴西中下阶层人民而言，桑巴舞代表着对现实社会不满情绪的抒发，是男欢女爱的媒介，也是打发时间的休闲娱乐，更是庆典节日狂欢的工具，成为日常生活的一部分。在近四、五十年间国际社会接纳桑巴舞后，桑巴舞的地位慢慢提升，不过巴西仍未将其列入高雅艺术之堂。

【巴西狂欢节】巴西狂欢节被称为世界上最大的狂欢节，有“地球上最伟大的表演”之称。每年二月的中旬或下旬举行三天。在狂欢节上，到处充满了音乐和舞蹈。狂欢节是巴西传统和民族精神最真实的体现。

里约热内卢狂欢节是世界上最著名、最令人神往的盛会，里约热内卢因而被誉为“狂欢节之都”。巴西一年一度在这里举办最有特色的狂欢节。里约狂欢节最早并没有固定的场所，全市各主要大街上都是桑巴舞表演的舞台。

相传里约热内卢狂欢节始于 19 世纪中叶。最初，狂欢节的规模不大，仅限于贵族举行的一些室内化妆舞会，人们戴上从巴黎购买的面具，尽情地欢乐。1852 年，葡萄牙人阿泽维多指挥的乐队走上了街头。随着节奏明快的乐曲，不管是黑人还是白人，也不管是穷人还是富人，男女老少都跳起来了，整个城市欢腾起来了。阿泽维多的这一行动获得了巨大的成功，成为里约热内卢狂欢节发展史上的一个里程碑，标志着狂欢节成了大众的节日。

【巴西足球】巴西是举世公认的足球王国，是世界杯历史上最成功的球队之一。作为足球王国，巴西队在 1958 年、1962 年、1970

年、1994 年和 2002 年五次夺冠。巴西现有约 2．2 万名国家级足球运动员，有全国联赛和巴西杯两种比赛。

巴西的足球运动源自于英国。1863 年，英国成立了足球协会。后来，一个巴西青年到英国学习，回国时带回来两个足球和一本守则。不久，足球运动便在巴西传开了。1933 年，巴西开始成立专业足球队。1938 年，巴西足球队在世界杯足球赛中，获得第 3 名，从而崭露头角。

世界杯足球赛因第二次世界大战而中止，直到 1950 年才恢复了比赛，并推举巴西为东道国。巴西为主办第四届世界杯足球赛，特地在里约热内卢建造了号称世界最大规模的马拉卡纳体育场。

巴西足球人才辈出，优秀球员源源不断。“球王”贝利、加林查、罗纳尔多、罗纳尔迪尼奥、卡卡等都是全世界球迷耳熟能详的名字。

第八节　自然景观

【伊瓜苏大瀑布】伊瓜苏大瀑布是世界上最宽的瀑布，位于阿根廷与巴西边界上伊瓜苏河与巴拉那河合流点上游 23 公里处，为马蹄形瀑布，高 82 米，宽 4 公里。1984 年，被联合国教科文组织列为世界自然遗产。

伊瓜苏大瀑布形成于 1.2 亿年前。1542 年被西班牙人发现。大瀑布由 275 个瀑布组成，最大的瀑布跌水 90 米，流量 1500 立方米/秒，被称为“魔鬼之喉”。大瀑布的四分之三在阿根廷境内，但从巴西一侧看去更为壮观。巴境内参观里程 1 公里（阿境内参观里程 3 公里）。

巴西瀑布公园中的瀑布约 200 米宽，瀑布前方搭有木桥，游人必须穿雨衣，才能上桥不至于淋为落汤鸡。站在桥中，面对瀑布，水流气势磅礴，翻滚而下如一头巨大的水龙，咆哮着，怒吼着奔泻而下。

游客还可乘直升机盘旋于伊瓜苏大瀑布上空，这样才能真正看清瀑布的全身。它是一个巨大的弧形（几乎半圆）瀑布，长 4 公里，由无数个大大小小的瀑布组成，每秒钟有 4 万 5 千加仑的水倾泻而下，除了高度不及尼亚加拉，这是世界上最长的瀑布。

【亚马逊河】位于南美洲北部，是世界上流量、流域最大、支流最多的河流，长度位居世界第二。亚马逊河流量达每秒 21.9 万立方米，比其他三条大河尼罗河、长江、密西西比河的总和还要大几倍；流域面积达 705 万平方公里，占南美州面积的 40%；支流数超过 15000 条。

亚马逊河发源于秘鲁中部的科迪勒拉山脉，全长 6751 公里，在巴西境内 3165 公里，河面宽广，支流众多，流域和流量均居世界第一，水量占世界淡水总量的 20%。由亚马逊河冲击而成的亚马逊平原面积 705 万平方公里，大多位于巴西境内。亚马逊流域适合植物生长，有浩瀚无际的原始森林，各种植物两万余种，盛产优质木材，并被誉为“地球之肺”。亚马逊河上游由黑河和索利芒斯河组成。索河河水为黄色，黑河河水为浓咖啡色，因比重、流速不同，两种河水在交汇处长达数十公里的河面上黑黄分别，互不相犯，成为一大景观。

【里约基督像】巴西人大多数信奉天主教，19 世纪 50 年代中期，天主教神父佩德罗·玛丽亚·博斯请求巴西帝国的伊莎贝尔公主筹钱建造一座大型的宗教纪念物。这个主意后来被政府以政教分离为理由否决。

1921 年，建一个宗教地标的设想又一次被提出，这一次是由里约热内卢大主教提议的。大主教组织了一个叫“纪念像周”的活动来吸引捐款，还在世界范围内搞了一次基督像竞赛，看谁能设计出最好的基督像。最后，经过严格评比，法国纪念碑雕刻家保罗·兰多斯基赢得了比赛冠军，其设计的“救世基督展开双臂”的外形被最终认可。

基督像位于里约市蒂茹卡国家公园内的科尔多瓦山（又称耶稣山）上。雕像中的基督两臂展开、形同十字架，故又名耶稣山。巨大的耶稣塑像在全市的每个角落均可看到，是里约的象征之一。塑像高 30 米（相当于 13 层楼高），重 1145 吨。仅其头部就高 3.75 米、重 30 吨；左右两手手指顶端之间距离为 28 米；两臂面积约 38 平方米，重 114 吨；塑像基座面积为 100 平方米。

1931 年 10 月 12 日，在科尔多瓦山上举行了盛大的雕像落成典礼，巴西总统瓦加斯为塑像剪彩。

2006 年 10 月 12 日，在塑像落成 75 周年庆典上，里约热内卢的枢机大主教欧瑟比欧·奥斯卡·舍伊德在塑像下为圣母显灵日做弥撒，从此以后天主教徒可以在塑像前接受洗礼和宣布结婚。自此，里约基督山耶稣像不但成为宗教朝圣圣地，也成为世界新七大奇迹之一的旅游胜地。

【亚马逊热带雨林】位于南美北部亚马逊河及其支流流域，面积 600 万平方公里，是世界上最大的热带雨林区，占地球上热带雨林总面积的 50%，覆盖巴西总面积 40%。

亚马逊河发源于安第斯山脉，经过秘鲁和巴西在赤道附近进入大西洋。亚马逊热带雨林由东面的大西洋沿岸（林宽 320 公里）延伸到低地与安地斯山脉山麓丘陵相接处，形成一条林带，逐渐拓宽至 1900 公里。雨林异常宽广，而且连绵不断，反映出该地气候特点：多雨、潮湿及普遍高温。

亚马逊热带雨林有“世界动植物王国”之称，蕴藏着世界上最丰富最多样的生物资源。这里聚集了 250 万种昆虫，上万种植物和大约 2 千种鸟类（全世界鸟类总数的五分之一）和哺乳动物，其中许多生物科学上至今尚无记载。

专家估计，雨林每平方公里内大约有超过 75000 种树木，15 万种高等植物，9 万吨的植物生物量。在繁茂的植物中有各类树种，包括香桃木、月桂类、棕榈、金合欢、黄檀木、巴西果及橡胶树。桃花心木与亚马逊雪松可作优质木材。主要野生动物有美洲虎、海牛、貘、红鹿、水豚和许多啮齿动物，亦有多种猴类。现在，大约有 43.8 万种有经济及社会利益的植物发现于亚马逊雨林，还有更多的有待发现及分类。亚马逊热带雨林作为世界上最大的雨林，具有极其重要的生态学意义。

20 世纪，巴西迅速增长的人口定居在亚马逊热带雨林的各主要地区。居民伐林取木或开辟牧场及农田，致使雨林急遽减少。90 年代，巴西政府及各国际组织开始致力保护部分雨林免遭人们侵占、开辟和毁坏。

第九节　重大事件

【巴西帝国】指 1822—1889 年间在巴西建立的一个君主立宪制国家，由葡萄牙巴西亲王佩德罗一世及其子佩德罗二世统治。1889 年，佩德罗二世被废黜，由德奥多罗·达·丰塞卡建立的第一共和国取代了这个帝国，巴西帝国宣告灭亡。

1808 年，葡萄牙被法国占领。葡萄牙布拉干萨王朝逃亡到其殖民地巴西。1815 年，巴西成为王国，国家改称“葡萄牙、巴西和阿尔加维联合王国”。不久后，拿破仑战争结束，葡萄牙王室返回里斯本，并派摄政王佩德罗王子继续管治巴西。

1821 年 9 月，葡萄牙议会表决，废除巴西王国的名衔，并宣告巴西受里斯本管辖。葡萄牙政府派遣军队到巴西驻兵，以加强对巴西的控制。后来在伯南布哥、巴伊亚等地，葡军和当地的武装分子发生武装冲突。

1822 年 1 月，葡萄牙议会要求佩德罗返回里斯本，佩德罗拒绝，并宣告将留在巴西，不久后建立由若泽·博尼法西奥·德·安德拉达为首的新政府，要求葡萄牙驻军撤出巴西。2 月，葡军开始打击巴西境内的分离活动。伯南布哥省、巴伊亚省的武装分子向驻军发动攻击，双方出现流血冲突。佩德罗宣告自己成为“巴西的保护者”。8 月，葡萄牙议会决议，废除佩德罗摄政王的职务，并组织军队讨伐巴西。

1822 年 9 月，佩德罗得悉本国将要派出讨伐军后，脱下军服上的葡萄牙徽章，拔剑宣誓“不独立，毋宁死！”，正式宣告巴西独立。10 月 12 日，佩德罗宣告自己成为巴西皇帝佩德罗一世，并在 12 月 1 日加冕，建立巴西帝国，由若泽·博尼法西奥·德·安德拉达出任帝国首相。

1825年，葡萄牙承认巴西独立。

1824年中期，东北六省的共和派不满专制统治，发起叛乱，宣布脱离巴西独立。佩德罗派兵镇压叛乱，翌年3月处死叛乱的策动者。在此时期，巴西还要面对邻国阿根廷的影响。1825年10月，巴西南部的西斯普拉丁省宣布脱离巴西，并入阿根廷，改称乌拉圭，巴西向阿根廷宣战。1828年，巴西承认乌拉圭为独立国家。

1831年，在内忧外患的局势下，佩德罗一世被逼让位于儿子佩德罗二世。

1831—1840年间，巴西帝国由三人摄政委员会理政，以辅佐年幼的佩德罗二世。在这几年间，巴西境内开始出现不同的骚动及暴乱。1834年，安德拉达独自摄政，但无法控制各省的混乱事件。

1835年，在南部的南里奥格兰德首府阿雷格里港中爆发叛乱，领导者反对帝制统治，打算建立一个联邦制的共和政体。政府军派军队到当地扫荡，展开为期十年的“破衫汉战争”。

为了挽回局势，1840年，帝国议会漠视摄政委员会的休会法令，再次召开议会，决定恢复皇帝的统治，以恢复国家的统一、和平及繁荣。

佩德罗二世登基后，立刻废除联邦制度，再次建立中央集权的政府，加强对各省的控制。起初的几年间，共和主义者反对帝制，再次发起暴动，但很快就被镇压下去。不久后，佩德罗加速集权，压制自由派的势力。

1850年，巴西进行土地改革，取缔以往非法占据的土地，并制定土地买卖的限额。同年，佩德罗二世开始着手废除在巴西存在了几百年之久的奴隶制度。

1870年代以后，废奴主义的呼声愈来愈大。1888年5月13日，议会表决“黄金法”，宣告废除奴隶制度，而巴西奴隶制终于走向灭亡。

在此期间，巴西开始加强咖啡产业的发展，并加速进行工业化。在19世纪下半叶，巴西的铁道、航运及道路网开始加速发展，运输网络飞速发展，巴西开始走向现代化。

自废奴运动后，共和派人士也希望能够打倒帝政，实现共和。1887 年，军官丰塞卡开始策划政变。1889 年 11 月 15 日，丰塞卡发动军事政变，宣告废除帝政，改行共和制。两日后，佩德罗二世逃亡至法国，巴西帝国正式瓦解。

【普列斯特斯纵队长征】得名于其领导者路易斯·卡洛斯·普列斯特斯（1898—1990 年）。普列斯特斯是巴西共产主义运动的杰出活动家，曾担任过巴西共产党总书记，他的一生极富传奇色彩。

从青年时代起，普列斯特斯就决定把自己的一生献给革命事业。1922 年，普列斯特斯从高等军事学校毕业后，被派到乌拉圭巴西边境担任营长，开始走上巴西民主革命运动的领导舞台。

此时的巴西处于阿图尔·贝纳德斯统治时期。在独裁统治下，巴西财政赤字居高不下、地区经济发展严重失衡，加上英美垄断资本不断对巴西进行渗透，使得巴西国内危机不断加深。工人罢工和农民争取土地的斗争到处蔓延，一些具有民主思想的青年军官也在军队里策划着起义。

1924 年 7 月，圣保罗的 6000 多名驻军在伊西多罗·洛佩斯领导下，发动了圣保罗起义，并提出了“建立人民政府”的口号。为了镇压起义，贝纳德斯调动了 3 万军队。由于双方力量悬殊，起义者最后撤离了圣保罗市，转移到内地继续进行斗争。起义的烽火也迅速扩大到全国各地，许多地区与城市纷纷举起了起义的大旗。

1924 年 10 月，驻守在圣安热卢市的卫戍部队在普列斯特斯的领导下发动了起义。起义军被称为“普列斯特斯纵队”（又称“无敌纵队”）。为了同洛佩斯将军的起义军会合，普列斯特斯决定率队北上，伟大的“普列斯特斯纵队”长征就此开始。

反动政府调集大批部队围剿纵队。但起义军采取了灵活机动的战术来对付敌人，多次摆脱敌军的围追堵截，并在 1925 年 4 月到达伊瓜苏河口，与从圣保罗撤退的起义军胜利会合。尽管起义部队成功会合，但仍面临着被剿灭的危险。

4 月 12 日，在起义军领导人会议上，普列斯特斯说服了洛佩斯和其他指挥员，使他们认识到运动战的优越性和必然性。为了发动更多的人民群众起义，普列斯特斯制定了一个从南到北走遍整个巴西的远征计划。为方便指挥，普列斯特斯纵队被分为四个支队。

为了摆脱政府军的追击，纵队越过山峰和雨林，穿过沙漠和沼泽，克服了许多常人难以想象的困难，表现出了惊人的勇敢精神和英雄气概。在远征过程中，纵队始终坚持运动战和游击战，无论走到哪里都不作长久停留。他们经常在敌人意想不到的地方发动突然进攻，又能灵活迅速地撤出敌人的包围圈。战斗中，纵队常常能以少胜多。

纵队每到一地，就立即采取革命行动，袭击和捣毁反动政府的行政机构，烧掉农民和地主的债约、法院的案卷和征收捐税的名册，组织群众大会，释放政治犯，并提出了“言论出版自由”、“实行无记名投票”以及“免费实行初等教育”等口号。

由于纵队带来了自由和正义，群众完全站在了纵队一边。他们编了许多歌曲和故事来颂扬纵队的领导人和战士，为纵队提供粮食和药品，给他们担当向导。

但是斗争并没有向好的方向发展。普列斯特斯曾寄希望于巴西北部和东北部一些大城市的武装起义，但这些地方的武装起义很快就被镇压下去了。1927 年 2 月，纵队在米纳斯吉拉斯州的北部同政府军遭遇，双方展开了激烈战斗。由于力量悬殊，起义军损失惨重，不得不停止战斗，余部撤到玻利维亚境内，“普列斯特斯纵队”长征到此宣布失败。

在两年多的时间里，普列斯特斯纵队同人数超过他们 20 倍的政府军进行了 53 次大战斗和上千次小战斗，两次穿越巴西全境，转战巴西 14 个州，行程 2.5 万多公里，成为拉丁美洲现代史上的一大革命壮举。

经过长征，普列斯特斯纵队沉重打击了贝纳德斯政府的反动独裁统治，促进了巴西人民民族民主意识的觉醒，也大大鼓舞了拉丁美洲人民的革命斗争。

【“奇迹年代”与“丢失的十年”】1964—1985 年是巴西军政府执政时期，政府利用其强大的领导能力和组织能力，集中力量办大事。政府施行高税收政策，并将资金投向工业园区建设、基础设施建设等经济项目；施行“强迫工业化”，用行政手段征收土地。

20 世纪 60 年代中期至 70 年代中期，巴西经济飞速增长。1968—1974 年，巴西每年国内生产总值增长 10%以上，这就是所谓的巴西“奇迹年代”。

但巴西后来的发展却不尽人意。20 世纪八九十年代，巴西进入高度通胀时期，爆发多次金融危机，经济发展速度缓慢，政治动荡不安，整个 20 世纪 80 年代其国内生产总值增长为零，被拉美学者称为“丢失的十年”。

究其原因，学者们认为，20 世纪 60 年代，巴西的国家导向经济模式给其经济和社会发展留下了无穷后患。巴西的“强迫工业化”也造就了大量赤贫的失地农民，这些失地农民后来成了城市里贫民区的居民。

巴西政府大规模地干涉经济，不投资教育和卫生，一方面造就了大批的低素质人口，另一方面也压低了巴西企业的生产率。

巴西 30 多年来全要素生产率几乎没有增长，加上政府产业政策偏向于资金密集的大企业，导致就业率低，结果使得没有工作的低素质人口成为犯罪人口。巴西杀人罪案和人口的比例高达美国的 5 倍。

巴西多年来对外资有优惠政策，但因社会治安差，外国公司反而不愿投资。不过，国外银行却愿意远距离地进行间接投资——借债，这又助长了巴西的外债危机。

巴西模式是否是成功的模式，其成功和失败的经验教训值得我们深思。

【卢拉执政时期的巴西奇迹】2002—2010 年，以劳工党为首的左翼政党联盟候选人卢拉两次执政。在其执政的 8 年时间里，巴西经济高速增长，贫富差距持续缩小，被称为“巴西奇迹”。

2010 年，名列“金砖四国”的巴西 GDP 总量达 2.1 万亿美元，如按购买力平价计算，巴西已超过法国和英国成为世界第七大经济体。2010 年，巴西经济增速为 7.5%，达到近 24 年来最高。2003-2010

年底，巴西经济累计增长了37.3%。

卢拉政府上任后，巴西贫富差距明显缩小。衡量贫富差距的基尼指数，2001 年为 0.594，2008 年则降至 0.515。在卢拉任职的 8 年间，巴西的平均工资年增长 17.3%，而低收入劳动者的工资上涨了 34%，高收入者的工资仅上涨 12 .4%。2003 年到 2009 年，巴西最富的 10%的人口所拥有财富增加了 11%，而最贫困的人口拥有的财富增加了 72%。

2010 年，巴西人均 GDP 已从 2003 年的 3085 美元猛增到 10886 美元，距离高收入国家 11115 美元的标准只有一步之遥。

过去八年，巴西卢拉政府在缩减贫富差距方面取得了令世界瞩目的成就。有学者认为，目前，巴西社会结构已由“金字塔形”转变为“橄榄型”，社会分层更为平衡和合理，中产阶级已经壮大。2010 年，该国贫困人口比重从 2005 年的 51%降至 25%，而中产阶级占比升至 53%，巴西步入“中产阶级主导的社会”。

不过，也有专家并不看好巴西未来的发展潜力，认为“巴西奇迹”中蕴含着挑战和危机。巴西国民受教育年限偏低。巴西全国劳动力中，只有 11%的人受过高等教育，43%的人受过中等教育。同时，巴西近年的经济增长更多得益于全球能源、铁矿石及粮食价格的上涨，长远看，经济可持续发展面临挑战。

主要参考文献和网址

1. 中国社会科学院拉丁美洲研究所，《拉丁美洲研究》期刊多期

2. 马武业主编，《各国概况——美洲、大洋洲部分》，世界知识出版社，1990

3. 龚抒编，《美洲大洋洲国家概况（1995-1996）》，世界知识出版社，1996

4. 孟淑贤主编，《各国概况——中美》，世界知识出版社，1997

5. 孟淑贤主编，《各国概况——南美（1）》，世界知识出版社，1997

6. 中央人民广播电台国际部编，《世界地理知识（美洲和大洋洲部分）》，外语教学与研究出版社，1983

7. 李春辉，《拉丁美洲史稿》，商务印书馆，1983

8. 《各国概况》编辑组编，《各国概况——1979年版》，世界知识出版社，1979

9. 李多，《拉美文化概论》，上海外语教育出版社，2009

10. 董经胜，林被甸，《冲突与融合—拉丁美洲文明之路》（世界文明之路丛书），人民出版社，2011

11. 赵雪梅，《拉丁美洲经济概论》，对外经济贸易大学出版社，2010

12. 林被甸，董经胜，《拉丁美洲史》（地区史系列），人民出版社，2010

13. 美洲旅游网（http://am.bytravel.cn）

14. 百度百科（http://baike.baidu.com/）

15. 美洲旅游网（http://am.bytravel.cn/）

16. 互动百科 （http://www.hoodong.com/）
17. 环游世界网 （www.hysjw.cn）
18. 维客（http://www.wiki.cn/wiki/）
19. 中国外交部官方网站（http://www.fmprc.gov.cn/chn/）
20. 新华网（http://xinhuanet.com/）